# AI 智能投顾全球实践

钟宁桦　钱一蕾　赵珈露　著

同济大学出版社
TONGJI UNIVERSITY PRESS
·上海·

图书在版编目(CIP)数据

AI 智能投顾全球实践 / 钟宁桦，钱一蕾，赵珈露著. -- 上海：同济大学出版社，2025.4. -- ISBN 978-7-5765-1478-0

Ⅰ. F830.59-39

中国国家版本馆 CIP 数据核字第 2024SG2075 号

## AI 智能投顾全球实践

钟宁桦　钱一蕾　赵珈露　著

| 出　品　人 | 金英伟 | **责任编辑** | 熊磊丽 | **责任校对** | 徐逢乔 | **封面设计** | 张　微 |

出版发行　同济大学出版社　www.tongjipress.com.cn
　　　　　（地址：上海市四平路 1239 号　邮编：200092　电话：021-65985622）
经　　销　全国各地新华书店、网络书店
排版制作　南京展望文化发展有限公司
印　　刷　上海叶大印务发展有限公司
开　　本　710 mm×1000 mm　1/16
印　　张　21.5
字　　数　353 000
版　　次　2025 年 4 月第 1 版
印　　次　2025 年 4 月第 1 次印刷
书　　号　ISBN 978-7-5765-1478-0
定　　价　89.00 元

本书若有印装质量问题,请向本社发行部调换　版权所有　侵权必究

# 推荐序
PREFACE

近年来，人工智能技术的蓬勃发展正在深刻改变着金融行业的格局，而智能投顾则是这一变革中的关键应用。在这本《AI智能投顾全球实践》中，作者以翔实的理论分析与案例介绍，系统展示了这一领域的最新进展和未来潜力。

随着资本市场的不断成熟，证券经纪业务领域面临着日益激烈的竞争、持续下滑的佣金费率以及吸引客户的高成本等多重挑战。为应对这些挑战，众多证券公司纷纷将财富管理转型作为战略发展方向，而投资顾问服务则被视为推动转型的关键切入点。然而，传统的投资顾问模式在覆盖范围上存在明显的局限性，若要实现更广泛的客户覆盖，则需承担高昂的成本，这已成为制约行业发展的一大瓶颈。在此背景下，人工智能技术的飞速发展为证券行业带来了全新机遇，智能投顾逐渐成为促进证券行业数字化转型与高质量发展的重要驱动力。通过运用先进的人工智能技术，智能投顾能够提供更加个性化、高效且低成本的投资顾问服务，从而有效解决传统投资顾问模式所面临的覆盖范围和成本问题。

作为一名深耕金融科技领域的从业者，我认为智能投顾的价值不仅在于提升证券公司的服务质量和效率，还将带来更加广阔的市场空间和发展机遇，更有助于做好金融"五篇大文章"中的"普惠金融"篇章。普惠金融的理想，是让公平、可得的金融服务惠及社会的每一个角落。面对日益复杂的市场环境、海量信息、快速波动的资产价格以及琳琅满目的金融产品，个人投资者要做出理性且明智的投资决策变得愈发困难；与此同时，金融行业长期受"二八定律"制约，少数高净值客户占据了大部分投资顾问资源，而大量普通投资者却难以获得高质量的投资指导。如何打破这种资源分配的瓶颈，为更多人提供公平、高效的投资服务？智能投顾正是破解这一难题的关键。在技术赋能下，智能投顾大幅降低了传统金融服务的成本壁垒，为广大长尾投资者提供了高效且个性化的财富管理方案，这是普惠金融从理念走向实践的重要一步。

本书作者深入分析了人工智能技术如何赋能金融服务，为投资者带来颠覆性的体验。从自动筛选与解读海量信息，到构建智能用户画像与实现流畅的交互体验，再到精准的市场预测、投资组合优化与自动再平衡，人工智能驱动下的智能投顾展现出了巨大的进步与潜力。同时，本书还梳理总结了全球业界实践，系统介绍了智能投顾的三大主流模式：第三方理财服务平台、传统金融机构旗下的智能投顾平台，以及智能投顾技术服务供应商。这些典型案例不仅展示了智能投顾的具体运作逻辑和商业模式，也验证了智能投顾的广阔应用前景。

综上所述，智能投顾的发展历程，不仅是金融行业创新的一个缩影，更是人工智能如何改善普通大众生活的生动案例。本书以清晰的结构与丰富的内容，从技术基础到应用场景，再到全球实践，为读者呈现了一幅智能投顾的清晰蓝图，它将成为读者理解和实践智能投顾的重要指南。在此，我诚挚推荐本书给每一位对金融科技充满热情的读者。这不仅是一本技术和应用的参考书，更是一种理念的传递：通过技术的力量，让每个人都能公平地享受金融服务，助力每一位投资者实现财富增长的梦想。

俞 枫<br>
国泰君安证券股份有限公司首席信息官

# 自序
PREFACE

过去二十几年间,得益于我国经济的蓬勃发展,个人投资者的数量和其持有的财富总额均实现了飞速增长。然而,传统证券投资顾问的规模与服务能力却远不能满足日益增长的市场需求。较大的供需缺口催生了智能投顾的诞生与发展。在日渐成熟的大数据与人工智能技术的支持下,以高效率、低成本为特点的智能投顾在我国有着十分广阔的发展前景。

美国是智能投顾的发源地和当前最大的应用市场,其发展历程可以为我国相关行业提供宝贵的参考与启示。基于此,在2020年7月我们完成了《智能投顾前瞻》一书,系统梳理并分析了美国智能投顾行业的发展历程、产学研协同体系及监管框架,并总结了其中的经验与启示。

四年后的今天,随着全球资本市场复杂性和波动性的不断加剧,投资者对于能够敏锐捕捉前沿动态并迅速响应市场变化的投资顾问的需求呈现出显著增长。同时,人工智能技术也在全球范围内取得了显著进展,特别是在2022年年末ChatGPT问世之后,生成式人工智能技术迎来了全新的应用阶段。借助其强大的深度学习与自然语言处理能力,智能投顾能够实现更为精准的投资需求分析、更加可靠的市场趋势预测,以及更具个性化的用户服务体验。

在这样的背景下,我们撰写了《AI智能投顾全球实践》。本书聚焦人工智能技术在智能投顾行业的具体应用逻辑与场景，详细阐释了文本分析、大语言模型、知识图谱、计算机视觉等技术的原理，以及它们在用户画像与交互、市场预测、投资组合构建和投后管理中的全流程应用。同时，我们总结了智能投顾在全球范围内的典型实践，介绍了中国、美国和欧洲国家知名智能投顾平台的具体运作模式与特点。希望本书能够为中国的投资者、从业者以及智能投顾行业的发展提供一些有益的参考。

在本书行将付梓之际，谨向所有参与撰写工作的团队成员致以由衷的感谢，特别感谢姜海斓、梁志开、刘娅轩等同学的支持与帮助，使本书得以顺利完成。

最后，鉴于作者的时间和能力有限，虽倾心尽力，亦不能尽善尽美。若有疏漏和不当之处，敬请广大读者批评指正。

本书作者

2024 年 12 月

# 目录
CONTENTS

绪 论     1

## 第一部分 技 术 基 础

### 第1章 人工智能与机器学习     5

1.1 人工智能与机器学习概述     5
    1.1.1 人工智能的发展历程     6
    1.1.2 机器学习的基本概念     8
1.2 机器学习的分类     10
    1.2.1 监督学习     10
    1.2.2 无监督学习     12
    1.2.3 半监督学习     14
    1.2.4 强化学习     15

### 第2章 自然语言处理     17

2.1 自然语言处理概述     17
2.2 文本分析     18

  2.2.1 文本分析概述                18

  2.2.2 情感分析                  21

2.3 大语言模型                    23

  2.3.1 大语言模型概述               23

  2.3.2 大语言模型的训练              25

  2.3.3 大语言模型的应用              26

2.4 知识图谱                     27

  2.4.1 知识图谱概述                27

  2.4.2 知识图谱与自然语言处理的关系     29

  2.4.3 知识图谱的应用                30

2.5 案例：经济政策与市场反应            32

## 第3章 计算机视觉                 34

3.1 计算机视觉概述                  34

3.2 文字识别                     36

3.3 图像识别                     37

  3.3.1 图像分类                  38

  3.3.2 目标定位与检测               39

  3.3.3 图像分割与生成               40

3.4 人脸识别                     42

3.5 视频分析                     43

3.6 案例：卫星图像与经济活动            45

# 第二部分 全流程应用场景

## 第4章 用户画像与交互              51

4.1 用户画像与个性化建议              51

4.2 用户交互与智能客服               55

4.3 案例：中信建投和国泰君安的服务实践     58

4.3.1 中信建投全场景数智化服务平台 58
4.3.2 国泰君安的数字人交互智投平台 61

## 第5章 市场预测 64

### 5.1 宏观经济预测 64
5.1.1 宏观经济预测中的 AI 应用 64
5.1.2 基于大模型的宏观经济预测 68

### 5.2 金融市场预测 69
5.2.1 金融市场预测中的 AI 应用 69
5.2.2 基于深度学习的金融市场预测 72

### 5.3 案例：腾景数研与道富集团的预测实践 74
5.3.1 腾景 AI 的经济预测 74
5.3.2 道富集团的股票成交量预测 75

## 第6章 投资组合构建 77

### 6.1 投资组合构建策略 77
6.1.1 现代资产组合理论 77
6.1.2 行为金融学理论 78

### 6.2 AI 在投资组合构建中的应用 80
6.2.1 机器学习在投资组合构建中的应用 80
6.2.2 大语言模型在投资组合构建中的应用 82

### 6.3 案例：英仕曼集团与东方财富的技术实践 86
6.3.1 英仕曼集团的机器学习实践 86
6.3.2 东方财富"妙想"金融大模型 87

## 第7章 投后管理 90

### 7.1 投资组合监控与风险评估 90
7.1.1 投资组合的风险评估 90
7.1.2 风险评估中的 AI 应用 95

  7.2　投资组合的自动交易与再平衡　　96
    7.2.1　投资组合的自动交易　　96
    7.2.2　投资组合的再平衡　　99

# 第三部分　智能投顾的全球实践

## 第8章　应运而生的智能投顾　　103

  8.1　智能投顾的诞生背景　　103
  8.2　投资顾问的发展历程　　107

## 第9章　监管政策与实践　　112

  9.1　监管的必要性　　112
    9.1.1　互联网的技术风险　　112
    9.1.2　智能投顾的操作风险　　113
    9.1.3　权责划分风险　　114
    9.1.4　信息安全风险　　114
  9.2　美国对智能投顾的监管　　115
    9.2.1　政府监管　　115
    9.2.2　行业自律　　121
  9.3　英国对智能投顾的监管　　128
    9.3.1　监管机构　　128
    9.3.2　监管沙盒　　132
  9.4　中国对智能投顾的监管　　134
    9.4.1　政府监管　　134
    9.4.2　行业自律　　136

## 第10章　美国部分代表性智能投顾平台简介　　138

  10.1　Betterment　　140

10.2　Wealthfront　　161
 10.3　先锋集团 VPAS　　175
 10.4　嘉信理财 SIP　　179
 10.5　Financial Engines　　193

# 第11章　欧洲部分代表性智能投顾平台简介　　199

 11.1　Ginmon　　200
 11.2　ETFmatic　　211
 11.3　Nutmeg　　222
 11.4　德意志银行 Robin　　232
 11.5　Moneyfarm　　241

# 第12章　中国部分代表性智能投顾平台简介　　253

 12.1　广发证券贝塔牛　　254
 12.2　中银慧投　　259
 12.3　理财魔方　　264
 12.4　蚂蚁金服"帮你投"　　267

# 附录1　统计学基础及其在金融领域的应用　　272

# 附录2　《智能投顾合规监管指南》　　295

# 附录3　《数字化投顾报告》　　303

# 附录4　《证券投资顾问业务暂行规定》　　316

# 参考文献　　321

# 绪　论

近年来,随着金融市场不断深化,金融产品层次与交易策略日趋复杂,交易工具不断丰富。仅就中国市场而言,截至 2024 年第二季度,A 股市场的上市公司数量已超过 5 000 家,债券市场的存量债券超过 7 万只,公募基金数量超过 1.2 万只。除了股票、债券和基金等传统理财产品,雪球、鲨鱼鳍等金融衍生品的发展也日趋成熟。各类金融创新产品层出不穷,颇有"乱花渐欲迷人眼"之势。丰富的金融产品虽然为投资者提供了更加多样化的投资选择,但同时也大大提高了普通投资者的学习成本。为了找到满足自己需求的理财产品,投资者需要花费大量时间对种类繁多的金融产品进行学习和甄别。

与此同时,金融市场上的资产价格波动频繁,特别是股票市场,每日的涨跌幅度往往较大。尤其令人印象深刻的是,在 2024 年 9 月下旬,市场在多重利好政策刺激下迅猛反弹,2024 年 9 月上证指数、沪深 300、创业板指月涨跌幅分别达到了惊人的 17.39%、20.97% 和 37.62%,个股的波动率则更大。这意味着投资者需要时刻关注市场动态,以便及时调整投资策略。但在信息爆炸的时代,每天都有大量的信息涌现,包括官方公告、媒体报道、分析师报告和各类意见领袖、网络红人的自媒体内容等。从纷繁复杂的信息中筛选出有效的信息困难重重,投资者很难全面掌握并准确解读这些信息。

因此,投资者往往需要求助于专业的投资顾问来指导决策。当前我国个人投资者的数量已经超过了 2 亿人,但证券投资顾问的人数却不足 8 万人,存在明显的供给需求不匹配的问题。并且,金融行业遵循"二八定律",即占比20%左右的高端客户贡献了80%左右的盈利,所以投资顾问会把服务重心放在这20%的高净值客户上,剩下占绝大多数的普通客户,往往得不到优质的投资服务。根据贝恩咨询与招商银行联合发布的《2023中国私人财富报告》,2022年中国个人可投资的资产总规模达人民币278万亿元,其中高净值人群(即可投资资产超过1000万元)人均持有可投资资产约人民币3183万元,共计持有可投资资产为人民币101万亿元。除去高净值人群的资产,中低净值人群手中的可投资财富总额也是相当庞大的,但是传统的投顾模式未能较好地覆盖这部分人群,普通民众面临着"有余钱却不知如何投资"的困扰。

面对产品众多、信息复杂、专业投资顾问不足的困境,使用人工智能技术来辅助和指导投资成了一项重要甚至是必要的选择。通俗来说,人工智能就是让计算机来自动化执行以往由人工完成的任务,如理解语言、学习规则、推理预测和制定决策等。人工智能可以自动汇总和分析大量的新闻报道和研究报告等,从海量信息中筛选出有价值的数据,为投资者提供决策支持。人工智能还可以快速学习各种金融工具的原理,了解其收益和风险特性,并根据投资者的风险偏好、投资目标和财务状况,提供个性化的投资建议。尤为重要的是,一旦算法模型开发完成,人工智能服务一个客户和一万个客户,其成本几乎是不变的。这也就意味着,与真人投资顾问相比,人工智能辅助和指导投资的成本会大大降低,且不受地理位置、时间等条件的限制。

在此背景下,本书将详细介绍如何利用人工智能技术来辅助和支持投资决策。全书分为三个主要部分:第一部分介绍技术基础,涵盖人工智能及机器学习领域的经典理论、模型与实践,以便读者更好地理解这些技术在经济金融领域的应用;第二部分阐述人工智能在投资决策全过程中的应用场景,包括用户画像与交互、市场预测、投资组合构建及投后管理等内容,并展示了多个典型案例;第三部分聚焦智能投顾这一具体应用工具,概述了全球代表性国家对智能金融工具的监管政策,并详细介绍了多家知名智能投顾平台的运作情况,使读者能够更加直观地理解人工智能在辅助与指导投资实践中所发挥的作用。

# 第一部分

# 技术基础

# 第 1 章
# 人工智能与机器学习

人工智能使机器具备模拟人类智能进行思考、学习和决策的能力;机器学习通过大量数据训练模型,使机器能够自主学习和发现规律,不断提升决策和预测能力。本章首先介绍了人工智能与机器学习的基本概念和发展历程,随后详细阐述了机器学习的四大主要分类:监督学习利用标注数据进行模型训练,适用于分类和回归任务;无监督学习在无标签条件下识别数据结构和模式,用于聚类和降维;半监督学习结合少量标注与大量未标注数据,提升模型效果;强化学习通过智能体与环境交互,优化策略以最大化累积奖励,常用于动态决策场景。这些内容帮助读者全面理解机器学习的基本原理及其应用,为后续探讨人工智能在经济金融领域的应用奠定基础。

## 1.1 人工智能与机器学习概述

近年来,人工智能已经成为社会各界的热门话题,大量的新闻和期刊中都可以找到人工智能、机器学习和深度学习的身影,这三者之间又有怎样的区别和联系呢?概括地说,人工智能、机器学习和深度学习之间是包含关系,即人工智能⊃机器学习⊃深度学习。

人工智能(Artificial Intelligence,AI)是对人类智能的模拟、延伸和拓展。这是一个较为宽泛的概念,可以理解为,人工智能就像放在工具箱里的锤子，没有人挥舞锤子的时候它就没有任何价值。而机器学习是实现人工智能的一种具体方式。除机器学习，人工智能还包括其他实现智能任务的方法。例如，早期的人工智能系统主要依赖基于规则的方法（如专家系统和知识表示），通过硬编码的规则和启发式方法来解决问题。这些方法在特定领域的问题中效果可能较好，但在处理复杂、模糊或需要泛化能力的问题时，其性能可能不如机器学习。

机器学习指的是机器通过模拟人的学习行为，从大量数据中找到潜在的联系，并利用这些联系来作出预测的算法。经典编程需要人们总结数据中的规律并将其总结为算法，并由算法告诉计算机如何操作数据集并输出结果。与之不同的是，机器学习使用部分数据集来生成算法，该算法中可能包含人类之前未曾发现的规律和内涵。

深度学习是一种特殊的机器学习方法，它的概念源于人工神经网络的研究。深度学习将复杂、抽象的概念拆分为许多简单、具体的概念进行判断和计算。例如，当我们试图识别正方形与圆形的区别时，需要检查是否有四条线（简单的概念），如果找到四条线，再进一步检查它们是否连接在一起，是否垂直以及它们是否相等（复杂的概念）。深度学习相较于其他机器学习算法的优势在于，深度学习算法试图自己从数据中学习特征，而在其他的机器学习算法中，这些特征需要行业专家手工打上标签。但由于深度学习模型的复杂性，通常无法将训练的模型用于解释预测任务。例如，我们用深度学习方法来批改论文，也许训练出来的模型对论文评分都十分准确，但是我们无法理解模型具体采用的是哪些规则，这样的话，也无法向那些拿了低分的学生解释为什么会给他们较低的分数，因为深度学习模型太复杂，内部的规则很难理解，这也是常说的"黑箱模型"。

### 1.1.1 人工智能的发展历程

自1956年达特茅斯会议首次提出"人工智能"概念以来，人工智能已经经历了近70年的曲折发展，其发展大致遵循了从注重"推理"，到强调"知识"，再到聚焦"学习"的脉络。这一过程可以划分为三个主要阶段：1956年至20世纪60年代的逻辑推理期，20世纪70年代至80年代的知识期，1990年至今的学习期。

在1956年至20世纪60年代的逻辑推理期，研究员试图通过人类的经验，基于逻辑或事实归纳出一些规则，然后通过编写程序来让计算机根据这些规则完成一个任务。1955年,时任达特茅斯大学数学教授的约翰·麦卡锡(John McCarthy)与马文·明斯基(Marvin Minsky)、克劳德·香农(Claude Shannon)和纳撒尼尔·罗切斯特(Nathaniel Rochester)为1956年夏季项目活动共同撰写了提案,并为这一领域确定了方向,其中麦卡锡因创造了"人工智能"这一短语而被称为"人工智能之父"。人工智能领域的诞生,并不是因为在方法论、问题选择或一般理论上达成了一致,而是因为人们有一个共同的愿景:计算机可以执行智能任务。1956年会议的提案也大胆地提出了这一设想:"这项研究的基础是这样一种猜想,即学习的每一个方面或智能的任何其他特征原则上都可以被精确描述,以至于机器可以模拟学习。"在这之后长达十余年的时间里,计算机被广泛应用于数学和自然语言领域,用来解决代数、几何和语言问题。这让很多研究者看到了机器向人类智能发展的希望,比如1959年,第一台工业机器人诞生;1964年,首台聊天机器人也诞生了。甚至在当时,有很多学者认为:"20年内,机器将能完成人能做到的一切。"但随着研究的深入,研究者意识到这些推理规则过于简单,并且由于计算机性能的限制,一旦问题的复杂性上升,人工智能程序便不堪重负,第一次"人工智能的寒冬"来临了。

进入20世纪70年代至80年代的知识期,研究者意识到知识对于人工智能系统的重要性,特别是对于一些复杂的任务,需要专家来构建知识库。在这一时期,出现了各种各样的专家系统,并在特定的专业领域取得了很多成果。在20世纪70年代,随着有限样本统计理论的应用,出现了许多基于人工神经网络(Artificial Neural Network,ANN)的统计机器学习算法,如支持向量机、高斯混合模型和逻辑回归,使机器学习再次成为研究的热点。1980年,卡内基梅隆大学设计出了第一套专家系统——XCON。从这时起,机器学习开始兴起,各种专家系统开始被人们广泛使用。专家系统一般采用知识表示和知识推理等技术来完成通常由相关领域专家才能解决的复杂问题,因此专家系统也被称为基于知识的系统。费根鲍姆(E.A. Feigenbaum)作为"知识工程"之父在1994年获得了图灵奖。但是,专家系统面临"知识工程瓶颈",简单地说,就是由人来把知识总结出来再教给计算机是相当困难的,此外专家系统应用有限,且经常在常识性问题上出错,因此人工智能迎来了第二个寒冬。

自1990年至今的学习期,研究者开始重点转向让计算机从数据中自己学习:保罗·沃波斯(Paul Werbos)在神经网络领域提出了反向传播(Back

Propagation，BP)算法,解决了复杂神经网络上的线性不可分问题。这标志着机器学习进入了快速发展的第三阶段,不断有新的算法出现,推动了人工智能在语音识别、图像处理和自然语言处理等领域的进步。1997年,"深蓝"的成功让人工智能的发展又提上日程。随着算力的提升,人工智能的瓶颈被打破,为基于大数据的深度学习与增强学习提供了发展的可能。GPU不断发展,与此同时定制化处理器的研制成功使算力不断提升,为人工智能的爆发提供了基础。阿里投资千亿元成立"达摩院",在机器学习等方面开展研究和进行产品开发。恒生电子与恒生聚源共同推出的智能投研平台WarrenQ-Chat,运用人工智能技术,通过对话指令,用户可以轻松获得金融行情、资讯和数据,提高了金融服务的精准度和效率。人工智能步入了快速发展期。

在2023年,人工智能领域迎来了一次重大的变革,其中OpenAI及其旗下的ChatGPT成为全球关注的焦点。这类技术能够创造出全新的内容,而不仅仅是对现有信息进行重组或检索。这种新一代的人工智能技术不仅重新定义了人工智能的能力和应用范围,而且极大地推动了人工智能与人之间的互动,使得人机交流变得更加自然和高效。这一转变被视为人工智能发展史上的一个重要转折点。在这场技术革新的浪潮中,不仅仅是OpenAI在推动行业的进步。谷歌的Gemini和Anthropic的Claude 3等其他大型人工智能模型也紧随其后,不断优化和提升自身的性能,以期在激烈的市场竞争中占据一席之地。这些模型通过不断的学习和训练,正在变得更加智能,能够处理更加复杂的任务,提供更加精准的服务。

在中国,科技巨头百度和阿里巴巴也不甘落后,分别推出了自己的大型人工智能模型——"文心一言"和"通义千问"。这些国产大模型不仅在技术上展现了强劲的竞争力,而且在理解中文语境和满足本土化需求方面具有独特的优势。它们在提供多语言服务和文化适应性的人工智能应用方面,展现了强大的实力和潜力。

### 1.1.2 机器学习的基本概念

机器学习的本质是对数据的研究,机器学习算法的主要流程可以分为数据集和预处理、模型训练、模型应用评估三个部分。

数据集是构建机器学习过程的起点。数据集包含目标变量和自变量,我们需要通过算法完成对自变量的分析,找出自变量和目标变量之间的关系，从而进行分类和回归的预测。拿到数据集后，首先要对数据进行分析和预处理，获得对数据的初步了解。在数据分析这一阶段的工作是对数据进行清洗，对数据进行描述，查看数据的分布及数据之间的关系等。数据的分析重点强调数据的可视化，通过绘制箱线图、热力图等图表，分析者可以一目了然地看出数据中隐含的规律，从而找到更适配的模型。数据处理则是提升数据质量的关键一步，通常需要对数据进行清理，检查并处理异常值等。

在机器学习模型的训练过程中，研究人员希望训练完毕的模型能在新的、未见过的数据上表现良好。为了模拟新的、未见过的数据，需要先对可用数据进行数据分割，将已经处理好的数据集分割成训练集和测试集两个部分。第一部分是较大的数据子集，用作训练集（如占原始数据的80%）；第二部分通常是较小的子集，用作测试集（剩下20%的数据）。接下来，利用训练集建立预测模型，然后将这种训练好的模型在测试集（即作为新的、未见过的数据）上进行预测，根据模型在测试集上的表现来选择最佳模型。在机器学习中，有四种常用的学习方法，每种方法对解决不同的任务都有各自的优势：监督学习、无监督学习、半监督学习和强化学习。

理想情况下，预测算法在训练集中开发，然后在独立的测试集中进行应用。但是，研究人员可能无法立即访问外部数据集进行验证。当外部观测值不可用时，通常使用内部验证方法来估计检验误差。内部验证的一种方法是将数据集随机划分为训练集和测试集，在训练集上拟合模型，然后将模型应用于验证集。尽管这种验证集方法在概念上简单易懂，但它的缺点包括测试集误差波动（取决于训练集和验证集中包含的观测值）、由于样本量减少而整体性能受限（即一些观测值不能用于训练）。K 折交叉验证是验证集方法的改进，解决了其缺点。K 折交叉验证是指每次将观测值集随机划分为大小大致相等的 K 组（即折）。在每次训练中，其中一个折被视为验证集。此过程重复 $k$ 次，因此每次都会将一组互斥的观测值视为验证集。此过程会产生测试误差的 $k$ 个估计值，取其平均数就会得到 K 折交叉验证估计值。

对于连续型数据，模型的学习效果通常用均方误差或 $R^2$（在机器学习文献中称为决定系数）来评估。均方误差（MSE）是指真实值减去预测值的平方的平均值，它衡量的是残差的方差，因此均方误差越小说明模型拟合效果越好。$R^2$用来判断模型的拟合效果,其取值范围为[0,1]:如果结果接近0,说明模型拟合效果很差;如果结果接近1,说明模型拟合效果较好。但在模型训练过程中,并不能一味地追求最小的误差,这可能会导致过拟合。过拟合是指训练误差和测试误差之间的差距太大。换句话说,就是模型复杂度高于实际问题,模型在训练集上表现很好,但在测试集上却表现很差。模型对训练集"死记硬背"(记住了不适用于测试集的训练集性质或特点),没有理解数据背后的规律,泛化能力差。当结果非连续时(例如分类问题),更常使用准确度、精确度和ROC曲线下面积(Area Under the ROC Curve,AUC)来评估性能。准确度是模型正确预测的样本数与总样本数的比例;精确度是模型预测准确的正类与模型预测为正类的样本数的比例;AUC只是ROC曲线[①]下的面积,可用于衡量分类模型的性能,AUC越接近于1,表示模型的性能越好。

## 1.2 机器学习的分类

### 1.2.1 监督学习

监督学习是指在一组预先完全标记的数据集上进行模型训练,这意味着训练数据集中的每个样本都有一个明确的输出标签。通过学习这些样本与其标签之间的关系,模型可以在遇到新数据时预测其对应的输出标签。例如,在一个带有标签的花卉图像数据集中,每张图片都标注了对应的花卉种类,如玫瑰、雏菊或水仙花。当输入新的图像时,模型会根据之前学到的知识,将其与训练示例进行比较,从而预测该图像的标签。

根据输出变量(因变量)的类型,监督学习可以分为两类:回归问题和分类问题。在回归问题中,输出变量是连续值,常见的算法包括线性回归和随机森林回归算法。而在分类问题中,输出变量是离散值,常用的分类算法

---

① ROC(Receiver Operating Characteristic Curve)曲线是一种用于评估二元分类器性能的图形工具,它通过绘制召回率(TPR)和误报率(FPR)来展示分类器在不同分类阈值下的性能表现。具体而言,ROC曲线是以误报率(FPR)为横坐标,召回率(TPR)为纵坐标绘制的曲线。其中,召回率(TPR)表示在所有实际为正类的样本中,模型正确预测为正类的比例;误报率(FPR)表示在所有实际为负类的样本中,模型错误预测为正类的比例。

包括逻辑回归、决策树、随机森林和支持向量机等。接下来简要介绍几种常用的监督学习算法。

（1）线性回归算法。线性回归是最基础的回归模型之一，其核心思想是通过分析数据点来确定一个最佳拟合的直线。这条直线可以用来预测输入变量与输出变量之间的线性关系。线性回归有两种形式：简单线性回归和多元线性回归。简单线性回归仅涉及一个自变量，而多元线性回归涉及多个自变量。例如，在预测房屋价格时，线性回归假设房屋的价格可以通过与其特征（如面积、卧室数量、房龄、学区质量等）的线性组合来估计。我们通过训练数据集来学习这些特征的系数，并通过最小化误差项来找到最优模型。这个模型可以用于新房屋的价格预测，并为房地产市场中的买卖双方提供数据支持。常用的评估指标包括均方误差（MSE）和决定系数（$R^2$），用于衡量模型的准确性。

（2）逻辑回归算法。逻辑回归虽然名字中带有"回归"，但它实际上是一种用于分类的算法，特别是二分类问题。逻辑回归使用 Sigmoid 函数将输入数据转换为 0 到 1 之间的概率值，以此预测某事件发生的概率。例如，在医疗领域中，逻辑回归可以根据病人的年龄、性别、饮食习惯等特征，预测其患某种疾病的可能性。以胃癌预测为例，研究者可以通过收集胃癌患者和非胃癌人群的生活方式数据，建立逻辑回归模型来评估影响因素，并预测新个体患病的概率。通过这种方式，模型可以帮助识别可能导致胃癌的高风险因素，并用于疾病预防和治疗策略的制定。

（3）决策树算法。决策树是一种基于树结构的预测模型，用于分类和回归任务。决策树的每个节点表示一个特征，每个分支代表该特征的某个取值，而叶节点则表示最终的分类结果。决策树的优势在于其可解释性强，能够以一种符合人类直观思维的方式来作出决策。例如，在金融领域，银行可以通过决策树来判断是否为客户发放贷款。根据客户的年收入和是否有房产等特征，模型会逐层筛选，最终作出贷款决策。由于决策树结构简单、易于实现，因此在实际应用中非常常见。

（4）随机森林算法。随机森林是一种集成学习算法，它通过构建多个决策树并对结果进行整合来提高模型的准确性。每棵决策树在不同的随机子集上进行训练，最终通过多数投票或平均预测结果来输出最终的分类或回归结果。随机森林的优势在于，它能够处理高维数据，并且对于过拟合有较好的抵抗力。在预测贷款申请者是否能够获批时，随机森林算法独立构建多棵决策树,每棵树对申请者的特征进行评估,最后通过多数投票给出最终的分类结果。由于每棵树的构建是独立的,随机森林能够更好地捕捉数据中的多样性,提供更为稳健的预测。

(5)支持向量机。支持向量机是一种用于分类的强大工具,它通过在多维空间中找到一个最佳的分离超平面来区分不同的类。该算法的模型的目标是最大化类别之间的边界距离,从而找到最优分隔数据的决策边界。其不仅可以处理线性分类任务,还可以通过核函数扩展到非线性分类问题。在应用支持向量机进行分类时,可将数据投影到更高维度的空间,以找到最优分离面。例如,在文本分类问题中,可以用支持向量机算法来区分垃圾邮件和正常邮件,模型通过不断调整分隔线来确保分类的准确性。

监督学习被广泛应用于各个领域,例如,分类算法常用于医学诊断、图像识别、欺诈检测等场景,而回归算法则在房价预测、股票市场分析等方面表现出色。监督学习的优势在于其学习过程是基于带标签的数据集,因此训练出的模型具有很好的准确性和解释性。然而,监督学习也有其局限性。首先,模型的性能依赖高质量的标记数据集,而获取大规模标记数据通常耗时费力。其次,模型在训练过程中可能会出现过拟合,即模型对训练数据的拟合过于精确,导致在面对新数据时表现不佳。为了避免这些问题,常常需要使用正则化技术、交叉验证等方法来优化模型。

总结而言,监督学习作为机器学习领域的核心方法之一,通过学习带标签的数据,能够有效解决分类和回归问题。它在实际应用中展现出强大的预测能力,并为许多行业带来了创新的解决方案。随着算法的不断改进和数据资源的增加,监督学习的应用场景将继续拓展并带来更多的价值。

### 1.2.2　无监督学习

获得干净、完美标记的数据集并非易事。研究人员常常需要解决一些他们尚不清楚答案的问题,这正是无监督学习发挥作用的场景。无监督学习的核心在于:深度学习模型接受一个未标注的数据集,并在没有明确指示的情况下自行探索和处理数据。在这种方法中,训练数据仅作为输入样本提供,不包含特定的期望输出或正确答案。神经网络模型通过分析数据中的特征和模式,尝试自动捕捉其内部结构。这种技术不依赖于明确的语义结构,因而非常适合处理非结构化数据,如文本、图像、音频和视频。与监督学习需要预先定义输出标签并以此指导模型训练不同,无监督学习允许算法在无明确指导的情况下自由探索数据,从而揭示数据的内在规律和分布特性。这种灵活性使无监督学习被认为是迈向真正的人工智能的重要途径之一。此外,无监督学习可以通过多种不同的方法实现,以适应各种数据和应用场景的需求。

聚类(Clustering)是无监督学习中最成熟的方法之一。聚类是按照某个特定标准把一个数据集分割成不同的类别,使得同一个类别内的数据对象的相似性尽可能大,同时不同类别中的数据对象的差异性也尽可能地大。举例来说,我们可能从未了解过鸟类知识,但仍然可以查看一组鸟类照片,并依靠羽毛颜色、大小或喙的形状等线索按物种粗略地将它们分成不同的类别,这就是无监督学习最常见的应用程序——聚类——的工作原理。聚类分析技术有许多种,其中K-means方法是最突出的。K-means方法通过计算得到空间中$K$个中心点,并将各个数据点划分到靠近中心点的$K$个区域中,从而实现将$M$个数据点按照分布分成$K$类,其中$K$值需要人为提前设定。聚类和分类(Classification)的区别在于,聚类是一种无监督学习方法,是在事先不知道每个类别的具体标签的情况下,通过自学习把相似的数据划分到一起。分类是一种监督学习方法,需要一个已打上标签的数据集来训练模型,进而将新的数据样本划分到预定义的类别中。聚类的目的是识别数据的内在结构,而分类的目的是预测新数据的类别。

神经网络是目前无监督学习技术的一个活跃的研究领域,由于深度学习的进步,该技术迅速发展。神经网络是一种模拟人脑的神经网络以期能够实现类人工智能的机器学习技术。人脑中的神经网络是一个非常复杂的组织,成人的大脑中估计有1 000亿个神经元。而人工神经网络的发展也经历了从单层神经网络到两层神经网络再到多层神经网络的过程,目前的多层人工神经网络由三种类型的节点层组成——输入层、多个隐藏层和输出层。输入可以类比为神经元的树突,而输出可以类比为神经元的轴突,计算则可以类比为细胞核。一个人工神经元模型可以接收来自其他多个神经元传递出的输入信号,这些输入信号通过带权重的连接进行传递,然后人工神经元将收到的总输入与当前的阈值进行比较,经由激活函数处理产生神经元的输出。其中,激活函数的形式为阶跃函数,即输出有0或1两种,0表示神经元不兴奋,1则表示神经元兴奋。通过把很多个神经单元按照一定的层次连接起来,可得到一个神经网络,人工神经网络通过信号跨层的流动和交互,能够对现实世界中常见的复杂非线性关系进行建模。随着神经网络的发展,其表示性能越来越强。随着网络层数的增加,以及激活函数的调整,其非线性分界拟合能力不断增强。目前,多层神经网络的研究仍在进行中,一些更好的方法不断涌现,刷新了以往的正确率。

无监督学习的一个显著优势是,它能够从数据中揭示出未知的模式和结构,对于探索和理解数据的本质非常有用。然而,由于数据中没有"真实"元素,因此很难衡量使用无监督学习训练的算法的准确性,且无监督学习的结果往往不如监督学习那样直接和易于解释。此外,无监督学习算法的性能通常更难以评估,因为它们没有明确的"正确答案"作为参考。尽管存在这些挑战,但由于在许多研究领域,标记数据难以捉摸,或者难以获得,在一些情况下,让深度学习模型自由寻找自己的模式可以产生高质量的结果。因此,无监督学习仍然是机器学习工具箱中的重要组成部分,它为数据分析提供了强大的工具,帮助我们从大量未标记的数据中提取有价值的信息。

### 1.2.3 半监督学习

在大多数情况下,半监督学习就像它听起来的那样:一个同时包含标记和未标记数据的训练数据集。当难以从数据中提取相关特征时,此方法特别有用,并且标记示例对于专家来说是一项耗时的任务。

半监督学习对于医学图像特别有用,因为少量标记数据可以显著提高准确性。这种学习的常见情况是 CT 扫描或 MRI 等医学图像。训练有素的放射科医生可以检查并标记一小部分肿瘤或疾病的扫描。手动标记所有扫描图像太耗时且成本更高,但与完全无监督的模型相比,深度学习网络仍然可以从小比例的标记数据中受益,并提高其准确性。

生成式对抗网络(Generative Adversarial Networks,GAN)是一种处理少量标记数据的训练方法,可以想象为两个深度学习网络在竞争中互相博弈,每个网络都试图超越对方。这两个网络分别是生成器和判别器。生成器的任务是生成模拟真实数据的新样本,即"假数据",而判别器则负责区分这些新生成的数据是属于真实训练数据还是伪造数据。随着判别器不断提高其鉴别能力,整个系统在这个正反馈循环中逐步优化,生成器也逐渐提升生成真实的"假数据"的能力。

由于生成数据质量好、学习过程简单、与深度学习结合效果好的特点,

GAN 已被用于金融领域生成逼真的合成金融数据,其有助于克服稀缺或机密数据的限制。它们还可以模拟各种市场情景,为金融机构进行压力测试和风险评估。例如,在量化投资领域,机器学习的应用始终面临小样本困境,而 GAN 可以提供训练样本,在一定程度上缓解小样本困境;基金经理还可以将基于真实数据得到的量化投资策略放在 GAN 中进行测试,来检验过拟合程度。

### 1.2.4 强化学习

电子游戏可以帮助我们理解深度学习和强化学习的概念。在一些寻宝游戏中,玩家需要完成关卡任务来获得奖励,击败敌人就可以获取积分,而一旦掉入陷阱,游戏就会结束。游戏中的提示和得分系统为玩家提供反馈,帮助他们在下一局游戏中改进策略。如果没有这些反馈,玩家只能通过不断试探,随机采取行动,尝试找到进入下一个关卡的方法。强化学习的工作原理与此类似,事实上,电子游戏常常被用作强化学习的研究环境。

在强化学习中,AI 智能体试图找到实现特定目标或优化某项任务的最佳策略。当智能体采取向目标前进的行动时,会获得奖励——其目标是通过策略选择获得最大化的回报奖励。为了实现这一目标,智能体需要在利用已有经验与探索新策略之间取得平衡。一方面,智能体会依赖过去的反馈来调整行为;另一方面,它还会探索新的策略以期获得更大的回报。这种学习过程强调长期策略的优化,就像国际象棋中即使短期走出一步好棋,也不一定能带来最终胜利,智能体会更关注如何最大化累积的长期奖励。通过持续的反馈,智能体的策略会在多次迭代中逐步得到优化。

强化学习与其他机器学习方法的不同之处在于,它不仅仅是预测未来的结果,更在于采取行动。例如,有监督的时间序列模型可以用来预测未来的销售额或股票价格走势,但它并不能决定在特定股价下是应该买入、持有还是卖出。而强化学习正是为此问题提供解决方案。在金融领域,强化学习智能体可以通过市场基准进行评估,帮助其在复杂的金融环境中作出买卖决策,以优化收益。通过强化学习,金融交易不再依赖分析师手动决策,而是可以实现自动化决策。例如,IBM 构建了一个强大的金融交易强化学习平台,该平台通过调整奖励函数,使得每一笔交易的决策能够基于利润或损失进行优化。

深度强化学习(Deep Reinforcement Learning,DRL)是强化学习与深

度学习的结合。在深度强化学习中,智能体通过试错的方式与环境不断交互,逐步改进策略,以取得最大累积回报。由于其强大的学习能力,深度强化学习在量化交易领域得到了广泛应用,且已经被大量研究证明其有效性。例如,哥伦比亚大学开发的开源库"FinRL"就是一个针对量化交易的深度强化学习框架,为从业人员提供统一的策略开发流水线,帮助他们快速构建和测试交易策略,可应用于多个市场场景和不同的投资任务,如投资组合管理、加密货币交易和高频交易等。

# 第 2 章
# 自然语言处理

自然语言处理（Natural Language Processing，NLP）是一种使计算机能够理解、分析和生成自然语言的技术。本章首先概述了自然语言处理的基本原理及其在经济金融领域的应用，接着讨论了知识图谱的核心理念和构建逻辑。随后，深入介绍了文本分析，特别是情感分析的原理与应用，展示了其在情绪识别和市场洞察中的重要价值。最后，本章详细解析了大语言模型的发展与应用，从基本概念、训练过程到实际应用，全面阐述了大语言模型如何推动自然语言处理技术的进步，为语言理解与生成提供强大支持。

## 2.1 自然语言处理概述

在经济金融中，人们经常关注的问题是，信息的产生和传播是如何影响资产价格波动以及如何影响宏观经济运行的。但人们能从市场中获得的信息是有限的，因此，如何更快速、高效、准确地获取市场信息，并分析市场对信息的反映，是研究这些问题的关键。过去人们受到信息获取途径和技术的限制，只能使用例如销售记录、客户名单等表格中的信息来分析问题。而除了表格信息这类结构化数据，信息世界中还蕴含了大量非结构化数据，例如，社交媒体帖子和公司公告等文本文件以及图像、音频文件等。近年来，随着人工智能、大数据和云计算等技术的快速发展，人们得以跳出传统的结构化信息的获取途径，利用 NLP 技术，从更多形式的信息载体中挖掘出各种核心信息。例如，利用机器学习方法，人们可以从文本、对话等非结构化数据中，提取感兴趣的关键信息进行分析。这类文本、对话形式的自然语言数据也被称为语料。相较于结构化数据，语料的来源更为广泛，体量更大，更新发布的频次也更高，因此人们可以从语料中挖掘出更为丰富的信息并加以利用。

金融数据的海洋中充满了公司年报、财经新闻、投资者和企业高管的互动、官方问答和语音符号等非结构化数据。以往金融研究主要依赖结构化数据进行建模，侧重于分析历史数据中的信息。但是，金融连接了社会和经济生活的方方面面，体现了人们对未来的预期。因此，以自然语言为代表的非结构化数据也蕴含了大量的市场信息，挖掘这些信息对金融研究具有重要意义。在数字经济以及人工智能的推动下，语言信息对金融活动的影响进一步扩大。诺贝尔经济学奖获得者席勒认为，研究口头陈述、新闻报道、社交媒体等传播的大众故事，可以提高对经济事件预测的准确度，并增强研究者未雨绸缪的能力。特别是以 ChatGPT 为代表的生成式人工智能，以后很大可能使得语言信息对金融活动的影响超过数据信息。因此，走向真正的实证叙事研究离不开技术进步，NLP 将成为金融研究中非常重要的工具。近年来，NLP 已广泛应用于研究金融学。其基本路线是先利用 NLP 技术来提取各种非结构化数据的关键信息，并将这些非结构化数据转换成结构化数据，从而建立非结构化数据与经济金融变量的联系，分析非结构化数据所隐含的信息对经济金融变量的影响。通过 NLP 分析各种语料数据，能减少人为主观性的影响，提高语料数据中的信息利用率，实现准确地预测和解释经济金融变量。

## 2.2　文本分析

### 2.2.1　文本分析概述

金融与社会、经济生活密切相关，伴随日常经济活动产生了大量的非结构化数据。这些数据中包含着关于金融市场参与者情绪和预期的重要信息。通过对这些数据的深入挖掘，研究者可以揭示出对金融市场波动、政策影响等方面有价值的洞察。然而，计算机不能直接处理这些非结构化的语料数据，而必须首先将其转化为结构化的数据矩阵，才能进行进一步分析和计算。与传统经济研究中的数据不同，非结构化数据是一种高维数据，通常包含数十万甚至数百万个数据点。面对如此庞大的数据集，利用NLP技术进行降维显得尤为重要，不仅能够减轻计算复杂度，还能提升分析的准确性。

NLP技术主要通过将高维的语料数据进行降维处理，以便于计算和可视化。更深层次的降维意义在于减少冗余和噪声信息对分析结果的影响，进而提高信息提取的精度。在处理文本语料时，可以通过运用语言学的结构性知识对数据进行降维。同时，机器学习中的数据降维方法通常指通过映射将高维空间中的数据点映射到低维空间中，以降低分析的复杂性。总体来说，NLP对金融领域语料数据的处理主要分为两大步骤：第一步是语料的选择和预处理；第二步是语料的特征提取和分析。

在进行语料预处理之前，要解决的是选料问题。语料的选择往往取决于研究问题的具体需求和研究者的主观判断。不同的研究领域对语料的来源有不同的偏好。例如，在研究公司金融方面，许多学者会选择公司年报或财务报告作为语料，而在研究经济政策不确定性时，主流新闻媒体的报道往往是更常见的选择。此外，社交媒体上的用户生成内容也为研究市场情绪提供了丰富的数据来源。

语料预处理是文本分析的基础步骤，包括文本清理和分词。文本清理的目标是保留有用信息，删除不相关或噪声数据，以减少数据维度。处理文本大数据时，通常需要删除重复、错误、缺失或异常的数据，同时清理掉无意义的符号、数字和标点符号等字符。这一过程对非结构化语料数据的初步整理至关重要。

在中文文本处理中，分词是一个核心任务。由于中文没有明显的词语边界，因此需要通过特定的分词算法，将句子拆解为独立的词语单元。词是最小的具有独立意义的语言符号，分词的准确性对于后续的文本分析至关重要。为了提升分词效果，通常会结合多种分词方法进行优化。相比之下，英文文本的分词相对简单，因为英文词汇之间通常通过空格分隔，但由于存在"词根派生"现象，仍需要通过词干化和词形还原技术来进一步降噪。

完成分词和文本清理后，下一步是文本表示和特征提取。NLP技术的关键之一是将文本数据转化为计算机能够识别和处理的结构化数据。文本表示的方法经历了从简单到复杂的发展历程,早期的方法包括词袋模型(Bag of Words,BoW)和词频—逆文档频率(TF-IDF)。词袋模型通过统计文本中词语的出现频率,将文本表示为向量,其维度由词汇表中的不重复词的数量决定。然而,词袋模型的一个主要缺点是忽略了词语之间的语序和语法关系,导致维度灾难和数据稀疏问题。

相较于传统词袋模型,分布式词表示方法(Word Embedding)能够更好地捕捉文本中的语义信息。分布式词向量通过考虑词与词之间的共现关系,将文本中的词汇转化为低维向量。这种方法不仅能够保留更多的语义信息,还能避免稀疏性问题。通过构建共现矩阵,词向量可以表示词与词之间的语义相似度。但即使使用这种方法,构建共现矩阵时仍然会面临计算复杂度高的问题。为了解决这个问题,可以使用主成分分析或奇异值分解等降维方法,进一步降低词向量的维度。

近年来,基于上下文的词嵌入模型如 Word2Vec、GloVe 和 BERT 等,成为文本表示的主流方法。特别是 BERT 模型,能够通过捕捉上下文信息生成动态词向量,大大提升了文本表示的准确性。词嵌入模型的核心思想是通过神经网络等机器学习算法,训练模型以预测词语与其上下文之间的共现关系,从而生成稠密的低维词向量。

NLP 技术的快速发展,使得研究者能够更准确地捕捉文本中的情感和语义信息,特别是在金融领域,其广泛应用于挖掘金融市场的潜在信息。在实际应用中,情感分析是一项重要的任务,研究人员通常会构建特定领域的情感词典,通过统计文本中情感词的出现频率,来分析市场情绪。情感词典的构建通常需要结合专家经验和机器学习方法,以确保其能够准确地反映文本中的情感信息。基于机器学习构建的金融情感词典,能够为金融文本提供更为精准的情感分析,从而帮助研究者更好地理解市场情绪变化。

深度学习技术的应用进一步提高了文本分类的效果。深度学习通过多层神经网络结构,能够自动学习文本中的复杂特征。卷积神经网络(Convolutional Neural Network,CNN)和循环神经网络(Recurrent Neural Network,RNN)是最常见的深度学习模型。CNN 在处理图像数据方面表现优异,但在文本分类方面也表现良好;RNN 则更适合处理具有序列特征的文本数据,如自然语言。通过深度学习算法,研究者可以更好地处理复杂的金融文本数据,提高分类模型的准确性和鲁棒性。

总之，NLP技术为金融领域的文本分析提供了强大的工具。通过对非结构化文本数据的预处理、特征提取和情感分析，研究者能够更全面地理解金融市场的动态，进而为政策制定、投资决策等提供重要支持。随着机器学习和深度学习技术的不断发展，NLP技术在金融研究中的应用前景也将更加广阔。

### 2.2.2 情感分析

情感分析，又称为意见挖掘（Opinion Mining），是NLP中的一个重要领域，旨在识别和提取文本中的观点及其相关特征。除了识别观点，情感分析还可以提取与观点相关的特性，例如观点的极性（积极或消极）、主题（讨论的对象）以及意见持有者（表达观点的个人或实体）。情感分析之所以备受关注，主要是因为其在许多实际场景中的广泛应用。随着互联网的普及，评论网站、论坛、博客和社交媒体等平台上生成了海量的意见数据，这些非结构化的文本信息可以通过情感分析系统自动转换为结构化数据，为企业在产品、服务、品牌、政治等主题上的分析提供支持。这些数据对于市场营销、公共关系、产品评价和客户服务等商业应用具有极高的价值。

在进一步探讨之前，我们首先定义"观点"的含义。文本信息可以大致分为两类：事实和意见。事实是关于某个事物的客观陈述，而意见则通常是主观表达，涉及个人对某一主题的情感、评价和感受。情感分析的核心任务是通过分类模型将这些意见识别出来，并解决两个基本问题：一是将句子分类为主观或客观，这被称为主观性分类；二是将主观句子进一步分类为正面、负面或中立的观点，这被称为极性分类。

情感分析的研究对象可以是实体及其特征。例如，"这款相机的电池续航时间太短"这一观点，就是对实体（相机）和其特征（电池寿命）的负面评价。情感分析中的观点可以分为两类：直接性观点和比较性观点。直接性观点是对某一实体直接发表的意见，例如"相机A的画质很差"，这是一个针对相机A的负面评价。比较性观点则是通过比较不同实体来表达意见，例如"相机A的图像质量优于相机B"，这一观点表达了对相机A的积极评价，同时对相机B表达了负面看法。

此外，情感分析中的观点还可以分为显性和隐性。显性观点是通过主观句直接表达的意见，如"这款手机的音质令人惊叹"，而隐性观点则是在客观句中隐含的情感态度，例如"耳机在两天内坏了"，则隐含了负面意见。在隐性观点中,隐喻是最复杂的一种表达形式,因为它涉及大量的语义信息,往往难以通过简单的语言处理方法来准确分析。

情感分析可以应用于不同的范围层次:文本级、句子级和子句级。文本级情感分析是对整个文档或段落的情感进行分析,而句子级和子句级情感分析则分别对单句或句子中的部分内容进行分析。情感分析系统的复杂性不一,有些仅专注于极性(正面、负面、中立),而有些则能够检测情感和情绪(如愤怒、快乐、悲伤等),或者识别意图(如感兴趣或不感兴趣)。有时,细粒度的情感分析可以更准确地评估意见的极性,例如将情感划分为非常积极、积极、中性、消极和非常消极五个等级,这种方式可以与五星评级系统对应。

除了极性分析,情感分析还包括情绪检测,旨在识别文本中表达的特定情绪,如快乐、愤怒、悲伤等。情绪检测通常依赖于情感词典(包含单词及其对应的情感)或复杂的机器学习算法。然而,使用情感词典也存在局限性,因为人们表达情感的方式多种多样,不同语境中的词汇可能传递不同的情感。例如,"kill"一词通常表示愤怒,但在某些情境中也可能表达兴奋或快乐。

在情感分析中,基于方面的情感分析(Aspect-Based Sentiment Analysis)尤其重要。它不仅可以分析整体极性,还能够深入分析产品的具体特性。例如,在"这款相机的电池续航时间太短"这句话中,表达的是对相机电池寿命这一特定方面的负面意见。因此,方面级情感分析可以帮助企业准确定位客户对产品的具体反馈,从而进行有针对性的改进。

另一个情感分析的关键任务是意图分析,它不仅要识别人们在文本中表达了什么,还要识别他们通过文本想要做什么。比如,"你的客户支持是一场灾难,我已被搁置20分钟。"这句表达了明显的抱怨;"我想知道如何更换墨盒。"则是一个问题;"你能帮我填一下这张表吗?"是一个请求。虽然这些意图对人类来说很容易识别,但机器可能需要借助上下文知识和复杂的算法来进行判断。

在多语言环境中,情感分析的复杂性进一步增加。不同语言之间的表达方式和词汇使用差异显著,因此多语言情感分析通常需要大量的预处理资源,包括翻译语料库和噪声检测算法。多语言情感分析面临的另一个挑战是自动检测文本的语言并为其选择合适的情感分析模型。

目前,全球约80%的数据是非结构化的,其中大部分为文本数据。对这些文本数据(如电子邮件、社交媒体评论、客户服务记录等)的分析和分类,耗时且昂贵。情感分析模型能够自动处理这些非结构化数据,提供可操作的洞察,节省手动数据处理的时间并提高效率。使用机器进行情感分析的优点包括以下三个方面。① 扩展性:手动分析大量的文本数据是不可行的,但情感分析可以大规模、低成本地处理海量数据,如成千上万的用户评论或社交媒体内容。② 实时分析:机器可以帮助企业实时监测、识别关键信息,例如即将发生的公关危机或愤怒的客户,帮助企业及时采取行动。③ 一致性:人类对情感的评估往往是主观的,不同评估者的观点可能不一致。情感分析系统通过应用统一标准,减少了这种不一致性,并提高了数据的准确性。

综上所述,情感分析作为自然语言处理的一个重要领域,在许多实际场景中展现了强大的应用价值。通过对文本数据中的情感、情绪和意图的识别和提取,情感分析能够帮助企业、政府机构等更好地理解用户需求,作出更为精准的决策。随着机器学习、深度学习和大数据技术的不断发展,情感分析的准确性和应用广度将继续提升。

## 2.3 大语言模型

### 2.3.1 大语言模型概述

语言模型(Language Model)是自然语言处理领域中的一个核心概念,用于计算语言的概率分布。简单来说,语言模型通过学习语言中的统计规律,预测一段文本中下一个词或字符出现的概率。借助这些规律,语言模型可以自动识别语法、句法和语义等特征,从而实现对文本的理解和生成。语言模型是自然语言处理任务中的基础工具,广泛应用于机器翻译、语音识别、文本生成、信息检索等领域。

语言模型的发展历程可以追溯到 20 世纪 50 年代,最早的模型是基于 n-gram 的统计方法。n-gram 模型通过计算固定长度的词或字符序列的共现频率来进行预测,但由于其只能处理有限上下文,无法有效捕捉长距离依赖,表现相对受限。随着深度学习技术的兴起,神经网络语言模型(Neural Network Language Model)逐渐取代了传统的统计方法。循环神经网络(RNN)和长短期记忆网络(Long Short-Term Memory, LSTM)等模型,通过捕捉序列中的上下文信息,显著提升了语言模型在处理长文本和复杂语言任务中的表现。然而,尽管 RNN 和 LSTM 在一定程度上缓解了语言模型的局限性,但它们依然面临长距离依赖和梯度消失的问题。

Transformer 模型的出现成为自然语言处理领域的技术转折点。与传统的 RNN 不同,Transformer 通过自注意力机制有效捕捉文本中的长距离依赖,并且支持高效并行计算,极大提升了训练效率和模型性能。自注意力机制允许模型在处理序列中的每个位置时,能够关注到其他所有位置的信息,这一机制通过计算序列中各个位置之间的相关性,动态调整每个位置的重要性,从而提高了模型对语义关系的理解能力。此外,Transformer 模型引入了位置编码技术来解决其自身无法感知顺序信息的问题。位置编码通过为每个词汇添加顺序信息,使模型能够捕捉文本中的序列结构,确保顺序在处理过程中不丢失。

基于 Transformer 架构的模型,如 GPT(生成式预训练转换器)和 BERT(双向编码器表征器),成为现代大语言模型(Large Language Model, LLM)的核心架构。GPT 采用自回归的预训练目标,擅长文本生成任务;而 BERT 则通过双向编码的预训练目标,在分类、问答等下游任务中表现出色。GPT 和 BERT 的成功标志着自然语言处理进入了大语言模型的新时代。

大语言模型的崛起,离不开多项技术创新的推动。首先,Transformer 架构的引入,使得模型能够更好地捕捉文本中的长距离依赖,克服了传统模型在处理长序列时的性能瓶颈。其次,大规模的预训练技术使得模型能够在海量文本数据上学习到通用的语言表示,为各类下游任务提供了强大的支持。最后,随着计算硬件(如 GPU、TPU)的发展和优化算法的进步,训练超大规模模型的成本大幅降低,这也为大语言模型的广泛应用奠定了基础。

大语言模型的核心特征是规模巨大,通常拥有数以亿计甚至千亿计的参数。这些模型通过在海量的文本数据上进行预训练,能够生成更加自然的语言,并在多种自然语言处理任务中展现出优越的性能。例如,在文本生成方面,它们可以用于自动写作、智能对话系统、生成式客服等场景。在机器翻译中,大语言模型通过学习语言之间的映射关系,实现高质量的翻译效果。语音识别也是大语言模型的一个重要应用领域,通过提高语音到文本的转换精度,极大改善了语音识别系统的表现。此外,信息检索、文档分类、主题建模和情感分析等任务中,大语言模型也扮演着不可或缺的角色。

总的来说,大语言模型的出现和发展为自然语言处理领域带来了革命性变化。其强大的语言理解和生成能力,不仅推动了人工智能在语言任务中的突破,还为未来自然语言处理的创新提供了无限可能。随着技术的不断进步,大语言模型在更复杂的应用场景中将继续展现其重要的作用,并推动各个行业向前迈进。

### 2.3.2 大语言模型的训练

训练大语言模型是一个复杂且耗时的过程,涉及多个阶段和技术的支持。为了成功训练大语言模型,需要注意以下几个关键要素。

(1)数据集的重要性与选择。数据集的质量和规模对训练大语言模型至关重要。高质量、大规模的文本语料库能够帮助模型学习到丰富且多样的语言特征。为了确保语言模型具备广泛的适应能力,通常会选取如维基百科、新闻语料库和网络文本等大规模数据集进行训练。这些数据集能够覆盖不同的语言结构、主题和领域,从而提高模型在多样化任务中的表现。

(2)预训练与微调的过程。大语言模型的训练通常分为预训练和微调两个阶段。在预训练阶段,模型通过无监督学习,在大规模文本数据上学习语言的通用表示。这一阶段帮助模型捕捉语言中的统计规律和基本特征。在微调阶段,模型会在特定任务的标注数据集上进行有监督学习,通过调整参数,使其更好地适应特定任务的需求。这种两阶段训练方法使得模型既具备广泛的语言理解能力,又能够专门应对具体应用场景。

(3)计算资源与训练成本。训练大语言模型需要巨大的计算资源和较长的时间,通常使用大规模 GPU 集群或云计算平台来完成。由于模型的参数规模庞大,训练过程中的硬件需求、能源消耗和人力成本都非常高昂。如何高效地利用计算资源,降低训练成本,是大语言模型研发中的重要挑战之一。

(4)避免过拟合与模型泛化的策略。由于大语言模型的参数量极大,模型容易出现过拟合现象,即在训练数据上表现良好,但在新数据上效果不佳。为避免过拟合,通常采用正则化、数据增强和早停(early stopping)等技术手段。此外,提升模型的泛化能力也是关键目标之一,即确保模型能够在未见过的数据上依然保持较好的表现。这需要合理的模型设计与调参策略,以使其不仅在训练集上取得高精度,还能适应多样化的实际应用场景。

综合来说,科学合理地选择数据集、设计训练流程并高效利用计算资源,可以显著提高大语言模型的训练效率及其性能。高质量的大语言模型将为自然语言处理领域的多项应用带来更多的可能性和创新机遇。

### 2.3.3 大语言模型的应用

大语言模型的应用在全球范围内得到了广泛关注,以下以 OpenAI 的 GPT 系列为例展开详细介绍。OpenAI 是一家专注于人工智能研究的组织,致力于推动人工智能技术的发展,以造福全人类。在众多研究成果中,GPT 系列是其最具影响力的项目之一。GPT 系列的每个版本都在自然语言处理领域带来了重要的创新和应用。

GPT-1 是 OpenAI 在 2018 年发布的首个版本,其核心创新在于使用 Transformer 架构,结合无监督学习与有监督学习的训练方式。这一模型在大规模文本数据上进行预训练,能够捕捉到语言中的复杂特征。GPT-1 展示了自然语言处理任务中预训练的潜力,特别是在文本生成、问答和摘要等任务上取得了良好的效果。尽管其能力较为有限,但 GPT-1 为后续版本奠定了基础。

GPT-2 于 2019 年发布,参数数量从 117 M 增加至 1.5 B,这一重大扩展使得模型能够学习更复杂的语言模式。OpenAI 在初期并未公开完整模型,为的是避免其被用于生成虚假信息等不当用途。GPT-2 在多种文本生成任务中表现卓越,能够生成连贯且符合上下文的文本。其强大的生成能力引发了公众对 AI 潜在滥用风险的广泛讨论。最终,OpenAI 于 2019 年 11 月公开了整个模型,标志着对 AI 技术的透明度和安全性的重视。

GPT-3 于 2020 年发布,参数量达到了 175 B。其强大的文本生成和理解能力让 GPT-3 能够在没有微调的情况下,通过少量示例进行学习,甚至实现零样本学习。GPT-3 的应用范围极为广泛,包括编写代码、生成诗歌、翻译语言和创作文章等。其高效的学习能力和适用性使其成为多个领域的重要工具,推动了智能应用的快速发展。

GPT-4 于 2023 年发布,进一步扩展了模型的规模和能力。GPT-4 支持多模态输入,能够同时处理文本和图像信息,这一创新使其在理解复杂指令和生成相关内容方面表现得更为出色。与前一版本相比,GPT-4 在逻辑性和一致性方面有显著提高,更好地应对了上下文的复杂性。该模型在医疗、教育和创意写作等领域的应用潜力得到了进一步扩展。

GPT系列模型的应用场景涵盖多个行业和领域,包括但不限于① 内容生成:自动撰写各类文章、广告文本等,提高内容创作效率;② 对话系统:用于聊天机器人和虚拟助手,提供自然流畅的对话体验;③ 编程辅助:能够生成代码、解释代码逻辑,并提供编程建议,辅助开发者进行软件开发;④ 教育与培训:生成个性化学习材料和答疑,帮助学生更好地理解学习内容;⑤ 文本翻译:学习复杂的语言结构和语义关系,实现高质量的机器翻译服务。

尽管GPT系列模型在多个方面表现出色,但其应用也引发了一系列伦理和安全问题。例如,① 滥用风险:强大的文本生成能力可能被用于生成虚假信息、假新闻或其他恶意内容;② 偏见与公正性:模型在训练过程中可能学习到数据中的偏见,导致生成的内容存在性别、种族等方面的歧视;③ 透明性与可解释性:大型模型的复杂性使得其决策过程不易理解,影响了其应用的透明性和信任度。为此,OpenAI在发布GPT系列时,强调负责任的使用,并致力于进行安全研究,以减少模型的滥用风险。

在未来的版本中,OpenAI可能会在以下三个方面对GPT系列进行改进。① 模型规模与效率:在保持或提升模型能力的同时,探索更高效的训练和推理方式,以降低资源消耗。② 跨模态能力:将文本生成与图像、音频等其他模态结合,构建更强大的多模态AI系统。③ 加强安全性:继续研究和开发机制,减少模型滥用的风险,并提升模型的公平性和透明性。

## 2.4 知识图谱

### 2.4.1 知识图谱概述

知识图谱,也被称为科学知识图谱,在图书情报领域通常被视为知识的可视化工具或知识映射。它是一种通过图形化手段展示知识发展过程及其结构关系的工具,能够借助可视化技术描绘知识资源及其载体,从而挖掘、分析、构建、绘制并显示知识及其之间的相互关系。知识图谱可以帮助我们更直观地理解知识的结构,同时也为计算机系统提供了有效的知识推理和查询机制。

知识图谱及其相关概念的起源可以追溯至20世纪中期。1956年,理查德·里钦斯(Richard Richens)首次提出了语义网(Semantic Net)的概念，这是图形化知识表征的早期形式。随后在 1959 年，通用问题求解器(General Problem Solver，GPS)引入了逻辑符号的知识表示方式。20 世纪 70 年代，专家系统逐渐成为研究热点，著名的 MYCIN 系统就是基于知识推理和问题求解器的医学诊断专家系统，其知识库包含了约 600 条医学规则。到了 1984 年，Cyc 项目的出现标志着知识图谱的发展进入了新的阶段。Cyc 的目标是将上百万条知识编码为机器可理解的形式，并为此设计了 CycL 这一基于一阶关系的知识表示语言。

知识图谱的核心思想在于通过图形化的方式表示知识及其之间的关系。在这种图结构中，节点代表概念或实体，而边则代表这些概念或实体之间的关系。知识图谱的这种图形化展示方式，不仅有助于直观理解复杂的知识结构，还能提高信息检索的准确性和效率，广泛应用于搜索引擎优化、智能问答系统、推荐系统等领域。知识图谱融合了图形学、知识表示、人工智能等多学科知识，它的应用和发展极大推动了信息检索、知识管理等领域的进步，同时也为未来的智能化应用提供了坚实的基础。

构建知识图谱是一个复杂的过程，涉及多个步骤。首先，需要明确知识图谱的应用领域和构建目标，规划设计出合适的知识图谱架构和模式，并确定实体的属性和实体间的关系。接下来是数据收集阶段，需要从各种来源（如文本、数据库、API 等）获取原始数据，这些数据可能是结构化的、半结构化的或非结构化的。随后，使用自然语言处理技术对数据进行实体识别，抽取文本中的实体，并将这些实体映射到知识图谱的节点上，这个过程称为命名实体识别。然后，从文本中提取实体之间的关系，生成知识图谱中的边，同时识别并提取实体的属性，如人的年龄、地点的坐标等。

在数据处理完成后，进入知识融合和加工阶段。这一步需要将来自不同数据源的信息进行整合，消除冲突和冗余，确保数据的一致性和准确性。知识图谱的构建过程中，自动化处理可能存在一定的局限性，因此需要引入人工参与，以解决一些复杂的问题。最后，构建完成的知识图谱需要存储在数据库中，通常使用关系型数据库或图数据库（如 Neo4j）进行存储，以便后续查询和推理。同时，知识图谱还需定期更新，确保数据的时效性，更新方式可以是增量更新或全面更新。随着技术的不断进步，知识图谱的构建方式也在不断演进。现代知识图谱构建过程中引入了深度学习、图神经网络等技术，极大提高了构建的效率和准确性。

## 2.4.2 知识图谱与自然语言处理的关系

知识图谱与自然语言处理之间有着深刻且紧密的联系,二者相辅相成,共同推动了智能系统的进步。知识图谱不仅是自然语言处理技术的延伸与应用,也为复杂的语言处理任务提供了重要的支持。

自然语言处理技术为知识图谱的构建和维护提供了关键的技术支持,特别是在从大量的非结构化文本中提取有价值的知识时。具体而言,自然语言处理技术在以下几个方面推动了知识图谱的形成和发展。

(1)文本挖掘:通过文本挖掘技术,系统可以从庞大的文本数据中自动提取出与特定领域相关的信息,并将这些信息进一步处理,供知识图谱使用。这有助于将传统上未被充分利用的文本资源转化为有价值的结构化知识。

(2)信息抽取:信息抽取技术用于从非结构化数据(如新闻、学术文章、网络数据等)中抽取出实体(如人名、地名、公司名等)以及识别这些实体之间的关系。信息抽取的质量直接影响知识图谱的精确度。

(3)命名实体识别:这是信息抽取中的关键技术,用来从文本中识别并分类特定实体。其帮助将自然语言中的信息结构化,为知识图谱提供核心的实体基础。通过从文本中自动识别关键实体,知识图谱能够不断扩展其实体数据库。

(4)实体链接与关系抽取:提取出来的实体与关系还需要进一步地链接和抽象,以确保图谱中信息的准确性和一致性。通过实体链接技术,可以将文本中提到的实体与知识图谱中已有的实体对应起来,而关系抽取技术则用于识别实体之间的关联并加以表述。

通过这些自然语言处理技术,知识图谱得以从海量的非结构化文本数据中不断提取、链接和整合信息,使其内容日益丰富和完善,成为高质量的结构化知识库。反过来,知识图谱对自然语言处理系统也具有强大的支持作用,特别是在提高系统的语义理解、推理能力和增强决策准确性方面。知识图谱可以提供结构化的背景知识,帮助自然语言处理模型更好地理解文本背后的复杂语义。

(1)语义理解与语义消歧:知识图谱能够为自然语言处理提供深层次的语义背景。通过使用知识图谱中的结构化信息,NLP系统能够更好地理解文本中的多义词或模糊语义。例如,同一单词在不同上下文中的不同含义可以通过知识图谱的实体来消歧,从而大大提高文本理解的精确性。

（2）推理能力：知识图谱中的关系不仅为 NLP 提供了背景信息,还增强了其推理能力。例如,在智能问答系统中,知识图谱可以帮助推理出某个问题的潜在答案,即使这个答案并未明确出现在文本中。这种基于图谱的推理能力使得 NLP 系统能够处理更复杂的问题。

（3）自然语言生成：在自然语言生成任务中,知识图谱提供了支持信息,以确保生成的文本内容在语义上是一致且准确的。例如,在自动生成新闻摘要或产品描述时,知识图谱可以确保信息的逻辑性和连贯性。

（4）智能问答和推荐系统：知识图谱在智能问答系统中起到了至关重要的作用,通过将自然语言问题映射到知识图谱中的实体和关系上,系统能够快速找到准确答案。此外,在推荐系统中,知识图谱能够通过关联用户的兴趣和产品信息,提供个性化的推荐。

（5）对话系统：知识图谱帮助对话系统提升理解上下文的能力,使得对话更自然且实现更深层次的语义理解。系统可以根据知识图谱中的结构化知识生成智能响应,从而增强对话的互动性和准确性。

综合来说,知识图谱与自然语言处理的结合不仅使得信息提取、知识构建更加高效,也提高了信息处理和生成的智能化水平。通过将自然语言中非结构化的信息转化为结构化知识,知识图谱可以为自然语言处理系统提供强大的语义支持,特别是在复杂问答、文本摘要、自动生成等高级任务中展现出强大的优势。

### 2.4.3 知识图谱的应用

知识图谱在金融领域的应用非常广泛,尤其是在反洗钱交易监测和精准营销方面展现了显著的优势,以下是知识图谱的几个应用场景。

（1）知识图谱在反洗钱交易监测中的应用。洗钱活动通常通过复杂的资金转移网络进行,这些交易表面上看可能没有异常,但背后可能是精心设计的资金流动路径,涉及多个账户、不同的金融机构和跨国交易。传统的反洗钱监测系统往往依赖于规则驱动的方式,例如交易金额阈值或频率的异常,但难以识别复杂的关联交易模式和潜在的洗钱网络。知识图谱通过整合多种数据源,关联交易记录、账户信息、地理位置、企业关系、历史行为模式等多维度数据,生成一个实体和关系的网络图谱。在反洗钱监测中,知识图谱帮助识别出隐藏在看似正常的交易模式中的异常关联。并且,知识图谱可以动态更新,当新的交易或关系信息进入系统时,图谱会进行调整,帮助实时监测潜在风险。这种基于知识图谱的反洗钱解决方案,极大提升了金融机构在处理洗钱活动中的洞察力和响应速度。

(2)知识图谱在精准营销领域的应用。在竞争激烈的电商行业,提高用户购买转化率和客户满意度是关键挑战。传统推荐系统通常依赖用户历史行为和简单的协同过滤算法,难以深入挖掘用户的个性化需求。知识图谱的应用为精准营销提供了全新的解决方案。通过构建客户知识图谱,营销平台能够聚合客户的基本信息和行为特征(如年龄、消费习惯、搜索历史和用户评价等),为客户打上精准标签,从而更深入地理解客户需求并进行定制化推送。知识图谱的动态更新功能使推荐系统能够实时响应用户行为变化。例如,当用户对某类产品表现出兴趣时,系统会立即更新其偏好信息,并在下次推荐中优先考虑这些产品。同时,通过分析现有用户的社交网络,知识图谱还能帮助机构发掘潜在客户,建立基于社交行为的关系模型,进一步拓展客户群体。这种综合应用大幅提升了营销的精准性和有效性。

(3)知识图谱在智能客服系统的应用。金融服务机构通常面临大量客户咨询,涉及账户信息、产品推荐和投资咨询等,人工客服难以满足大规模用户的实时需求,也无法快速获取上下文相关的知识信息。通过知识图谱,将金融产品信息、客户问题和历史交易数据等相关内容进行关联,智能客服系统能够从用户的问题出发,迅速定位相关知识,生成个性化且准确的回答。例如,当用户咨询某一理财产品的详细信息时,系统会基于知识图谱自动关联该产品的风险、收益、历史表现及类似产品,为用户提供全面的答案。此外,知识图谱的应用还能提升客服系统的学习能力和适应性。随着用户咨询数据的不断积累,系统可以持续优化其知识库和响应策略,实现更高效的服务和用户体验。通过这种智能化的方式,金融机构不仅能提升客户满意度,还能有效降低运营成本。

总而言之,知识图谱作为一种强大的知识表示和管理工具,已经成为多个领域的重要技术手段。它不仅推动了知识管理、信息检索和人工智能的发展,还在金融、营销、医疗和教育等多个行业展现出广泛的应用前景。随着技术的不断进步,知识图谱的构建和应用将会变得更加智能化和高效化,有望在更多场景中发挥重要作用。

## 2.5 案例：经济政策与市场反应

在经济金融学领域，研究者们经常试图理解政府政策与市场反应之间的关系。例如，政府发布的经济政策可能会影响投资者的预期，进而对股票市场、债券市场，甚至汇率产生影响。为了研究这种关系，传统方法可能需要依赖专家对政策文本的解读和定性分析，但这通常耗时费力且主观性强。

通过自然语言处理技术，研究者可以大规模分析政府政策文本，自动提取其中的经济信号，并将这些信号与市场反应相联系。这不仅提高了研究效率，也使分析更加客观和系统化。每年中国政府都会发布工作报告，涵盖经济增长目标、产业结构调整、基础设施建设等内容。研究者认为，报告中的经济政策信号可能对市场产生影响，因为投资者会根据报告中的信息调整预期，从而影响市场的走势。接下来以政府工作报告的文本分析为例，展示如何应用自然语言处理来捕捉经济信号并进行后续的经济分析。

第一步，研究者进行数据收集与清洗。研究者可能会从政府官方网站、数据库或新闻媒体上获取大量的各级政府工作报告文本。这些文档通常是非结构化的文本，格式不一，因此需要进行数据清洗。常见的清洗步骤包括去除无关字符、处理标点符号、删除冗余信息等。

第二步，进行文本的预处理。清洗后的文本需要进一步处理，以便能够进行机器学习或统计分析。常见的预处理步骤包括分词（将文本分解为词语或短语）、去除停用词（如"的""是""和"等），以及词形还原（将不同形式的同一个词统一处理，如"经济""经济学"都还原为"经济"）。这些步骤有助于降低文本的复杂性，使得模型更容易理解文本内容。

第三步，关键词提取与主题分析。在预处理完成后，研究者可以利用自然语言处理技术从文本中提取关键词，捕捉文档中的核心信息。例如，研究者可以重点关注"经济增长""财政刺激""货币政策"等反映经济政策的关键词。通过关键词的频率分析，研究者能够初步了解政策文件的侧重点。此外，还可以应用主题模型（如LDA模型）来自动归纳文本中的主题。主题模型能够将文本中的词语按照它们的共现模式分为若干个主题，从而揭示政府工作报告中不同政策的侧重点。例如，一个主题可能与"基础设施建设"

有关,另一个主题可能与"科技创新"相关。通过对主题的变化趋势进行分析,研究者能够了解政策的演变和未来的政策重点。

第四步,情感分析。情感分析可以帮助研究者理解政策文本中的情绪倾向。对于经济政策文本,情感分析的目标通常是判断政府对于未来经济前景的乐观或悲观态度。例如,如果在一份政策报告中,出现了大量描述经济前景光明、增长潜力大的词汇(如"机会""上升""增长"),则情感分析模型可能判断该报告的情感倾向为积极。这种情感倾向可以用来预测政府对未来经济的态度,从而帮助市场参与者进行决策。

第五步,经济信号提取。在关键词提取和情感分析的基础上,研究者可以进一步构建"经济信号指数",定量化地表示政策文件中传达出的经济信号。例如,研究者可以为每个关键词赋予一定的权重,然后根据这些关键词的频率和情感倾向,构建一个反映政府经济政策信号强度的指标。

第六步,经济信号与市场反应的关联分析。构建了经济信号指数后,研究者可以监测政策的变化趋势,并与经济金融市场的波动进行比较。例如,当政府工作报告中关于"经济增长"的讨论增多且情感倾向积极时,可能预示着政府对经济增长持乐观态度,从而对股市产生正面影响。反之,如果报告中充斥着"经济下行风险""挑战"等负面词汇,可能预示着政府对经济前景持保守态度,市场也可能作出相应的负面反应。

通过这个案例,我们可以看到自然语言处理在经济金融学领域的巨大潜力。自然语言处理不仅能够提高文本分析的效率,还能够帮助研究者从大量的政策文件中提取有价值的经济信号。这些信号对于理解政府政策与市场反应的关系、预测市场走势具有重要意义。

# 第3章
# 计算机视觉

计算机视觉赋予机器"看"和"理解"图像与视频的能力,不仅仅是识别图像中的对象,更涉及对图像和视频内容的深层次理解与分析。本章首先概述了计算机视觉的基本原理和发展历程,梳理了其在技术和应用上的重要突破。随后,探讨了文字识别的技术原理及其在保险理赔流程中的实际应用,展示了如何通过自动化技术提高效率。接着,介绍了图像识别与人脸识别技术,重点讲解了它们在身份验证、风险管理等领域的应用。最后,阐述了计算机视觉技术如何通过从视频数据中提取有价值的信息来分析动态行为,为智能监控和行为分析提供了强大的技术支持。

## 3.1 计算机视觉概述

人类依赖视觉来获取日常生活中的大量信息,科学家们也在努力赋予计算机类似的视觉能力,使它们能够像人类那样"观察"外部世界。计算机视觉(Computer Vision,CV)是人工智能的一个领域,它的目标是让计算机系统能够从图像、视频等非结构化数据中提取出有价值的信息,并据此作出响应或提出建议。如果说机器学习使计算机拥有了思考的能力,那么计算机视觉则赋予了它们识别、观察和理解的能力。

人的眼睛是将各种可见光信号通过视神经转化成电信号,再传递到大脑皮层。计算机视觉训练机器依靠摄像头、数据和算法来执行这些功能,但它们能在更短的时间内完成工作,而不是依赖于人类的视网膜、视神经和大脑皮层。经过专门训练的计算机视觉系统能够用于检验产品或监控生产,该类系统每分钟能够分析成千上万的产品或流程,并且能够发现极其微小的缺陷或问题,因此可以说在某些方面,计算机视觉的能力已经超越了人类。

计算机视觉系统的运作需要大量的数据支持。计算机视觉需要通过不断重复的数据分析,逐渐学会识别图像中的差异。例如,要教会计算机识别合格的汽车轮胎,就需要向其提供大量的轮胎图像和相关数据,以便它能够学习如何区分不同的轮胎,尤其是那些没有缺陷的轮胎。在这个过程中,机器学习通过算法模型使计算机能够自主学习视觉数据。随着学习样本的增加,计算机就能逐步掌握识别图像的能力,并不断提高准确度。这与人类的学习过程是相似的,只不过计算机的学习更加迅速。

计算机视觉的研究和应用已经历了 60 多年的发展。1959 年,神经生理学家通过向猫展示图像并观察其大脑反应,发现了猫会对硬边缘或线条有初步反应,这表明图像处理需要从基本形状(例如直线)开始。同一时期,计算机图像扫描技术取得了突破,使得计算机能够将图像数据转化为数字形式。1963 年,计算机技术进一步发展,能够将二维图像转换成三维模型,这是计算机视觉领域的又一重要进展。20 世纪 60 年代,人工智能作为一个新的学术领域出现,人们开始探索利用人工智能技术来模拟人类的视觉处理能力。

1974 年,光学字符识别(Optical Character Recognition,OCR)技术逐渐普及,它能够识别不同字体和样式的打印文字。智能字符识别(Intelligent Character Recognition,ICR)技术也可以利用神经网络来识别手写文字。目前,光学字符识别和智能字符识别技术已经被广泛应用于文件处理、发票识别、车牌识别、移动支付、机器翻译等多个领域。

20 世纪 70 年代,神经系统科学家大卫·马尔(David Marr)提出了视觉信息处理的分层理论,并开发了能够识别边缘、角落和曲线等基本视觉元素的算法。同年,计算机科学家福岛邦彦(Kunihiko Fukushima)发明了 Neocognitron 神经网络,这是一种包含多层卷积的神经网络,可以用于图像模式识别。

进入 21 世纪,物体识别成为研究热点。2001 年,首个实时人脸识别系统问世。在这一时期,视觉数据的处理模式开始标准化。2010 年,ImageNet 数据集发布,它包含了数百万张标记图像,覆盖上千种物体类别,为当前的卷积神经网络(CNN)和深度学习模型的发展提供了重要基础。2012年,多伦多大学的团队带着名为AlexNet的CNN模型参加了一个图像识别比赛,该模型将错误率降至了个位数百分比,这标志着计算机视觉领域的一个重大突破。近年来,计算机视觉与其他学科的交叉融合日益加深,推动了多模态感知和认知智能的研究。此外,计算机视觉也开始在自动驾驶、智慧城市、健康医疗等领域的实际应用中扮演越来越重要的角色。

## 3.2 文字识别

光学字符识别(OCR)技术是一种将图像中的文本转换为计算机可编辑和可检索文本的技术。它通过扫描纸质文档上的字符,通过检测暗亮模式将印刷体字符转换为黑白点阵的图像文件,并通过识别技术将图像中的文字转换为计算机可编辑文本,从而进行下一步的编辑加工。OCR技术被广泛应用于文档管理、数据录入、自动化办公等多个领域,极大地提高了工作效率和准确性。

运用OCR技术进行文字识别主要包括图像预处理、文本行定位、字符分割和字符识别四个步骤。首先,OCR系统会对扫描得到的图像进行预处理,包括去背景、倾斜矫正、图像增强等,以提高文本行的可识别度。接下来,OCR系统会利用图像处理技术定位文档图像中的所有文本行。在文本行定位完成后,OCR系统会将文本行中的字符进行分割,以便对每个字符进行单独识别。最后,OCR系统会根据字符的形状、大小、颜色等信息,利用字符识别算法将图像中的字符转换为计算机可编辑的文本。

目前,OCR技术分化为传统OCR和基于机器学习的OCR两种方法。在图像预处理阶段,传统方法和机器学习方法大致相同,但机器学习方法会增加文字检测和倾斜校正等技术手段,其中文字检测是指计算机定位图片中的文本区域并进行矩形化裁剪,只保留目标文本部分的图像;而倾斜校正是指将倾斜、弯曲的文本转正。机器学习方法以此排除复杂背景和光照变化的干扰,从而增强图像对比度、减少噪声干扰,提高OCR识别准确性。在完成图像预处理后,机器学习方法和传统OCR方法在处理流程上存在较大差异,机器学习方法主要使用深度学习识别器(如卷积神经网络等)进行特征提取,这些特征包括文字的形状、大小、颜色等信息。接下来利用深度学习模型对提取的字符特征进行分类,识别为相应的字符类别。最后,机器学习方法会对识别结果进行进一步优化,包括对错误字符的纠正、倾斜校正、去除冗余等,以提高最终识别结果的准确性和可读性。

总的来说,传统 OCR 技术在处理相对简单和规范的文档图像时效果较好,但在复杂场景下,如图像模糊、低分辨率、存在干扰信息等,传统 OCR 技术的性能受限。而基于机器学习的 OCR 技术,通过深度学习模型的强大特征提取和学习能力,能够更好地处理复杂场景下的文本识别任务,提供更高的识别准确率。

接下来,简单介绍一下 OCR 技术在保险理赔中的应用。在保险理赔的过程中,存在大量的文档票据等非结构化数据,例如,在投保过程中需要提供身份证等相关证件,需要填写保单;在医疗保险进行理赔时,需要提供门诊发票、住院发票等单据。这些非结构化数据过去主要依靠手工录入的方式进入电子信息系统进行处理,这类传统的方式效率较低,制约了保险行业数字化、智能化的发展。

通过 OCR 技术进行文字识别可以改变原有的数据采集处理模式,例如,在投保环节 OCR 技术被用于提取保单图片中的信息,快速地录入保单信息,解决保单管理的难题;在医疗理赔的过程中,采取 OCR 识别门诊发票、住院发票、费用清单、结算单等单据,结构化提取字段信息,并进一步基于语义解析与行业数据库,分析是否存在骗保行为,实现智能化核赔服务。此外,依赖于保险行业的大量数据,保险公司可以针对不同领域客户进行针对性模型训练,为客户提供多样化的个性服务。

## 3.3 图像识别

目前,计算机视觉的主要应用可以分为静态信息识别和动态信息识别两类。本节将以静态信息识别为例,简要介绍图像识别的过程。根据不同的任务需求,图像识别可以进一步细分为图像分类、目标定位与检测、图像分割与生成等子任务。

### 3.3.1 图像分类

图像分类被用来解决"是什么"的问题,即给定一张图片或一段视频,判断里面包含什么类别。这是计算机视觉领域中的一项关键任务,其目标是识别并标记图像中所包含的物体类别。这项技术能够分析输入的图像,并确定图像中是否存在特定的物体,例如判断一张图片里是否有猫或狗。

图像分类可以根据不同的分类要求被细分为多种类型:二分类问题是最简单的分类问题,目的是判断图像中是否存在某一特定类别的物体,例如检测图片中是否包含人脸;多分类问题涉及识别图像中的多个类别,并且为每个类别分配一个标签,例如一个鸟类识别系统需要具备区分多种不同鸟类的能力。在多标签分类问题中,一张图像可能同时包含多个类别的标签,例如在服饰分类中,除了识别衣服的款式,还可以识别衣服的颜色、纹理和袖长等属性。细粒度分类是图像分类中的一个具有挑战性的领域,涉及识别那些在外观上非常相似的物体类别。例如,区分不同种类的鸟类、花卉或者猫狗的品种。这类问题中,物体可能因为遮挡、拍摄角度、光照条件等因素而难以辨认。

下面将以整理相册为例,说明图像分类的具体流程。人们在整理手机相册时,通常会根据时间进行分类,或根据照片的拍摄地点进行分类。但这两种分类方式依赖于和照片同时获得的时间(或位置)数据。有没有一种更好的整理方式,可以从图像本身中提取语义信息并智能地使用这些信息呢?让我们把这个想法分成几个部分。假设有许多不同种类的照片,算法应该捕捉哪些趋势?不难想到以下几点:拍摄的是自然场景图像还是人工生成的图像?照片里有文字材料吗?如果有的话,能识别出它是什么吗?照片中有什么不同的物体?照片里有人吗?能认出他们吗?网络上有相似的图像可以帮助识别图像的内容吗?

因此,算法应该能理想地捕捉这个信息,而不需要明显的标记,并用它来整理、分类照片,将其分到不同的文件夹。也就是以"无监督的方式"来解决问题。我们没有直接定义我们想要的结果,相反,我们训练一个算法来找到这些结果。算法以智能的方式对数据进行了总结,然后在这些推论的基础上尝试解决这个问题。正如我们在上面的案例研究中看到的,通过从图像中提取语义信息,我们可以更好地了解图像的相似性。因此,问题可以简化为:该如何降低图像的维度,使计算机可以使用这些编码表示重建图像。

在进行数据预处理时，首先，需要读取图像数据。这通常需要加载图像文件并将其转换为可以处理的格式，然后将图像拆分成不同的层级，最简单的层级就是一些基础线条，同时还需要一个长向量存储图像的所有像素值。接下来，需要对图像进行像素提取，提取图像的颜色、纹理和形状特征。例如：采用颜色直方图统计图像中每种颜色的频率；使用纹理描述符来捕捉图像的纹理信息。然后，训练模型识别这些特征，并通过重复分配和更新步骤进行迭代，得到图像的分类标签。

目前，卷积神经网络（CNN）是进行图像分类的主流架构。CNN通过多层的卷积和池化操作，能够从图像中提取出丰富的特征，并最终通过全连接层对这些特征进行分类，从而为图像分配正确的标签。CNN在图像分类任务中表现出色，尤其是在处理大规模数据集时，能够实现高准确率的分类结果。随着深度学习技术的发展，CNN及其变种已经成为图像分类任务中不可或缺的工具。

### 3.3.2 目标定位与检测

目标定位（Object Localization）也称为单个目标定位，是计算机视觉领域中的一项任务，要求确定单一目标物体在图像中的确切位置。也就是说目标定位解决"在哪里"的问题，即定位出这个目标的位置。这项技术在许多应用中都非常重要，比如在医学图像分析中定位病变区域。

目标定位的基本思路是采用多任务学习方法，构建一个神经网络模型，该模型具有两个输出分支。第一个分支负责图像分类任务，与传统的图像分类不同，它需要额外包含一个"背景"类别，以区分图像中没有目标物体的情况。第二个分支则专注于定位任务，通过在图像中绘制方框来标记目标物体的位置。这一分支的核心思想是从卷积神经网络的输出中识别出高响应的区域，这些区域通常对应图像中的目标物体。

目标检测解决"是什么？在哪里？"的问题，即定位出这个目标的位置并且知道目标物是什么，用方框标记。目标检测（Object Detection）是目标定位的扩展，它涉及在图像中同时检测多个目标物体。目标检测的任务不仅包括定位图像中的所有目标物体，还包括对这些目标进行分类。近年来，目标检测算法的发展趋向于更快、更高效的检测方法，以适应实时应用的需求。一些流行的目标检测算法包括YOLO（You Only Look Once）、SSD（Single Shot MultiBox Detector）和Faster R-CNN（Fast Region-based

Convolutional Networks with Region Proposal Networks)。

目标定位和目标检测中都需要生成候选框,也就是用于标记物体的方框。滑动窗口法通过在图像上从左到右、从上到下滑动不同大小和长宽比的窗口来生成候选区域。每次滑动时候都对当前窗口执行分类。如果当前窗口得到较高的分类概率,则认为检测到了物体。对每个不同窗口大小的滑窗都进行检测后,会得到不同窗口检测到的物体标记,最后进行筛选。这种方法简单直观,但计算量大,效率较低,因为它需要对图像中的每一个可能的窗口进行分类判断。选择性搜索通过图像分割产生许多小区域,然后基于这些小区域的相似性(如颜色、纹理、大小等)进行迭代合并,生成候选框。这种方法在效率上有很好的表现,是两阶段目标检测算法中常用的候选区域生成方法。此外,随着深度学习的发展,一些基于深度学习的网络结构也被用于候选框的生成,如YOLO系列和SSD等。这些方法通过事先训练,可以直接在图像上生成候选框,简化了目标检测的流程。

目标定位和目标检测是计算机视觉领域中的两个相关但不同的任务,它们的主要区别在于目标的数量和位置信息的详细程度。从目标数量来看,目标定位通常关注单个目标的定位,即在图像中找到一个特定的物体并确定其位置,而目标检测需要识别图像中的所有目标物体并确定每个目标的位置。对于位置信息,目标定位提供的目标位置信息通常较为简单,可能是一个边界框、圆形区域或多边形区域,用来大致指示目标在图像中的位置。而目标检测除了提供目标的位置信息,还涉及对每个目标进行分类。每个检测到的目标都会有一个边界框来精确指示其在图像中的位置,并且通常会有一个类别标签来说明目标是什么。

因此目标定位仅适用于目标较为单一的场景,比如在一张图片中定位一个特定的人脸。目标检测适用于需要处理多个目标的场景,比如在一张图片中检测多个人、车辆或动物。由于只关注单个目标,目标定位的算法相对简单,计算成本较低。

### 3.3.3 图像分割与生成

图像分割(Image Segmentation)主要用来解决"像素属于哪个目标物或场景"的问题。图像分割是基于图像检测的,它需要检测到目标物体,然后把物体分割出来。目标定位和目标检测只需要把目标物体框出来,而图像分割则要完整地将目标物体与其他分离出来,达到一种类似于"抠图"的效果。

图像分割可以分为普通分割、语义分割和实例分割三种。普通分割方法的目标是将图像中的前景和背景分开,或者将不同的物体区域分开。语义分割是在普通分割的基础上,进一步在像素级别上进行分类,将属于同一类别的像素归为一类。例如,它能够识别并分割出图像中的所有树木、汽车、行人等。实例分割是语义分割的进一步扩展,它不仅要区分不同类别的物体,还要在同一类别内区分不同的实例。例如,它能够识别并分割出图像中的每只狗,即使它们属于同一类别。在实际操作中,先用目标检测方法将图像中的不同实例框出,再用图像分割方法在不同候选框内进行逐像素标记。

图像生成是指利用计算机算法生成新的图像,这些图像可以是真实的照片、绘画、3D渲染或者是完全虚构出的图像。图像生成技术涵盖了一系列算法,包括基于规则的方法、基于统计学的方法、深度学习等。

图像识别和图像生成之间存在着密切的联系,并且可以相互促进和补充。图像识别可以看作图像生成的特殊情况。如果将图像识别看作是一个生成过程,那么它实际上是在给定输入图像的情况下,生成一个对应的标签或类别。在这个意义上,图像识别可以被看作是图像生成的一个特殊情况,即生成的输出是一个标签而不是一个图像。图像生成可以看作图像识别的泛化。图像生成通常不依赖于特定的输入图像,而是根据一些条件(如文本描述、类别标签、风格等)来生成新的图像。它不仅涉及识别图像内容,还需要根据给定的条件来创造新的图像。这意味着图像生成需要更广泛的知识和更复杂的模型,以理解和生成各种不同的图像内容。

由于生成式对抗网络(GAN)成为近年来热门的研究方向之一,图像生成也得到了快速发展。GAN由一个生成器和一个判别器组成,生成器负责生成新的图像,而判别器负责判断图像是真实的还是由生成器生成的。通过这种对抗过程,生成器能够学习生成越来越逼真的图像。

图像识别技术在经济金融领域的应用主要体现在身份认证、文件自动化处理、风险管理和客户服务等方面。金融机构通过图像识别技术对身份证件、支票、发票等进行自动化处理,提升了数据录入的效率和准确性。此外,图像识别还用于智能柜员机的身份验证、交易安全监控以及金融交易中的防欺诈检测。通过图像识别,金融机构能够更有效地进行客户身份验证、增强安全性,同时提高服务效率,推动数字化和智能化转型。

## 3.4 人脸识别

人脸识别(Face Recognition)技术是一种先进的生物识别技术,它通过分析个人的面部特征来识别身份。通常我们所说的人脸识别是基于光学人脸图像的身份识别与验证的简称。这是计算机视觉方面最热门也是发展最成熟的应用之一,目前广泛应用在各种安全、身份认证环节中,比如人脸支付、人脸解锁。

人脸识别的过程中有四个关键的步骤,分别是人脸采集、人脸检测、人脸特征提取和人脸匹配。在人脸采集时,会通过摄像镜头获取多样化的样本,包括静态照片、视频、不同角度和表情的图像。只要目标进入摄像设备的拍摄范围,设备便会自动侦测并捕获人脸图像。有一些因素会影响人脸采集效果,例如图像尺寸、分辨度、光线强度和镜头遮挡等。如果人脸图像尺寸太小,可能会降低识别的准确性,而过大的图像则可能减缓处理速度。此外,较低的分辨率会降低识别的准确性,分辨率和图像尺寸共同决定了摄像头的识别距离。例如,4K 摄像头可以在 10 米内清晰识别人脸,而 7K 摄像头则可达到 20 米。光照过强或过弱都会影响识别效果,可以通过摄像头的内置功能来调整光线,或者通过算法优化来减少光照对识别的影响。没有遮挡的五官和清晰的脸部边缘是最理想的图像条件,然而,在实际情况中,人脸常常被帽子、眼镜、口罩等物品遮挡,这些因素需要根据算法的需求来决定是否包含在训练数据中。

人脸检测是寻找图片中人脸的位置,标记并分割出来。针对摄像设备捕获的图像,人脸检测技术能够识别出人脸的准确位置和尺寸。这一过程涉及提取图像中的关键信息,例如直方图、颜色、结构特征,以实现有效的人脸检测。在人脸检测之后,还需要对数据进行处理,首先进行人脸对齐,通过几何变换(放射、旋转、缩放),使各个特征点对齐(将眼睛、嘴等部位移到相同位置),从而使不同角度的人脸图像对齐成同一种标准的形状。接下来,还要进行人脸图像预处理,包括人脸图像的光线补偿,通过归一化取得尺寸一致、灰度取值范围相同的标准化人脸图像,以及锐化等。

在进行人脸特征提取时,人脸图像的像素值会被转换成紧凑且可判别的特征数据。理想情况下，同一个主体的所有人脸都应该映射到相似的特征数据中。人脸特征提取就是针对人脸的某些特征进行的，也称人脸表征，它是对人脸进行特征建模的过程。进行人脸特征提取时，可以采用基于知识的表征方法：根据人脸器官的形状描述以及它们之间的距离特性来获得有助于人脸分类的特征数据，通常包括特征点间的欧氏距离、曲率和角度等。人脸由眼睛、鼻子、嘴、下巴等局部构成，对这些局部和它们之间结构关系的几何描述，可作为识别人脸的重要特征，这些特征被称为几何特征。

在人脸匹配构建模块中，需要比较两个特征数据，得到一个相似度分数，该分数给出了二者属于同一个主体的可能性。通常是将提取的人脸特征与数据库中的特征模板进行比较，通过设定一个阈值来判断相似度，从而识别人脸的身份信息。这一过程是人脸识别系统的核心，确保了身份验证的准确性和可靠性。

人脸识别技术在经济金融领域的应用广泛，主要是在身份验证、安全性提升、无卡支付、VIP客户识别、反洗钱和合规管理等方面。通过人脸识别，金融机构能够在开户、转账、贷款等服务中实现快速、安全的身份验证，有效打击欺诈和洗钱行为，提升交易的安全性和便捷性。同时，该技术也可应用于无卡支付和自动化柜员服务，有助于提供更加高效的服务体验。

## 3.5 视频分析

在当今数字化时代，互联网和移动设备的广泛使用极大地推动了视频作为主要信息和交流媒介的地位。视频分析技术在视频分享平台和在线娱乐产业中扮演着越来越关键的角色。这项技术的核心在于深入解析视频资料，以提高我们对视频内容的理解能力，并为多样化的应用场景提供精准和智能化的信息处理方案。

作为人工智能领域的一个重要分支，视频分析技术致力于使计算机能够解析视频内容。视频分析技术包括视频帧获取、视频特征提取、视频内容分类、视频行为识别等步骤。视频帧获取过程是指从连续的视频流中截取单个画面，通常通过高效的帧捕获算法实现。紧接着是视频特征提取环节，这一步骤旨在从捕获的帧中抽取关键信息，以便于后续的内容识别。这一步可以采用基于深度学习的技术来提取特征,深度学习尤其擅长捕捉复杂的模式和细节。视频内容分类环节是根据提取的特征将视频划分为不同的类别,例如区分视频中的人物、车辆或动物等。在视频内容分类过程中,可以使用基于机器学习的方法,如支持向量机、神经网络等。同时,还可以使用深度学习方法,如卷积神经网络、循环神经网络等,以提高视频内容分类的准确率,这一过程对于内容的组织和管理至关重要。最后,视频行为识别环节专注于分析和识别视频中的动作,如跑步、走路或跳跃等,这对于理解视频的动态内容和上下文非常关键。

动态分析是视频分析中区别于静态计算机视觉分析的技术,动态分析技术专注于解析视频中的运动元素,旨在通过一系列步骤来捕捉和理解视频中的动态变化。这项技术在多个领域,如安全监控、行为分析、体育分析等,都有着广泛的应用。

动态分析又可以被分为运动特征提取、运动模式识别和运动跟踪三个部分。运动特征提取是动态分析的首要步骤,它涉及从视频帧中抽取与运动直接相关的数据,包括但不限于应用光流(optical flow)和运动矢量(motion vectors)技术。光流是指在连续帧之间像素点的运动模式,而运动矢量则描述了像素点在空间和时间上的移动方向和距离。这些特征对于后续的运动检测、行为分析和事件识别至关重要。在提取了运动特征之后,下一步是识别视频中的特定运动模式。这涉及对不同的运动行为进行建模和分类,例如区分行走、奔跑和跳跃等不同的动作。运动模式识别通常需要机器学习或深度学习方法,这些方法能够从大量的数据中学习并识别复杂的运动模式。运动跟踪是指在视频的连续帧中,对选定的对象或区域进行持续的追踪。这项技术使我们能够分析和理解对象随时间的运动轨迹和行为变化。运动跟踪对于监控视频中的目标跟踪、交通流量分析,以及体育赛事中运动员表现的分析都非常重要。

视频分析技术在经济金融领域的应用涵盖了安全监控、客户行为分析、风险管理和智能化服务等方面。金融机构通过视频分析加强对网点和自动柜员机的安全监控,及时发现异常行为并预防犯罪。同时,视频分析可用于分析客户在银行网点的行为,以优化服务流程、提升客户体验。在风险管理中,视频分析还能帮助金融机构识别潜在的风险和欺诈行为,增强整体安全性和运营效率,推动金融行业的智能化转型。

## 3.6 案例：卫星图像与经济活动

近年来，计算机视觉技术已广泛应用于多个领域，包括医疗、自动驾驶和安全监控等。在经济金融学领域，计算机视觉的应用潜力正在逐步显现。通过分析视觉数据，计算机视觉可以帮助研究者和投资者获得传统数据分析方法无法捕捉的经济信号。本文将通过一个具体案例——通过卫星图像预测经济活动——详细描述计算机视觉在经济金融学中的应用，并介绍其工作原理与应用前景。

经济活动的预测一直是经济学研究和投资决策中的重要部分。过去，经济学家依赖政府发布的经济指标（如 GDP、工业生产数据）来衡量经济增长，但这些数据通常具有滞后性，并且可能存在一定的统计误差。近年来，研究者开始探索利用卫星图像等新型数据源来捕捉经济活动的实时动态。通过计算机视觉技术对卫星图像的分析，研究者能够更快速地获取企业生产、城市发展、农业收成等经济相关信息，从而提高经济预测的准确性和时效性。

在本案例中，研究者关注的是通过夜间灯光亮度预测一个地区的经济活动强度。卫星图像特别是夜间灯光数据，已经被广泛认为是经济活动的有效替代指标。光亮度反映了一个地区的电力使用量、工业生产水平和基础设施建设情况，灯光越亮，通常意味着该地区的经济活动越活跃。

研究者可以从 NASA 等卫星图像提供商处获取全球各地的夜间灯光数据。这些图像提供了近地表区域的清晰视图，并显示出夜晚的灯光强度。通过分析这些图像，研究者能够判断哪些地区经济活跃，哪些地区经济发展较为滞后。

数据收集完毕后，面对海量且复杂的卫星图像数据，研究者需要使用计算机视觉技术来进行数据处理，具体步骤包括：

（1）图像预处理。首先，研究者需要对卫星图像进行预处理。例如，一些图像可能因为天气条件或卫星角度的变化而存在噪声，研究者需要通过去噪技术清理这些图像。此外，计算机视觉模型通常需要将图像转换为数字矩阵，以便后续的机器学习算法能够处理。通过图像分割和特征提取技术,研究者可以从原始图像中提取出关键信息,如灯光的亮度、分布范围等。

(2)深度学习模型的应用。在预处理完成后,研究者使用卷积神经网络(CNN)等深度学习模型对这些卫星图像进行分析。CNN特别适合处理图像数据,它能够自动学习图像中的空间特征,并识别出重要的模式。在这个案例中,CNN被训练来识别哪些图像区域显示出高水平的经济活动,哪些区域则相对不活跃。通过数百万张图像的训练,模型学会了将灯光亮度与经济活动强度之间的关系进行匹配。例如,模型可能识别出城市中心的灯光强度更高,意味着这些区域的商业活动较为活跃;而偏远地区的灯光较为稀疏,表明这些地区的经济活动相对较低。

(3)数据分析与经济指标的提取。分析完成后,研究者可以生成新的经济指标,例如"区域灯光经济指数"。这个指数基于每个区域的夜间灯光亮度,量化了该区域的经济活动水平。通过计算机视觉技术,研究者可以快速地对各个地区进行经济活动排名,并发现经济增长热点。

为了进一步展示这一技术的实际应用,我们将视角转向非洲地区的经济发展情况。非洲许多国家的数据统计系统不完善,官方发布的经济指标存在滞后性和不准确性,这为研究者和政策制定者带来了挑战,因为他们无法实时跟踪该地区的经济发展状况。

通过计算机视觉分析非洲的卫星图像,研究者发现一些地区的夜间灯光亮度逐年增加,这表明这些地区的经济活动在快速增长。例如,尼日利亚的拉各斯市和肯尼亚的内罗毕市的灯光亮度在过去十年间显著增强。这与这些城市工业化加速、基础设施建设增加的趋势相吻合。研究者将这些发现与官方GDP数据进行了对比,发现通过卫星图像预测的经济活动水平与实际经济增长存在很强的相关性,甚至在某些情况下,灯光数据预测的经济增长趋势比官方数据更早呈现出来。

此外,研究者还发现,一些传统上被认为是经济发展较慢的区域,灯光亮度突然出现显著增加,则表明这些地区可能正在经历经济复苏或迎来发展契机。这为政府和投资者提供了宝贵的先行指标,可帮助他们识别未来的投资机会或潜在的政策干预点。

除了夜间灯光数据,计算机视觉在经济金融学中的应用还可以扩展到建筑物数量的监测和物流网络的分析。例如,研究者可以通过高分辨率卫星图像,监测某地区新建建筑物的数量,以判断该地区的经济发展速度。建筑物数量的增加通常意味着经济活动的增长,如商业中心的扩张、住房市场的繁荣等。同样,通过对物流网络(如港口、道路、仓库等)的图像分析,研究者可以跟踪全球贸易活动的变化。比如,计算机视觉可以分析港口的货运量、集装箱的移动情况,从而推断出全球供应链的活跃度。这对跨国企业和投资者来说,能够提供实时的全球经济动态。

上述案例展示了计算机视觉在经济金融学领域的实际应用。通过卫星图像等视觉数据,计算机视觉能够捕捉到传统经济指标无法及时反映的经济信号。具体来说,通过分析夜间灯光数据,研究者可以快速、准确地预测区域经济活动水平,为投资者和政策制定者提供前瞻性的决策支持。未来,随着卫星图像的分辨率提高和计算机视觉技术的进一步发展,可以预期这一技术在经济金融学中的应用将更加广泛。例如,计算机视觉可以被用来监测全球的工厂生产活动、城市化进程以及农业收成情况,这将为全球经济的监测和预测提供更加全面、实时的支持。

第二部分

# 全流程应用场景

# 第 4 章
# 用户画像与交互

在对相关技术原理进行详细介绍的基础上,本书第二部分将聚焦 AI 在投资领域的全流程应用场景,深入剖析 AI 如何赋能用户画像与交互、市场预测、投资组合构建以及投后管理。作为开展投资的首要环节,用户画像构建与智能客服交互构成了投资顾问深入理解用户需求、精确明晰用户偏好、精准对接投资策略的关键基石。据此,本章将聚焦数字化浪潮下 AI 技术对用户画像和客户服务的赋能,阐明以机器学习算法为代表的传统 AI 和以大模型为代表的生成式 AI 在用户画像与交互过程中的技术应用。最后,本章通过深入分析中信建投证券全场景数智化服务平台和国泰君安的数字人交互智投平台的具体案例,直观展示了 AI 技术如何为财富管理行业的智能化转型提供支持。

## 4.1 用户画像与个性化建议

投资者的财务状况、风险偏好和投资目标等信息对于制定投资组合至关重要。客观真实、立体全面的用户画像有助于投资顾问深入理解用户的投资需求,从而为其精确匹配合适的投资组合,实现个性化、高质量的投资服务,提高用户满意度。目前,借助 AI 算法与大模型技术,用户画像构建的效率与精确度都得到了显著提升。那么,AI 技术是如何赋能用户画像构建的？生成式AI能否替代传统AI并发挥更大作用？用户画像构建领域的技术应用在未来还存在着哪些潜在发展空间？为了回答这些问题，下面拟从用户画像的信息维度、构建流程、技术应用等方面出发展开详细探讨。

构建用户画像的关键性前提是拥有充足、对口的信息。信息收集不应单纯追求全面、广泛，而应充分考虑用户画像的目的与需求。具体而言，在为用户制定投资策略前，需要掌握以下三个维度的信息：① 用户的基本信息，包括用户的年龄、职业、财务状况、投资经验等；② 用户的投资信息，包括用户的投资目标、投资期限、流动性需求等；③ 用户的风险信息，包括用户的风险承受能力与风险承受意愿。

上述信息的收集主要通过问卷的方式进行。通常情况下，用户问卷会包含4~12个问题，且这些问题一般分为个人信息、投资计划、财产状况与风险承担四类。此外，智能客服（即 AI Agent，后文将展开详述）也可以向用户进一步提出问题，以收集补充信息，实现对用户投资需求细致入微的理解。

---

**Wealthfront 官网调查问卷示例**

1. 您投资的主要原因是什么？
    a. 一般储蓄　　　　　b. 退休（养老）　　　　c. 其他
2. 您为什么寻找财务顾问？选择符合条件的一种。
    a. 我想有一个多元化的投资组合
    b. 我想避税
    c. 我希望有人来全权管理我的投资
    d. 我希望获得超过市场的回报
3. 您目前的年龄是多少？_____
4. 您每年的税前收入是多少？_____
5. 您目前的家庭状况如何？
    a. 单职工家庭，无受抚养人
    b. 单职工家庭，至少一个受抚养人
    c. 双职工家庭，无受抚养人
    d. 双职工家庭，至少一个受抚养人
    e. 退休或财务独立

6. 您的现金和短期投资总额是多少?〔例如储蓄、定期存款、共同基金、个人退休账户、401(k)养老计划、国家债券〕
7. 当决定如何投资时,您最关心的是什么?
   a. 收益最大化    b. 损失最小化    c. 收益和风险兼顾
8. 全球股票市场经常动荡,如果在股市下跌期间您的整个投资组合在一个月内损失了其价值的10%,您会怎么办?
   a. 卖掉所有投资    b. 卖掉一些投资
   c. 保留全部投资    d. 买入更多投资

(数据来源:Wealthfront 官网)

除了用户在问卷中主动提供的结构化信息,一些外部数据同样可以发挥较大的参考价值。如齐鲁证券在公募基金投顾业务的用户画像过程中,将用户曾购买过的产品、齐富通 App 浏览记录等信息作为数据支持,对其进行清洗、挖掘、分析,根据标签规则把客户账户数据、行为数据等加工提炼成标签体系,最终呈现客户画像。蚂蚁金服"帮你投"平台同样通过获取外部数据的方式,采用用户的支付宝理财记录数据帮助评估与计算投资者的风险偏好。但是,这些数据多为非结构化的用户行为数据,为使此类数据能够更好地服务于用户画像构建,需借助 AI 算法与大语言模型技术对其进行清洗与特征提取。具体而言,大语言模型可以从用户的原始数据中提取出更丰富和深层的特征,例如用户的情感、态度、意图、偏好、价值观等。这些特征不仅可以更好地反映用户的真实需求和个性,而且可以增加数据的维度和复杂度,从而提高数据的信息量和区分度。

用户画像的本质与核心是用户标签体系的建设。因此,在进行充分的用户信息调查与收集后,需要对获取到的信息进行标签化处理,将用户的问卷结果与行为信息转化为可量化的标签。按照标签的具体用途,可将其划分为事实标签、模型标签和预测标签三类,并分别应用于用户画像建模的不同阶段(图 4.1)。其中,事实标签可通过用户填写的数据直接得到,如用户的年龄、年收入、可投资资产总额等。模型标签则需要通过模型训练得出,即以多个事实标签作为特征变量,对用户进行评估,如平台可以运用逻辑回归或 XGBoost 等模型,根据用户的年龄、职业、收入等特征,评估用户的风险承担能力。预测标签需要通过一系列算法或规则挖掘得到。平台可利用经过预处理的用户信息,并采用一个能够对用户进行预测的机器学习算法,如支持向量机、朴素贝叶斯、随机森林、神经网络,实现对用户可能行为的预测,譬如收入稳定性、投资风格(如交易频率)等。

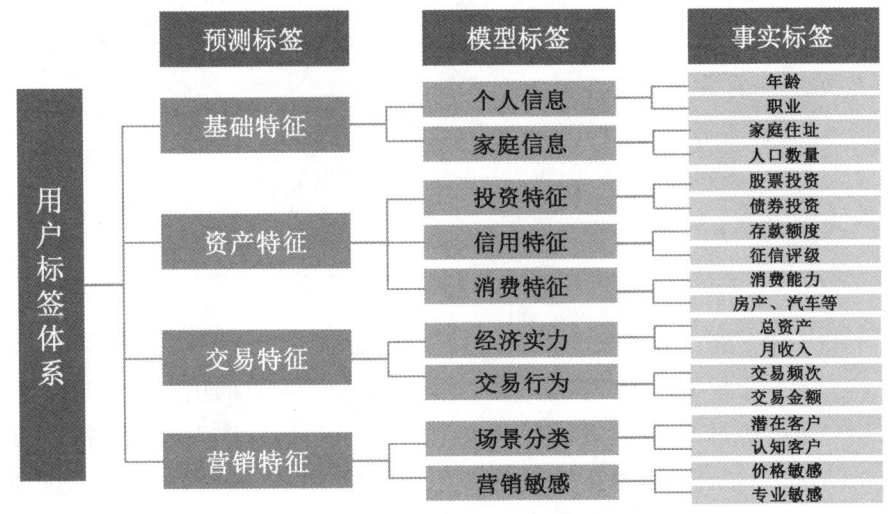

图 4.1　用户画像的标签体系

以线性支持向量机算法为例,若平台希望对用户的风险承担能力进行刻画,即将用户的风险承担能力分为"较强""适中"与"较弱"等维度,可将其收入数据、资产状况、风险问题回答情况作为输入变量,训练出 f(x)的函数进行评估。作为有监督机器学习算法,线性支持向量机算法可以在样本空间中找到划分效果最好的线性函数,从而将两个不同类别的样本区分开,实现对用户风险承担能力的划分。

在传统 AI 算法的基础上,生成式 AI 等大模型技术在用户画像构建与个性化投资建议生成等方面也具有十分广阔的应用空间。具体而言,大模型既可以更为精准与高效地预测用户的投资偏好,即提高预测与评估模型训练的准确率、鲁棒性、灵活性和通用性,也能够赋能个性化投资建议生成过程中的信息传递效率,让投顾更高效地洞察用户需求偏好、匹配合适的金融产品服务。例如蚂蚁集团基于蚂蚁金融大模型赋能理财选品、产品评测、行情解读、资产配置等财富管理服务,同花顺基于底层大模型 HithinkGPT,打造智能外呼、社区内容生成、问财等多项功能,赋能财富管理业务。但是,在对金融领域专业能力要求较高、涉及提供强金融投资建议、需要承担核心分析决策任务的业务场景和业务环节中,大模型的落地应用仍然存在较大约束和挑战,难以直接替代专业人员完成分析决策任务,而更多作为辅助核心决策人员展业的助手。究其原因,大模型在金融领域应用的边界和约束主要包括金融领域专业能力仍有欠缺、难以提供涉及较严监管领域的复杂金融投资建议、在核心分析决策环节无法替代人工等。

## 4.2 用户交互与智能客服

在投顾领域,智能客服已成为提升客户体验、提高服务效率以及扩大市场覆盖面的重要手段。相较于传统客服,智能客服不仅需要具备快速响应的能力,而且其回答还应包含广泛的业务领域,并具有较高的准确率。随着技术的更新与迭代,传统客服经过如下阶段,逐渐发展演变为智能客服。

(1)电话呼叫中心(2000年以前)。互联网未普及以前,客服方式主要是基于通信底层的以电话呼叫为主,通过电话呼叫中心处理客户的投诉、咨询问题,主要应用于企业服务。

(2)多渠道/托管型呼叫中心(2000—2010年)。随着互联网的普及,客服渠道由单一的电话方式转向电话、网页等多渠道的客服方式,智能质检、智能语音助手等成为新的行业标准化产品,由于成本低、效率高、专业性强逐渐成为企业客户的首选。

(3)全渠道云客服(2010—2017年)。随着移动互联网、云计算、SaaS等技术的高速发展,客服方式转向全渠道网页、App、电话等方式。智能客服的第二种形态"在线客服"被推向市场化的浪潮,其可通过标准问答对问题列表的方式,提供查询和反馈服务,覆盖范围逐渐从服务拓展至运营管理和营销等领域。

(4)全场景智能客服(2018—2022年)。随着AI技术的发展,智能客服引入NLP、ASR等AI技术,提高客服效率,并向全场景客户服务拓展,逐渐形成呼叫中心+在线客服+AI语音机器人结构,这也是目前所见的主流产品形态。

(5)大模型+智能客服时代(2022年至今)。2022年,大语言模型爆炸式发展,带来颠覆式改变,可实现 AI 流程自动设置,AI 自动训练和标注、知识库的自动化扩充来代替语料手工标注,代替传统问答对的低效人力处理,给出标准问,自动扩展相似问等。

可见,2018 年诞生的"全场景智能客服"首次将客户服务冠以了"智能"的标签。具体而言,智能客服的落地离不开日趋成熟的 NLP 技术。该技术主要包括智能问答和语义搜索两大领域,用户可用自然语言提出问题,平台则通过对语义的深入分析来精准把握用户需求,从而快速准确地从知识库中检索信息并给予回应。

在智能问答领域,金融知识图谱发挥了不可或缺的作用。投顾知识图谱构建的核心要点主要包括以下两方面:其一,从监管机构、行业自律组织以及投顾业务自身的规则中提取"常见问题解答"(Frequently Asked Questions,FAQ),并对其中的专业词汇进行系统整理,确保智能客服的知识图谱符合行业标准和术语规范;其二,为了确保智能客服应答的高准确率,内容审核环节需采用多人协作方式,涵盖内容的导入和复核,以确保知识图谱中的信息准确无误。

知识图谱可以将原本零散的文本信息转化为有序的知识网络,为智能问答提供坚实的数据基础。当用户提出问题时,系统能够将每个查询解析为键值对形式,其中"键"代表知识图谱中的相关元素,而"值"则表示从查询中提取的信息。系统随后将检索到的数据与初始查询相关联,并整合得出最终答案。

然而,依托自然语言处理技术和知识图谱技术的传统智能客服模式也存在一些亟须解决的问题。首先,在该智能客服模式下,知识训练师的角色至关重要。他们负责持续的内容创作、知识审核和问题扩展,致力于提升智能客服在特定业务领域的回答准确性。知识训练师的工作内容相当繁重,他们不仅需要掌握深厚的证券业务知识,精通文字编辑,而且还需要不断优化系统,使其能够从繁杂的法规和业务细则中提炼出有价值的 FAQ。鉴于证券行业的业务规则频繁更新且具有很强的时效性,知识训练师必须密切关注行业动态,及时调整 FAQ 内容以符合最新的业务标准。智能客服的服务质量在很大程度上取决于知识库的全面性、语料库的丰富性以及内容更新的速度,而这些关键因素的表现均受到知识训练师专业能力的直接影响。其次,在实际应用中,传统智能客服通常会局限于简单的问答模式,并出现答非所问或循环重复的情况,极大地削弱了用户体验。更为关键的是,传统智能客服缺乏对用户情绪的感知能力,当客户表达愤怒或不满时,无法及时提供有效的安抚,反而可能加剧用户的负面情绪。

"大模型+智能客服时代"的到来为上述疑难问题提供了有效的解决途径。近年来,以大模型为代表的生成式 AI 技术为智能客服的优化和升级提供了新的可能性。具体而言,大模型可以在以下三个方面提升智能客服的运营质量和效能。

(1) 生成并优化 FAQ,减轻知识训练师的负担。大模型具备强大的文本理解和 FAQ 提炼能力。通过上传相关文档,大模型能够智能抽取文档的全量内容,形成 FAQ,这种端到端的智能处理方式能够显著减少知识训练师在知识创造和总结方面的脑力劳动工作量,在短时间内大幅拓展 FAQ 的业务覆盖范围。但是,随着 FAQ 内容的增加,内容歧义等问题在所难免。大模型可以针对 FAQ 进行智能分类,自动标识出重复或相似的 FAQ,帮助知识训练师迅速识别内容差异并予以修改。同时,在保持 FAQ 与文档版本绑定关系的前提下,一旦文档内容更新,大模型可以检查相应的 FAQ 是否需要同步更新,从而协助知识训练师快速定位并更新 FAQ,以降低业务错答的风险。此外,投资顾问还可以利用大模型为每个 FAQ 生成多个语义相似的问题,例如设定标准问"开设普通个人退休账户(Individual Retirement Account,IRA)的费率是多少?"大模型可自动生成相似问,例如"普通 IRA 的收费情况?""普通 IRA 应缴年费是多少?"。

(2) 显著增强用户端的体验,提高用户满意度。首先,借助 AI 大模型的支持,智能客服系统能够提供比传统客服更加人性化的对话模式。具体而言,大模型赋能的智能客服系统既可以对用户的语言进行情感分析,洞察用户的情绪和态度,又能够通过大数据分析,识别出每位用户的个性化需求,从而更精确地定位用户在投顾业务过程中的疑惑。其次,在提升时间效率方面,AI 大模型不仅加快了智能客服回应用户问题的速度,而且使系统具备了同时处理多个咨询请求的能力,能有效缓解高峰时段的服务压力。再次,AI 大模型具备持续学习和自我优化的能力,可通过数据挖掘和深度分析不断完善服务流程和交互方式,提高服务质量。系统还会根据用户的反馈和评价,及时调整回答内容和方式,以更好地满足用户的需求和期望。最后,大模型出色的信息聚合和语言处理能力使其能够向客户实时提供金融资讯、业务办理等不涉及强投资建议的信息数据服务。例如,蚂蚁集团依托金融大模型开发的智能金融助理"支小宝 2.0",在理财和保险领域的专业知识问答服务中表现卓越。经其深度服务的用户相较于未接受该服务的用户,其频繁交易的比例显著降低了60%。

(3)拓展长尾用户,缓解"数字鸿沟",发展普惠金融。具体而言,大模型有望给长尾客群带来交互体验的升级,在充分明确客户需求和风险偏好等基础之上,创造新的服务入口和超级应用,赋能金融机构向客户提供更加定制化、个性化的投资产品,让更广泛的客群享受到更优质的金融服务。例如 AI 智能客服能够通过语言交互方式更加精准地洞察长尾用户的需求,并为此类用户提供更有温度的服务体验,强化用户使用习惯,使 AI 智能客服成为用户获取各类金融服务的一站式聚合入口。

## 4.3 案例:中信建投和国泰君安的服务实践

### 4.3.1 中信建投全场景数智化服务平台

传统金融服务由于存在着人工依赖程度高、渠道规划性弱以及业务效率低下等缺点,在面临复杂的市场环境时常常显得力不从心。为此,中信建投证券积极开展了数字化转型战略部署,力求构建全场景数智化服务平台。该平台采用人机协作的模式,覆盖了客服服务的全流程,能够在最大程度上实现人工和 AI 的优势互补。

当前,随着 AI 技术的不断发展,该平台已实现了与各大核心业务系统的互联互通,涵盖了公司"服务前""服务中"与"服务后"的全生命周期,主要功能应用根据客户服务的不同阶段,分为事前智"慧"(服务前),事中智"助"(服务中)和事后智"学"(服务后)。

事前智"慧",即在客户服务的初期阶段,精心构建用户画像,准确把握客户的财富管理需求。首先,建立知识中台。基于 AI 技术的知识中台能够从不同业务线的多源异构数据中提取信息,构建问答对、知识图谱和全文检索等结构化知识,并将结构化数据与客户标签体系融合,形成以客户为中心的知识表示。知识中台的持续生产能力确保了服务系统能够持续追踪并准确理解客户需求,同时对大量可配置投资标的信息进行处理,将这些信息与客户需求相匹配,进而提供定制化的投资方案。其次,进行用户画像分析。通过分析用户的通话记录、业务办理情况和风险偏好等信息,将用户的使用习惯和特点进行个性化分类,为用户选择自身偏好的服务渠道和个性化服务模式提供数据支持。最终,实现客户"千人千面"的财富管理和服务需求整合,针对不同客户提供一站式个性化定制服务。

事中智"助",即在客户服务期间通过 AI 技术辅助工作,提升客户服务质量,显著实现提效降本。智能机器人革新传统电话按键导航,结合大模型搭建 AI 客服,通过语音合成、自然语言处理等多项技术提供一站式语音问答交互。智能外呼系统结合用户大数据画像,针对不同财富管理偏好的客户进行自动外呼,达成客户经理邀约、投顾产品签约回访、新股中签通知等财富管理和综合服务。智能助手系统通过实时监测通话中客户提及敏感词、服务禁忌语和语速等,感知互动双方情绪,实时统计、检索与分析通话内容,捕捉投诉问题,将业务知识与沟通经验通过实时弹屏辅助人工解答。

事后智"学",即在客户服务后期对全服务流程进行回归分析,学习最优的营销和服务策略,不断优化客户财富管理和综合服务。智能质检系统利用自动语音识别技术,对全量、全员通话录音进行自动化质检;精准锁定问题录音,并推送给人工审核即时分析,极大增强了客服系统应对突发情况、异常指标的快速响应能力。系统针对全流程服务记录,从业务属性、客户属性、员工属性等多个维度进行分类、排序,通过对比发现差异,根据差异改造完善各个服务节点及服务流程。

通过构建逻辑架构严密的全场景数智化服务平台,中信建投证券在经济效益、敏捷价值和创新引领方面均取得了显著优势,为公司全流程客服业务的发展提供了有力支持。

在经济效益方面,首先,智能客户服务不受工作日和工作时间的限制,可根据客户的碎片化时间需求,解决以往重复性较高的问题,而人工客户服务则可根据客户实际情况提供个性化优质服务。将二者有效结合,能够有效节约企业成本,提高工作效率。由中信建投证券公布的数据可知,智能电话客服机器人系统语音转写准确率超过 90%,问题回答准确率为 85%,整通对话完成率已达 70%。智能外呼系统平均每年可完成约 110 万通电话,平均每月 9.1 万通,按人工每人每工作日处理 160 件回访任务计算,智能客服系统可在平均每工作日节省约 26 个人工,提效降本效果显著。其次,通过人与智能的协同配合,让智能更好地赋能合规人员。智能合规质检系统的建设有助于精准、全面、快速地定位合规问题,有效提高了合规审核人员的工作效率,并降低了漏检、误检所带来的额外工作负担。目前,智能质检系统每周可全量质检6万通会话数据,替代了80%的质检工作。最后,通过对全流程客服数据的持续分析,针对客户、渠道、业务的特点,构建智能培训、智能潜客筛选、智能服务路由等模块,可不断优化服务节点和服务流程,形成服务闭环,提升服务触达效率和服务质量。2023年,全场景数智化综合服务平台的服务触达成功率同比提升15%,服务满意度同比提升10%。

在敏捷价值方面,首先,全场景数智化服务平台借助自然语言处理、自动语音识别以及GPT大模型等技术,可以快速理解客户问题和需求,并提供及时响应与解决方案,大大缩短了客服时间,提高了客户的满意度和忠诚度。其次,全场景数智化服务平台可以根据不同企业的具体需求情况进行定制开发和部署,以满足不同的客户服务需求。例如,一些企业可能需要实时监测并管理社交媒体平台上的客户反馈,而另一些企业则需要对移动应用程序进行深度集成。再次,全场景数智化服务平台通过数据分析和挖掘技术,可以收集和分析大量客户数据,以便更好地了解客户需求和行为,并提供个性化服务。最后,全场景数智化服务平台可以实时监测客户服务质量和效率,并通过数据分析和挖掘技术进行持续优化。例如,通过分析客户服务热点问题和处理时间等指标,及时调整机器人回答问题的算法和策略,提高解决问题的准确性和速度。

在创新引领方面,首先,通过构建知识图谱,企业可以更好地管理和利用自身的知识和信息资源,并利用自然语言处理技术进行语义搜索和推荐。此外,全场景数智化服务平台还可以通过数据挖掘技术,对用户需求和行为进行分析,从而为用户提供更加精细化的服务。其次,全场景数智化服务平台的用户画像构建系统可以自动提取用户意图画像,全方位记录用户的关键信息,便于了解用户的详细情况,并具备API接口,可将提取的用户动态画像及时反馈至用户管理系统。再次,扎根证券垂直领域,实现实时违规检测。借助自然语言处理技术实时监测人工客服回答内容,对违规内容进行实时提醒,以醒目颜色在辅助前端软件开发工具包(Software Development Kit,SDK)上进行提示标记,以颜色区分违规等级。最后,全场景数智化客户服务平台具有全面丰富的知识库。知识库包括服务话术、证券业务知识、业务办理流程等方面的内容,知识形态支持文本、图片、网址链接(自动解析网页内容)。辅助前端SDK具备方便的搜索入口,人工客服可在辅助前端SDK检索相关知识内容,并支持模糊搜索和拼音搜索,在极大程度上提高了检索效率。

综上所述,中信建投证券积极响应国家"十四五"数字发展规划,全面铺开数字化转型的战略蓝图,聚焦一线业务中的痛点问题,精心打造了全场景数智化服务平台。该平台深度整合了行业前沿知识、丰富了服务经验以及尖端科技能力,建立了高效的知识管理体系与服务共享机制,实现了对客户服务全流程的深度覆盖。通过该平台,中信建投证券不仅实现了 AI 与人工的优势互补,而且促进了客户管理的精细化、服务流程的智能化,为公司带来了全方位的效能提升。

### 4.3.2 国泰君安的数字人交互智投平台

随着经纪业务竞争的日益激烈、佣金费率的持续下降以及获客成本的攀升,券商纷纷提出财富管理转型战略。投顾业务被视为券商财富管理转型的关键突破口。然而,传统投资顾问服务面临覆盖范围有限、大规模覆盖成本高昂等问题,现有的扩张策略难以突破瓶颈。在服务质量方面,投资顾问的专业水平参差不齐,服务能力不均衡,难以全面满足客户的多样化需求。在服务内容方面,服务过于偏向产品化,形式同质化,缺乏与投资者的深度互动,难以赢得客户的信任。

针对上述问题与挑战,国泰君安积极探索人工智能和大数据等前沿技术的应用,深度融合垂直金融行业的知识图谱,采用数字人技术贯通感知、驱动、决策等关键环节,精准洞察客户需求,优化资产配置,搭建了一个创新性的基于数字人的财富管理服务平台。通过持续的自学习与自适应能力提升,平台不仅为用户提供更加智能化、贴心化的投顾服务,还为企业创造了更大的实用价值,为财富管理行业注入了新的活力。

平台架构整合了数据源层、智能投顾分析中台以及智能服务引擎层的核心组件,最终以数字人形象广泛应用于君弘 App、全连接 App、VTM 终端和展厅大屏等多种场景中(图 4.2)。

数据源层通过协同治理 A 股、基金等多元化数据,利用流式计算和君弘引擎对基础指标进行清洗与融合,构建了金融领域指标图谱。这些图谱覆盖宏观经济、公司业绩、网络舆情等多维度的指标和因子,并支持实时与离线两种数据类型的融合计算。君弘引擎负责实时数据的底层计算,支持动态响应,为指标分析提供高效、精准的数据基础。

投顾分析中台为投顾人员提供一站式前端操作平台,支持指标、因子和策略的创建、审核、管理与回测等功能,成为内容生产的重要平台。投顾分析中台通过自研和外采的 2 609 个投研模板,包括 1 400 个筛选查询类模

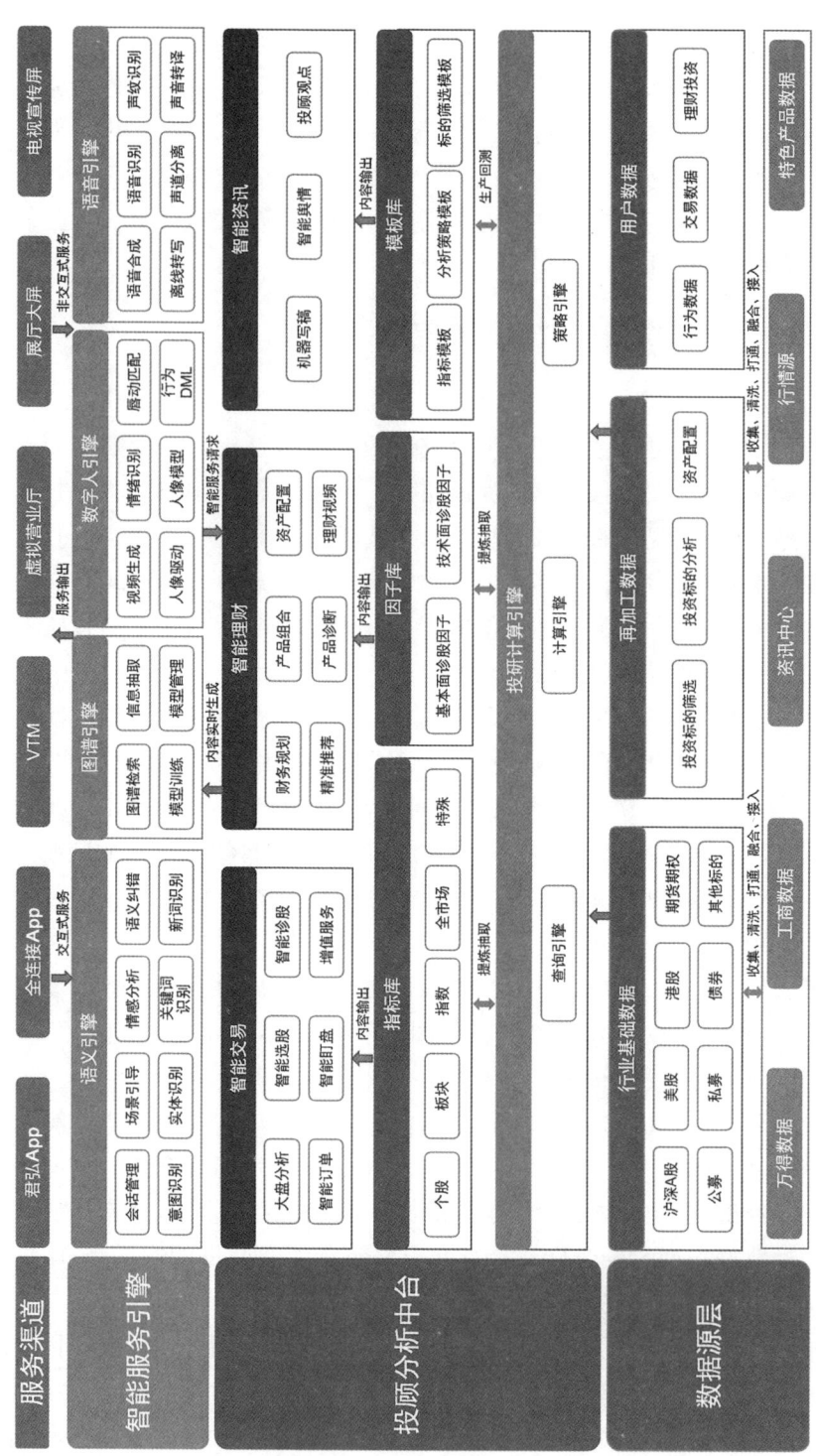

图 4.2 国泰君安的智能投顾平台的整体架构

板、90个选股策略模板和26个诊股分析策略模板,为客户提供涵盖选股、选基、诊股、诊基等多种数据和图表展示服务,显著提升生产效率,丰富客户的线上互动体验。依托强大的指标查询分析、选股诊股能力及知识管理集成功能,投顾分析中台还可以帮助投顾人员高效生成智能化内容,输出结构清晰、重点突出的稿件,同时以可视化图表直观呈现投资逻辑与机会,降低用户阅读成本,吸引更多关注。目前,中台已构建超过100个智能文本策略,并应用于资金日报、整点播报等数十个机器写稿模板,累计服务用户超30万人,全面颠覆了传统投顾内容生产模式。

智能服务引擎能够对客户或潜在客户通过自然语言提出的问题或回复进行语义分析。基于语义理解结果,引擎能够从知识库中精准筛选信息,并生成符合语境的答案。智能服务引擎支持概念与属性之间的关系推理,通过KBQA(知识库问答系统)实现投顾内容的对话式输出。结合智能图谱技术,引擎在问句理解、信息检索和答案生成等环节深入分析客户行为及金融产品的关联数据,为用户提供精准且个性化的交互体验。目前,平台已接入900多项股票数据指标、400多项基金数据指标,并扩充理财、资讯、公司股权关系和产业链等数据,支持选股、选基、股票和基金产品指标查询、上市公司股权关系查询及上下游产业链查询等功能,进一步优化服务范围和专业性,显著提升了智能客服机器人的问答能力,可为用户提供全面而高效的智能化投顾服务。

数字人将投顾分析中台的数字化内容以高度仿真的虚拟人形态呈现。通过整合人脸关键特征提取、人脸重构、唇语识别等多项前沿技术,结合语音、图像等多模态信息进行联合建模训练,生成与真人无异的数字人模型。结合计算机视觉和多模态模型等技术,数字人可在移动终端和智慧大屏等媒介上展现数字拟态形象,实现与用户的可视化交互,为用户带来个性化服务,提升用户体验和驻留时间,真正让数字化服务"听得见""看得见"。与此同时,数字人还具备内容推荐和值守托管的能力,为员工提供助力,实现投顾服务的提质增效,全面降低服务成本,提高运营效率。

综上所述,国泰君安顺应人工智能、5G和虚拟现实等新技术融合发展的趋势,打造了基于数字人的智能财富管理平台,成功突破了传统投顾服务的诸多瓶颈。平台整合数据源层、投顾分析中台、智能服务引擎和数字人等功能模块,构建了涵盖选股、选基、股权关系查询等多种服务场景。通过融合语义、语音、视觉等多种AI技术打造的多模态数字人,实现了高度拟真的用户交互,不仅显著提升了服务效率和个性化水平,也为企业创造了更大的运营价值。

# 第 5 章
# 市 场 预 测

市场预测是投资者制定投资决策的关键前提与重要依据。良好的投资决策离不开对宏观经济与金融市场未来走势的准确研判。然而,在媒体高度发达、信息传播速度极快的当下,传统计量模型在市场预测领域通常显得力不从心。因此,将 AI 技术应用于市场预测环节具有广阔的发展前景。基于此,本章将详细阐述 AI 在宏观经济与金融市场预测过程中发挥作用的基本原理,并辅以具体案例展开分析。同时,本章还介绍了业界运用 AI 进行市场预测的前沿实践,以期帮助投资者更加直观地理解 AI 技术在当下的应用水平。此外,本章也指出了 AI 在市场预测方面仍存在一些不容忽视的问题,例如大模型"幻觉"以及黑箱算法可解释性不足等。这些问题均需要研究者们在未来的工作中进行更为深入的探索与改进。

## 5.1 宏观经济预测

### 5.1.1 宏观经济预测中的 AI 应用

随着计算机算法的不断进步、算力的显著增强、数字生产要素的广泛收集,以及高频数据的强力支持,人工智能在国内外宏观经济指标预测方面的应用正逐渐变为可能。从国内外的发展历程来看,作为一种公共产品,人工智能提供的经济预测服务未来必将使大众受惠。

实现宏观审慎和金融稳定"双重目标"的关键在于政府与市场间的平衡，这涉及信息不对称的治理和预期管理。良好的经济预测可以为宏观调控提供有效的分析与参考。尽管金融市场反应迅速，但由于调控工具与政策目标之间存在时滞，实体经济的调整仍然需要一个过程。据此，为构建有效的政策调控框架并付诸实践，离不开对经济发展的预测工作。同时，宏观预测作为市场经济中的公共产品，还应具备高度的公信力。

历史上受限于算力和数据，有显式解的计量经济学模型、时间序列分析、动态随机一般均衡（Dynamic Stochastic General Equilibrium，DSGE）模型成为宏观经济预测中的首选项。在具体实践中，IMF、世界银行、OECD、美联储及国际投行对世界各个经济体的经济增长、债务水平、通胀发展的预测报告早已成为研究世界经济不可或缺的公共品。但是，人工智能的方法论体系和实践均处于快速发展期，势必为传统的研究范式注入新的血液与能量。

统计学与人工智能在金融经济分析中的应用相辅相成。统计学擅长挖掘数据的内部信息，主要关注四个方面：预测、总结、估计和假设检验。人工智能的优势则是为即时预测提供高效的算法支持，使得研究者可以利用大规模的另类数据或者高频数据进行即时经济预测。在现实中，即时预测可以发挥重要作用，让决策者更快速、及时地了解一些通常为滞后发布的经济数据，例如一个国家或地区的 GDP。

不过，目前大多数基于机器学习、深度学习的方法均主要关注预测结果，而不是理解因果关系。但是，作为统计学领域的重要共识，"相关性不是因果关系"不容忽视。例如，根据辛普森悖论（Simpson's paradox），即使观测到了吸烟与肺癌、人口增加与交通事故存在正相关关系，也不能就此断定它们之间具有因果关系。机器学习方法已被证明可以有效地发现数据中的相关性，但仍无法明确识别变量间的因果关系。这极大地限制了政府、企业依赖 AI 算法预测结果进行决策的信心。因此，目前亟须能够理解数据间的因果关系，并具有良好泛化能力的机器学习解决方案。"采用机器学习方法探究变量间因果关系"这一话题已引起了学术界的广泛关注，研究者正在尝试使用贝叶斯网络中的马尔可夫链蒙特卡洛模型（Markov Chain Monte Carlo，MCMC）、概率图、树模型等方法来识别潜在的因果关系。

相较于统计学与计量经济学，机器学习可能会得到更好的预测结果，不足之处在于较难解释其中的逻辑。但是，机器学习算法尤其是计算机技术正在被运用到经济学研究中已是不可否认的事实与趋势。

下文将介绍几种常见宏观经济预测模型的基本原理，并进一步探讨学界与业界目前对该模型的使用情况。

1. 动态因子模型

传统的宏观经济实时预测模型多为动态因子模型（Dynamic Factor Model，DFM）。DFM是一种专门用于分析高维时间序列数据的方法，它能够从多个观测变量中提取出少数几个潜在的共同因子，这些因子能够解释观测变量的主要变动。

在DFM中，观测变量与潜在因子之间的关系通常采用因子载荷矩阵表示，该矩阵揭示了每个观测变量与因子间的线性关系。潜在因子则遵循一定的时间序列过程，通过主成分分析（PCA）或极大似然估计（MLE）等方法，可以从观测变量中提取出这些潜在因子。

DFM的一个重要应用是在数据残缺的情况下进行趋势分析与预测。即使某些观测数据缺失，DFM仍然可以利用同期和往期的数据对其进行弥补。此外，DFM还可以通过挖掘出的动态因子捕捉经济指标间的潜在联系与变化趋势，进而及时感知经济衰退。2019年，Serge de Valk、Daiane de Mattos和Pedro Ferreira三位学者在DFM的基础上使用R语言开发出了即时经济预测包，该包提供了使用DFM对月度或季度经济变量进行即时预测的工具。

2. 动态随机一般均衡模型

动态随机一般均衡模型（DSGE）是目前宏观经济学的核心工具之一。该模型通过整合经济中多个主体（包括家庭、企业、金融机构及政府等）的行为决策，并引入随机冲击和市场不完全性等因素，构建了一个全面且动态的经济系统框架。它不仅能够模拟经济在均衡状态下的运行情况，还能预测在面临外部冲击或政策调整时，各经济变量的动态反应路径，包括产出、就业、通胀及利率等关键指标。这使得DSGE模型成为政策制定者、经济学家及市场分析师在评估宏观经济政策效果、预测未来经济走势及制定相应经济策略时的重要工具。

IMF等国际机构经常采用DSGE模型进行宏观经济预测。例如，IMF会基于DSGE构建全球经济预测模型，对不同国家和地区的经济数据进行综合分析，并预测全球经济的未来走势，为成员国提供政策建议和宏观经济指导。这种预测不仅有助于政策制定者更好地了解经济运行的内在规律，还能为市场参与者提供有价值的参考信息。

3. 机器学习、深度学习模型

Adam Richardson、Thomas van Florenstein Mulder 和 Tuğrul Vehbi 的研究发现，机器学习算法可以帮助中央银行通过即时预测 GDP 增速来了解当前的国家经济状况。具体而言，机器学习算法能够显著改善 DFM 的预测效果。

在模型对比方面，Hopp 和 Daniel 对比了 12 种模型在即时预测美国季度 GDP 增速上的表现。这 12 种模型既包括自回归移动平均模型（ARMA）、普通最小二乘回归（OLS）、岭回归（Ridge OLS）等传统统计学模型，也包含梯度提升树（Gradient boost）、长短期记忆神经网络（LSTM）、多层感知器人工神经网络（MLP）等机器学习模型。Hopp 与 Daniel 选取了美国经济史上三个具有代表性的动荡时期进行模型表现评估，分别是 20 世纪 80 年代初的"滞涨"危机、2008 年的次贷危机，以及 2020 年的新冠疫情。分析结果显示，长短期记忆神经网络（LSTM）和贝叶斯向量自回归（Bayesian VAR）是即时预测表现最为优异的两种模型。

4. 大语言模型

随着大语言模型在自然语言处理和生成式任务中的成功应用，研究者们开始探索其在宏观经济预测中的潜力。不同于传统的统计模型和机器学习算法，大语言模型能够处理更加复杂的非结构化数据（如新闻、政策文件、社交媒体文本），因此其在理解经济环境、捕捉政策信号以及预测经济指标方面具有明显优势。

大语言模型能够通过处理和分析海量的文本数据，快速从新闻、政策公告和社交媒体等来源中提取经济相关信息。例如，Thorsrud 的研究使用自然语言处理模型（如 BERT）从经济新闻中提取经济信号，将其应用于预测国家的 GDP 增长率，并发现大语言模型能够捕捉到传统数据分析无法获取的市场情绪和宏观经济趋势，从而显著提升了 GDP 和通货膨胀的预测精度。

大语言模型还能够通过整合不同类型的数据源（如文本、时间序列、图像等），提供多维度的经济预测。例如，Adämmer 等在其研究中将新闻文本数据与传统经济指标（来自 FRED 数据库的结构化数据）相结合，用于实时预测宏观经济的尾部风险。结果显示，文本数据包含了大量经济指标未涵盖的有价值信息，并且能够显著提高尾部风险的预测能力，尤其是在极端情况下。与仅采用传统经济指标的预测方法相比，结合了文本数据的非线性模型在预测宏观经济趋势时具有更高的准确性。

### 5.1.2 基于大模型的宏观经济预测

宏观经济数据是一个错综复杂的序列,受到政策变动、市场情绪波动、国际形势突变等多重因素的交织影响。Transformer 模型凭借其卓越的能力,能够敏锐地捕捉到这些因素之间复杂而微妙的关联,为预测未来经济走势提供强有力的支持。通过构建高效的神经网络模型,可以从海量且经过精心筛选的宏观经济指标中,提炼出有价值的信息,进而实现对未来经济趋势的精确预测。接下来,本文将介绍一个利用 Transformer 模型进行宏观经济指标预测的实例,并简要探讨其背后的整体技术流程与策略思路。

1. 数据预处理

首先,抓取与宏观经济发展相关的 24 个代表性指标,通过数据接口,提取过往 20 年的全部数据。然后,对宏观经济数据进行预处理,包括数据清洗、缺失值处理、数据标准化等。

2. 位置编码

在时间序列预测任务中,序列的顺序信息扮演着至关重要的角色。然而,Transformer 模型本身并不具备直接处理序列顺序的能力,因此需要借助位置编码(Positional Encoding)来弥补这一不足。位置编码通过在输入数据中嵌入位置信息,使得模型能够准确理解序列中每个元素的时间顺序。

3. Transformer 模型构建

Transformer 模型由多个编码层构成,每个编码层均融合了多头注意力机制(Multi-Head Attention)与前馈神经网络(Feed-Forward Network)。多头注意力机制擅长捕捉序列内部的长距离依赖关系,并能同时聚焦于序列中的多个位置,从而精确把握不同因素间的内在联系。例如,它能够识别前年利率对当年资产投资的影响,或在预测经济增长趋势时,同时关注消费指数、投资规模、出口状况等多个核心要素,进而更精确地预判经济走向。而前馈神经网络则对每个位置的特征执行非线性变换,显著提升了模型的表达能力。在构建模型时,还需设定一系列超参数,包括输入维度、注意力头数、编码层数以及前馈网络的维度等,这些参数的选择对模型性能具有重要影响,通常需通过实验来优化确定最佳配置。

4. 数据集定义

为了训练和验证模型,需要定义一个时间序列数据集,该数据集被视作一个观察窗口,包含了多个时间步的序列数据以及所有相关因子。在数据处理过程中,模型在每个时间步会接收一个固定长度的序列作为输入,该序列实质上是一个滑动窗口,它逐月(或其他时间单位)滑动,旨在预测下一个时间步的值。

5. 训练过程

训练环节为整个策略的核心。采用均方误差(MSE)作为损失函数,并选用 Adam 优化器以加速收敛与提升模型性能。此外,本案例还引入了 L2 正则化技术,旨在有效防止模型过拟合。在训练过程中,模型会遍历整个数据集(共包含 20 年的数据),并通过遮盖真实值的方式,让模型进行逐月预测。随后,利用反向传播算法更新权重参数,以最小化损失函数。在此阶段中,交叉验证方法发挥着至关重要的作用,它有助于选择最优的模型参数,从而巧妙地避免过拟合现象发生。过拟合犹如学生过度依赖死记硬背,虽然在特定考试中能取得好成绩,但在面对新问题时却束手无策。

在训练期间,本案例还记录了每个因子在涨跌方向上的预测正确率,以确保模型在判断涨跌方向上的准确性。同时,采用 $R^2$ 和 RSME 指标[①]对模型在具体涨跌值上的预测精确度进行评估。这些评估指标共同构成了衡量模型预测能力和稳定性的重要依据。

6. 验证与可视化

训练完成后,还需要对模型进行验证。验证集的误差可以帮助评估模型的泛化能力。此外,还可以将训练过程中的误差变化、每个因子的重要性等指标进行可视化,以便更直观地了解模型的表现。

## 5.2 金融市场预测

### 5.2.1 金融市场预测中的 AI 应用

由于股票市场受到地缘、经济、突发事件和公司业绩等多种因素的影响,股价一般难以通过单一因素实现有效预测。然而,股票市场上存在着大

---

① RMSE(Root Mean Square Error):均方根误差,反映了预测值与实际值之间的差异,值越小表示模型预测精度越高。

量的结构化和非结构化数据。因此,研究人员一直在努力尝试用不同的分析方法来预测股价趋势,并推动算法交易的发展。其中,越来越多的交易公司使用机器学习来分析股票市场,利用 AI 来预测股票价格,从而作出更好的投资决策,并降低投资风险。传统的机器学习算法包括随机森林、朴素贝叶斯、支持向量机、K 近邻、ARIMA 等。这些算法在进行股价预测的过程中各有优缺点,如部分算法在处理历史数据方面表现更好,部分算法则擅长处理情绪数据。

区别于传统的机器学习算法,深度学习被认为是一种高级的机器学习算法,它采用人工神经网络,可实现更为复杂的分析和预测。人工神经网络由许多相互连接的单元组成。这些单元可以交换信息,并分布在不同的层中,第一层和最后一层称为输入层和输出层,而中间的层称为隐藏层。复杂的人工神经网络包含大量的隐藏层,称为深度神经网络。在股票预测中,研究人员对深度学习的关注度越来越高,尤其是表现良好的长短期记忆算法。与传统的机器学习算法相比,深度学习算法的股价预测能力更强,但需要大量的数据进行训练,并且占据了大量的计算资源。

股价预测可以归纳为两种方法,即基本面分析和技术分析。基本面分析旨在通过分析市场、行业和公司数据指标,如市值、股息、交易量、市盈率等来确定股价的内在价值和未来波动。技术分析不关注股票的内在价值及驱动因素,而专注从随时间变化的股价和交易量中挖掘潜在的规律,从而有效预测股价未来的趋势,尤其是短期趋势。对于 AI 在股价预测方面的应用,有效的股票预测模型应结合两种预测方法,即不仅要从基本面分析股票的内在价值,也要抓住股价市场波动的短期机会,进行选股和择时。

近年来,随着股票市场可分析数据的增加,越来越多的研究者选择将机器学习纳入股价预测模型,以优化模型效果。通俗地讲,机器学习预测股票价格的原理是基于股票趋势、公司业绩、舆论信息、投资者行为等大数据,隐式地建立起数据与股价的关联模式。基于机器学习方法的股价预测流程如图 5.1 所示。

与传统的股价预测方法相比,AI 在股价预测方面具备如下优势:其一,AI 分析的数据范围更广,并且可以将不同类型和来源的数据关联在一起。例如机器学习等 AI 算法不仅可以将基本面分析和技术分析这两

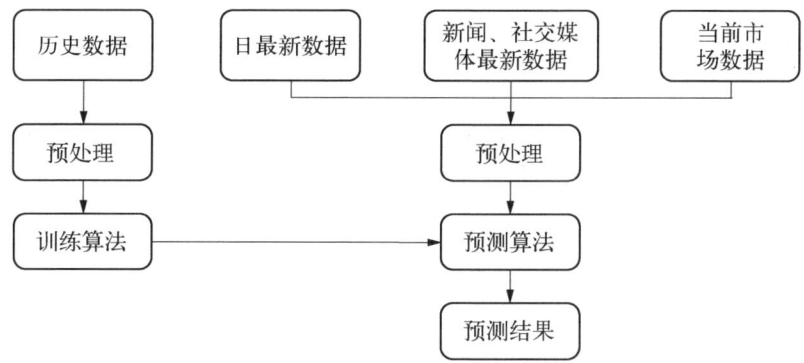

图 5.1 基于机器学习的股价预测流程

种分析方法研究的数据类型纳入分析范围，还可以研究更复杂的非结构化数据，例如新闻、社交媒体评论等。正因为机器学习等 AI 算法可以分析海量的数据，所以 AI 往往能挖掘出人类忽视的数据趋势，从而达到更准确的预测效果。

其二，AI 能实现预测模型的高度自动化，极大提升预测速度。传统的预测方法需要研究者主动地获取、处理、筛选数据，然后选择合适的预测模型，导致研究周期长，模型适用性低。但随着 AI 的发展，AI 不仅能为研究者提供更多的预测模型选择，还能实现数据获取与处理、数据分析、模型选择、算法交易等全栈投资流程的高度自动化，从而实时地分析市场趋势和股价变化，作出更好、更及时的投资决策，提高胜率。

其三，AI 可以降低股票研究门槛，节约研究成本。AI 通过将传统上许多由人类分析员完成的研究工作自动化，大大降低了股票研究成本。并且，随着 AI 人机交互能力的提升，投资者可以方便地以自然语言与 AI 进行沟通，构建符合个人投资目标和风险偏好的投资策略，并且 AI 可以实时地、动态地将模型预测过程展现给投资者。

虽然，AI 在股价预测方面具有突出优势，但其缺点也不容忽略。首先，AI 虽然提供了一种行之有效的股价分析预测方法，但在复杂的股市中，其并不能确保考虑到所有的因素，特别是会极大影响股票价格的突发事件。其次，AI 在股价预测方面的深入发展可能会导致过度依赖人工智能预测风险的出现。由于投资者在使用 AI 模型的过程中，人工参与的工作较少，故容易产生对 AI 模型的过度依赖。最后，AI 预测模型仍需要持续的人工监测和干预。大多数 AI 属于黑箱模型，预测原理的可解释程度低。所以，人们必须要持续地监测 AI 预测过程，在必要时对 AI 模型进行干预，以确保快速发现并修复模型的错误或缺陷，提高模型的可靠性。

此外，股价不仅受企业经营业绩的影响，投资者有关上市公司的看法以及他们对政策变化、突发事件的情绪心理因素也会极大地引起股价波动。因此，借助网络爬虫、大数据分析及自然语言处理等技术展开的情感分析，也可作为一种有效的股票投资策略，使投资者能够依据市场情绪波动信息来预测股票的最佳买卖时机。

虽然在 AI 技术的加持下，投资者可以从新闻、社交媒体评论等数据中提炼出投资者情绪指标，并据此预测股价的变动趋势，但预测的准确性仍然会受到数据质量和可靠性、市场有效性等多重因素的影响。因此，情感分析需要与技术分析相结合，以提升股价预测的准确率。例如，在股价波动剧烈的时期，敏感事件可能会显著影响投资者情绪，并在短期内引发超买或超卖现象。在这种情况下，社交媒体或新闻中的负面报道大概率会导致市场恐慌，造成投资者大规模抛售股票的局面，反之，正面消息则可能会提振投资者情绪，推动股价上涨。

### 5.2.2　基于深度学习的金融市场预测

本小节将以自动编码器（Auto-Encoder）为例，详细展示深度学习在金融市场预测中的应用。自动编码器是一种无监督学习的人工神经网络，它用于学习数据的高效表示，即数据编码。自动编码器通过自身的编码过程，将输入数据压缩成一个较低维度的表示，然后再从这个表示中重建原始数据。自动编码器的目标是最小化输入与输出之间的差异，即重建误差。

本案例中模型的输入包括当前交易时刻的价格、交易量以及若干技术指标，而输出则是预测下一个交易时刻的收盘价为上涨还是下跌，其中上涨用 1 表示，下跌用 0 表示。模型训练完成后，输入测试数据，并将输出的预测结果与实际数据进行对比，以评估模型的预测准确性。

本案例使用的样本为沪深 300 股指期货数据，目标是对短期内的价格走势展开方向性预测。实施数据预处理后，首先采用一个简单的单隐藏层神经网络进行模型训练，具体结果详见表 5.1。从表中可以得出，在实际股指期货价格上涨的情况下，模型预测价格上涨的概率为 59.31%；而在实际股指期货价格下跌的情况下，模型预测价格下跌的概率为 56.95%。因此，从理论视角出发，使用 AI 预测金融市场存在营利的可能。在每次交易需支付 0.2‰手续费的条件下，本案例计算出 7 118 个测试样本上的累积收益率为 10.63%。

表 5.1 单隐藏层神经网络模型的训练结果

|  | ture y = 0 | ture y = 1 |
| --- | --- | --- |
| pred y = 0 | 1 996 | 1 470 |
| pred y = 1 | 1 509 | 2 143 |

由此可知，虽然单隐藏层神经网络模型能够在一定程度上准确预测股指期货价格的上涨与下跌，但其实际预测效果并不算非常理想。因此，本案例接下来将采用深度学习方法（即具有多个隐藏层的神经网络模型），对沪深 300 股指期货数据进行训练和预测，结果如表 5.2 所示。

表 5.2 深度学习模型的训练结果

|  | ture y = 0 | ture y = 1 |
| --- | --- | --- |
| pred y = 0 | 2 099 | 1 416 |
| pred y = 1 | 1 406 | 2 197 |

可以看到，在 7 118 个测试样本中，深度神经网络预测的准确个数为 4 296 个，准确率为 60.35%。在实际股指期货价格上涨的情况下，深度学习模型预测价格上涨的概率为 60.81%；而在实际股指期货价格下跌的情况下，深度学习模型预测价格下跌的概率为 59.88%。与单隐藏层神经网络相比，无论是在价格上涨还是下跌的情况下，深度学习模型的预测准确率均有所提高，从而使得整体预测的精确度也相应提升。

综上，无论是单层神经网络还是深度学习模型，都显示出对股指期货价格走势的预测能力。其中，深度学习模型的表现更为优异。这表明，深度学习方法在处理复杂金融时间序列数据时，能够更有效地捕捉价格变动的模式，从而提高预测的准确性。

## 5.3 案例：腾景数研与道富集团的预测实践

### 5.3.1 腾景 AI 的经济预测

腾景 AI 是一个结合了深度学习等人工智能技术的宏观经济预测工具。基于实时化、动态化的国民经济运行全口径数据体系，其可实现对重要经济金融指标的高频模拟和预测。截至目前，腾景 AI 经济预测平台已构建了包括宏观高频模拟和预测库、行业高频模拟和预测库、宏观和行业全口径数据库等在内的一系列经济数据库。

该平台的核心功能在于利用深度学习技术进行宏观经济的高频模拟和预测，并开发了"多维动态均衡矩阵系统（MDEMS）"。此外，腾景 AI 还提出了"生态元核算和应用体系"，在推动绿色经济核算方面取得了开创性成果。

腾景 AI 经济预测平台在开发过程中主要面临着两大挑战。首要挑战是如何有效控制人工智能算法的误差，确保其预测的稳定性，并持续扩大算法应用范围。在利用宏观数据进行建模时，基于将宏观经济视为随机动力系统的假设，会引入白噪声等随机因素。因此，宏观经济监测与预测必须面对并解决由随机数据引起的误差问题，努力将误差控制在可信区间内。

针对这一挑战，腾景 AI 在算法选择上采取了严格的筛选标准，以确保宏观经济预测的精确度。以美国 CPI 的高频模拟为例，美国的通胀惯性大约为 0.3%，因此，任何导致误差大概率分布在 0.3% 以外的算法都会被排除。经过一段时间的实践和数据积累，腾景 AI 算法提供的预测结果能够在很大程度上呈现出单峰或双峰分布的特性，并在价格指标的宏观监测与预测方面表现出良好性能。

宏观经济预测的准确性不宜滞后验证，因为这会拖累生产效率。因此，为提升生产效率并实现公共产品的高效供给，腾景 AI 正持续扩大其监测与预测的指标体系范畴。截至目前，腾景 AI 已将 46 项核心指标及 469 项辅助指标纳入了监测体系，旨在通过长期的实践应用和指标跟踪，累积更为丰富的测度数据。在全球经济一体化的大潮中，对全球经济的监测与预测将成为推动更加开放、自主的宏观调控不可或缺的基础工具。随着规模效应的显现，腾景 AI 有望逐步增强其全球范围内的指标监测与预测能力。

腾景 AI 经济预测平台面临的第二大挑战是如何将人工智能与宏观经济学的可解释性相结合。在指导经济决策的过程中，"可解释性"扮演着举足轻重的角色。传统计量经济学的研究，无论是参数估计还是非参数估计，均是基于对原始数据的建模，因此，模型的可解释性自然为首要考量。针对这一挑战，腾景 AI 初步探索的解决方案是尽可能地纳入更多数据指标，并利用算法对这些数据分项进行监测。通过深入剖析数据分项与总项之间的协调性关系，平台力求在可解释性方面实现新的突破。然而，这仅是腾景 AI 提升宏观经济预测中人工智能可解释性的一种尝试。未来，平台还将根据与预测数据需求方的深入交流，持续探索并构建新的可解释性框架。

### 5.3.2 道富集团的股票成交量预测

道富集团（State Street Corporation）是一家历史悠久的全球金融服务公司，成立于 1792 年，总部位于美国马萨诸塞州的波士顿。作为全球最大的托管银行和资产管理公司之一，道富集团专注于为机构投资者提供包括投资行政服务、投资管理、投资研究和交易等金融服务。截至 2024 年 9 月，道富集团的托管和管理的资产总额达到了 46.8 万亿美元。此外，道富集团每年在 IT 上的投入接近 10 亿美元，已构建了自己的专属云，提高了客户服务的安全性和便捷性。

在金融领域，成交量预测始终是一个至关重要的议题，特别是对于提供资产管理或交易执行服务的机构而言。其重要性不仅体现在有助于机构更合理地配置交易资源，还体现在使交易员能够更深入地洞察市场动态。对此，道富集团创新性地运用了深度学习技术来预测成交量，并将这一流程精炼为一项能够依据市场预测每日股票成交量的服务。

一家金融机构通常服务于多种投资风格的基金，因此，其每日交易行为模式通常显得较为复杂，并受到多方面因素的深刻影响。具体而言，这些因素涵盖：其一，金融市场指数。对于主动型基金而言，这一因素尤为重要。主动管理型基金的投资策略往往依赖于将一组金融市场指数作为输入（如 VIX 指数或 MOVE 指数）。这些指数的波动将直接影响基金的每日成交量。其二，市场指数的成分股调整。这一因素可能会对被动型基金产生显著影响。被动管理型基金通常追踪某个特定的市场指数，如标普 500 指数或恒生指数。当这些指数的成分股发生调整时，往往会导致调整生效日的成交量显著上升,这一现象颇为普遍。其三,历史成交量。历史成交量数据为正常成交量水平预测提供了基准与长期趋势的参考。其四,区域市场时间相关性。部分金融机构在全球范围内运营,涉及多个区域市场。尽管每个市场都有其独特的本地节假日和交易安排,但在某些情况下,这些市场之间仍存在一定的相关性。其五,特殊日期。某些特定日期(如每月最后一个交易日、公众节假日等)往往会对日成交量产生重大影响。

为提高预测服务的精确度,道富集团的模型综合考量了上述全部因素。该模型每日提取并整合这些因素,输出各市场的成交量预测数据。一旦输入因素的数据积累到一定程度,模型就会采用更新后的数据进行重新训练,以适应可能发生的潜在结构性变化。

2019年1月,道富集团推出了日度股票成交量预测服务的首个测试版,并采用了集团内部交易数据进行了测试。测试数据集涵盖了63个市场以及多种交易风格的基金对应的每日股票成交量数据。在测试期间,实时数据被持续输入应用程序中,以验证其功能及预测的准确性。针对美国市场,该模型在测试阶段的拟合优度高达0.86,而在其他市场也达到了0.54,这不仅符合预期,也与训练数据集中的表现相当。此外,该服务在测试期间还成功预测了由富时指数触发的多次成交量激增事件。

综上,道富集团的成交量预测模型有力地证明了AI技术能够成为核心投资职能不可或缺的辅助力量。该项目成功树立了将AI辅助模型转化为既实用又高效工具的典范,为投资净利润的增长奠定了坚实基础。基于此,未来的模型设计将进一步致力于提升公司的运营效能,同时严格遵循架构规范、数据治理以及项目生命周期管理的相关标准。

# 第 6 章 投资组合构建

投资组合构建是投资全流程中的重要环节,也是决定投资收益的关键要素。因此,如何高效、合理地构建投资组合成为当前学界与业界研究的热门话题。尽管以马科维茨均值—方差模型为代表的传统投资学模型在这一领域提供了重要指导,但它们并不能对当今市场中庞杂的信息实现充分利用。在此背景下,AI 在投资组合构建过程中的作用显得尤为重要。一方面,AI 可以实时整合并分析金融市场上流动的大量非结构化数据,从中提炼出有价值的信息,进而精准研判市场情绪,使更多因素纳入投资组合构建的考量;另一方面,AI 还有助于排除投资组合构建过程中的人为因素干扰,高效客观地识别出那些既能带来超额回报又能增强投资组合多元性的资产标的,为投资组合构建提供方向性指导。

## 6.1 投资组合构建策略

### 6.1.1 现代资产组合理论

现代资产组合理论(Modern Portfolio Theory)为投资组合的构建提供了有益的指导。同时,在人工智能时代,机器学习和大模型技术的发展也为这些投资理论的应用提供了新的赋能。

1952 年 3 月,美国著名经济学家哈里·马科维茨(Harry Markowitz)在

《金融杂志》(The Journal of Finance)发表了题为《资产组合选择》("Portfolio Selection")的论文,这标志着现代资产组合理论的发端。根据马科维茨的均值—方差优化理论,对于一个合理的资产组合,如果存在另一个具有较大均值和不变方差或者不变均值和较小方差的可行的资产组合,那么该均值方差组合就是无效的。图6.1给出了资产组合有效性的解释。图中的纵轴表示资产组合的期望回报率,横轴表示风险,曲线上和曲线内部的点表示市场中所有证券的所有可能投资组合的风险—收益对应关系。图中的曲线 bc 就是有效的资产组合点所组成的有效集合,称为有效边界。

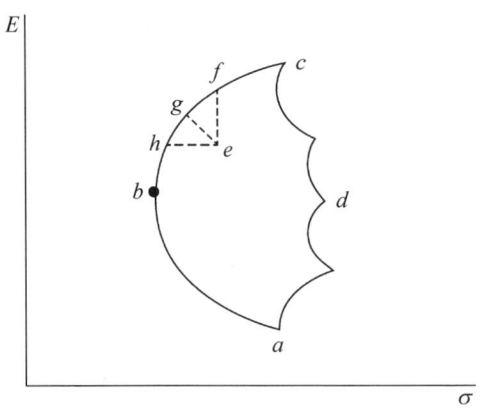

图 6.1　有效边界

在此之后,现代资产组合理论又经历了一系列的发展。1964年,威廉·夏普(William Sharpe)在给定的假设条件下提出了资本资产定价模型(Capital Asset Pricing Model,CAPM)。该模型以有效市场为前提,以严格的假设为条件,证实了资产风险与预期收益率之间精确的线性关系。但CAPM由于其假设条件的超现实性而一直难以得到验证。1976年,斯蒂芬·罗斯(Stephen Ross)利用资本市场不可能持续存在套利机会这一假设,推导出了套利定价模型(Arbitrage Pricing Theory,APT),使资本市场定价理论翻开了新的篇章。1992年,费希尔·布莱克(Fischer Black)和罗伯特·利特曼(Robert Litterman)基于金融行业对马科维茨模型数十年的研究和应用,提出了Black-Litterman模型,该模型实际上是将马科维茨的均值—方差优化理论以及CAPM模型这两大主要理论进行结合。现代资产组合理论为投资行为提供了理论指导,目前大多数智能投顾平台都将马科维茨模型及其衍生理论作为投资的基础原理。

### 6.1.2　行为金融学理论

现代资产组合理论建立在理性经济人和有效市场假说的基础之上,认为投资者的决策基于理性预期、风险规避和效用最大化。然而,实际情况可能与这些理论假设不完全一致。行为金融学作为一种与有效市场假说相对应的学说,认为投资者的心理和行为在资产价格的形成与波动中也扮演着重要角色。

投资者的非理性行为主要有以下几类:其一,过度自信,即投资者往往高估自己的判断能力,认为自己能够预测市场趋势或识别投资机会,这可能导致他们承担过多的风险或作出过于乐观的投资决策。其二,锚定效应,即投资者在作出决策时,可能会过分依赖(锚定)熟悉的事物,即使这些信息与当前决策无关或并不准确。锚定效应可能导致投资者只投资经常看到的股票,并远离未知的股票,产生"小企业"效应。其三,厌恶损失,即投资者对损失的厌恶程度通常大于对同等金额收益的喜好,这意味着他们可能会为了避免损失而放弃潜在的收益,或者在面临损失时仍坚持持有亏损的投资。其四,代表性偏差,即投资者可能会基于一些表面的特征来做出判断,例如错误地将某只股票近期的表现作为衡量其未来表现的指标,而忽视了更全面的分析。其五,羊群效应,即个体具有从众心理,个体决策容易受到群体行为的影响而偏离理性,这可能导致市场泡沫或崩溃,例如曾风靡一时的房地产投资。

基于上述非理性行为,行为金融学理论的核心要点可以概括为以下四个方面:其一,所有投资者均存在心理偏差,即使是机构投资者,也可能表现出非理性的投资行为。其二,行为金融学致力于探究在何种条件下,投资者会对新信息反应过度或反应不足,这使得投资者有机会在大众认识到错误之前采取行动,从而获得利润。其三,通过识别并利用公众的心理偏差,投资者可以获得长期利益,有助于他们在市场竞争中占领优势。其四,通过分析投资者在不同市场环境下的决策行为,行为金融学旨在揭示金融市场中的非理性行为和决策模式,从而帮助投资者优化其资产配置,提升投资效率。

当前,一些较大的投资管理平台(如 Betterment 和 Wealthfront)在现代资产组合理论的基础上,也运用了行为金融学的理论,即应用心理学中有关认知方式、认知偏差和认知目标的研究成果对相关问题进行诠释,把握资本市场的非理性波动,并帮助客户克服实际投资决策中的情感因素。

## 6.2 AI在投资组合构建中的应用

### 6.2.1 机器学习在投资组合构建中的应用

投资组合优化是选择最佳资产权重的过程,主要目标可分为最大化回报、最小化风险、最大化回报风险比或最小化尾部风险。其中,最常见的策略是马科维茨均值—方差优化,它在提高投资组合回报的同时能够降低风险水平。马科维茨模型需要预测投资组合的回报和波动率作为输入。本小节将展示一个简化的应用案例,探讨如何使用机器学习方法进行风险收益预测和均值—方差优化,并设计出优于传统移动平均线模型的定量策略。

案例使用的样本为截至2023年12月31日琼斯工业平均指数(DJI)的成分股数据。下面将分别采用LSTM与GARCH模型对投资组合的回报和波动率进行预测。

相较于决策树模型,LSTM可以支持具有一个目标变量和多个输入变量(1∶n)的预测情形;而相较于ARIMA模型,LSTM不用受限于时间序列数据的平稳性假设(即不存在季节性且均值、方差和协方差恒定)。因此,采用LSTM模型进行投资组合回报预测更加合理与有效。为了进一步改进模型,该案例对LSTM模型中的学习率、辍学层数和第一层神经元数量进行了超参数调整。调整学习率可以使模型更加有效,因为它控制了模型收敛的速度;调整辍学层数和神经元数量可以提高模型的性能,因为它们防止了模型出现欠拟合或过拟合。

哈里·马科维茨在1952年的《投资组合选择》一文中引入了波动率的概念,即投资组合的波动率是回报的标准差,用于定义不确定性和风险。大多数模型假设波动性随时间保持恒定,但是,这种假设存在缺陷,因为实际中可以观察到波动率的聚类现象:低(高)波动性时期后往往是接连的低(高)波动性时期。波动率聚类是异方差性的表现,Engle提出了自回归条件异方差性(ARCH)模型,Bollerslev在此基础上提出了广义自回归条件异方差性(GARCH)模型。因此,该案例训练了一个GARCH模型来预测未来的波动率,以解决波动率聚集问题。

本案例测试了参数 $p=1\sim5$ 和 $q=1\sim5$ 的 GARCH 模型[①]。因此，共产生了 $5\times5=25$ 种可能的 $p$、$q$ 组合。通过优化均方根误差、均方误差和平均绝对误差三个常见的误差指标，选出 GARCH 模型最佳的超参数集。然后，将最佳超参数集作为 GARCH 模型中的超参数输入，以获得预测的波动率值。将从 LSTM 模型获得的每日资产回报预测和从 GARCH 模型获得的每日资产波动率预测作为均值—方差优化的输入，并利用 Python 的 PyPortfolioOpt 库进行求解，得到如图 6.2 所示的有效边界。

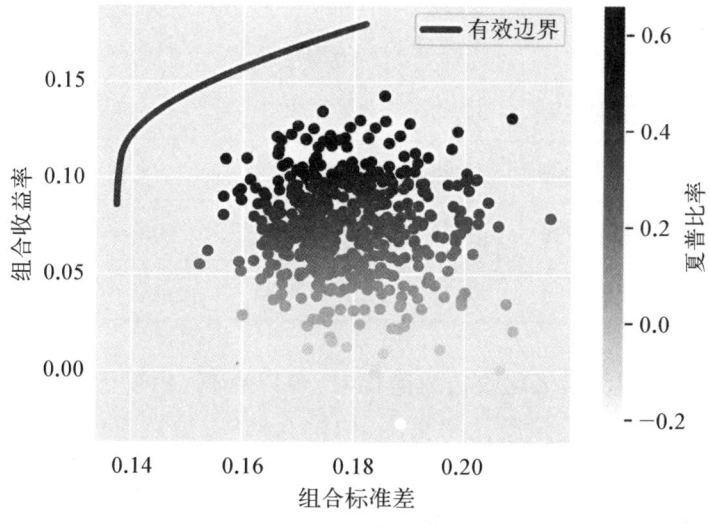

图 6.2　案例中的有效边界线

有效边界是一组最佳投资组合，这些投资组合在规定的风险水平下提供最高的预期回报，或在给定的预期回报水平下提供最低风险。无论资产配置如何，线以上的投资组合都是无法实现的，而线以下的投资组合是可以实现的，但不太理想。为了决定在有效边界上选择哪个最优投资组合，必须为优化确定一个目标函数，可以是最大化回报风险比，最小化波动性，在风险约束下最大化回报，或在回报目标下最小化波动性。根据设置好的目标函数，可以获得该目标函数下的最优投资组合分配，即是每种资产的投资占比(在本案例中，为了简化，以日为单位进行投资组合建模，即当每个交易日开始时，投资组合将进行重新平衡，但现实中的再平衡

---

① 有关 GARCH 模型参数的介绍，详见附录 1：统计学基础及其在金融领域的应用。

操作一般不会如此频繁)。本案例将探索在给定的风险约束下最大化回报风险比以及最大化回报，即目标函数分别为最大化收益风险比和最大化投资回报。

为了展示机器学习在投资组合构建中的优势，本案例将机器学习的建模结果与基准结果进行了对比，如表6.1所示。其中，基准结果是使用过去收益的滚动平均值作为预测的均值—方差优化。

表6.1 机器学习在投资组合构建中的优势

| 目标函数 | 模 型 | 年化收益率 | 年化波动率 | 收益风险比率 | 最大回撤 |
| --- | --- | --- | --- | --- | --- |
| 最大化收益风险比 | 基准结果 | 17.82% | 25.22% | 0.7066 | −60.56% |
|  | 机器学习 | 16.95% | 20.05% | 0.8455 | −59.36% |
| 最大化投资收益 | 基准结果 | 14.67% | 21.51% | 0.6818 | −81.08% |
|  | 机器学习 | 24.62% | 22.88% | 1.0760 | −94.16% |

当目标函数为最大化收益风险比时，可以看到，相较于基准结果，机器学习投资组合的收益风险比率更高，约为0.846。虽然它的年化收益率略低，但与基准结果相比，它的年化波动率要低得多。这意味着，虽然两种方式下得到的投资组合可以获得相似的收益率，但机器学习投资组合能够为投资者提供风险更低的选择。

当目标函数为最大化投资收益时，基准结果的年化收益率和波动率均有所下降。相比之下，机器学习投资组合的年化波动率虽然略高，但年化收益率却存在明显增加。因此，在该案例中，与基准投资组合相比，机器学习投资组合可以在相似风险水平下实现更高的收益率。

### 6.2.2 大语言模型在投资组合构建中的应用

作为OpenAI开发的一个大型语言模型，ChatGPT以其卓越的自然语言理解和生成能力引起了广泛关注。它不仅能够进行流畅的对话，还能在多种任务中提供有价值的输出，包括但不限于内容创作、语言翻译、教育辅导等。然而，ChatGPT在金融领域的应用，尤其是其在投资组合选择中的作用，仍然是一个相对未知的领域。投资组合管理是金融领域的核心活动之一，它涉及资产的配置、风险的评估以及收益的最大化。传统的投资组合管理依赖复杂的数学模型和专业的金融知识。随着ChatGPT等AI模型的出现，人们开始探索这些模型是否能够辅助或甚至替代传统的投资决策过程。ChatGPT的潜在应用不仅在于其能够处理和分析大量的金融文本数据，还在于其可能提供新的视角和策略，从而在投资组合选择中发挥重要作用。

然而，ChatGPT在金融领域的应用也面临着一系列挑战。首先，ChatGPT在生成文本时可能会产生"幻觉"，即它可能会生成一些看似合理但实际上并不存在的信息。这种现象在金融投资决策中尤为危险，因为错误的信息可能导致投资者作出错误的投资选择，从而产生财务损失。例如，如果ChatGPT错误地推荐了一个不存在的股票，或者错误地评估了某个股票的未来表现，投资者可能会基于这些不准确的信息进行投资，其结果可能是灾难性的。其次，ChatGPT的黑盒性质意味着它的决策过程不透明，用户无法直观理解模型是如何得出特定结论的。在投资领域，这种不透明性可能会引起投资者的不信任，尤其是涉及高风险投资决策时。投资者通常希望了解投资决策背后的逻辑和依据，而ChatGPT的输出往往缺乏这种解释能力。最后，ChatGPT的训练数据来源广泛，但具体内容未知，这增加了模型输出的不确定性。如果训练数据中包含了过时的信息或者存在偏差，ChatGPT可能会基于这些不准确的数据生成投资建议。例如，如果模型训练时的数据集中包含了某只股票的积极信息，而该股票在模型训练后的表现已经恶化，ChatGPT可能会推荐投资者购买这只股票，但这显然是不明智的。

尽管存在这些挑战，ChatGPT在投资领域的应用仍然充满潜力。由于GPT-4模型是在大型文本数据集上进行训练的，故其能够间接得出"情绪"对各股票（或其他可能的金融资产，如债券）表现的预测。股票相关本文训练数据中的积极性（由分析师报告、博客文章、新闻文章、研究论文反映的基础情绪）可以被ChatGPT识别出来。譬如，在训练数据集中对某些显示出"积极情绪"或与积极的投资和交易策略相关的股票更有可能被ChatGPT推荐。但是，ChatGPT可能无法很好地"推理"为什么选择某些股票。同时，用于训练的数据集也会不可避免地存在一些误差（如某些股票在文本数据中可能会更频繁地出现）。

接下来将展示一个具体案例，探讨如何利用ChatGPT来识别"最受欢迎"或"表现最佳"的股票,并对识别效果进行评估。首先,要求 ChatGPT 从标准普尔 500 市场指数中生成三个不同的股票池(分别由 15、30 和 45 只股票组成),目标是跑赢该指数。进一步,要求 ChatGPT 为每只股票分配资产权重,即针对三个股票池分别创建不同的 ChatGPT 赋权投资组合,如图 6.3 所示。

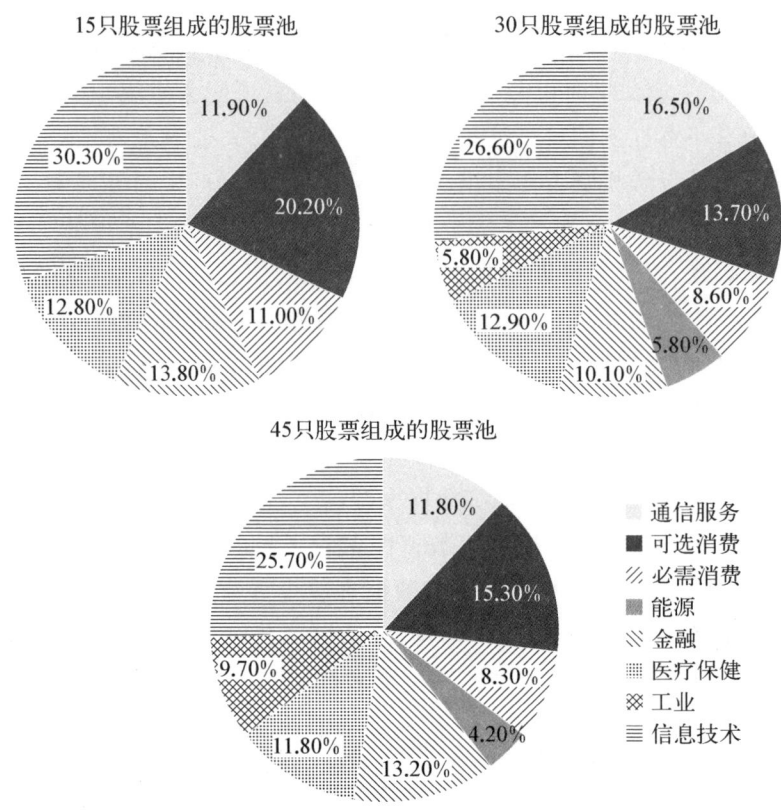

图 6.3 不同股票池下 GPT－4 确定的投资权重

然而,这种方法的施行存在挑战——每次向 GPT－4 的 API 发送请求时,生成的股票池均不相同。因此,为了提高稳健性,我们向 ChatGPT 重复了 30 次 API 请求,并记录了每次请求输出的结果,分别统计了各个股票在结果中出现的频率。最后,选出 15、30 和 45 只频率最高的股票。

本案例的第二个目的是将 GPT－4 建议的投资组合与传统投资学模型中得出的投资组合进行比较。具体而言,本案例为 ChatGPT 提出的三个股票池分别计算了马科维茨均值—方差有效边界。从有效边界中,针对每个股票池均可得出"最小方差""最大预期回报"和"最大夏普比率"三种关键投资组合。

综上,本案例共可得到五种可供比较的投资组合,即 GPT 赋权投资组合、等权重投资组合、最小方差投资组合、最大预期回报投资组合和最大夏普比率投资组合。

表 6.2 展示了 2021 年 9 月 1 日到 2023 年 7 月 31 日期间,五种投资组合的基准评估指标计算结果(仅讨论由 15 只股票构成的股票池,30 和 45 只股票的情形在本案例中省略)。同时,表中还列示了一些传统基准指数和流行投资基金(如先锋全球股票 ETF、富达大型成长指数等)的评估指标结果,以捕捉整体市场的表现。

表 6.2 各投资组合的基准评估指标计算结果

|  | 累积回报 | 预期回报 | 波动性 | 最大回撤 | 夏普比率 | VaR 99% |
| --- | --- | --- | --- | --- | --- | --- |
| GPT 加权 | 113.04% | 0.17% | 3.09% | −27.75% | 0.39 | −3.92% |
| 等权重 | 111.09% | 0.15% | 3.07% | −27.73% | 0.36 | −3.83% |
| 最小方差 | 107.32% | 0.11% | 2.69% | −23.68% | 0.29 | −3.29% |
| 最大回报 | 119.76% | 0.26% | 4.02% | −37.53% | 0.47 | −4.63% |
| 最大夏普比率 | 118.68% | 0.25% | 3.97% | −37.09% | 0.45 | −4.56% |
| 标准普尔 500 | 101.29% | 0.04% | 2.62% | −24.82% | 0.13 | −3.42% |
| 道琼斯工业 | 100.42% | 0.03% | 2.32% | −20.95% | 0.09 | −2.80% |
| 纳斯达克 | 93.52% | −0.01% | 3.31% | −35.72% | 0.00 | −4.20% |
| 流行投资基金 | 98.25% | 0.01% | 2.55% | −26.00% | 0.04 | −3.32% |

可以看到,一方面,"最大回报"与"最大夏普比率"策略可以提供最高的累积回报,分别为 119.76% 和 118.68%。然而,这些较高的回报通常伴随着风险的增加(可从波动性、最大回撤、VaR 99% 三个指标明显看出),表明这些投资组合与更大的风险水平相关;另一方面,"最小方差"策略的波动性较低,但该策略的累积回报也通常不高。此外,"GPT 加权"和"等权重"投资组合则提供了坚实的表现,通常介于高回报高风险的"最大回报"与"最大夏

普比率"策略,以及低风险低回报的"最小方差"策略之间。

综上所述,基于 ChatGPT 选出的股票池建立的投资策略大多超越了传统基准(如标普 500 指数等),这突显了将 ChatGPT 的 AI 能力整合到投资组合设计中的优势与潜力。

## 6.3 案例:英仕曼集团与东方财富的技术实践

### 6.3.1 英仕曼集团的机器学习实践

英仕曼集团(Man Group Plc)是一家主动型投资管理机构,提供多头和另类投资产品,截至 2024 年 9 月,其管理资产规模达到 1 749 亿美元。英仕曼 AHL 为该集团旗下的量化投资管理机构,总部位于伦敦。英仕曼 AHL 管理着类型各异的对冲基金,且推行多样化的多头投资策略,这些策略覆盖了多种资产类别和全球多个地理区域。在其所有业务活动中,机器学习技术的应用是不可或缺的一部分。例如,英仕曼 AHL 的所有策略都采用了一种智能路径算法,这种算法能够适应性地选择给定交易的最佳市场路径。在英仕曼 AHL 的多策略项目中,机器学习的应用尤为广泛,它通过多种方式发挥作用,包括模式识别、趋势跟踪和自然语言处理等。这些先进的方法不仅增强了策略的执行效率,还提高了决策的精准度。

英仕曼 AHL 从 2009 年开始研究机器学习及其在投资领域的应用,但当时这一尝试并未在项目投资组合中得到实施。在经过长期的研究测试、模拟交易等环节后,第一个机器学习策略最终于 2014 年正式进入英仕曼 AHL 的项目投资组合。目前,机器学习方法主要应用于英仕曼 AHL 投资管理活动的两大方面:一是交易策略的开发(即生成交易的算法,用以确定买卖什么及何时买卖),二是提高交易执行的效率(即向金融市场发送请求并完成交易)。

首先,在交易策略开发方面,英仕曼 AHL 注重利用机器学习技术来增强现有投资组合的多元性。换言之,机器学习算法被设计以识别那些既能够提供超额回报,又能够增加投资组合多元性的标的,同时减少或排除那些可能出现超预期风险的投资标的。通过这种有针对性的方法,英仕曼 AHL 努力使其策略能够提升投资绩效,同时有效分散投资风险。得益于深厚的市场理解和强大的技术支持,英仕曼 AHL 中国宏量策略从 2014 年 3 月实盘运行以来,在多变的市场环境里,为投资人创造了较为可观的收益。截至 2024 年 3 月底,成立以来累计回报超过 326%,年化回报达 15.5%,年化波动率 14.2%,最大回撤为 11.6%,同期沪深 300 最大回撤接近 40%。

其次,在提高交易执行效率方面,受限于交易成本数据的不稳定和高噪声问题,人类决策者在确定最优交易路径方面的能力通常是有限的。所以,自 2016 年底以来,英仕曼 AHL 就开始探索使用强化学习工具来解决这一问题,并发现这种方法在降低成本和节省时间方面效果显著。最初,该工具被用于小规模的期货合约买卖,但随着不断的升级和优化,现已能够用于优化整个英仕曼集团的期货和现货股票订单流。

在确定当前最优交易策略后(例如做多 700 股 ABC,做空 250 股 XYZ),英仕曼 AHL 会将执行该策略下仓位所需的全部交易发送至执行系统。该系统的任务是在规定的时间内完成交易,以达到所需的仓位,同时尽可能降低相关交易成本。在过去近十年的时间里,英仕曼 AHL 一直运用自家开发的电子交易执行算法进行交易,并将其与券商或银行对手方开发的第三方算法相结合,以增强执行效率。具体而言,英仕曼 AHL 的电子交易执行算法能够利用机器学习技术,自动将交易指令分配给可用的执行渠道。

综上所述,英仕曼 AHL 在投资策略开发与投资交易执行环节的人工智能技术应用,不仅显著提高了投资决策的精确度,而且实现了投资交易的"降本增效",展示了人工智能在资产管理领域应用的巨大潜力。

### 6.3.2 东方财富"妙想"金融大模型

当下,借助 AI 大模型发展的"东风",资产管理机构在投研领域的信息收集与决策分析能力得到了极大提升。具体而言,传统投研环节存在信息类型繁杂、大量数据噪声、数据高度分散、结论生成效率较低等问题。而 AI 通过对信息的高效收集、整合、加工,可以全面提升投研及投资在"搜、读、算、写、用"五大环节的效率。其一,在信息搜索环节,AI 大模型能够对多渠道、多模态的信息进行整合,从而快速响应数据收集请求,提升投研投资活动获取信息的效率;其二,在信息读取环节,AI 大模型能够提炼核心内容,让投研人员的信息处理效率成倍提升;其三,在运算分析环节,AI 大模型能基于经典与前沿的金融理论以及市场的历史表现等,辅助投资观点和决策的生成;其四,在写作生成环节,AI 大模型可以承担投研材料的生成工作,使投研人员可将更多精力投入结论产出而非材料制作；其五，在信息复用环节，AI 大模型有助于提升机构内部知识库的检索效率，方便信息的二次调用，可以减少重复性劳动。

东方财富旗下的妙想金融大模型是 AI 赋能资产管理机构分析决策的典型代表。妙想金融大模型采用了 Decoder-only 的 Transformer 网络结构，通过自主构建的数据治理体系和实验流程，并结合效果预估算法、高效的预训练框架，以及监督微调（Supervised Fine-Tuning，SFT）与基于人类反馈的强化学习（Reinforcement Learning from Human Feedback，RLHF）等训练技术，有效提高了模型的准确度。在数据层面，通过大量金融数据的供给、金融特色数据的挖掘、专业且多样化的金融语料库和金融词表的输入，妙想金融大模型能够较为准确地理解金融领域的专业表达；在算力层面，该模型构建了超千卡级别的算力集群，可以支撑千亿级别的模型训练需求。此外，妙想金融大模型还采取了一系列策略来持续优化其金融处理能力和运算效率，包括创新模型训练算法、利用大规模算力集群加速迭代进程，以及运用高性能推理技术来满足多样化的场景需求。

研发团队针对常见的金融应用场景，对妙想金融大模型和通用大模型（如 ChatGPT）的输出结果进行了人工标注盲测，展示了妙想金融大模型的金融理解能力。如图 6.4 所示，通过对比妙想大模型与主流通用模型在各场景下的综合评测结果，可以观察到妙想金融大模型在个股诊断、股票优势对比、操作建议提供以及投资热点解读等金融垂直领域已展现出一定的优势。

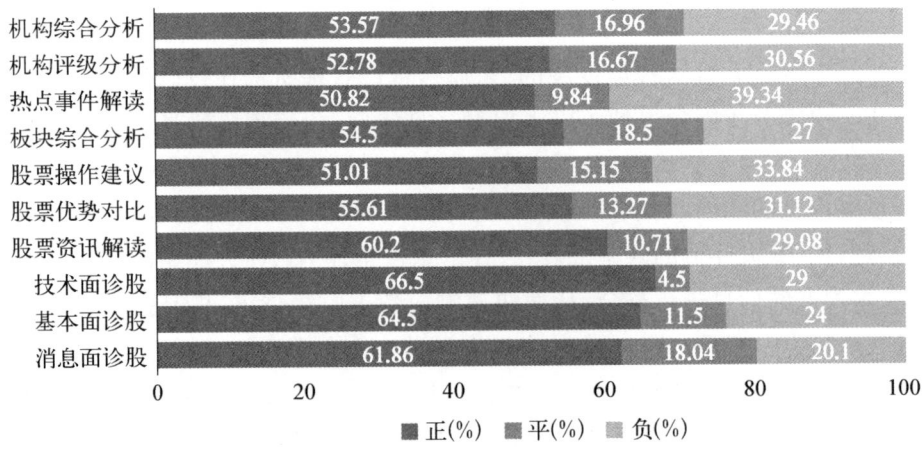

图 6.4　妙想大模型与 ChatGPT 的性能对比

在金融业务场景中,妙想大模型可以为投资者提供多方面的金融服务和投资辅助支持。对于投资新手而言,妙想大模型如同一本金融交互问答的百科全书,能够帮助用户全面且高效地掌握金融市场知识,获取各类金融信息;而对于专业投资者,妙想大模型在投资前可以提供热点解读、机会挖掘与标的筛选,在投资过程中可以进行股票诊断与组合构建,在交易后又能够展开股票跟踪与持仓调整,凭借其专业能力服务于特定的金融场景,助力投资者作出科学的投资决策,实现对用户投资全周期的闭环服务。

在投资研究领域,妙想大模型可以帮助研究员提升投研工作的效率与质量。针对专业投资者的核心投研需求,妙想大模型凭借其强大的文本理解、信息提取、总结归纳等多元化能力,对研报总结、投研问答、智能取数等高频场景进行了深度优化。一方面,它可以帮助研究员快速完成研报阅读,挖掘研报中的增量信息,总结梳理投资要点并进行溯源;另一方面,它可以结合研报内容与扩展信息进行交互问答,助力用户挖掘投资线索,提升投研效率,从而更好地进行投资组合构建与管理。

综上所述,智能投研的未来充满无限可能,围绕金融投资研究的全流程链条,人工智能可以在信息收集、文献整理、研究分析及报告撰写等核心环节提供强大支持,帮助用户发掘投资线索,简化投研过程中复杂的探索步骤,从而提供高效的投研体验。

# 第 7 章
# 投 后 管 理

在初始投资组合构建与确立后,由于投资者自身偏好的变化或外部市场环境的波动,适时调整投资组合成为确保收益稳定的关键步骤。因此,投后管理在投资全流程中占据着举足轻重的地位。在 AI 技术普及之前,对投资组合的风险与收益特征进行实时监控是一项极具挑战性的任务。然而,时至今日,借助 AI 的力量,投资者不仅能够即时接收市场变动的风险预警,而且还能有效实现对投资组合的自动化交易与调整。通过设置再平衡的触发条件,投资者可以在很大程度上确保自己的投资组合特征与个人偏好保持一致。

## 7.1 投资组合监控与风险评估

### 7.1.1 投资组合的风险评估

最常见的风险评估方法即通过股票的收益历史预测方差或标准差来作为某项资本或者某个资本组合未来的风险预估,因为方差或标准差可以估计实际收益与预期收益之间可能偏离的程度。该方法始于马科维茨提出的均值—方差模型,其中均值是指对未来一段时间内预估的收益的期望值,而方差或标准差则用来预估未来一段时间内的风险。在证券投资中,一般认为投资收益的分配是对称的,即实际收益低于预期收益的可能性与实际收益高于预期收益的可能性是一致的。实际回报与预期回报之间的偏差越大,投资股票或投资组合的风险就越大,因此可以使用方差或标准差来表示预期收益的风险。

此外,本节还将探讨几种关键的风险评估指标,这些指标在监控投资组合过程中扮演着至关重要的角色,能够为投资组合的表现提供定量的描述。

1. 贝塔系数

贝塔系数($\beta$)是衡量资产收益对市场波动敏感性的重要指标,它代表着资产所承担的系统风险水平。当贝塔系数为 1 时,意味着投资组合的变动趋势与市场完全一致,即市场上涨或下跌时,投资组合也会相应地上涨或下跌相同的百分比。而当贝塔系数为 1.1 时,若市场增长 10%,投资组合则会增长 11%;相反,若市场下降 10%,投资组合也会下降 11%。在牛市期间,拥有较高贝塔系数的投资组合因市场上升趋势而展现出更高的收益潜力;而在熊市期间,贝塔系数较低的投资组合则能更好地抵御市场风险,表现出更强的抗跌能力。

2. 阿尔法系数

阿尔法系数($\alpha$)是衡量投资实际风险回报与预期平均风险回报之间差异的指标,它反映了投资的非系统性风险。其计算公式为:$\alpha = $(投资的年化收益率-无风险收益率)$-\beta \times$(市场基准的年化收益率-无风险收益率),其中,市场基准常选用如沪深 300 指数等具有代表性的市场指数。若投资策略所选股票的整体表现超越市场基准组合中的成分股,则阿尔法系数为正;反之,则为负。

3. 夏普比率

夏普比率(Sharpe Ratio)是一个用于衡量投资组合风险调整后收益的金融指标,由经济学家威廉·夏普提出。它通过计算投资组合的超额回报与波动性之间的比率,来评估每单位风险所能获得的超额收益。具体来说,夏普比率反映了投资组合的预期年化收益率与无风险利率之间的差异,并将这一差异与投资组合收益的波动性进行比较。

夏普比率越高,意味着投资者在承担相同水平的风险下,能够获得更高的超额回报,因此通常被视为投资表现的积极指标。它在评估和比较不同投资组合时非常有用,因为它提供了一个统一的风险调整收益的度量标准。

然而,夏普比率也有其局限性。它假设收益率呈正态分布,但在现实中,收益率的分布可能不符合这一假设。此外,夏普比率将上行和下行波动同等对待,而投资者往往更关注下行风险。由于夏普比率基于历史数据计算,不能完全预测未来的投资表现,因此,在实际应用中,投资者应结合其他指标和自身的风险承受能力,综合评估投资组合的表现。

4. 索提诺比率

索提诺比率(Sortino Ratio)是衡量投资策略相对于特定目标收益表现的指标。它与夏普比率的主要区别在于,其采用下行波动率作为风险的度量。夏普比率用于评估投资组合相对于无风险资产的表现,通常适用于多空结合的交易策略,例如市场中性策略或配对交易策略,以及那些没有公认的市场基准组合的投资品种,如期货CTA策略。

与夏普比率不同,索提诺比率使用下行波动率作为风险度量,这意味着它只考虑收益率的负面波动,而忽略正面波动。索提诺比率的优势在于其风险度量更贴近实际投资中遭遇的风险;然而,其缺点在于不如夏普比率那样广为人知和频繁使用,且目标收益的设定具有主观性,不依赖于任何基准组合。这与夏普比率形成对比,后者的目标是超越无风险资产的收益。

因此,在对比不同策略或投资组合的表现时,使用统一的目标收益率来区分正向和负向波动是必要的。在实际计算中,我们通常将无风险资产的收益率作为索提诺比率的目标收益率。

5. 信息比率

信息比率(Information Ratio)是一种衡量投资组合表现的指标,它评估的是投资组合在超出其业绩基准方面的收益能力,同时考虑到为了获得这些超额收益所承担的主动风险。具体来说,信息比率通过比较投资组合的实际收益与一个既定的业绩基准收益之间的差额,然后将这个差额除以投资组合相对于该业绩基准的跟踪误差来计算。跟踪误差衡量了投资组合收益相对于业绩基准的波动程度。

简而言之,信息比率反映了投资组合经理在控制与基准的偏离风险的同时,创造额外价值的能力。一个高信息比率意味着经理在承担较小的主动风险的情况下,成功地实现了较大的超额收益。因此,信息比率是评价投资组合经理在主动管理中表现的一个重要工具,特别是在那些以超越特定基准为目标的投资策略中。

6. 跟踪误差

跟踪误差(Tracking Error)是评估投资组合相对于其业绩基准表现的一个重要指标,它衡量了投资组合收益与基准收益之间的偏离程度。这个指标揭示了投资组合在尝试超越预定业绩基准时所承担的风险,即收益波动超出基准的程度。对于主动管理的投资策略来说,跟踪误差尤其重要,因为它直接反映了投资者在追求超额回报时所采取的策略与基准的偏离风险。

在投资领域,跟踪误差被视为一种风险度量。一个较大的跟踪误差可能预示着投资组合在某些时期会显著超越或落后于基准,这取决于基金经理的策略选择和市场条件。因此,投资者需要在追求更高的潜在回报与承担更大的跟踪误差风险之间作出平衡。

7. 最大回撤

最大回撤(Maximum Drawdown)是衡量投资组合在一定时期内可能遭受的最大资金损失的关键指标。它反映了从投资组合的最高点到随后的最低点的资产价值下降幅度,通常用来评估投资风险。具体来说,最大回撤考察了在选定时间段内,投资组合价值从最高点下跌到最低点的最大百分比,这个数值能够直观地告诉投资者,在最糟糕的情况下,他们的投资可能会缩水多少。

这个指标对于评估投资组合的风险管理能力至关重要,因为它提供了一个历史视角,展示了在不利市场条件下,投资组合可能面临的最严重资金损失。最大回撤的计算不依赖于时间,而是关注价值的绝对高点和低点,这意味着它可能跨越不同的时间段,包括几天、几周、几个月甚至几年。

对于投资者而言,了解最大回撤非常重要,因为有助于评估自己的风险承受能力,并决定是否继续持有或退出投资。一个高最大回撤的值可能表明投资组合在市场下跌时波动性较大,而一个低最大回撤的值则可能表明投资组合更为稳健。然而,需要注意的是,最大回撤并不预测未来的损失,它仅仅基于历史数据,因此投资者在使用这一指标时应结合其他风险评估工具和市场分析。

8. 风险价值

风险价值(Value at Risk,VaR)是一种广泛使用的风险管理工具,旨在量化在给定置信水平下,一个投资组合在特定时间范围内可能遭受的最大预期损失。简而言之,它提供了一个统计度量,帮助投资者和风险管理者理解在正常市场条件下,投资组合价值可能下降的最大程度。

VaR 是摩根大通集团于 20 世纪 80 年代末至 90 年代初在面临商业风险挑战时提出的一种定量分析市场风险的方法。从统计学角度来看,VaR

是指某只股票或者某个资产组合在未来一段时间内面临"正常"的市场波动时"处于风险状态的价值"。例如,若一个证券投资组合在接下来24小时内的VaR为100万元,且置信水平为97%,这就意味着投资者有97%的信心认为,该组合在未来24小时内因正常市场价格波动而导致的最大损失不会超过100万元。换句话说,损失额超出100万元的概率仅为3%。这个3%的概率反映了资产管理者的风险厌恶水平,可以根据投资者对风险的不同偏好与承受能力来设定。

VaR的应用极为广泛,主要体现在以下三个方面:首先,VaR在风险控制领域的应用非常普遍。目前,全球已有超过1 000家银行、保险公司、投资基金、养老基金以及非金融公司采用VaR方法来管理金融风险。通过VaR方法,可以清晰地向交易员展示他们正在进行或即将进行的交易的风险程度,并可根据个人情况设定VaR限额和置信水平,以遏制过度投机行为。客观而言,严格执行VaR管理有助于避免一些可能导致重大损失的金融交易。

其次,VaR在业绩评估方面也发挥着重要作用。在金融投资行业中,总有一些投机者为了追求巨额利润而忽视风险。因此,对于企业运营而言,将风险因素纳入业务评价指标是至关重要的。通过将VaR作为业绩评估的一部分,可以更全面地评价投资决策的风险与回报。

最后,VaR在金融监管中也扮演着重要角色。监管部门可以利用VaR轻松计算出金融机构为抵御市场风险所需的最低资本准备金额,从而有助于预防系统性风险的发生。通过设定合适的VaR限额,监管机构能够确保金融机构具备足够的资本缓冲,以应对潜在的市场波动。

VaR模型的主要优点在于其客观性和直观性。与传统的定性和主观经验评判风险不同,VaR提供了一个量化的风险度量,易于理解和使用。它不仅可以衡量单一资产的风险,还可以评估资产组合在未来一段时间内的风险。此外,VaR不仅考虑了未来一段时间内发生资产损失的规模,还考虑了这一损失发生的概率,使得使用者能够更全面地了解不同程度上的风险大小,对未来的资产损失风险进行更准确的评估。

然而,VaR模型也存在一些不可忽视的局限性。首先,VaR模型主要针对正常市场波动情况下的风险衡量,在金融环境动荡和极端情况出现时,VaR模型可能失去参考意义,而这些极端情况往往是风险度量中最重要的部分。其次,VaR模型假设收益呈正态分布,但实际上资产收益并不严格满足正态分布,特别是在收益分布的尾部。此外,不同风险程度的资产收益分布的差异导致 VaR 不满足次可加性,这可能导致在预测资产组合风险时出现误差。最后,一些研究已经表明,基于 VaR 实现的投资组合策略可能会出现多个局部最优解,这需要在实际应用中加以注意。

### 7.1.2 风险评估中的 AI 应用

人工智能可以快速分析大量金融数据,提取关键信息,并判断潜在风险因素。通过机器学习算法的迭代训练,人工智能能够不断优化风险模型,识别和评估风险。这种自动化风险识别和评估可以帮助金融机构及时监测和应对各种风险,并减少风险造成的损失。此外,人工智能还可以实时监测金融市场,分析交易数据,发现异常交易并及时预警,减少市场操纵和内幕交易等风险。对于客户风险评估,人工智能可通过客户数据分析评估客户的信用风险和违约可能性,帮助金融机构准确判断客户的信用状况,降低违约和损失风险。

1. 在股票投资中应用智能风险控制模型

一个大型投资机构会使用基于人工智能技术的智能风险控制模型管理其股票组合。该模型通过深度学习算法分析大量历史数据,识别影响股价的关键因素,并构建预测模型。在投资过程中,模型实时监控股市的动态变化,并动态调整投资组合以应对潜在的市场风险。同时,模型还能识别异常交易行为,如异常股价波动、大额资金流入等,并及时发出预警。投资机构可以根据这些预警信息采取相应的风险控制措施,如调整仓位、止损等,避免潜在损失。通过智能风险控制模型的应用,该投资机构在股票投资中实现了良好的风险控制效果,有效降低了投资风险,并提高了投资回报的稳定性。

2. 债券投资中的人工智能信用风险评估

在债券投资领域,信用风险评估是关键环节。一个债券投资机构会使用人工智能技术构建信用风险评估模型,准确评估债券发行人的信用状况。模型可用于收集债券发行人的财务数据、业务信息和行业信息等多维信息,并利用机器学习算法深度挖掘和分析这些数据。通过构建复杂的预测模型,模型可以准确预测债券发行人的违约概率和信用等级。在投资决策过程中,投资机构可以根据模型的评估结果筛选和配置债券,从而避免投资于信用风险高的债券。同时,模型还可以实时监控债券市场的信用风险变化,为投资机构提供及时的风险预警和应对策略。通过人工智能信用风险评估模型的应用,投资机构实现了债券投资中的有效风险控制,降低了违约风险,提高了投资组合的安全性。

## 7.2 投资组合的自动交易与再平衡

### 7.2.1 投资组合的自动交易

随着AI时代的到来,机器学习算法和人工智能技术的应用使得投资组合自动交易逐渐成为现实,而对投资组合进行实时的监控与分析则是实现自动交易的关键前提。在前一小节中,我们探讨了一些广泛使用的投资组合风险评估指标,利用这些指标监测投资组合的风险水平,并对其进行及时的必要调整,可以在一定程度上有效预防潜在的投资损失。而除了风险评估,对投资组合进行收益分析也同样重要。下面将介绍一些表征投资组合收益的关键指标。

投资组合的年化收益(Annualized Yield)是一个衡量投资在一年期间平均回报率的指标,它提供了一个标准化的方式来评估投资表现,使得不同投资期限的收益可以进行比较。通过将投资组合在一定时间内的总收益转换为年度收益率,年化收益能够帮助投资者理解,如果投资以相同的速率增长,一年内可以获得多少回报。计算年化收益时,需要考虑投资的初始价值、最终价值以及资本增值或亏损、分红、利息等所有现金流入。接着,通过特定的公式将这些总收益转换为年度比率。对于短期投资,年化收益可以通过将总收益除以投资期限(以年为单位)来计算。而对于长期投资,通常采用更复杂的方法,如内部收益率(IRR)或修正久期公式,以考虑复利效应。

投资组合的累积收益(Cumulative Wealth)是指投资者在一段时间内通过其投资组合所获得的总收益。这一指标综合了投资组合中所有资产的收益表现,包括股票、债券、现金等各类资产的增值和分红等。累积收益不仅反映了投资组合的营利能力,还体现了投资策略的有效性。计算累积收益时,通常从投资开始时的初始价值出发,考虑期间内所有的现金流入和资产价值变化,直至计算期末。这样,累积收益能够提供一个全面的视角,展示投资组合在一定时期内的整体表现。它包括了资本利得或亏损,以及任何形式的现金流入,如股息、利息等。

值得注意的是,相较于年化收益率,累积收益更多地关注投资在一年期间的平均回报率。它可以提供一个更直观的数字,以显示投资组合在特定时间跨度内的总体增值情况。这一指标对于评估长期投资表现尤为重要,尤其是对于那些追求长期增值的投资者来说,累积收益是一个关键的参考指标。

综上,对投资组合进行实时风险评估与收益分析是投后管理的重要环节。AI对这些环节的赋能可以更好地帮助投资者从不同角度看待和分析其资产配置。具体而言,AI能够辅助投资者确定何时应增加或减少投资,或者是否需要从当前的产品组合中移除某些产品并调整其比例。此外,一些资产管理平台还运用了数据挖掘算法和可视化工具,生成了包含业绩展示、业绩归因、风险因子分析、组合描述性统计分析、回测和模拟等内容的综合投资分析报告,进一步增强了投资决策的支持。

在实时监控和分析投资组合的基础上,为实现投资组合的自动交易,还需要设定特定的触发条件。自动交易的信号触发机制是指系统依据预先设定的规则或算法来识别交易机会,并自动执行买卖操作。这些触发机制可能涉及多种信号源,包括技术指标、基本面分析、市场事件以及情绪分析等,从而确保交易决策能够迅速且准确地响应市场变化。信号触发机制主要包含以下七类。

(1) 技术分析信号触发。技术分析是一种利用价格和交易量数据来识别市场买卖机会的方法,它通过多种技术指标来触发交易信号。常见的技术指标包括移动平均线交叉(Moving Average Crossovers)、相对强弱指数(Relative Strength Index,RSI)和布林带(Bollinger Bands)。其中,移动平均线交叉信号是指当短期移动平均线穿过长期移动平均线时,会形成"金叉"或"死叉"信号,分别触发买入或卖出操作。RSI则可以通过计算一定时期内股票价格上涨幅度均值和下跌幅度均值的关系,分析市场买卖盘力量的强弱。当RSI值超过70时,表明市场可能进入超买状态,系统可能会触发卖出信号;当RSI值低于30时,表明市场可能进入超卖状态,系统会触发买入信号。布林带是另一个重要的技术分析工具,它根据股价的波动来画出上下两条线,形成一条带状区域,当价格突破上轨线时,可能进入超买区,投资者应警惕价格回调的风险;当价格跌破下轨线时,可能进入超卖区,投资者应关注价格反弹的机会。上述技术指标为投资者提供了一种量化方法来分析市场趋势和波动性,有助于帮助他们作出更明智的交易决策。

（2）基本面分析信号触发。基本面信号触发机制是一种根据公司的财务数据或宏观经济指标的变化来自动调整投资组合的策略。具体而言，当某些财务指标如市盈率（P/E）低于预设的阈值时，该机制可能会触发买入信号；相反，若净资产收益率（ROE）降至某一水平以下，则可能触发卖出信号。此外，宏观经济数据的发布，如 GDP 增长率、通胀率及就业数据的变动，若超出市场预期，也可能引发市场波动，并据此触发相应的交易信号。同时，公司的一些特定事件，如财报的公布、分红政策的调整或管理层的变动等，均可能对股票价格产生影响，此时系统会根据预设的规则自动触发相应的交易操作。

（3）市场事件触发。市场事件触发机制是一种基于突发事件或特定市场动向来执行自动交易的机制，其通常包含新闻事件、地缘政治事件和市场波动动向三类触发条件。其一，在新闻事件方面，大语言模型能够深入解析财经新闻或市场公告的内容，并通过情绪分析技术判断这些事件对市场产生的正面或负面影响，进而在判定为重大利好或利空时触发相应的买入或卖出信号。其二，在地缘政治事件方面，政策调整、选举结果揭晓、战争爆发或贸易谈判进展等，均可能对市场造成显著影响，此时自动交易系统会依据这些事件的具体情况灵活调整投资组合。其三，在市场波动动向方面，当波动性指标达到预设的临界值时，系统会自动调整投资组合，以有效应对可能的市场风险。

（4）情绪分析触发。情绪分析触发机制是一种利用大语言模型从新闻、社交媒体及分析师评论中捕捉市场情绪，并据此制定交易策略的机制。其具体实施路径如下：其一，情绪指数的构建。该机制通过对新闻和社交媒体中的文本数据进行深度情绪分析，计算出情绪指数。当市场情绪呈现出过度乐观或悲观的状态时，系统会触发反向交易操作，以规避潜在的市场风险。其二，热点事件的监测与响应。大语言模型能够自动识别市场中的热点事件，并深入分析这些事件对特定股票或整个行业可能产生的深远影响，进而触发相应的交易信号，为投资者提供及时的决策支持。

（5）量化策略信号触发。量化策略信号触发机制依托于数理模型和算法，通过运用量化分析方法来辨识交易信号。这些策略通常涵盖以下几个方面：一是统计套利策略，当一组相关联的资产之间的价差出现非正常偏离时，系统会触发交易信号，执行对冲套利操作；二是均值回归策略，若某一资产的价格显著偏离其历史均值，系统会判定其有回归均值的可能，并据此触发相应的买入或卖出信号;三是机器学习预测模型策略,该策略运用机器学习算法预测资产价格的未来趋势,当预测的涨跌概率达到或超过预设的阈值时,便会触发交易行为。

(6) 风险控制信号触发。风险控制信号触发机制依赖于对风险因子的严密监控与精细管理,以适时触发必要的防护行动。一方面,止损与止盈机制通过预设价格阈值来运作:资产价格下跌至超出容忍范围时,止损机制被激活以防止损失扩大;而价格上涨至预设高位时,则触发止盈以保护既得利益。另一方面,当投资组合的风险水平,诸如波动率或风险价值 VaR,突破既定的风险预算界限时,系统会自动介入,通过减少风险敞口或调整资产配置来恢复风险平衡。此外,信用风险监测机制持续审视债券信用评级及企业信用动态的变迁,一旦发现信用状况恶化迹象,立即调整持仓布局,有效规避潜在的信用风险。

(7) 投资组合再平衡触发。投资组合再平衡信号可以根据资产配置比例对投资目标间的偏离程度,自动触发重新平衡操作。

综上,投资组合自动交易的实现离不开 AI 技术的驱动。通过设定自动交易触发条件,如技术分析信号、基本面分析信号、市场事件信号等,系统能够迅速且准确地识别交易机会并自动执行买卖操作,从而有效帮助投资者节约投资成本、优化资产配置、应对市场风险,并追求长期增值。

### 7.2.2 投资组合的再平衡

作为投资组合自动交易信号触发机制的重要组成部分,投资组合再平衡是一个至关重要的过程。当投资组合的现有资产配置与投资目标发生偏离时,再平衡过程可以通过调整不同资产的权重,确保投资组合的资产配置能够持续与投资目标保持一致。在传统投资组合的管理实践中,尽管初始投资组合的确定相对明确,但后续的调整过程却往往复杂多变。投资组合在运作过程中,可能会受到市场变化、人为干预等多重因素的干扰,例如投资顾问的决策风格、基金公司的风险控制策略等。此外,投资者的个人偏好和主观判断也可能导致投资组合的资产配置逐渐偏离原有的投资目标。

随着人工智能技术的发展,动态调整投资组合(即投资组合再平衡)的问题得到了有效解决。例如,在市场大幅上涨的情况下,若投资组合配置了较多的高风险资产,AI 系统就会自动触发调整机制,通过卖出部分股票资产并买入风险较低的债券资产,使投资组合恢复到与个人投资者风险承受能力相匹配的状态。AI在投资领域的应用强调了规则，减少了人为因素的干扰，故其逐渐成为投资组合再平衡的有力工具。通过这种方式，AI有助于实现更精准和更客观的投资决策，并提高投资组合的整体收益。

投资组合的再平衡主要分为两类：一类是当前市场变化导致投资产品的收益浮动不符合预期，需要定期更换持仓的产品和比例；另一类是用户的风险承受能力或投资偏好出现变化，需要更换资产配置以满足用户的新偏好。

针对第一类情形，即基于产品收益和市场风格变化等因素调整持仓，策略规则通常涵盖以下几种再平衡方式：买入再平衡、卖出再平衡、组合调整配比再平衡、波动再平衡和观点再平衡。买入/卖出再平衡是指在投资者对投资组合进行买入或卖出操作时，系统会自动调整资金组合，使其接近目标比例。组合调整配比再平衡允许投资者根据个人判断调整资产组合配比，系统随后将这些调整后的比例作为新的目标，每次再平衡时都会调整至这一目标，从而帮助用户维持其设定的资产配置比例。波动再平衡涉及定期调整资产配置至目标比例，这一目标比例会根据用户偏好或市场变动计算得出。观点再平衡则是不定期对基金配比进行调整。

针对第二类情形，即投资者的风险承受能力和投资偏好发生变化时，需要更换持仓以适应这些变化。例如，浦发银行提供的"浦发极客智投"服务，通过数据分析和智能算法，深入了解和审视用户的资产及收益情况。该服务根据用户的风险承受能力、资产状况、投资期限偏好等多个维度进行分析，并提供个性化的跨种类财富产品推荐。用户可以在此基础上进行自主选择和修改，通过一键购买来优化整体资产配置。这种服务为用户提供了灵活且个性化的解决方案，以适应他们不断变化的投资需求。

综上，投资组合再平衡是确保资产配置与投资目标一致的关键过程，其主要分为基于市场变化和基于投资者偏好变化两种类别。此外，AI技术的引入显著降低了投资组合动态调整过程中人为因素的干扰，从而使得投资决策更加精准与客观，彰显了人工智能在投资领域应用的广阔前景。

# 第三部分
# 智能投顾的全球实践

# 第 8 章
# 应运而生的智能投顾

证券投资顾问业务起源于百年前的欧洲,在投资顾问业务漫长的发展历程中,其大致经历了三个重要阶段,分别是线下投顾阶段、线上线下一体化阶段和智能投顾阶段。传统的投资顾问专业门槛较高,要求从业人员具有扎实的知识储备和投资经验,且服务模式高度定制化,导致服务成本高昂,难以有效满足广大投资者日益增长的理财需求。在此背景下,以廉价高效、风险易控、高透明度为特点的智能投顾应运而生,其本质就是通过人工智能和机器学习算法来更加高效地完成以往人工提供的理财顾问服务。

## 8.1 智能投顾的诞生背景

"Robo-Adviser"一词最早可追溯到 2002 年理查德·克利托(Richard J. Koreto)在《财务规划》(*Financial Planning*)上发表的一篇文章。这篇文章介绍了自 1995 年起出现的 MPower、Financial Engines、Direct Advice、Guide Choice 等提供在线资产管理服务的机构,并认为机器人投顾与传统的金融咨询师相比可以创造更多的投资机会。不过,克利托当时提出的"Robo-Adviser"与目前的定义相去甚远。

2008 年全球金融危机爆发之后,在"天时、地利、人和"的条件下,真正意义上的智能投顾才在美国诞生,并在短短十年的时间里形成了"燎原之势"。

根据国际知名的数据公司 Statista 的测算，2023 年美国智能投顾管理的资产规模达到 1.11 万亿美元。预计 2023—2028 年，其复合增长率仍将保持在 11% 的高位。预计到 2028 年，总资产管理规模将达到 1.87 万亿美元。此外，美国智能投顾市场的用户数量和渗透率也将持续增长，预计到 2028 年，用户数量将达到 2 115 万[①]。

是什么因素促使智能投顾行业迅速生根发芽？从表面来看，金融危机的刺激是智能投顾发轫的直接原因。然而，如果没有这场危机，智能投顾是否还会产生？我们认为，伴随着金融市场的日益深化、传统投顾的局限性凸显以及人工智能等技术的发展，智能投顾是客观条件下顺应市场发展的必然产物。

1. 金融危机后被动投资优势凸显

2008 年，由美国次贷危机引发的全球金融危机全面爆发，美国大量金融机构破产或重组，金融资产价格大幅下跌，美国经济增长陷入低谷之中。智能投顾正是在这一特殊背景下诞生于美国的。金融危机过后，美国个人投资者的财富普遍大幅缩水，投资者寻求避险的需求和综合配置资产的理财需求日益迫切。

同时，在这场危机之后，由于地缘政治事件与政策变更频发，宏观因素对收益的影响超过了公司个体特征。美国的券商、银行和基金公司等传统金融机构所鼓吹的主动投资策略被越来越多的人质疑，无论是大中型还是小型股票基金，绝大多数主动型基金的业绩均无法跑赢指数基金等被动投资工具。主动投资策略是指投资者在一定的投资范围和限制内，通过积极地选择证券品种和交易时机努力寻求最大的投资收益率。被动投资策略则是指以长期收益和有限管理为出发点来购买投资品种，一般选取特定的指数成分股作为投资的对象，不主动寻求超越市场的表现，而是试图复制指数的表现。美国早期的指数化投资理论研究奠定了被动投资在市场中的地位。随着市场有效性的提升，美股数十年的市场表现证明了被动投资的有效性。穆迪投资者服务研究公司（Moody's Investor Services Research）的数据显示，到 2021 年，美国被动投资基金的资产规模有望超过主动投资基金。而智能投顾产品多采取大类资产配置以及长期定投的策略，通常以被动投资为主。因此，被动型基金的崛起也为智能投顾的长期发展提供了良

---

① 详见 https://www.statista.com/forecasts/1259591/robo-advisors-managing-assets-united-states。

好条件。

此外,金融危机之前美国倡导的新自由主义政策使金融机构钻了制度的空子。由于监管的缺位,金融机构鼓励普通百姓寅吃卯粮、提前消费,形成了大量不良贷款,这些行为在引发金融危机的同时,也引发了人们对传统金融机构的信任危机。自此,美国民众出于投资需求开始寻求低风险、低门槛且收益较好的投资理财模式。随着监管制度、信息披露与金融科技的发展,以及市场有效性的不断增强,以资产配置理论为基础、被动投资策略为指导的智能投顾应运而生。

第一家智能投顾公司 Betterment 在 2008 年成立,并在大衰退的高峰时期 2010 年开始投入资金。Betterment 是智能投顾领域的引领者,其最初目的是在目标日期基金(Target-date Funds)内重新平衡资产,使投资者通过便捷的在线平台挑选、买入并持有投资。这项技术本身并不新鲜,自 21 世纪初以来,人工投资顾问一直在使用自动化投资组合软件,但广大客户群体并没有机会直接购买和使用这一技术,而必须通过聘请人工投资顾问才能从中受益。这种情况直到 2008 年智能投顾平台的出现才得以改变。

经过十余年的发展,智能投顾已经能够处理更为复杂的任务,例如税收减免、投资选择和退休规划等。过去十年,智能投顾行业经历了爆炸式增长,预计未来仍将保持较高的增长速度。来自 Statista 的数据显示,2023 年全球智能投顾的资产管理规模高达 1.37 万亿美元,年增长率高达 65.45%。预计到 2028 年,全球智能投顾管理的资产规模将超过 2.33 万亿美元[①]。

2. 金融市场日益深化

金融市场的日益深化也为智能投顾的诞生提供了基础。金融产品层次与交易策略日趋复杂,交易工具不断丰富,这使得普通投资者的学习成本越来越高,对专业投资顾问的需求日益凸显。除了传统的基础证券,如股票、债券等,金融衍生品的发展也日趋成熟。此外,金融机构的智囊团集中力量进行金融产品创新,产品形态、发行者性质、服务行业、信用关系存续时间等愈发多样且多变,颇有"乱花渐欲迷人眼"之势。这虽然在一定程度上为投资者提供了更加多样化的选择,但同时也对投资行为造成了干扰。投资者需要花费大量时间对种类繁多的金融产品进行甄别以找到符合自己预期的理财产品,这无形之中提高了交易成本。因此,在这一背景下,人们亟需自

---

① 详见 https://www.statista.com/forecasts/1262614/robo-advisors-managing-assets-worldwide。

动化、智能化的投资顾问的帮助。

美国金融市场主要参与者的专业性为智能投顾提供了良好的前景预期。1945年,超过93%的美股由美国散户直接持有,而在2008年,根据世界大型企业联合会(Conference Board)发布的《2008机构投资报告》(*The 2008 Institutional Investment Report*),截至2008年可查的数据,散户投资者仅持有美国全部股票市值的34%;在1 000家最大的上市公司中,散户投资者的持股比例更低,仅为24%。两个数字双双创下历史新低。由此可见,60多年间,活跃在美国金融市场上的主体发生了翻天覆地的变化,随着参与主体专业性程度的增强,智能投顾的市场预期和后续研发力量都有了较为明朗的前景。

3. 传统投顾的局限性凸显

传统投顾存在的诸多缺陷以及投顾市场的空白领域也加快了智能投顾的产生。第一,传统投顾门槛高。传统投顾一般需要百万美元资金起步,这将众多有投资意愿且有投顾需求的中小投资者拒之门外。例如,高盛集团作为全世界历史最悠久且规模最大的投资银行之一,其财富管理的投资门槛高达5 000万美元,一般资产管理机构的门槛也都在100万美元以上。许多中小投资者虽然有理财需要,但常常由于达不到传统投顾的进入门槛而无法获得所需要的投顾服务。这部分投资者虽然在个人财富量上不能与合格投资者相比,但是数量众多,因此积累起来仍然是一个庞大的市场。

第二,传统投顾的服务流程极其烦琐。传统投顾通常只能针对单个客户进行一对一的服务,需要预约、排队、实地造访,整个流程比较烦琐复杂,这无疑将耗费大量的人力成本;而智能投顾可以做到同时服务上百甚至上千个投资者,大大节约了成本。智能投顾依托互联网平台,将客户群体由传统的高净值客户群体延伸至低净值"长尾市场"用户,使投资理财平民化、大众化。网络投资者只需在智能投顾平台的调查问卷中输入有关信息,即可获得适合自己的投资建议和投资策略,这种新颖的在线咨询方式显著地提高了服务效率。

第三,传统投顾的服务费用高昂。目前智能投顾的服务费用大多在0.25%～0.5%,而传统投顾的服务费用还维持在1%的高位。优秀的人工投资顾问需多年学习和从业经历,昂贵的人力成本使得传统投顾的服务费用居高不下。即使投资者可以跨过传统投顾的门槛,也要花费不菲的费用才能获得相应的服务。此外,人工投资顾问的水平良莠不齐,服务范围也存在较大的局限性,高昂的服务费用未必能够带来与之相匹配的预期回报。

4. 人工智能等技术的发展

技术发展为智能投顾的产生提供了客观条件。智能投顾并不仅仅是单纯的量化金融,人工智能的应用赋予了智能投顾强大的能量。距1956年达特茅斯会议上人工智能被首次提及,至今已经过去了60余年。在这段时间里,专家学者以及各领域的企业进行了不同程度的探索,使人工智能发展到了可投入应用的阶段。近年来,人工智能在智能投顾行业的应用蓬勃发展。依托于人工智能算法的不断优化和机器学习的进步,智能投顾可以根据交易的进行,自发学习和不断调整投资策略。目前,越来越多的智能投顾公司正在尝试开发完全脱离人类参与投资管理链条的人工智能投资系统。

同时,大数据技术的兴起也为智能投顾提供了技术支持。随着互联网和大数据的迅速发展,如今的金融交易越来越像是数字和信息的游戏,而智能投顾的优势更加凸显。随着更多完备的数据库的落成,智能投顾的判断有了更多基于历史数据的信息依据,所作出的投资决策也更加可靠;与此同时,数据的实时性大大提高,为投资行为寻找交易时机提供了便利。

智能投顾市场方兴未艾。随着互联网企业以及传统金融部门对智能投顾重视程度的加强,可以预见,未来投入相关技术研发当中的资金和人才仍将持续处于高涨态势,这将进一步加强智能投顾的技术优势。

## 8.2 投资顾问的发展历程

证券投资顾问业务的近代起源可以追溯到传统私人银行的理财服务业务,这项业务在欧洲已经有上百年的历史,最初是由瑞士银行专门向富有的上流社会群体提供私密的、一对一的服务。第二次世界大战期间,为了能够保持中立国的地位并同时留住德国和犹太客户,瑞士出台了《银行保密法》规定:任何人不得透露储户的身份。这一政策为瑞士银行吸引了全球大量的客户的现金储蓄,后来逐渐发展成帮助客户进行理财规划。简言之,客户可以在银行享受全面而专业的投资项目咨询服务,而银行则可以运用众多客户积累的资金选择项目进行投资,这就是证券投资顾问业务的起源。

20世纪初期,普通股成为美国社会公众的重要投资工具,随后投资顾问开始在美国证券市场成为一种独立的业态。1940年,为防范投资顾问活动中存在的证券欺诈等问题,美国颁布了《1940年投资公司法》(*Investment Company Law of 1940*)和《1940年投资顾问法》(*Investment Advisers Act of 1940*),对各类投资公司作出法律约束。其立法意图是:管理投资公司的买卖活动;寻求诚实和公正的管理;使证券持有人最大限度地参与管理活动;确立适当可行的资本结构;确保证券持有人和证券交易委员会对财务说明书的利用;要求投资公司向社会发行的各类证券必须经过依法注册,同时定期公布公司财务状况和投资方针,并向投资者提供有关本公司经营活动的全面信息。《1940年投资顾问法》将"投资顾问"定义为:以获取报酬为目的,直接或通过出版物形式提供证券价值分析或买卖证券的投资建议的任何人;或者以获取报酬为目的并作为特定商业活动的一部分,发表或提供证券分析意见或报告的任何人。根据该定义,投资顾问的基本要素包括以获取报酬为目的、从事商业活动、提供证券投资建议或投资分析报告这三个方面。《1940年投资顾问法》旨在规范为投资者提供证券投资建议的个人和机构,其核心思想是强调投资顾问对于投资者的受托责任。该法的出台促使美国的投资顾问行业逐步走向成熟,后来也成为多国立法的标准和参考。

随着资本市场的发展,美国投资顾问服务的内涵和主体逐步拓展:一是自20世纪六七十年代以来,为了适应美国居民财富增长后产生的跨领域投资需求,投资顾问服务延伸到理财规划服务的范畴;二是自2000年以来,对冲基金等私募型集合投资基金的管理人被纳入投资顾问监管的范畴。总体上,目前美国证券监管部门将资产管理、投资咨询与建议以及理财规划服务的提供方统一归为投资顾问进行监管。

进一步,投资顾问可以划分为卖方投资顾问和买方投资顾问。卖方投资顾问从产品供应方(即客户购买的产品的发行方)获取返佣,客户不需要向投资顾问支付费用;买方投资顾问为客户提供财富管理服务,并向客户收取一定的投资顾问费用。1940—1980年,美国的投顾业务较为传统,从业者主要赚取客户交易的佣金与客户购买产品的提成,因此行业内多方利益并不完全一致。在传统模式下,银行等金融机构为了销售更多产品以赚取佣金,将推销的压力施加于理财顾问,使得许多资深的理财顾问倍感煎熬。于是,在1980年之后,大量资深的理财顾问纷纷创办自己的理财工作室,他们不再赚取产品的代销费用,而是根据客户的资产规模直接向客户收取咨询服务费——买方投资顾问就此诞生。根据美国投资顾问协会(IAA)2023年报告,在美国证券交易委员会(SEC)注册的投资顾问相关企业已超1.5万家,管理资产超114万亿美元,从业人数超97万。

在中国,投资顾问服务还是一个新兴的业务形态。20世纪80年代,我国出现了一批提供信息服务的咨询机构,可以看作投资顾问的雏形。到了20世纪90年代初,我国的投资顾问才真正形成产业并迅速发展。我国投资顾问的正式定义来自证监会2010年10月发布的《证券投资顾问业务暂行规定》中的第二条:"证券投资顾问业务,是证券投资咨询业务的一种基本形式,指证券公司、证券投资咨询机构接受客户委托,按照约定,向客户提供涉及证券及证券相关产品的投资建议服务,辅助客户作出投资决策,并直接或者间接获取经济利益的经营活动。投资建议服务的内容包括投资的品种选择、投资组合以及理财规划建议等。"在营利模式上,投资顾问业务的营利方式包括经纪佣金收费、按照客户资产规模或服务期限收费、服务产品定额收费等。

过去几十年,中国财富管理市场长期实行的是"卖方代销"模式。传统大型财富管理机构的下属机构往往以销售自家产品为主要任务,普遍缺乏独立性,因此容易产生与客户利益不一致的情形。而在大多数投资者不愿意单独购买财富管理服务的情况下,独立的第三方财富管理机构也只能为了生存选择代销产品赚取佣金,加剧了客户的不信任。2019年10月25日,中国证监会下发《关于做好公开募集证券投资基金投资顾问业务试点工作的通知》,标志着公募基金投资顾问业务试点正式落地。首批获批正式开展投资顾问业务试点工作的机构有易方达基金、南方基金、华夏财富、嘉实财富和中欧财富。

自基金投顾试点伊始至今,经过四年的发展,试点机构、服务资产规模均较初期明显壮大。据中国证监会统计,截至2023年3月底,共有60家机构纳入试点,包括25家基金及基金子公司、29家证券公司、3家第三方销售机构、3家商业银行;服务资产规模达人民币1 464亿元,客户总数524万户,其中10万元以下个人投资者占比94%。大部分已展业的试点机构都推出了相应的投顾品牌,以线上渠道为主开展提供线上基金组合方案和智能投顾两种模式的自主投资服务,各试点机构产品的投资门槛基本在500至1 000元范围内,收费模式以基于资产管理规模(AUM)收费为主,费率大多在每年0.15%至1.5%之间。

概括来说,在投资顾问业务漫长的发展历程中,其大致经历了三个重要阶段,分别是线下投顾阶段、O2O 投顾阶段和智能投顾阶段。

(1) 线下投顾阶段。在早期的投资顾问行业,由于没有互联网,投资服务都是以线下服务为主。投资顾问是活生生的"人",因此投资者只能支付昂贵的投顾服务费来获得人工投资顾问的投资建议。这样完全依赖人工投资顾问的服务方式,效率低下、时间成本高、触达面也不广。此外,这一模式下投资顾问的增长速度远远满足不了投资者的现实需求。举例来说,从 2013 年至 2024 年年初,我国注册投资顾问的数量从 2.39 万人增至 7.69 万人,仅增加了 5.3 万人;而投资者数量目前已经达到了 2 亿多人。因此,基于现实的供需矛盾,为了提高服务客户的效率,投顾业务步入线上化阶段。

(2) O2O 投顾阶段。随着互联网的出现与发展,大型的传统金融机构基本都提供了线上的投顾服务,即把以前很多线下的服务搬到了线上,从而极大地提高了服务效率。线上投顾模式使得投顾业务对于经纪业务的依赖程度逐渐降低,转而成为一项相对独立的服务。以平台为主的线上投顾业务陆续推出,改善了线下投顾时代因高度依赖经纪活动而产生的产品单一、服务同质、价格竞争等问题。线上投顾模式着眼于构建以投资咨询工具为基础的生态机制,在瞄准个人投资者的同时,也为投顾从业人员提供市场分析、研究报告和投资策略等服务。投顾从业人员可以根据平台提供的资讯向客户提供信息解读和投资答疑,帮助投资者在此基础上选择合适的投资组合。同时,利用互联网的触达优势,线上开户、公司产品介绍、在线产品咨询、观点直播、产品组合推荐、量身定制理财规划与投资规划等服务都可以更快捷地提供给用户。此外,利用线上投顾模式也能更高效地开展针对大型企业客户的上市、融资与贷款等业务。

(3) 智能投顾阶段。近年来,人工智能迅速发展并已悄然进入财富管理和证券投资领域,投资顾问业务的发展也由此进入了智能投顾阶段。智能投顾的发展体现在以金融科技驱动的"智能"二字上,也就是将之前由人脑来分析决策的部分交由算法模型进行自动化实现,并在此基础上强调用户和产品之间的匹配及交互。智能投顾将原本简单的线上投顾服务进行专业化升级,在关注标准化需求的同时,大幅度提高对于个性化需求的满足。相较于对产品的打磨,智能投顾更加偏向于对用户的观察分析。智能投顾系统通过对个人客户的大数据进行分析,从多个维度对用户进行画像,从而可以提供各类更加定制化的投资决策辅助工具和包括个性化资产配置在内的投顾服务，并实时进行动态跟踪调整。此外，智能投顾低门槛、低费率的特点，使得中低净值客户能够以低成本获得专业化和理性化的投资顾问服务，其未来将覆盖财富管理市场大量的"长尾用户"，行业整体的专业性也将得到大幅度提升。总体而言，智能投顾的重点在于"投"和"顾"的智能化。在"投"的方面，不仅包括传统意义上基于经典资产配置理论、用户资产状况和理财需求的智能化资产配置，还包括为用户提供大量的智能化决策工具与策略计划。在"顾"的方面，主要包括基于精准用户画像的智能化产品推荐和跟踪服务，基于深度学习等各类理论的智能化投资机会与风险的预测，以及为人工投资顾问准备的专业丰富的智能投顾工具箱等。

# 第 9 章
# 监管政策与实践

智能投顾的发展大大推进了财富管理行业的发展。但作为一种新型的投资方式,它也存在着许多新风险,如技术不确定性、权责划分模糊等问题,给监管机构带来了重大的新挑战。因此,构建健全的智能投顾监管体系是智能投顾发展亟待解决的问题。鉴于此,本章首先剖析了智能投顾潜在的各种风险因素,进而系统梳理了美国、英国和中国现行的智能投顾监管体系。

## 9.1 监管的必要性

近年来,作为金融科技创新的典型代表,智能投顾的发展十分迅猛。与传统的投顾模式相比,智能投顾的独特优势主要体现在透明度较高、投资门槛较低、管理费率低廉、用户体验良好等方面。但是,作为一种新型的投资方式,智能投顾也存在着许多新风险,如互联网的技术风险、平台操作风险、权责划分风险和信息安全风险等问题,给监管机构带来了重大的新挑战。因此,构建健全的智能投顾监管体系和高效的监管实施制度是智能投顾发展亟待解决的问题。

### 9.1.1 互联网的技术风险

智能投顾的运行原理是基于大数据技术,根据客户所填写的投资偏好,利用计算机算法为其提供最优投资组合和资产配置的建议,并向客户提供账户管理服务。智能投顾业务的开展必须依托互联网和大数据,从这一角度来看,智能投顾与其他线上投资形式一样也不可避免会遭遇互联网存在的技术风险。无论是美国的"5·6闪电崩盘""骑士资本"事件,还是我国的"8·16光大证券"事件,众多风险事件的发生都表明智能投顾业务在运营过程中避免不了互联网技术风险的产生。互联网技术风险通常表现为以下两个方面。

其一是网络内部风险。这一风险是互联网本身所固有的技术缺陷所导致的,其中包括因编程漏洞或者网络维护问题所导致的算法缺陷,因投资者的实际风险偏好与算法导出的投资组合风险不匹配的缺陷,以及市场波动因素对于投资模型产生影响致使其有效性被削弱的缺陷等,这些固有技术缺陷的存在,导致智能投顾在实际操作时会出现不同程度的风险问题。

其二是网络外部风险。网络外部风险是所有的金融科技都不可避免会面临的风险,其中主要包括病毒侵入、黑客攻击、网络异常或瘫痪、交易迟延等风险。网络外部风险与算法缺陷所导致的技术风险的不同之处在于,网络外部风险的存在具有普遍性,即只要使用该系统的投资者就有可能遭受该类风险,而内部算法缺陷导致的风险则具有特定性,只针对于使用该算法或模型的个人投资者。

## 9.1.2 智能投顾的操作风险

智能投顾的整个服务过程,从对投资者偏好的评定、服务合同的成立和生效,到平台进行相关指令的操作,都是以线上形式进行的。这样的投资服务模式有着高效、便捷、低价等优点,但由于涉及的主体复杂,使得在业务开展过程中投资组合的产生和投资资金的流向更加不透明,这很可能会产生操作风险。操作风险主要包括以下两类。

第一类是一般投资者的操作风险。对于投资者来说,完成投资过程通常只需要几个简单的点击动作,就可以完成服务合同的成立和生效。这种情况下,如果投资者的自我保护意识不强,没有仔细阅读合同条款或者未仔细分辨合同内容是否符合自己的意思,就会在无形中增加投资者的风险责任承担。例如,智能投顾平台将自身完全免责条款、全权委托业务的授权条款加入服务协议当中,构成格式条款,以此来减轻或免除平台自身的法律责任。而普通投资者由于缺乏相关投资知识,与智能服务平台间存在信息不对称,以及对于电子契约的重要性认识不足,不能很好地识别其中的格式条款的含义,签订了不符合其真实意志的合同,这种情况不利于保护他们的合法权益。

第二类是营运者的操作风险。该类风险主要表现为程序缺陷造成的指令执行失误、违背信义义务,为投资者带来不符合其投资偏好和风险承受能力的操作风险。智能投顾营运者操作风险的特点是涉及风险资金金额巨大,一旦出现操作失误,很可能给投资者造成巨额的投资损失,导致民事赔偿责任的产生。如果出现内部人员故意操作失误,则可能伴随有内幕交易、操纵市场等行为的出现,都会给投资者造成巨大的损失。

### 9.1.3 权责划分风险

技术的应用,在促进金融服务去中介化的同时,也使得服务过程呈现碎片化趋势。由于多家金融机构或科技公司共同为智能投顾工具提供支持,每个公司可能仅负责某一环节的运营工作;当发生纠纷时,不易确定具体的责任承担主体,从而加剧相关机构的营运风险。另外,在缺乏有效的法律制度明确划分金融机构与外包服务商权责的情况下,金融机构往往会凭借"甲方地位",加重外包服务商的责任,从而引发相关机构之间更多的法律纠纷。

此外,因智能投顾业务过程复杂、涉及业务领域众多,在法律法规适用方面也难以集中,需要通过多个法律法规及规范性文件对不同阶段的业务操作进行规制,这容易导致实际操作过程中的监管界限不明,为各监管部门在监管执行过程中的许可界定增加了难度。监管界限不明会导致在实际监管过程中出现真空监管或相互推诿的现象,而很多智能投顾平台也因为缺少有效的、有针对性的监管,纷纷出现超越主营业务范围开展经营活动的现象。

### 9.1.4 信息安全风险

近年来,在巨大的商业利益诱导下,个人信息被非法利用的案件频繁发生。智能投顾平台通过事前的个人信息调查问卷等方式,通常能够掌握投资者的大量个人信息,比如年龄、家庭成员、收入状况、投资偏好及风险容忍度等,而在投资交易过程中又获取投资者的交易信息、账户信息等。这些信息关系到投资者财产的安全,如果因为平台内部管理不善或者遭受外部网络攻击致使投资者的个人信息被泄露,可能会对投资者的利益造成极大的损失。

基于以上这些理由,充分关注智能投顾的监管问题是非常有必要的。下文将分别介绍美国、欧洲和中国目前与智能投顾相关的监管体系。

## 9.2 美国对智能投顾的监管

美国证券交易委员会(Securities and Exchange Commission,SEC)和金融业监管局(Financial Industry Regulatory Authority,FINRA)是美国智能投顾行业的主要监管机构,分别负责政府监管和行业自律。SEC成立于1934年,负责监管公开发行证券的公司和证券交易买卖方,确保信息披露的真实性和公平交易。SEC的监管职责包括对违法行为的调查和起诉,以及对投资顾问的监管。FINRA则是一个非营利性的自律组织,负责监管美国证券行业的会员,包括经纪公司、投资顾问等,其职能包括会员监管、市场监管、制定和执行行业法规等。

智能投顾作为金融科技的一部分,SEC和FINRA都对其进行了特别的关注。SEC发布了《智能投顾合规监管指南》(Guidance Update: Robo-advisers),明确了智能投顾的信息披露、建议提供和合规管理要求。FINRA则发布了《数字化投顾报告》(Report on Digital Investment Advice),提出了对数字化投顾工具的监管建议,强调了算法的审查和客户投资组合构建中的利益冲突管理。这些监管措施旨在保护投资者利益,促进市场的公平和诚信运营,同时也为智能投顾行业的健康发展提供了指导和框架。通过这些监管政策,美国试图在鼓励创新的同时,确保智能投顾服务的透明度和安全性。

### 9.2.1 政府监管

1. 监管机构:SEC

根据政府与市场力量在监管中的不同作用,可以将世界各国的资本市场监管模式划分为三种类型:政府主导型、自律主导型和中间型。美国的证券监管模式是政府主导型的典型代表。即使同属于政府主导型证券监管模式,美国与日本、中国的政府主导型监管模式又有着显著的不同:中国、日本等国的证券市场监管由政府下属的一个部门来承担,而美国则由 SEC 这样一个独立于行政当局、超党派、准司法性的管理机构承担。

美国的 SEC 及现代证券监管法律制度建立于大萧条后的罗斯福新政时期。在罗斯福新政期间,美国国会相继通过了以贯彻"披露原则"为主的《1933 年证券法》(Securities Act of 1933)与《1934 年证券交易法》(Securities Exchange Act of 1934),这两部法律连同随后几年通过的《1935 年公共事业控股公司法》(Public Utility Company Act of 1935)、《1940 年投资公司法》(Investment Company Act of 1940)和《1940 年投资顾问法》(Investment Advisers Act of 1940)共同构成了美国证券监管制度的基本框架,美国证券监管体系由此走向以登记、披露为主的证券监管模式。此后,又通过了《1970 年证券投资者保护法》(Securities Investor Protection Act of 1970)、《1978 年破产改革法》(Bankruptcy Reform Act of 1978)、《2002 年萨班斯—奥克斯利法》(Sarbanes-Oxley Act of 2002)和《多德—弗兰克华尔街改革与消费者保护法》(Dodd-Frank Wall Street Reform and Consumer Protection Act)等法律以及与 SEC 配套的规章制度,这一模式不断走向完善。

SEC 负责监管美国证券市场及主要的参与主体,包括证券经纪人、交易商、投资银行、投资顾问、清算机构、过户代理人、信用评级机构和证券交易所等。SEC 还负责监管以下机构:FINRA、市政证券规则制定委员会(Municipal Securities Rulemaking Board,MSRB)、公众公司会计监督委员会(Public Company Accounting Oversight Board,PCAOB)。SEC 每年对证券违法者采取数以百计的执法行动,这些违法行为包括内部交易、会计舞弊、虚假和误导性信息披露等。

SEC 由五个主要部门组成:执法部,公司融资部,交易与市场部,投资管理部,风险、战略与金融创新部。主要机构的组成和职能如下。

执法部:负责审核和指导地区办公室的所有执法行动,监督依据联邦证券法律所实施的调查,采取禁止措施,还负责审核移交给司法部以提起刑事诉讼的案件。从人员编制和经费预算来看,执法部是 SEC 最重要的部门。

公司融资部:协助委员会制定 SEC 管辖下所有公司的经济和财务报告

的披露准则，并要求其遵守；根据《1933年证券法》《1934年证券交易法》《1939年信托契约法》(Trust Indenture Act of 1939)及《2002年萨班斯—奥克斯利法》等法律要求实施披露要求。

交易与市场部：协助委员会监管美国全国证券交易商协会(National Association of Securities Dealers，NASD)等自律性组织、全国性的证券交易所，以及根据《1940年投资顾问法》登记的经纪商和交易商。

投资管理部：协助委员会施行《1940年投资公司法》《1940年投资顾问法》以及《公共事业控股公司法》(Public Utinily Holding Company Act，PUHCA)等法案。

风险、战略与金融创新部：为委员会制定规则提供经济分析支持；为规则审查、检查和执法项目提供数据支持；等等。

2. 监管政策：《智能投顾合规监管指南》

2017年2月，SEC投资管理部发布《智能投顾合规监管指南》，依托美国《1940年投资顾问法》，将智能投顾纳入对投资顾问的监管体系中，并且对智能投顾作出了额外的详细规定(全文详见附录2)。

（1）信息披露的内容与表述方式

客户从投资顾问处获取的信息对于他们是否能作出明智的决定至关重要，他们需要具体决定的内容包括是否参与投资以及如何管理与投资顾问的关系。

作为受托者，投资顾问有义务充分且公平地披露所有信息，并且尽到合理的强调义务，以免误导客户。他们提供的信息也必须是具体的，必须以一种客户可以阅读（如果是书面形式）并且理解的方式呈现，使客户能够理解投资顾问的商业操作习惯和利益冲突。

客户是在人机交互的环境下和智能投顾建立关系，这一过程中可能会存在很多限制。在现有模式下，投资咨询关系的建立可能严重依赖邮件、网站、手机应用等电子媒介，同时也离不开它们所披露的信息。因此，智能投顾应充分考虑客户在人机交互的过程中能否作出合理的投资决策（参与或终止投资）。更进一步地说，智能投顾的业务模式是十分特殊的，这种特殊性体现在对算法和网络媒介的高度依赖。这些特性也决定了智能投顾应该寻求更为有效的方式去和客户讨论并解释有关咨询服务的风险和局限，以及操作方面的问题。因此，正如下文所讨论的，智能投顾在设计披露内容时，应考虑到如何向客户解释业务模式和投顾范围，以及如何为客户提供实质性信息。

首先，在业务模式的解释方面，客户在理解智能投顾如何提供服务时可能会存在偏差。为了解决这些问题，除了披露必需的信息，还应该披露与智能投顾有关的特殊商业习惯和关联风险。智能投顾业务应提供的信息包括：

① 对管理客户账户的算法的说明。

② 对管理客户账户的算法功能的描述（例如，产生推荐投资组合的算法，投资和调整个人客户账户的算法）。

③ 对管理客户账户的算法的假定和限制的描述（例如，如果此算法是基于现代投资组合理论，那么就需要提供关于这个理论的假定和限制的描述）。

④ 对管理客户账户的算法所固有的特定风险的描述（例如，算法程序可能在调整客户账户时没有考虑市场环境或者比客户的预期更大程度地依靠市场环境，算法程序可能无法处理市场环境的长期变化）。

⑤ 对任何可能导致智能投顾算法程序失控的环境的描述（例如，智能投顾可能会在紧张的市场环境中停止交易或者采取其他的临时防御措施）。

⑥ 对任何第三方参与开发、管理或者持有的用于管理客户账户的算法程序的描述，包括对某项安排所产生的利益冲突的解释（例如，如果第三方一方面为智能投顾提供一个算法程序，并在费用的收取上打了折扣，另一方面却引导客户去投资第三方可以赚取费用的产品）。

⑦ 应说明直接收取的所有费用以及客户会直接或者间接承担的所有其他花费（例如，客户向投资顾问咨询时可能支付的费用，保管费用或共同基金的费用，经纪业务和其他交易业务的费用）。

⑧ 相关人员参与监督和管理个人账户的程度的说明（例如，投资顾问可以监督算法程序，但是可能无法监控每个客户的账户）。

⑨ 对智能投顾如何利用从客户处收集的信息产生推荐的投资组合，以及可能产生的缺陷的描述（例如，如果使用了问卷调查的形式，那么对于问卷调查的反馈可能是智能投顾提供建议的唯一依据；再例如，智能投顾可否获得客户的其他信息或者相关账户，如果可以，又是如何利用这些信息产生投资建议的）。

⑩ 对客户需向智能投顾更新原有信息的方式和时间的说明。

其次，在投顾的范围方面，智能投顾应该明确描述它们所提供投顾服务的内容和范围，并且尽到合理的注意义务，避免在描述这些服务范围时产生错误的暗示或意思以致误导客户。基于此,至少应该做到:① 必须为客户提供一份详尽的财务计划(例如,充分考虑客户的税务情况或债务承担情况)。② 在投资亏损避税服务中提供较全面的税务建议。③ 通过问卷调查所收集的信息在提供投资建议时都应考虑在内(例如,关于智能投顾及其分支机构或第三方掌控的客户的其他账户的信息,客户提交的补充信息)。

最后,在披露的展示方面,智能投顾可能不会像投资咨询人员那样向客户重点阐述或解释重要概念,客户可能也不大愿意阅读或者了解密集且难懂的披露内容,而且因为智能投顾较为依赖通过在线披露的方式为客户提供信息,所以在交换关键信息、风险信息以及发布免责声明时可能会出现某些方面的问题。因此,智能投顾在披露时应尽可能注意以下几个方面:

① 关键信息的披露应该在注册环节之前完成,以便客户在参与并通过智能投顾进行任何投资之前就知晓投资决策所需的信息。

② 关键信息应该特别突出(例如,通过像弹出框一样的设计来显示)。

③ 一些附加信息应该伴随着互动文本(例如,设计提示框)或者通过其他方式提供给需要更多信息的客户(通过设置常规问题与解答)。

④ 披露的内容和形式应该能够恰当地应用在移动网络平台上。

(2) 提供适当的建议

投资顾问的诚信义务包括满足客户利益最大化和提供最合适的投资建议,投资顾问应始终如一地履行这些义务,并且必须合理地评断其提出的投资建议是否恰当、是否诚实地基于客户的财务状况和投资目标而作出。

首先,可以通过问卷调查收集客户信息。绝大多数智能投顾主要基于客户对网上问卷的回复提供投资建议。这些问卷在长度和内容上各不相同,问题内容可能包括客户的年龄、收入、投资期限、风险承受能力等。但一些调查问卷的设计并没有给予客户提供更多信息和背景的机会,此外,智能投顾可能不会跟进或者再次确认客户的回复,或者在客户填表时提供帮助,因此,鉴于这种有限的交互作用,应考察调查问卷的设计是否能够获取足够的信息以保证智能投顾提供适当的投资建议,具体可考虑以下因素:

① 通过这些问题是否可以获得足够的信息,以便智能投顾能根据客户的财务状况和投资目标,作出适合客户的投资建议。

② 调查问卷中的问题是否充分、清楚和准确,或者调查问卷是否能够在必要时向客户提供附加声明或所需范例(例如,设计一些功能,如工具提示或弹出框)。

③是否采取了一些措施来解决回复不一致的问题,比如,在调查问卷中加入一些设计,使得在客户的答复出现内在矛盾时给出提醒,并告知希望其重新考虑并作出回答;或者使得系统可以自动标记客户提供的明显不一致的信息,以供智能投顾审阅或跟进。

其次,要制定客户导向的投资策略。许多智能投顾为客户提供了选择其他投资组合的机会,而不是仅仅推荐单一组合。然而,在一些智能投顾平台上,客户并没有机会与咨询人员进行商讨,以确定该组合与自己陈述的投资目标和风险概况相匹配。这可能会导致尽管某个智能投顾的选择是基于客户对调查问卷的回复作出的,但其实并不是一个适合该客户投资目标和风险预测的投资组合。

因此,为了使智能投顾的行为能符合客户的最大利益,应该考虑提供评注功能,用以说明它为何认为特定的投资组合可能更适合于某一特定目标和风险预测。就这一点而言,当客户所陈述的目标与智能投顾所选定的投资组合之间存在不一致时,智能投顾可以考虑通过弹出框或其他功能来提醒客户。

(3) 有效的合规管理方案

在制定合规管理方案时,智能投顾应该注意其业务模式的特殊方面,例如,其对算法程序的依赖、在人机交互中的限制,以及通过互联网提供咨询服务可能会为智能投顾制造或增加的风险,这理应通过书面政策和程序加以解决。因此,除了通过书面政策和程序来解决与传统投资顾问有关的问题,智能投顾还应考虑是否可以通过书面政策和程序来处理以下问题:

①算法代码的开发、测试和回溯以及后期运行阶段性能的监控(例如,代码在编入智能投顾平台之前,需要进行充分的测试;代码上线后,仍需要对其进行定期的测试,以确保代码的运行表现与之前所描述的相一致;对代码的任何修改都不能对客户的账户产生负面影响)。

②调查问卷提供了充分的信息,使智能投顾能够根据其财务状况和投资目标,判断出其初步建议和正在进行的投资建议是否适合该客户。

③向客户披露可能对其投资组合产生重大影响的算法代码的更改。

④对开发、拥有或管理智能投顾所使用的算法代码或软件模块的任何第三方进行适当的监督。

⑤预防、侦测和应对网络安全威胁。

⑥与咨询服务营销有关的社交和其他形式的电子媒体的使用。

⑦ 有关客户账户与核心咨询系统的保护。

上述指引旨在向智能投顾提供建议,以便智能投顾充分履行法律规定的义务。由于投资咨询业在不断创新,并力争通过多途径多方法地向客户提供咨询服务,相关工作人员会对这些创新履行监管职责,并在有需要时实施保障措施,以协助推动这种创新发展并保护投资者合法权益。

### 9.2.2 行业自律

1. 自律组织:FINRA

自律组织(Self-regulatory Organization,SRO)是一类非政府组织,有权制定和执行独立的行业法规与标准。对于金融行业自律组织(如证券交易所),优先考虑的是通过制定促进道德、平等和专业精神的法规和程序标准来保护投资者。

由于这些自律组织对行业或专业具有一定的监管影响力,因此它们通常可以作为防范欺诈或不道德行为的监督机构。政府将行业监管的某些方面委托给自律组织。虽然这些自律组织是私人组织,但其制定的法规和标准可以成为政府监管体系的有效补充。一旦自律组织制定了指导行业行为的规则和条款,这些规则就具有约束力,不遵守规定的企业和相关人员可能会受到制裁。

金融行业自律组织的另一项职能是向投资者介绍合规的商业行为。自律组织将提供信息并允许会员对其关注的领域提出意见,其中可能包括对于欺诈等行业行为的警示等。自律组织还可以帮助投资者了解他们的投资如何运作,并就减轻与证券业相关的潜在风险提出建议。

FINRA 是目前全美最大的独立非营利监管机构,对全美 4 200 多家经纪公司、16.2 万家分支机构及约 63 万名注册证券从业人员进行监管,其职责是确保证券行业公平和诚信的运营,从而保护全美投资者。FINRA 的独立监管在美国的金融体系中扮演了极其重要的角色,其监管范围涉及证券业务的方方面面,包括从业人员的注册和培训、证券公司合规检查、业务规则的制定和执行、投资者教育和宣传、信息服务的提供和金融基础设施建设等。

FINRA 是实行会员制的非营利组织,理事会是其最高决策机构,其中超过半数的理事为公众理事,代表公众投资者利益。FINRA 接受 SEC 监管,SEC 负责批准 FINRA 制定的所有规则,以及定期对 FINRA 的运作进行检查。FINRA内设监管公司、争议仲裁公司、投资者教育基金等子公司，各自履行相应的专项职能。

FINRA监管公司(FINRA Regulation)承担美国金融业的行业自律监管职能，包括：制定和解释自律规则；决定美国金融业的自律监管政策；通过考试、检查、调查、执法、纪律和其他项目等措施来管理和执行法律法规；管理专业听证官；组织实施资格考试和继续培训项目；运营中央结算登记第三方；决定申请者是否达到FINRA会员入会标准；监督其所有地区办公室建立投诉内部检查、调查程序；管理场外交易市场；等等。

FINRA争议仲裁公司(FINRA Dispute Resolution)是证券业最大的仲裁机构，在美国特拉华州注册，拥有7 000多名仲裁员和1 000多名调解员。争议仲裁公司代表FINRA理事会管理争议仲裁业务，提供仲裁和调解服务，包括伦敦和圣胡安(波多黎各首都)各1家，以及全美50个州每州至少1家，专门解决投资者和证券交易商之间的资金、业务及雇佣纠纷。该公司行使以下职权：制定、解释规则和规章；决定仲裁相关政策；管理仲裁、调解和其他争议项目；编制争议仲裁公司的年度预算和业务计划；管理仲裁费用；协调争议仲裁外部关系；等等。

2007年FINRA成立时，接手了美国全国证券交易商协会(NASD)的投资者教育基金，后来该组织更名为FINRA投资者教育基金(FINRA Investors Education Fund)。投资者教育基金的运作与FINRA相对独立。一方面，投资者教育基金通过官方网站发布大量的投资指南和研究报告，为投资者提供帮助；另一方面，投资者教育基金注重投资者教育的资金支持和培训研究，通过设立大学奖学金来资助投资者教育研究、创新教育项目及相关后续项目评估。

FINRA致力于保护投资者利益和促进市场完整性，履行会员监管、市场监管、制定和执行相关法律法规以及产品广告审查等职能，并提供会员服务、争议调解和仲裁以及投资者教育等服务。

其一，会员监管。FINRA主要通过其分布于全美的地区办公室(District Offices)以及风险监督和运营监管办公室(Office of Risk Oversight and Operational Regulation)对会员进行监管。在市场准入方面，证券交易商需要在美国SEC注册，同时还需注册成为FINRA的会员。在2007年7月的全美证券业协会和纽约证券交易所的部分职能合并过程中，根据相关资产购买协议规定，FINRA承接了纽交所的会员监管和风险评估等职能。

对已注册的会员,FINRA通过地区办公室对会员的商业行为是否符合监管要求、会员资本是否充足和交易记录等进行监管。地区办公室的地理位置也反映了各地区交易商的集中情况。对于大型的清算公司会员和大额全球交易商会员,FINRA通过风险监督和运营监管办公室进行监管。FINRA也对会员券商进行现场检查,主要包括审核原始文件及回答重点问题等。检查人员对每个检查要点写出意见,最终形成检查报告。此外,FINRA还有一系列非现场检查措施,包括审核报表与年度审计报告,要求会员上交公司特殊事项和客户投诉报告、客户盈余报告等文件和报告。FINRA针对损害投资者的行为进行调查,对注册会员违规操作、投诉等信息进行审核,并通过执法部门(Office of Enforcement)对违法行为进行处理。

其二,市场监管。2010年5月,FINRA根据协议承接了纽交所的市场监管及相应的处罚职能(纽交所保留交易规则制定及相应的处罚职能)。此外,FINRA为几乎所有的股票期货交易所提供签约的市场监管服务及内幕交易监控,并依法监管场外市场(Over-the-counter Market,OTC Market)。FINRA主要通过市场监管办公室(Office of Market Regulation,OMR)和欺诈交易监测及市场信息办公室(Office of Fraud Detection and Market Intelligence,OFDMI)实施市场监管职能。其中,欺诈交易监测及市场信息办公室专门打击内幕交易和欺诈交易。市场监管办公室监管除内幕交易和欺诈交易的其他市场活动,包括交易报告、报价和交易指令的执行与审查等。市场监管办公室通过成立不同的子办公室,对各种类型的市场活动进行跟踪。

其三,制定和执行行业法规及联邦证券法律法规。在SEC的监督下,FINRA总顾问办公室(Office of General Counsel)负责制定、修改及解释FINRA监管法规。除了制定法规,FINRA最重要的职能之一是执行金融业监管局、市政债券决策委员会(Municipal Security Rule Board,MSRB)制定的业务规则以及联邦证券法律法规。通过会员监管部、市场监管部和其他部门(如产品审查部)的监管,FINRA执法部门对监管中发现的违规行为作进一步处理。FINRA的自律处罚主要分为两个层次:一是情节不严重的,采取警告性处分;二是情节严重的,则由执法部门向FINRA听证中心提出正式控诉,由听证中心组成陪审团进行听证。如违法情况属实,由FINRA对违法会员进行处罚,处罚措施包括谴责、罚款、暂停或撤销会籍、暂停或撤销执业人员从业资格。FINRA可要求违规人员或公司对受害者进行补偿。受到处罚的公司或个人有权就 FINRA 的处罚向美国裁决委员会(National Adjudicatory Council,NAC)提起申诉。

其四,产品广告审查与备案。FINRA 执行广告监管职能,负责会员公司金融产品广告审查和备案,以便向公众保证其宣传的客观性和无误导性。FINRA 规定,包括政府债券、期货、期权等在内的所有广告和销售手册都必须以清晰、客观的方式进行列示,向 FINRA 申请备案审查。与共同基金、信托产品有关的广告和销售手册除了遵守 FINRA 的规定,还必须符合 SEC 的相关规定,如强制披露的信息和信息的及时性等。

其五,会员服务。会员服务主要包括会员单位会籍注册管理、资格考试、后续培训、合规教育、信息透明服务等。会员单位会籍注册管理职能主要涉及会员入会申请、会籍日常管理和备案等业务。根据监管协议,FINRA 还可以为其他自律组织代为处理其会员单位会籍申请,如为美国证券交易所、纽约证券交易所、纳斯达克证券交易所等交易所代为处理其会员入会申请业务。FINRA 要求所有的证券经纪人都在 FINRA 注册,并通过资格认证考试。FINRA 对执业及从业人员进行后续培训,主要设置监管基础(The Regulatory Element)和公司基础(The Firm Element)两个培训项目,培训内容包括行业规范、合规要求、职业道德、监管主体和实务等。在合规教育方面,FINRA 通过建立研究中心(The FINRA Report Centre)及举办研讨会、视频会议、个人课程、在线课程等形式提供合规教育资源,帮助证券公司及个人合规经营、合规执业。FINRA 主要通过以下三个系统为会员和自身监管需要提供信息透明度:① 交易报送及合规系统(Trade Reporting and Compliance Engine,TRACE),该系统报告 OTC 二级市场固定收益类证券、按揭抵押证券(Mortgage-backed Security,MBS)以及资产支持证券(Asset-backed Security,ABS)的交易情况;② 自动报价和成交信息发布系统(Alternative Display Facility,ADF),该系统仅适用于未在美国证券交易所发布报价及交易的 FINRA 会员单位,证券公司可通过 ADF 发布交易报价;③ 交易报告系统(Trade Reporting Facilities),该系统报告成交时间 90 秒内的 OTC 挂牌交易数据,其目的主要有两方面,一是通过公共数据服务机构向公众发布信息,二是用于监管。

其六,争议调解和仲裁。FINRA 设有证券行业最大的争议调解仲裁机构,处理全美 99% 以上的证券纠纷案件。争议调解仲裁机构分别在纽约、伯克莱屯、芝加哥、洛杉矶设有 4 家办公室,在全美及世界其他地方共设有

72 个听证点,其中包括波多黎各和伦敦,并通过与交易所签订合同协议,为其提供争议调解服务。纠纷解决包括调解和仲裁两部分。调解由当事人自愿提起,并提交调解协议。调解主任对于争议事项是否符合调解条件行使唯一决定权。同意调解后,当事人可自行选定调解员,然后由调解员选定调解日期,对争议事项进行开庭调解。当调解不能解决纠纷时,当事人可选择仲裁程序,要求当事人提出请求并提交书面协议。如果当事人要求的索赔在 2.5 万美元以下,则只需仲裁员根据双方提交的相关资料作出决定并宣读即可。如果当事人要求的索赔在 2.5 万美元以上,或者虽低于 2.5 万美元但要求举办听证会的,仲裁员将尽快安排听证。如果争议由仲裁小组进行仲裁,那么仲裁决定将基于该小组大部分成员的意见作出。FINRA 的仲裁决定为最终决定,即使之后有新的证据出现,此决定也不可更改。

其七,投资者教育。FINRA 设有投资者教育基金来管理证券经纪人诚信系统(Broker Check System)。投资者可通过该系统了解经纪人的执业和合规等信息。同时,投资者教育基金通过官方网站发布大量的投资指南和研究报告,从自我保护、明智投资、市场数据等方面为投资者提供帮助。2011 年 8 月,FINRA 投资者教育基金与斯坦福大学合作发起设立防范金融诈骗研究中心(Financial Fraud Prevention Research Center)。

2. 行业规章:《数字化投顾报告》

2016 年 3 月 15 日,FINRA 发布了《数字化投顾报告》(*Report on Digital Investment Advice*,以下简称《DIA 报告》)。虽然这份报告不是正式的法规,但作为美国首个与智能投顾相关的官方监管文件,其具有明显的前瞻性和指引作用(全文详见附录 3)。

首先,FINRA 的《DIA 报告》用"数字化投顾"(Digital Investment Advice)而不是用"人工智能投顾"(Artificial Intelligence Investment Advice)或其他带有"Robot"的概念,体现了其本身是从监管层面视角来考察的立场,明确了监管的对象和目标。此外,作为监管层,FINRA 没有办法也没有必要对服务商提供的人工智能进行明确的度量,因此 FINRA 从外部来看,无论这些服务商采取什么样的方式实现"智能",它的输出都具有统一的表现形式,即"数字化投顾"。

FINRA 确定了其监管的理念:不关心服务商的人工智能是如何做的,而主要关心它向用户提供了什么,即它的输出。但与此同时,FINRA 也无法区分一些"在线投顾"的数字化投资建议到底是纯机器产生的,还是有人参与的。因此,采用"数字化投顾"的概念,就涵盖了提供"在线投顾"服务的各种"人+机器"混合投顾业务。

其次,FINRA的《DIA报告》使用了一个非常新颖和重要的概念——"数字化投顾工具"。FINRA指出"数字化投顾工具"应该可以支持一项或多项下列投资管理价值链的功能:客户分析、大类资产配置、投资组合选择、交易执行、投资组合再平衡、税收规划以及投资组合分析。这些"数字化投顾工具"可被分为两种:一种为金融从业者使用,即"面向金融从业人员";另一种为客户使用,即"面向客户"。

FINRA的前执行副总裁丹·斯贝尔斯(Dan Sibears)对"数字化投顾工具"概念进行了比较直接的说明:FINRA是从功能的角度来监管新型投顾工具的。这个概念突出了"过程监管"的视角,旨在审查新技术在投资管理价值链上各个环节的功能及影响。这一方面增加了政策的包容性,兼顾了已经存在、正在发展及创新的投顾工具类型和商业模式;另一方面采用了"技术中性"的立场,即不对行业采用哪种技术做偏好性指引,给业界在投资管理方面采用包括人工智能在内的各种新技术提供了更广的政策空间。

虽然业界比较期待FINRA对新出现的"Robo-Adviser"或其他"智能投顾"进行正式的定义,但在这份报告中,FINRA显然一方面注意到这种关切,但另一方面,也非常审慎地采用了一种描述的方式而非官方定义来回应:能够支持前七项功能(即从客户分析至税收规划)的面向客户的"数字化投顾工具"通常被称为"Robo-Adviser"。

对于"数字化投顾工具",FINRA在《DIA报告》中说明了其关注的两个方面:数字投资咨询工具中嵌入的算法,以及利用数字投资咨询工具为客户创建投资组合(包括这一过程中可能会出现的利益冲突)。

首先是算法方面。FINRA认为算法是"数字化投顾工具"的核心组成部分。开发者需要大量的金融模型和假设将输入数据转化成投资建议。FINRA提出,将输入转化为输出的算法应体现企业对于实现特定任务的方法论,这些特定任务包括投资者分析、投资组合调整或税务规划等。投资建议价值链包含的几个主要步骤、每个步骤所需要的数据、假设以及模型都非常不同。FINRA要求提供"数字化投顾工具"的企业对其在每一个步骤中所使用的算法进行格外的关注。这是因为,如果一个算法设计不合理或者编程不正确,就可能会导致与预期输出的偏差超出合理范围,对投资者造成不利的影响。

数字化投顾工具依赖数据和算法输出投资建议。因此,有效的治理和监督框架对于确保所产生的建议与证券法及FINRA规则相一致非常重要。这种监督框架应包括以下几个方面。

① 初步审查

  a. 评估数字化投顾工具所采用的方法,包括相关的假设是否与目标任务相适应。

  b. 了解将会使用的数据输入。

  c. 测试输出并评估其是否与企业预期相一致。

② 持续审查

  a. 评估数字化投顾工具所使用的模型是否依旧适用于发生变化的市场。

  b. 定期测试数字化投顾工具输出的结果以确保其正在按预期运行。

  c. 识别管理数字化投顾工具的责任人。

此外,FINRA还强调,使用数字化投顾工具提出投资建议的注册代表必须符合适应性原则,并且不能完全依赖数字化投顾工具作为向客户提出适当建议所需要的证券知识和客户信息的替代品。

除了上述讨论的有效管理和监管措施,企业还应能够解决如下问题:① 算法是否是由独立的第三方进行测试?② 企业是否能对数字化投顾的工作原理及其合规性向监管机构作出解释?③ 是否有异常报告来识别数字化投顾的输出偏离预期的情况?如果有,触发异常报告的标准是什么?

其次是客户投资组合的构建、监督及利益冲突方面。大多数数字化投顾工具会向投资者提供一个与其个人特征相符合的投资组合,例如,向保守的投资者提供保守的投资组合,向激进的投资者提供激进的投资组合。FINRA认为,建立与给定投资者特征相符的投资组合是极其重要的。但与此同时,投资组合的构建是引起利益冲突的源头,例如,企业向客户出售从关联方取得的产品或服务,或者企业从这些产品或服务的供应者处取得收益。针对这一问题,FINRA指出,对企业来说,一个有效的方法是对数字化投顾工具提供的投资组合建立一套管理和监管机制,该机制应包括:

① 对于给定类型的投资者,确定向其推荐的投资组合的特征,如预期收益、分散投资偏好、信用风险及流动性风险。

② 制定向投资组合中添加证券的标注,如费用、指数追踪风险、流动性风险及信用风险。

③ 选择适合于各个投资组合的证券,如果此过程由算法完成,则按上面所述的算法监管流程实施。

④ 监督投资组合,以评估它们的业绩、波动性等风险特征是否与客户类型相适应。

⑤ 识别并分散向投资组合中加入特定证券导致的利益冲突。

在构建审查机制时,应当纳入独立于具体业务运作的专业人员,他们不仅应在总体投资组合策略层面具备权威性的审核能力,同时也能在单一证券选择层面提供具有指导意义的意见,以此承担复核职能,确保智能投顾决策的审慎性和合理性。

## 9.3 英国对智能投顾的监管

2008年全球金融危机后,为了提高金融监管的有效性和适应复杂金融市场的需求,英国政府对其金融监管体系进行了重大改革,将原来的金融服务局(Financial Services Authority,FSA)拆分成了两个独立但相互协作的监管机构。金融行为监管局(Financial Conduct Authority,FCA)和审慎监管局(Prudential Regulation Authority,PRA)共同构成了英国金融监管体系中的"双峰监管"模式。FCA负责监管所有金融服务公司的行为,主要关注保护消费者权益、维护市场诚信和效率,以及打击金融犯罪行为;PRA主要关注的是金融机构的财务健康和抵抗风险的能力,确保这些机构拥有充足的资本、良好的风险管理,以维持整个金融系统的稳健性。

FCA推出了一种创新的金融监管模式——"监管沙盒"(Regulatory Sandbox),并得到国际广泛认可。该模式旨在鼓励金融科技和其他金融服务领域的创新,为新兴企业提供一个安全空间,允许他们在受控环境中测试新的产品、服务、商业模式和交付机制,同时降低真实市场运营带来的潜在风险和合规压力。

### 9.3.1 监管机构

从各国金融监管体制的实践看,大致可以分为四种模式:分业监管、伞式监管、双峰监管、统一监管,其中英国和澳大利亚是双峰监管的典型代表。

"双峰监管"顾名思义,是指通过"双峰"两种途径来施行金融监管,一峰为审慎监管,另一峰为行为监管。该监管模式的类型是按照金融行业开展监管工作所需要达成的目标不同进行划分的。英国的"双峰"监管体系也是目前世界上公认为改革较为彻底、最为适应当前现实的金融监管模式。

在2007年至2008年的金融危机期间,由于察觉到存在银行监管失灵,英国政府决定重组金融监管体系。《2012年金融服务法案》(*Financial Services Act 2012*)和《2016年英格兰银行与金融服务法案》(*Bank of England and Financial Services Act 2016*)两个法案的推出,标志着英国正式建立起了"双峰监管"体制。英国的"双峰监管"有着目标明确、分工科学等优势。该模式一方面赋予监管机构明确的目标和任务,权责清晰,能实现监管全覆盖,有效消除监管盲区和监管套利;另一方面构建了区分微观审慎与行为监管的专业化分工体系。微观审慎大量涉及财务分析、会计监督、风险及溢出影响研判,主要是财务、会计、经济学家的工作;行为监管侧重行为合规、执法检查、打击非法金融活动等,主要是律师的工作。二者分立有利于各自培育并充分发挥其专业能力。

1. 英国金融行为监管局

英国金融行为监管局(FCA)成立于2013年4月,总部设在英国伦敦。与它的前身FSA一样,FCA也是以有限责任公司(Company Limited by Guarantee)的形式运作,是一个通过向受监管公司收取费用而运转的独立公共机构。FCA不属于英格兰银行,而是对英国财政部负责,对英国金融体系和议会负责。

英国议会给FCA确定的战略目标是:确保市场机制有效进行。除战略目标外,还有三个细化的执行目标,分别是:① 保护消费者:对金融交易活动中的违规行为,或者是可能出现的违规行为作出判断并进行早期干预,以实现保护金融消费者合法权益的目标;② 维护金融市场:在最短的时间内对已经明确的风险行为进行有效处理,最大限度降低金融风险给金融消费者造成的损失,保护和提升英国金融体系的完整性;③ 促进市场竞争:确保金融机构的一切金融行为都符合国家现行法律法规,并且保持与金融消费者权益一致,促进与消费者利益相关的有效竞争。

FCA主要由以下几个部门组成。① 审核和批准部门:主要负责金融机构的申请和许可;② 行为监管部门:主要负责监管各个金融机构的行为;③ 市场部门:主要负责确保市场保持稳定,保证金融交易有效率、有弹性;

④ 政策风险研究部门：主要负责研究 FCA 推行的政策是否能够在降低风险水平以及保护金融消费者权益中有效发挥作用；⑤ 执法部门：主要负责调查打击惩处金融活动中出现的违法犯罪行为；⑥ 交流部门：主要负责加强公众对金融机构的理解和信任，以及进行国际沟通；⑦ 综合服务部门：主要负责在信息、人力和财务等方面为其他部门提供保障，同时也负责支持董事会和委员会的一切工作，以及负责内部投诉机制的建立和完善。

FCA 负责监管所有金融服务公司的行为，确保它们遵守相关法规，向客户提供合规的产品信息和服务，并通过制定和执行规则来促进公平竞争和透明的市场环境。主要职责包括以下几个部分。

第一，事前评估风险。在金融市场上，经常会有投资者因为风险意识不足而蒙受损失，而 FCA 则要求金融公司必须要向客户阐述风险所在，同时，对于产品也会有审核和建议。以外汇交易和差价合约（Contracts for Difference，CFDs）交易为例，FCA 要求经纪商必须要对客户做事前调查；同时不允许做赠金活动，广告宣传不能诱导客户，要阐明交易的风险；客户的资金必须执行严格的隔离；最近，FCA 也正在下调外汇交易和 CFDs 交易的杠杆。

第二，罚款和纪律处分：严格处罚经营行为失当企业。FCA 有权利对那些违反英国法律法规的投资服务公司进行罚款和多种处罚，以达到保护消费者和对不符合 FCA 标准的企业和个人采取措施的目的。此外，当受监管公司违反监管法规或者 FCA 不认为该公司能在之后作出改变，FCA 有权撤回公司的营业执照（及时制止对消费者进行的误导、欺诈行为）。同时，在监管的过程中，FCA 还拥有打击金融犯罪的团队和刑事诉讼权。

第三，投资者权益受损后的维权及合理赔偿。FCA 对投资者权益受损后的保障也是 FCA 监管的重要点。其通过引导的方式规定消费者投诉的具体流程。同时，金融机构必须定期上报和公开相关的投诉信息。如果投资者想要投诉，其首先可以向金融机构进行投诉，如果对金融机构的投诉处理结果不满，可以进一步向 FOS 进行投诉，FOS 会对投诉进行裁决；假如投资者对 FOS 的处理结果依然不满意，则可任意向法院进行上诉。同时，还有 FSCS 来补偿投资者因金融服务公司违约或者经营不善带来的损失，FSCS 针对单个公司个人单笔索赔最高赔付可达 5 万英镑。

第四，对消费者权益进行保护。FCA 最主要的职责是确保为消费者提供适当程度的保护，例如确保客户得到公平对待，不会成为欺诈事件的受害者或最终被捆绑进不公平的合同中,以及对消费者个人信息予以保护。

第五,保护金融市场的稳定。FCA 旨在保护和提升英国金融体系的公正性,通过调控确保市场交易的公平性。

第六,促进市场企业之间竞争。基于消费者利益,FCA 促进良性竞争,对操纵市场的行为给予严厉惩处。

第七,对客户发布警告。FCA 定期发布警告,公布未经授权的投资公司。这也是 FCA 消费者保护目标的一部分,对于外汇交易平台供应商来说,是为了防止投资者通过未经授权的公司及其交易平台进行交易。

2. 英国审慎监管局

英国审慎监管局(PRA)成立于 2013 年 4 月,总部位于英国伦敦。和 FCA 一样,它也是 FSA 的继任机构。PRA 在架构上属于英国的中央银行——英格兰银行拥有的全资有限公司,负责审慎监管银行、房屋互建会、信用社、保险公司和主要的投资公司。由于英格兰银行在运营上独立于英国政府,所以 PRA 是准政府监管机构,而不是政府本身的一个分支。PRA 由五个主要部门组成。

一是银行业务部:负责对英国境内的商业银行和其他银行机构进行审慎监管,确保其资本充足、流动性适中,并遵循良好的风险管理实践。

二是保险业务部:主要监管保险公司、再保险公司和其他保险市场参与者,确保其资本充足率、偿付能力和风险管理达到审慎标准,同时也关注保险产品定价及准备金的适当性。

三是投资公司与市场基础设施部:监督投资银行、经纪商、资产管理公司等非银金融机构的审慎性,确保其在开展业务时有足够的资本缓冲,并遵循适当的市场惯例和风险管理程序。

四是审慎政策与分析部:制定并更新审慎监管政策,评估潜在的系统性风险,对金融机构的业务模式、战略和风险特征进行深入分析,确保政策的适用性和前瞻性。

五是公司中心:是一个支持性服务部门,提供 IT 支持、人力资源、法律咨询、财务管理等各种支持性服务,以确保 PRA 作为一个整体能够高效运作。

PRA 的工作旨在保障金融机构的稳健运营,避免引发金融系统性风险,并促进英国金融业的整体安全和稳定。PRA 的具体职能包括但不限于以下几个方面。

一是监督金融机构:PRA 专门负责对英国境内的银行、保险公司、建房互助协会、信用合作社、大型投资公司以及其他具有系统重要性的金融机构进行审慎监管,确保这些机构拥有充足的资本金、健全的风险管理和内部控制体系,以保持其稳健经营。

二是制定审慎监管政策:PRA根据不断变化的金融市场条件和风险态势,制定并执行一系列审慎监管政策,引导和强制金融机构保持合适的资本充足率、流动性和风险承受能力,以保证金融体系的长期稳定。

三是风险评估与监测:PRA定期对监管对象进行风险评估和持续监测,涉及的风险类型包括但不限于市场风险、信用风险、流动性风险、操作风险和系统性风险等,确保金融机构有能力抵御潜在的经济和金融冲击。

四是业务模式和战略审查:PRA特别关注金融机构的业务模式、战略规划及其对风险的影响,评估这些因素是否可能导致金融机构自身或整个金融系统的不稳定性,并据此采取必要的干预措施。

五是危机管理与处置:在面临金融危机或其他重大风险事件时,PRA负责协调和支持金融机构应对危机,并在必要时采取紧急措施以保护消费者利益、维护金融稳定。

六是国际合作:PRA与国际同行以及其他国际金融监管机构保持密切合作,积极参与国际监管标准的制定与实施,确保英国金融机构在全球范围内的竞争力和合规性。

### 9.3.2 监管沙盒

作为老牌金融大国,英国把金融科技作为当前金融发展的重要目标,且在金融创新与监管领域努力保持着独特的竞争力,逐步形成了一套较为精细化的监管模式。2014年,FCA推出了项目创新(Project Innovate)计划,旨在支持鼓励创新型金融企业的成长与发展。"监管沙盒"是其中最具影响力的部分之一。

"沙盒"一词起源于孩童游戏时使用的装满沙粒的小容器,象征着一个安全、受控的空间,在其中孩子们可以尽情地创造和探索。随着技术的发展,这一概念被巧妙地延伸到了金融监管领域,诞生了"监管沙盒"这一创新监管模式。具体而言,"监管沙盒"创造了一个仿真的市场环境,且辅以适度宽松的监管规则,旨在鼓励金融科技初创企业大胆尝试新颖的产品设计、服务模式、商业模式以及交付机制。在"监管沙盒"的庇护之下,企业有机会在测试期内对其创新构想进行实践检验。因此,"监管沙盒"不仅促进了金融创新,而且确保了实验阶段的风险得到有效控制和管理。

英国在金融危机后首次将沙盒的概念引入金融监管领域,建立了"监管沙盒"的机制,为具有潜在破坏性和诸多风险的金融创新企业提供了一个安全的测试环境和监管试验区。在沙盒中,企业可以在真实的市场情境下试水新产品,同时享受一定的监管豁免和灵活性,降低了合规问题导致的创新延误与额外成本,也有利于保护消费者,使其免受未经充分测试新产品可能造成的风险。同时,FCA 也可借此对这些公司进行评估,以确定是否允许它们进入市场。

英国"监管沙盒"的具体运作流程如下:

① 申请与筛选:创新企业首先要向 FCA 提交详细的申请,阐述其创新项目的内容和目的、预期的测试计划、涉及的金融产品或服务、目标客户群、潜在风险以及风险缓解策略。FCA 会仔细评估申请材料,判断项目是否具有创新性,是否有助于提升金融服务的质量和效率,以及是否有清晰的消费者保护措施。

② 前期沟通与尽职调查:通过初步筛选后,FCA 将与申请企业进行深度交流,展开尽职调查,了解企业的资质、业务模式、技术实力以及拟测试产品的详细信息。FCA 会与申请方讨论如何在保证消费者权益和金融稳定性的前提下,针对特定测试项目制定相应的监管豁免、临时规则或修改现有法规。

③ 定制化监管协议:根据尽职调查的结果,FCA 将为每个入选沙盒的企业制定一份定制化的监管协议,明确测试期间适用的特殊监管条件,可能包括但不限于临时性放宽某些监管要求、设置特殊的资本要求、制定消费者保护措施等。企业必须签署并严格遵守这份协议,以确保在测试期间的活动符合监管要求。

④ 测试准备与启动:获得批准进入沙盒的企业需要按照监管协议准备测试环境,可能包括搭建技术平台、招募测试用户(需取得用户的充分知情同意)、设立客户服务和争议解决机制等。在测试开始之前,企业还需与 FCA 保持密切沟通,确保所有准备工作均符合监管要求。

⑤ 实际测试与监控:开始测试后,FCA 将全程监控企业的测试活动,定期检查其合规状态,收集测试数据,评估产品或服务在实际运用中的效果和潜在风险。在测试过程中,FCA 会根据实际情况适时调整监管措施,确保风险得到有效管控。

⑥ 测试结果分析与反馈：测试结束后，企业需要提交详尽的测试报告，包括产品性能、用户体验、市场反应、风险识别与管理效果等内容。FCA 会根据测试结果给予反馈，可能涉及产品改进意见、市场推广策略，或是有关如何符合全面监管要求的建议。

⑦ 市场转化与后续跟进：对于成功通过沙盒测试并得到 FCA 认可的产品和服务，企业将在 FCA 指导下逐步将其引入市场，按照全面的监管框架进行操作，获得正式的牌照或注册。同时，FCA 将持续关注这些产品的市场表现，确保其在商业化运营阶段仍然符合所有监管要求，同时汲取沙盒测试的经验，不断优化和完善监管政策。

综上，"监管沙盒"为创新企业提供了宝贵的测试和验证机会，有利于帮助 FCA 适应快速发展的金融科技新趋势，及时发现和解决新兴金融业态所带来的监管挑战，实现金融创新与有效监管之间的平衡。同时，"监管沙盒"制度也在全球范围内树立了开放、包容、前瞻性的金融监管典范。继英国之后，美国、澳大利亚、新加坡、西班牙、中国香港等近 20 个国家和地区也开始尝试"监管沙盒"制度。

## 9.4 中国对智能投顾的监管

### 9.4.1 政府监管

总体来看，中国对智能投顾（或金融科技）的监管正处于不断发展和完善之中。监管部门正逐步加强对新兴金融科技业务的监管力度，通过制定和实施相关政策和规范，促进金融科技的健康发展，同时保护投资者的合法权益。随着金融科技的不断进步和创新，预计未来中国的监管体系也将不断适应新的市场变化，以实现金融稳定和市场效率的双重目标。

1. 监管机构：中国证监会

中国证监会（CSRC）是中国资本市场的主要监管机构，负责制定和执行证券、期货市场的监管政策，监督市场主体的行为，保护投资者的合法权益。随着金融科技的发展，中国证监会也逐渐加强了对智能投顾等新兴业务模式的监管。中国证监会通过发布相关指导意见和规范性文件，对智能投顾业务进行规范，以确保金融市场的稳定和投资者权益的保护。

2. 监管政策:《规范金融机构资产管理业务的指导意见》

智能投顾的概念最早见于中国证监会 2012 年 12 月发布的《关于加强对利用"荐股软件"从事证券投资咨询业务监管的暂行规定》,同期司法裁判多将智能投顾与荐股软件的概念等同,但实际上智能投顾不仅限于投资建议功能。2017 年发布的《关于规范金融机构资产管理业务的指导意见(征求意见稿)》中明确了智能投顾的概念,指出智能投顾是金融机构利用人工智能相关技术手段,应用机器人投资顾问进行资产管理业务运营的服务,但该定义在正式文件中被删去。

2018 年 4 月中国人民银行、中国银行保险监督管理委员会、中国证券监督管理委员会和、国家外汇管理局联合印发《规范金融机构资产管理业务的指导意见》(以下简称《意见》),其中对智能投顾业务提出了监管要求。该指导意见强调了投资者适当性管理和算法有效性监管的重要性,要求智能投顾运营方全面考虑投资者的风险意识和承担能力,并对其算法的有效性和可靠性进行严格监管。具体内容如下:

金融机构运用人工智能技术、采用机器人投资顾问开展资产管理业务应当经金融监督管理部门许可,取得相应的投资顾问资质,充分披露信息,报备智能投顾模型的主要参数以及资产配置的主要逻辑。

金融机构运用智能投顾开展资产管理业务应当严格遵守《意见》有关投资者适当性、投资范围、信息披露、风险隔离等一般性规定,并根据智能投顾的业务特点,建立合理的投资策略和算法模型,充分提示智能投顾算法的固有缺陷和使用风险,为投资者单设智能投顾账户,明晰交易流程,强化留痕管理,严格监控智能投顾的交易头寸、风险限额、交易种类、价格权限等。

金融机构委托外部机构开发智能投顾算法,应当要求开发机构根据不同产品投资策略研发对应的智能投顾算法,避免算法同质化加剧投资行为的顺周期性。金融机构应当针对由此引发的市场波动风险制定应对预案。因算法同质化、编程设计错误、对数据利用深度不够等智能投顾算法模型缺陷或者系统异常,导致羊群效应、影响金融市场稳定运行的,金融机构应当采取人工干预措施,强制调整或者终止智能投顾业务。

金融机构应当依法合规开展人工智能业务,不得借助智能投顾夸大宣传资产管理产品或者误导投资者,并切实履行对智能投顾资产管理业务的管理职责,因违法违规或者管理不当造成投资者损失的,应当承担相应的损害赔偿责任。开发机构应当诚实尽责、合理研发智能投顾算法,保证客户和投资者的数据安全，不得使用恶意代码损害投资者利益，如存在过错，金融机构有权向开发机构进行损失追偿或者要求承担相应的责任。

### 9.4.2 行业自律

1. 自律组织：中国证券投资基金业协会

中国证券投资基金业协会（AMAC）是中国基金行业的自律组织，负责制定行业标准、组织行业培训、提供行业信息等服务。AMAC对智能投顾业务也进行了一定的自律管理，通过发布行业最佳实践指南等方式，引导智能投顾企业规范运作，促进行业的健康发展。

2. 行业报告：《智能投顾业务国际监管经验与借鉴》

中国证券投资基金业协会在2019年12月发布报告《智能投顾业务国际监管经验与借鉴》，总结分析了主要国家和地区以及国际组织中的金融监管机构对智能投顾业务的普遍认识，梳理了国际通行或常见的智能投顾业务监管框架与指引，最后，结合国内智能投顾业务的发展现状，就我国对于该项业务监管和规范方面的可借鉴之处提出了相应建议。

在国际各类监管机构对智能投顾的认识方面，报告总结指出，智能投顾业务在全球范围内尚处于发展初期，尽管叫法多样，但其"自动化"的特性被广泛认可。智能投顾本质上是一种自动化形式的投资顾问服务，其核心在于使用算法分析投资者的信息并给出投资建议。这些服务通常从收集客户的基本信息开始，之后通过分析这些信息来创建和管理个性化的投资组合。

从国际智能投顾监管实践来看，多数国际监管部门依据技术中立原则，未对人工或软件提供的投资建议进行区分，而是将智能投顾业务置于已有的投资顾问法律框架内管理，展业主体需要进行注册并具备相应业务牌照。在算法监管方面，要求展业机构在申请牌照时汇报算法相关信息，并在运营过程中定期回顾与检测算法的有效性，并推出"监管沙盒"等措施来支持创新。在信息披露与适当性义务方面，强调展业机构应向投资者披露智能投顾运作原理、算法假设条件、历史表现等关键信息，并遵守适当的投资者适当性管理要求。在归责与保障机制方面，规定展业机构建立健全的责任分配和损失保障机制，包括明确服务环节中各主体的权利义务、归责原则以及风险事件后的纠纷解决机制。

在我国智能投顾发展现状与监管建议方面，报告指出，中国的智能投顾业务发展尚处于初级阶段，目前缺乏统一的监管规范，展业主体多元，包括基金管理人、基金销售机构以及互联网平台公司等。业务实践中,部分机构的客户信息搜集和画像流程(Know Your Customer,KYC)过于简化,未能有效执行投资者适当性管理规定,且部分平台存在夸大宣传或不当宣传等问题。此外,底层资产配置较为复杂,部分机构引入了如P2P等非标资产,增加了投资风险。鉴于此,监管建议包括:强化功能监管,制定统一法规,明确业务定义与范围、主体资质及准入条件等;明确业务界定与牌照发放要求,规范展业机构的行为;加强对算法的监管,确保其合理性与安全性;落实信息披露与投资者适当性义务,提高透明度并保护投资者利益;健全归责与保障机制,包括建立风险准备金等制度,以应对可能出现的风险事件。这些措施旨在促进我国智能投顾行业的健康发展,同时保护投资者免受潜在风险的影响。

# 第 10 章
# 美国部分代表性智能投顾平台简介[①]

当前,智能投顾行业在全球范围内实现了跨越式发展。美国作为这一领域的先行者,诞生了众多规模庞大、实力强劲的智能投顾平台,这些平台在产品创新、模型优化等方面取得的显著成果也加速了金融体系的良性循环。与此同时,欧洲作为世界金融中心之一,凭借其先进的科技产业,发展出了多样化、多层次的智能投顾服务。中国作为智投行业的后起之秀,在借鉴发达国家经验的基础上,依托互联网金融的兴起与移动端设备的普及,不断探索并构建了符合本国国情的智能投顾服务体系。

作为智能投顾的发源地和目前最大的应用市场,美国集中了全球范围内大部分知名的智能投顾平台(表 10.1),其主流模式主要分为三种:第三方理财服务平台、传统金融机构旗下的智能投顾平台以及智能投顾技术服务供应商。本节旨在介绍美国智能投顾产业的主要模式及代表性企业,以使读者对美国智能投顾的运营主体有更深入与直观的了解,也为我国智能投顾企业提供参考和借鉴。我们将分别选取每种模式的代表性公司或平台进行介绍,解读美国主流智能投顾平台的经营模式及产品特征。

---

[①] 第 10—12 章对于各个智能投顾平台的介绍仅作为案例分析,不构成任何投资推介。投资有风险,入市需谨慎。

# 第 10 章　美国部分代表性智能投顾平台简介

表 10.1　世界知名的智能投顾平台

| 国　家 | 平　　　台 |
| --- | --- |
| 美国 | Wealthfront，Betterment，Personal Capital，AssetBuilder，Schwab Intelligent Portfolios（SIP），Edelman Financial Services，FutureAdvisor，Quick Vest，Learn Vest，SigFig，Rebalance IRA，WiseBanyan，TradeKing Advisors，Acorns，Blooom，True Wealth，Financial Engines，Guided Chioce，MarketRiders，Covestor，Financial Guard，FlexScore，Motif Investing，Quicken，Mint，Vanguard Personal Advisor Services（VPAS） |
| 英国 | Money on Toast，Nutmeg，Zen Assets，Wealthify，Fiveraday，ETFmatic |
| 德国 | FinanceScout 24，Quirion，Vaamo，Ginmon，Growney，Whitebox，Easyfolio |
| 法国 | Marie Quantier，FundShop，Advize，Yomoni |
| 澳大利亚 | Stockspot |
| 意大利 | Money Farm |
| 加拿大 | Wealthsimple |
| 瑞士 | Swissquote，Truewealth |
| 中国 | 广发证券贝塔牛、理财魔方、摩羯智投、中银慧投 |

资料来源：作者根据公开资料整理得到。

具体来说，首先选取了 Betterment 和 Wealthfront 作为第三方理财服务平台模式的典型代表，详细介绍其基本业务、优势特色和投资目标等，并对二者的异同点进行比较。其次，选取了先锋集团（Vanguard Group）和嘉信理财（Charles Schwab）作为传统金融机构进军智能投顾领域的代表，阐述二者旗下智能投顾产品的基本业务、运作流程。最后，选取了 Financial Engines 作为技术服务供应商的代表，详细介绍了此类平台的工作模式、主要业务和优缺点等。关于这些平台的更多信息可见表 10.2。

表 10.2　美国主流智能投顾平台的官网及联系方式

| 智能投顾平台 | 官网及联系方式 |
| --- | --- |
| Betterment | 官网：https://www.betterment.com/<br>联系电话：（001）718-400-6898<br>电子邮箱：support@betterment.com |

续　表

| 智能投顾平台 | 官网及联系方式 |
|---|---|
| Wealthfront | 官网：https://www.wealthfront.com/<br>电子邮箱：press@wealthfront.com |
| 先锋集团 | 官网：https://investor.vanguard.com/home/ |
| 嘉信理财 | 官网：https://www.schwab.com/<br>联系电话：(001)866-855-9102 |
| Financial Engines | 官网：https://financialengines.com/<br>联系电话：(001)866-303-3809 |

资料来源：作者整理各官网信息得到。

## 10.1　Betterment

Betterment是典型的第三方理财服务平台，是美国智能投顾领域的先行者与开拓者。Betterment着重于多元化大类资产的配置和投资过程的自动化，并且十分注重用户界面设计和改善用户体验。本部分将详细介绍Betterment公司的基本信息、基本业务和特色、投资目标等。

1. 基本信息

Betterment是美国最早成立同时也是规模最大的第三方智能投顾公司，有着"智能投顾鼻祖"之称。Betterment成立于2008年，公司位于美国纽约。公司定位为全球投资顾问，为个人投资者服务，帮助个人更好地进行金融投资。Betterment的创始人乔恩·斯坦（Jon Stein）曾在华尔街工作，并曾担任第一曼哈顿咨询集团（First Manhattan Consulting Group）的高级投资顾问。乔恩·斯坦坚信智能投顾具有广阔的前景，致力于将Betterment打造成金融服务领域的亚马逊。Betterment通过手机App提供在线金融服务，使用机器算法来决定投资方向。就投资理念而言，Betterment着重于多元化大类资产的配置和投资过程的自动化，并且十分注重用户界面设计和改善用户体验。简单便捷、不设最低投资额、低交易成本等特点使得

Betterment 很快打开市场,同时也掀起了智能投顾的浪潮。凭借着先进技术和用户积累,Betterment 成为智能投顾界融资最多的公司。

2. 基本业务和特色

如果投资者选择在 Betterment 平台上理财,那么平台首先会问投资者"理财目标是什么",然后会帮投资者做分析,基于投资者理财目标而非收益最大化给出投资建议,并利用其现有技术辅助投资。用户登录 Betterment 网站后,需要填写个人年龄、收入、是否退休、投资目的、期望等信息。除此之外,投资者还可以通过拖动滑块自己设置资产比例(目前 Betterment 支持股票和债券形式的投资),例如 60% 的股票与 40% 的债券。完成选择后,客户就可以连接到自己的个人账户。客户可以随时将钱转移到 Betterment 账户,或者可以设置自动存款。平台将自动向投资者提供一个科学、安全、有效的长期股票和债券配置方案。用户可以看到预期收益、风险系数、期限、投资比例等信息。投资者唯一需要关心的就是决定投资的金额和种类。平台一般通过交易所交易基金(exchange traded funds,ETFs)来进行配置,Betterment 选择的 ETFs 具有跟踪误差小、流动性强、节税且年费低的特点。ETFs 的配置比例并不固定,Betterment 会根据客户对股票和债券的分配调节 ETFs 的占比,以达到有效边界上的配置。Betterment 目前的资产类别不包括大宗商品和房地产信托投资基金(Real Estate Investment Trusts,REITs)。与一些大型机构投资者不同,Betterment 的目标是不断优化投资组合的配置,因此可能会做一些资产负债的配置或对接。

因为投资策略是目标(投资者理财目标)导向型的,所以 Betterment 推出了一个整合账户,把投资者的银行账户、贷款情况等所有信息都整合到一个账户当中,根据这种全面的信息提出一个整合度非常高的建议。除了客户个人主动提供的信息,平台还会收集他们的行为数据,比如登录时间和频率等,并在这些行为数据基础之上,不断优化投资建议。在交易时,Betterment 会向客户展示某项交易所需支付的税务数据,以此来改变客户的行为模式。比如说,当客户要执行某个投资计划中的交易动作时,在交易确认之前,平台会显示出一个估算的税负,这样可能可以避免 70% 左右的高税务成本交易,促使客户放弃一些并不明智的投资行为。此外,Betterment 还有一个很特别的功能,那就是投资者可以查看与自己同龄或同收入的人在投资什么,以及通过什么样的方式投资。通过这样的对照,投资者可以获得更多的参考信息,从而作出更加明智的投资选择。关于 Betterment 的更多业务信息可见表 10.3。

表 10.3　Betterment 的业务信息

| | |
|---|---|
| 最低金额 | 0 美元 |
| 账户费用 | 基本投资计划门槛为 0 美元,年费率为 0.25%;<br>高级投资计划门槛为 10 万美元,年费率为 0.40%;<br>购买额外的人工咨询服务,售价 199 美元起 |
| 可用账户 | 传统个人退休账户(Traditional Individual Retirement Account,传统 IRA);罗斯个人退休账户(Roth Individual Retirement Account,罗斯 IRA);简化员工退休金个人退休账户(Simplified Employee Pension Individual Retirement Account,SEP IRA);信托;非营利账户;个人账户;联合账户 |
| 投资亏损避税 | 所有应税账户可用 |
| 组合再平衡 | 是 |
| 自动存款 | 可以每周,每隔一周,每月一次,每月两次 |
| 建议 | 自动化 |
| 移动 App | iOS、Android |
| 客户服务 | 电话和在线客服:周一至周五 9:00—20:00;<br>Email:24 小时×7 天 |
| 促销 | 最多 6 个月的免费管理 |

资料来源:作者根据相关公开资料整理得到。

Betterment 的核心投资组合包括股票组合和债券组合。其中股票组合包括:

- SPDR 投资组合标准普尔 500 ETF(SPLG)
  (SPDR Portfolio S&P 500 ETF)
- SPDR 投资组合标准普尔 400 中等市值股票指数 ETF(SPMD)
  (SPDR Portfolio S&P 400 Mid Cap ETF)
- SPDR 投资组合标准普尔 600 低市值股票指数 ETF(SPSM)
  (SPDR Portfolio S&P 600 Small Cap ETF)

- 先锋富时发达市场指数 ETF(VEA)
  (Vanguard FTSE Developed Market Index ETF)
- 先锋富时新兴市场指数 ETF(VWO)
  (Vanguard FTSE Emerging Market Index ETF)

债券组合包括：
- 安硕核心美国综合债券 ETF(AGG)
  (iShares Core U.S. Aggregate Bond ETF)
- 先锋国际债券指数 ETF(BNDX)
  (Vanguard Total International Bond ETF)
- 安硕摩根大通美元新兴市场债券 ETF(EMB)
  (iShares J.P. Morgan USD Emerging Markets Bond ETF)
- 摩根大通超短期收益 ETF(JPST)
  (J.P.Morgan Ultra-Short Income ETF)
- 安硕0—5年通胀保值债券 ETF(STIP)
  (iShares 0-5 Year TIPS Bond ETF)

与其他智能投顾公司相比，Betterment推出了几个特殊的功能，包括投资亏损避税、SmartDeposit 和 Personalized Retirement Plan(PRP)计算器。

Betterment 的投资亏损避税策略有助于提高客户的税后收益，有效性是其他投资亏损避税策略的两倍。该服务不需要客户采取任何行动，是完全自动化的。投资组合内的额外增长不带来额外的风险或成本。

SmartDeposit 功能是由于小额存款服务越来越受欢迎而被创建的。当这个可选功能开启时，它会将客户银行账户中超出某一预设金额的资金自动进行投资。客户可以设定银行账户的最高余额和存入 Betterment 的最高金额。

PRP 给客户提供退休规划建议，分析依据包括客户的储蓄、退休的时间和地点、每年储蓄多少钱、把钱投资到哪里等。此功能需要查看客户的所有账户，包括 Betterment 账户以及其他投资账户。在以上信息的基础之上，PRP 还会估计客户到达退休年龄时的花费数额，为退休规划建议提供参考。PRP 通过对客户其他可能得到的现金流（如社保）、客户年龄、每年的储蓄额进行假设，能够较为准确地预测退休后的状况。PRP 与超过 13 000 个外部账户进行同步，根据同步账户余额提供每天自动更新的建议，并统一展示客户的所有退休账户,帮助客户做全面规划。客户还可以更新收到社保福利的预期年龄,甚至可以上传社保单,以此来获取更精确的建议。

此外,平台还开发了一个针对雇主的退休金401(k)投资计划。所谓401(k)计划,是美国一种始于20世纪80年代初由雇员和雇主共同缴费建立起来的完全基金式的养老保险制度。20世纪90年代,这种养老保险制度迅速发展,逐渐取代了传统的社会保障体系,成为美国诸多雇主首选的社会保障计划,主要适用于私人营利性公司。按照该计划,企业为员工设立专门的401(k)账户,员工每月从其工资中拿出一定比例的资金存入养老金账户,而企业一般也按一定的比例往这一账户存入相应资金。与此同时,企业向员工提供三到四种不同的证券组合投资计划,员工可任选一种进行投资。员工退休时,可以选择一次性领取、分期领取、转为存款等方式使用。针对美国企业对于退休金投资管理的需求,Betterment开发了这个针对雇主的退休金投资计划,雇主可以将其雇员的情况全部录入这个系统当中,在这个系统下对雇员的投资计划进行管理。平台也会运用智能算法,向雇主推荐适合养老账户投资的证券组合,并根据雇主要求采取半自动化或全自动化的交易。

最后,Betterment非常关注客户体验和客户服务,为客户提供了非常快捷的开户流程以及便捷资金转移、转出的操作。平台也因此获得了2015年美国《消费者报告》(Consumer Reports)中客户服务领域的最佳评级。

3. 投资目标

Betterment的关注点是基于目标的投资,并且会针对每个目标进行风险管理。这一方法实际是资产负债管理技术的具体应用,确保客户未来的支出能够有足够的资金支持。Betterment提出了四种主要的投资目标:退休、安全保障、一般性投资和大宗购买。当客户注册账户时,需要从中选定一个或多个投资目标。

每种投资目标需要不同的策略。Betterment利用自身的技术,为每个目标提供单独的投资组合建议。针对每个目标,Betterment推荐了最大和最小的股票分配比例、预计期限,以及特定的取现假设,而且在需要的时候,每位投资者都可以自行调节,在任一目标类型下选择更激进或更保守的投资态度。一些具体信息可参见表10.4。

表 10.4 股票配置建议默认范围

| 目 标 类 型 | 最激进的股票配置比例 | 最保守的股票配置比例 |
|---|---|---|
| 退休(退休前) | 90%(距离退休 20 年以上) | 56%(已到达退休年龄) |
| 退休收入(退休后) | 56%(剩余预期寿命 24 年以上) | 30%(预期寿命 9 年以下) |
| 安全保障 | 寻求跑赢通胀的最安全配置 | 寻求跑赢通胀的最安全配置 |
| 一般性投资 | 90%(20 年以上) | 56%(已达到时间范围) |
| 大宗购买(房地产、教育等) | 90%(33 年以上) | 0(已到达时间范围) |

资料来源：作者查找相关资料后整理得到。

接下来，我们将详细介绍每一种目标的投资方式。

(1) 退休目标

大多数人会在退休之后失去主要的收入来源，因此退休是与其他投资目标最不相同的一个。个人退休账户(Individual Retirement Account，IRA)是一个有很大税收优惠的储蓄账户，是为退休储备现金的理想方式。我们可以把 IRA 理解为一个篮子，里面可以存放股票、债券、共同基金和其他资产，只有在 70 岁以下的投资者才可以建立，在 70 岁以后每年有强制最低提款(Required Minimum Distribution，RMD)。罗斯 IRA 允许个人在扣除税款后把一部分收入存入账户，账户上的收入和 59 岁以后的取款都是免税的。与传统 IRA 相比，罗斯 IRA 的创建没有年龄限制，也没有强制最低提款。在 Betterment，退休目标可以应用于普通投资账户，也可用于罗斯 IRA 或传统 IRA。

退休账户的特点是没有一个绝对的账户变现日期。账户可以存续 50 年以上，包括两个不同的阶段：积累期(工作期间)和缩减期(退休后)。在这两个阶段，退休账户存取的金额每年可能都不相同，这取决于还有多长时间可以储蓄、目前账户价值以及目标账户价值。随着时间的推移，Betterment 根据客户的需求和目标确定客户合适的风险承受情况，在不同时点为客户提供不同的股票配置建议。一旦客户退休，退休收入目标会考虑多种动态因素，告诉客户在其期望的持续期内每月可以放心从账户中取用的金额是多少。

在积累阶段,当距离退休还有 20 年以上时,Betterment 会建议 90% 的股票配置,随着时间的推移,平台逐渐降低组合的风险,直到退休日会逐渐缩减到 56% 的股票配置。在缩减阶段,股票配置建议会考虑以下多种因素来推荐安全的取款金额:当前余额、期望每月收入额、可接受的最低收入水平、不落到最低收入水平以下的概率、预期寿命。

例如,根据美国社会保障局(Social Security Administration,SSA)的预测,65 岁的男性平均有近 18 年的剩余寿命。这 18 年间,他既从账户取现,也将继续投资以支持未来的消费。对于股票的分配,Betterment 平台力求最大化剩余预期寿命下的平均月收入,最小化低于客户期望的最低收入的概率,保证一定程度的确定性。从中我们可以看到,动态取款率取决于退休账户余额、预期寿命和最低收入水平。

Betterment 的投资团队开发出一套收入解决方案以提供动态退休规划。与传统服务不同,团队的建议随着客户的年龄、组合价值、风险和取款率不断调整。退休收入服务团队基于复杂的算法,根据客户的个人信息,提供投资于全球多样化资产组合的最优风险配置建议,并推荐下一年的最优取款额。

相比于静态的取款策略,Betterment 的创新之处是使收入建议完全动态化(定期基于多个变量的变化进行调整)与完全自动化,并且结合了有效而低成本的全球组合投资。Betterment 每年建议的安全取款率一般是 2% 到 10%,且每年都会调整。模型设计的目标是最大化总取款额,最小化取款额变动。

Betterment 的退休收入规划能够使客户提前用光账户余额的概率小于 1%,而提款金额低于初始余额 2% 的概率只有 10% 左右。此外,与养老金产品不同,账户中剩余的投资也完全流动,即客户去世后其继承人也可以得到账户余额。

这里我们举一个具体的例子来说明:玛格丽特是一名 65 岁的大学教授,根据她的家族史和健康情况,她很可能会活到 85 岁。在 Betterment,她有 50 万美元的罗斯 IRA 按照 20 年的期限进行配置,股票占比 56%。她的年度取款率为初始余额的 4.65%,即预期月度取款额约为 1940 美元。但这并不是她唯一的收入,她还有来自社会保障、养老金和 401(k)的收入。

如果市场上行,她第一年在 Betterment 的投资组合增长 7%,提款一年后,她的新余额为 510 000 美元。但是她现在又年长了一岁,应该推荐给她风险更低一点的配置。现在玛格丽特的月度取款额为 2 062 美元(约为新资产组合余额的 4.85%,原价值的 4.95%)。相反,如果市场下降了 7%,她的新余额在取款后将为 443 338 美元,新取款额为每月 1 791 美元,比前一期金额少 150 美元,为初始价值的 4.3%。

虽然实际取款金额取决于玛格丽特投资组合表现的变化,但她 20 年的平均取款预计约为 2 503 美元(假设 6% 的平均市场收益率)。这一动态取款战略几乎可以保证,她的资金可以维持整整 20 年。当然每一位退休客户都可以自定义自己的时间跨度。

由于 PRP 业务是 Betterment 最为核心的业务之一,因此我们将在下一小节中更为详细地介绍这一业务。

(2) 安全保障目标

安全保障目标与其他目标略有不同,它的假设是客户可能永远不会用到这些钱,但当客户需要用的时候,余额的相当一部分都可以被一次性全部取走。

因此,Betterment 对这个目标的分配建议是保守的,股票配置永远不会偏离 40%。对应急资金进行投资乍一听有些不合理,但 Betterment 严格的建模和测试表明,投资可以很好地替代储蓄现金账户,且可防范利率风险。

对安全保障目标默认的建议是 40% 的股票配置,这将创建出预期收益率高于通货膨胀率的投资组合,也可以在 5 年内承受资产价值 23% 的缩减,同时保持客户所需的最低余额。

随着时间的推移,这一账户可能会有较大增长,远超应急资金所需的金额。在这种情况下,Betterment 会建议客户将超出金额转移到另一个账户,或将超出金额取现用于消费。

(3) 一般性投资目标

通常情况下,客户没有特定的投资目标,但他们知道为了资本增长,投资是必要的。于是,一般性投资目标就有了存在的意义。

与退休或大宗购买目标不同,一般性投资目标的一个核心假设为:在投资期内没有特定的取款事件。这使它对于为了代际财富转移而进行的长期储蓄或者稍后将被转移到信托账户的资产都很适用。

因此,Betterment 建议随着时间的推移,股票配置从 90% 逐渐减少到最小值 55%,并长期停留在 55%。

(4) 大宗购买目标

大宗购买目标对应的客户应该有非常具体的目标或购买对象,如房屋首付、未来的学费,或有特定时间表的任何其他事件。

这一目标类型适合短期和中期目标。随着到期日的接近,达成目标的风险会逐渐降低。因此,每过一年,Betterment 都会自动调低该目标所对应的风险。而在最后一年的 12 个月里,该调整会更频繁,每月都会降低一次风险。

相比于退休目标,大宗购买目标对应的风险更低,甚至接近零风险,具有很短的时间跨度。这是因为 Betterment 预期客户将在预定日期将账户金额全部取走。目标设定期限越短,对应的风险越小。

4. 个性化退休投资计划

Betterment 允许客户提供与其退休目标相关的额外信息,以制定个性化的退休计划(Personalized Retirement Plan,PRP),并提供更完整的退休投资建议。

Betterment 关注的是客户退休后需要花费多少钱,而非客户退休后的税前收入。为了估计客户退休后的花费,Betterment 考虑了下列可能影响到客户预期退休收入需求的因素。

(1) 收入的实际增长

消费额与收入密切相关,而生活中存在很多因素会导致收入的变化,包括加薪和通货膨胀等。Betterment 将模拟用户年度税前收入的实际增长,作为估计退休后消费水平的第一步。分析团队使用客户提供的现时税前收入,在默认情形下,假设客户的年收入每年实际增长 1%(即扣除通货膨胀后的增长率),但客户可以对增长率进行修改。

(2) 退休后的生活费用

默认情况下,分析团队假定客户退休后会在目前所处的地方继续生活下去(使用客户开户时填写的邮政编码),但如果客户计划搬迁至生活成本较高或较低的其他地区,那么他可以更新邮政编码信息,以便更准确地估计退休后的生活成本。

(3) 退休前支出

预测退休后确切的花销比较困难。分析团队假设,客户在退休后依旧希望维持退休前的生活水平,这意味着退休前后其消费金额相同(如果居住地址发生变化,平台会根据不同地区的消费水平进行调整)。虽然客户退休后可能不再需要支付房贷和养育子女,但这些花费很可能会被新的活动所替代,如旅行和医疗费用。当客户储蓄时,其财务状况可以简单地描述为:

净收入＝(总收入－税前储蓄)×(1－平均税率)
支出＝净收入－税后储蓄

但是,团队需要估计客户储蓄的收入是多少。一般来说,在收入水平较低时,人们的消费占比较高,但随着净收入上升,消费比例下降。对富人的调查发现,他们的消费通常低于净收入的一半。Betterment 用平均消费倾向(Average Propensity to Consume,APC)来衡量这种关系,即:

消费比例＝APC
支出＝净收入×消费比例

Betterment 的目标是使客户退休后的消费水平与退休前一致。一旦客户退休,他就不再储蓄,所以客户并不需要同样多的净收入来维持同样水平的消费,客户的 APC 将变为 100%,即:

净收入＝总收入×(1－平均税率)
支出＝净收入×1

结果是进入一个良性循环——客户需要较少的总收入就可以维持同样的消费,一是因为不再进行税前储蓄;二是因为总收入减少,平均税率下降。

Betterment 团队利用这一模型对客户退休后为达到退休前的生活水平所需要的总收入额进行建模。如果客户想根据自己的估算来指定支出需求,那么客户可以改变 Betterment 的计算。

(4) 对所需最低分配无具体假设

明智的投资者通过长期储蓄积累,以确保自身退休生活的安稳。在此过程中,他们通常会充分利用递延税款账户。这类账户为投资者带来了两大显著优势:① 投资者在向账户缴款的当个纳税年度,通常能够享受到税收减免的优惠;② 只要资金保留在账户内,投资者就无须为投资收益和资本利得缴税。

虽然这些税收减免对投资者十分有利,但享受这些好处是有年限规定的。根据《安全法案》(SECURE ACT),递延税款账户的所有者必须从一定年龄开始提款,这称为"所需最低分配"(Required Minimum Distribution, RMD)。这些分配在提取过程中通常按照投资者退休时的普通收入税率来征税。

在制定个性化退休投资计划时,Betterment 主要关注对分配的税收处理。分析团队假设,如果客户的账户受到 RMD 规定,其支出需求将至少与 RMD 的要求相匹配。平台将会对客户的传统 IRA 账户或 SEP IRA 账户进行年度 RMD 计算。若这些账户截至上一年度 12 月 31 日时仍由 Betterment 管理,则平台将会在客户的纳税表格中提供相关的 RMD 信息。

一旦客户确定了退休后需要的花费,Betterment 就可以计算出客户在退休前需要的总储蓄额。客户退休时间的长度会显著影响客户的总花费,由此影响到客户需要的总储蓄额。Betterment 询问客户期望的退休年龄,并默认寿命是到 90 岁,由此确定客户退休后需要消费多少年,但客户也可以调整这两个值。

客户退休后的收入可以有多个来源,Betterment 需要了解所有来源。大多数人的主要收入来源是社会保障金、投资收益或取款、物业租金或养老金等。

社会保障金(以下简称"社保金")是人们退休收入最普遍的来源,其金额取决于受益人一生的收入水平和开始领取社保金的时间。Betterment 根据联邦政府社会保障局的福利规则(SSA Benefit Rules)估计社保金,输入量包括当前的收入、增长率假设、通货膨胀、选择的退休年龄(如果可以的话,还有配偶的退休年龄)。一般情况下,Betterment 假设客户在退休当年开始领取社保金。

此外,计算采用以下规则:① 因为在 62 岁之前不能领取社保金,如果客户选择的退休日期在 62 岁之前,那么团队会假定客户在 62 岁之前是从投资组合或其他来源取款,来满足自己的收入需要的。② 如果退休年龄在 62 岁和 70 岁之间,那么团队假设客户在退休时开始领取社保金,除非客户专门指定了非退休的年龄。③ 选择在 70 岁之后延迟领取社保金将不会带来任何额外的好处。因为社保金的增长存在上限,一旦到达这个上限,不论用户延迟领取的时间如何,社保金都不会继续增加。因此,如果客户设定的退休年龄大于 70 岁,平台的规划系统会假设其在实际退休之前所收到的社会保障福利将会被消费掉,而非储蓄起来。④ 如果客户为配偶指定的退休年龄在自己之前,那么团队假设客户只消费配偶的社保金,而不会将其用于投资,所以它们不影响客户自己的计划和投资组合增长。

社会保障金根据每年都会变化的年度生活成本(Annual Cost of Living,COLA)调整。团队假设客户退休后的年度生活成本在扣除通货膨胀因素后是恒定的,但客户可以改变这一假设。

最后，鉴于社会保障信托基金的预计赤字，有些客户想在部分或零社会保障金的基础上规划退休。根据 SSA 的预测，零收益的可能性并不大，但由于赤字，目前年轻工人可能只能获得四分之三的资金。因此，Betterment 默认社保金是原定金额的四分之三，除非客户在假设中改变这一数值。

通常情况下退休人员还有其他收入来源，如物业出租、养老金和年金等。客户可以通过导航到账户的"计划"部分并选择"编辑假设"，将这些收入添加到 PRP 目标中。Betterment 假设这些收入都从客户退休时开始发放，其间会根据通货膨胀调整，且在客户死亡当天终止（配偶的预期寿命不会被平台的预测考虑在内）。

如果社会保障和其他收入来源不足以满足客户的支出需要，那么差额将由客户的储蓄和投资来补充。Betterment 假设客户每年都需要从投资组合（包括投资收益）中取款，来弥补这个差额，对税收进行调整并应对市场波动。

退休后储蓄不足着实令人担忧，加之证券市场的不确定性和难以预测，这都进一步增加了规划未来财务安全的难度。据此，Betterment 采取了一种保守的市场表现预期，用以估算客户在退休时所需的储蓄额度。针对 PRP 目标，Betterment 预计客户的资金提取将是一个渐进的过程（不是一次性直接付款，例如房屋首付等大宗商品支出）。如果客户已经步入退休生活，Betterment 会为其提供关于提取金额的建议，以确保在其寿命结束时，有至少 96％的可能性维持账户余额不低于 0 美元，即"安全提款（储蓄在退休后不会被耗尽）"。这一计算依赖于以下假设条件：① 客户将依据平台给出的专业建议，至少每月对自己的提款比例和资产配置进行一次调整。② "安全提款"的计算基于 Betterment 当前实施的投资组合策略。若投资组合随时间的推移发生变化，或预期回报有所调整，那么计算结果也会相应改变。③ 提款建议和相关图表均基于实际价格，并考虑 2％的通货膨胀率进行计算。④ 平台默认寿命为 90 岁，40 岁以下用户则以当前年龄加 50 岁来计算最终寿命，80 岁以上用户则以当前年龄加 10 岁来计算最终寿命。用户也可自行输入预期寿命，但在"安全提款"的计算过程中，客户最终寿命的上限不会超过其主动设定的时间范围。

因为分析团队无法 100％精准预测客户的退休投资结果、个人情况以及税收法规的变动，所以难以对未来的税收情况作出准确的判断。然而，完全无视税收也是不准确的，因此团队希望能尽可能地将税收调整做到最佳。

Betterment 根据客户的退休支出、居住的州和婚姻状况来决定标准扣除额，并估计客户未来的税率。当客户确定 PRP 目标时，其取款将来自当前的账户（Betterment 账户或其他账户）增长和直到退休的投资。分析团队会根据自身掌握的信息，以不同方式处理用户储蓄的各个部分。

Betterment 知道客户目前的退休金账户余额和类型，团队用这些余额作出预测，并使用客户当前和退休后的税率做税收调整：对于现有的传统 IRA 和雇主计划，团队假设客户储蓄时无须交税，而每次取款时需要对取款额按照平均税率交税。对于现有的应税账户，税收支付有两种方式：当用户储蓄时，其需要为再平衡实现的股息和资本收益纳税，故预期回报率将比税收优惠账户低 0.92%；当用户退出 PRP 目标时，团队假设税收按照与客户当前税率相关的长期资本利得率缴纳。对于现有的罗斯 IRA 账户，团队假设在储蓄和取款时都无须缴纳税款。

因为团队不能确定客户将在哪些账户储蓄，因此 Betterment 保守假设从这些账户的所有提款都按照平均税率征税。这可能在某些情形下高估客户的税率，比如当所有的储蓄都在罗斯 IRA 时，取款实际上是不收税的。

使用这一税率，团队可以估计出客户在提取账户余额时所应支付的总税额，并添加到客户退休时需要储蓄的总资金里面。这是为了确保客户退休后对交税也有足够的储蓄。

$$\text{所需税前余额} = \text{所需税后余额} / (1 - \text{平均税率})$$

例如，如果平台计算出某客户需要 100 万美元的税后资金来维持生活，且提款的平均税率为 25%，那么该客户截至退休时应储蓄 $1\,000\,000/(1-0.25)=1\,333\,333$ 美元。

Betterment 知道客户的目标余额之后，就需要决定客户每月或每年应该存多少钱，以达到这一总额。需要的储蓄额取决于客户距离退休的年限、愿意承担的风险水平以及对实现这一总额的把握。

此外，Betterment 还能基于客户距离退休的年限，对其 PRP 目标提出风险控制建议，但客户也可以作出自己认为合适的修改。若用户选择遵循 Betterment 建议的股票和债券分配，那么平台将在用户临近退休时自动调整风险水平。

客户还可以指定希望达到目标的概率。Betterment 从 60% 的目标达成可能性开始计算，这比大多数智能投顾的计算方式都要保守，因为它们通常假设 50% 的可能。客户可以选择 80%（更确定）或 40%（不太确定）的确定性,这会影响到需要储蓄的金额。较短的时间跨度、较小的风险和更大的确定性都将导致更高的储蓄金额。

账户储蓄的优先顺序取决于客户的具体纳税情况和退休账户的使用情况。当客户审查自己的 PRP 目标时,Betterment 会在"查看如何储蓄"一栏中提供退休储蓄的相关建议。Betterment 不是税务顾问,也没有客户的报税表及客户情况的详细信息,因此平台对 PRP 目标的建议只能基于客户已经同步了的外部账户和 Betterment 账户。平台不提供关于选择开设特定类型退休账户的具体建议,但会对客户是否符合该类账户的开设资格提供相关指导,这并不构成个人税务或投资建议。为了获得针对个人情况的专业意见,客户需要咨询合格的税务顾问。

Betterment 针对退休账户储蓄提出的建议综合考虑了客户同步的外部账户信息、收入、婚姻状况以及雇主计划等因素。如果客户没有添加现有计划,Betterment 就假设该客户没有可用计划。默认情况下,Betterment 假设客户在 IRA 限制下的调整后总收入(Modified Adjusted Gross Income, MAGI)等于其在设置 PRP 目标时提供的税前收入,但客户可以对此做一定的调整。此外,客户需要每年更新相关的数值,确保得到准确的建议。

Betterment 的退休账户资格指南主要涵盖 11 种广泛适用的账户类型,包括传统 IRA(可抵扣和不可抵扣缴款)、罗斯 IRA、配偶的传统 IRA、配偶的罗斯 IRA、雇主赞助的退休计划[如 401(k)、403(b)等]、健康储蓄账户(Health Savings Account, HSA),以及配偶的 HSA 和应税投资账户。平台未考虑雇主计划的税后供款选项,因为提供此类服务的计划数量有限。对于自雇人士,虽然其可在 Betterment 开设 5305 SEP IRA,但 SEP IRA 并未包含在平台的退休资格指南中;对于个体经营者,他们还有资格使用其他类型的退休账户,如 SIMPLE IRA、SIMPLE 401(k)、个人 401(k) 和固定福利计划等。但是 Betterment 不支持这些账户类型,因此它们不会出现在客户退休储蓄账户的优先级顺序规划中。此外,针对 HSA 账户,其适用于符合 IRS 规定且拥有合格高免赔额健康保险计划的个人。HSA 允许用户进行税前缴款并享受递延税带来的收益增长。此外,用于支付合规医疗费用的提款也将免税。如果客户将 HAS 账户纳入其 PRP 目标,Betterment 会假设客户将该账户作为长期医疗储蓄工具,并且从 HAS 账户中提取的资金仅用于支付合规的医疗费用。

Betterment 也考虑了客户雇主为养老金缴款的潜在积极影响。只要客户将外部雇主赞助的退休计划同步为关联账户,或者注册了 Betterment at Work 401(k)计划,平台就会在雇主缴款比率和最大化缴款收益方面使用这些信息。对于 Betterment at Work 401(k)计划的参与者,平台会提示其告知雇主具体的缴款比例。若客户的 401(k)计划存在固定雇主缴款比例,平台将采用该比例计算预期养老金的加权平均值;若客户确认其具有雇主赞助计划但未提供详细信息,则平台将默认雇主会匹配员工缴款的 50%,上限为薪酬的 6%。

Betterment 建议客户选择雇主资助计划或其有资格申请的其他退休账户,具体取决于开设成本以及哪种账户具有最佳的税后收益。为预测各类账户的税后收益情况,平台考虑了客户当前年龄和退休年龄之间的间隔。Betterment 假设所有账户的平均预期回报率相同,如果客户将外部关联账户添加到 PRP 目标中,则会进行以下调整:

① 后台预测系统会根据 PRP 目标自动调整管理费用,并假设客户外部雇主赞助计划的管理费用与 Betterment at Work 401(k)计划的管理费用相同。

② 对于应税账户,后台预测系统假设其回报率比税收优惠账户低 0.92%,旨在反映客户在整个储蓄期内对股息和已实现收益纳税所造成的影响。

此外,Betterment 还使用以下假设来确定客户有资格申请并缴款的账户类型:

① 平台采用美国国税局(IRS)最新税年的指导方针来确定缴款上限,且不考虑当前税年结束至 12 月 31 日之间客户的缴款额。

② 平台使用 2%的比率调整客户每年的生活成本(即假设通货膨胀率为 2%)。

③ 平台将根据客户的总收入、婚姻状况、标准扣除额、本人和配偶的年龄来估算边际联邦所得税税率。如果存在其他税务扣除或抚养人,客户可以通过点击"编辑假设"来提供这些信息。Betterment 还考虑了账户资料中所登记州的州所得税,但不包括地方税。

④ 平台将根据用户指定的退休期望收入来估算退休期间的税率,并在税基中排除了社会保障和医疗保险。这一估算保守地假设客户将对所有收入全额纳税,但实际情况可能因社会保障金免税,或收入主要来自如罗斯

IRA账户等免税来源的提款。

综上所述，针对PRP目标，Betterment的退休计划建议综合考量了多种变量，包括社会保障福利、租赁房产等额外收入来源，以及未来的支出、税率和通货膨胀等因素。在审视自己PRP目标的可视化预测时，客户需要注意以下几个方面：

① PRP目标预测图展示了经通胀调整后的实际美元投资增长，通胀率将按照默认值2%或客户自己设定的比率进行计算。

② 平台建议的每月供款额度估算是基于在投资期限结束时，投资组合价值达到目标的可能性为60%。PRP目标预测以通胀调整后的实际值显示，而非退休时的图表则以名义值显示。

③ 对于客户的退休目标，若预计投资组合总价值超过略低于平均市场表现的目标，则系统将显示"正常"（On the Track），这意味着实现该目标的概率大于等于60%。相反，如果预计的投资组合价值不足以达到略低于市场平均表现的目标，系统将显示"偏离"（Off the Track），即实现目标的概率小于60%。

④ Betterment的目标预测考虑了平台的管理费用和基金费用，并假设扣除了任何第三方顾问的管理费；

⑤ 客户账户中全部投资的预期回报率均由当前投资目标下的资产配置计算得出，同时，平台也考虑了外部链接账户，但外部现金账户和加密货币账户除外。

⑥ 若客户允许Betterment自动优化其资产配置，则PRP目标预测将包含这些随时间而变的投资调整情况。

⑦ PRP目标可视化图表上的预期供款线未经通胀调整，但Betterment假设客户退休期间的预计提款会严格遵循平台的"安全提款"建议，并根据通货膨胀进行生活成本调整。

5. 资产配置建议

传统的投资经理或401(k)计划等，都会对客户进行风险问卷调查。问卷通常包括客户的预计退休时间、资金数额以及预期收益。但是，这些问卷衡量的是客户自以为的风险态度，却没有衡量客户为了达到预设目标需要采取什么样的风险态度。

Betterment认为，客户的投资期是客户可承担风险水平的重要决定因素。完成投资目标的时间越长，客户可以承担的风险越大。例如，为短期和中期目标(买房或买车)储蓄的钱,和为了长期目标(如退休)而储蓄的钱,其投资风险水平是不同的。另外要考虑客户用钱的方式,是一次取用较大数额的钱,还是逐渐取款呢?Betterment 使用这些关键信息来提供个性化的投资建议。

下面具体描述一下 Betterment 的风险建议模型的原理。不同于标准的风险问卷调查,Betterment 的算法对投资期和下行风险赋予了更高的权重,并允许客户偏离 Betterment 的建议,但要控制在一定的范围内。

在 Betterment 平台,不同投资目标代表不同的投资配置,客户在 Betterment 上设置的每一个目标(一个客户可以设置多个目标)都会有单独的股票和债券的个性化配置。每个目标都有不同的取现假设,所以客户选择最符合自身意图的目标是很重要的。确定目标后,接下来考虑客户针对某一目标的投资期限,以及这一目标对应的取款计划。

对于大宗购买目标,Betterment 假设客户在达到目标金额时将钱全部取走。对于退休目标,平台假定客户的取款将持续数年,而不会一次性取现。如果客户没有具体的投资期限或目标金额,Betterment 会在财富积累目标内,根据客户年龄来设置投资期(默认的目标日期是客户 65 岁生日)。财富积累目标的取款假设与退休目标类似,但即使是在到达目标日期时,也会保持稍微高风险的投资组合,因为 Betterment 并不确定客户是否会立即取款。

根据客户的投资期和投资目标信息,Betterment 可以确定最佳风险水平。Betterment 使用的模型对各种可能的未来情况及其发生概率进行加权平均,赋予不好的结果更高的权重,同时考虑下行风险和不确定性优化,来提供投资建议。

此外,Betterment 的投资配置模型是相当保守的。由于 Betterment 认为其主要目标是通过稳定的储蓄和适当的投资配置来帮助客户达到投资目标,并且需要避免不必要的风险,因此会特别关注市场低于平均水平时的情况,从而为每一个投资期选定最小的潜在下行风险水平。

接下来需要平衡风险和时间。我们先来看一个例子:根据 Betterment 的模型,拥有 70% 股票配置的 3 年期 100 000 美元投资组合的期望收益是 121 917 美元,但可能结果的范围很大。对于收益率前 5% 的最佳情况,最低能达到 180 580 美元,而对于收益率后 5% 的最差情况,最多也只得到 82 312 美元。这个例子表明股票能够在短期内同时带来巨大的上行和下行概率。股票短期带来的波动率较大，但对于 10 年期的相同组合，模型预测亏损的可能性很小。

明确风险和时间的关系后，我们回头来考虑配置。为了提出股票和债券配置建议，Betterment 计算了股票配置从 0～100% 的各种组合的可能结果，然后查看固定投资期内某个百分位结果的表现，最后评估股票配置。对于长期目标（投资期超过 20 年），Betterment 建议 90% 的股票占比；对于短期目标，Betterment 建议 10% 的股票占比；对于中期目标，Betterment 推荐的股票配置比例随着时间的推移上升非常快。总而言之，Betterment 基于保守的风险衡量方法，考虑了客户每个投资目标的具体投资期，确保客户承担与应得收益水平相当的风险。

通过上述分析，Betterment 得出应用于所有投资目标风险配置建议的整体框架，对每个目标提供具体的股票配置占比下降路径（Glide Path）。在投资中，股票配置占比下降路径是一个用于配置的公式，随着取款日期临近，配置会变得越来越保守。许多针对退休、有目标期限的基金都基于股票配置占比下降路径进行（每家公司都有自己的公式）。Betterment 在股票配置占比下降路径基础上更进了一步，会根据客户具体的目标和投资期调整股票配置占比下降路径的推荐配置和投资组合权重。

Betterment 运用定量方法，在客户投资目标的基础上，为其建议了合理的风险水平区间。若客户依旧选择偏离平台的风险指导，采取过于激进或非常保守的策略进行资产配置，Betterment 将为其提供该做法潜在影响的反馈。为了确保客户能够承受投资组合的短期风险，平台提供了年度回报最高（即风险最大）和最低（即风险最小）的情景供其选择。

此外，为了对客户的投资风险进行持续性管理，Betterment 在资产配置过程中实施自动调整分配和再平衡策略。自动调整分配策略是指，在客户逐渐接近其投资目标时，资产配置情况会不断改变。平台将采用自动化的手段来使这些调整尽可能高效且节税。Betterment 尽量通过存款、取款和股息等方式调整客户的投资组合，非必要不出售资产。若发生了资产出售现象，Betterment 的税务智能技术将优先处理亏损股票以抵消税负，并选择出售税收损失最小的股票。自动调整分配功能不仅可以节省时间，还能确保投资在高风险与低风险之间实现平稳过渡，并优化税务效率。

随着时间的推移，多元化投资组合中的个别资产价值会上下波动，偏离资产多样化配置要求下的目标权重。目标配置与当前 ETFs 投资组合中实际权重的差异被称为投资组合漂移。Betterment 将"投资组合漂移"定义为各大类资产与目标配置偏差绝对值之和的 1/2。这些大类资产包括美国债券、国际债券、新兴市场债券、美国股票、国际股票和新兴市场股票。高漂移水平会提高客户的投资风险,据此,Betterment 会自动监控客户的账户以寻找再平衡机会。根据具体情况的不同,再平衡方法分为以下三种。

一是现金流再平衡。当现金流流入或流出投资组合时,通常会发生现金流再平衡。Betterment 将利用流入的现金来购买权重不足的资产类别,这不仅规避了为实现最优配置比例而出售其他资产的必要,同时也减少了资本利得税。同样地,平台也通过出售权重过高的资产类别来应对现金外流。

二是出售/购买再平衡。当现金流再平衡无法将 ETFs 投资组合的偏差保持在 3%以内时,Betterment 会尝试卖出权重过高,并买入配置不足的大类资产,以将漂移水平减小至零。

三是配置更改再平衡。这种再平衡通过出售有价证券实现可能的资本收益,同时,Betterment 也会利用其税收最小化算法来减少税务影响。

6. ETFs 的选择方法

Betterment 的核心目标之一是帮助投资者实现最佳收益。除了提供资产配置建议,另一个重要方面就是选择在组合中使用的投资工具。在构建投资组合时,Betterment 重点关注成本较低且流动性较高的 ETFs。这里我们就详细介绍一下 ETFs 这种工具的选择方法。

与共同基金相比,ETFs 具有一定的结构优势。一是有明确的目标和任务,ETFs 的目标是被动地跟踪大盘基准指数,确保投资的多元化水平与基准指数相同,可预测性更高,降低了与主动管理决策有关的个别风险。二是流动性强,在创建新组合或再平衡组合时可以低成本轻松获取,投资亏损避税等策略也需要交易流动性证券。三是费用低且无冲突,因为大多数基准指数对成分股及其权重的更新都不太频繁,被动跟踪的 ETFs 的年度换手率较低,由此减少了投资者的相关成本,而且销售标准化减少了共同基金存在的利益冲突。四是税收效率高,共同基金的唯一交易对手是基金管理人,当客户赎回自己的份额时,管理人需要卖出证券来满足赎回要求,由此产生的税收由所有投资者共同承担,而 ETFs 不存在这一问题。此外,根据《就业与增长税收减免协调法案》(*Jobs and Growth Tax Relief Reconciliation Act*),符合条件的分红只需要支付较低的长期资本增值税,而不需支付所得税,ETFs 相比主动管理的共同基金更容易满足该要求。五是投资灵活性强,全球ETFs市场发展迅速,种类繁多,使得投资组合的选择更加灵活。

尽管ETFs具有诸多优点,但仍然需要注意的是,并非所有ETFs都完全相同或对投资者同样有利。通常情况下,Betterment会选择与基准的表现"摩擦"最小的ETFs。平台对这些摩擦的衡量被概括为"年度总拥有成本"(total annual cost of ownership,TACO)——一个为投资组合筛选ETFs的方法,即Betterment的基金评分准则。TACO由两个组成部分决定,即基金的交易成本和持有成本。交易成本与常规投资活动过程中的基金交易活动(如再平衡、现金流入与提取、投资亏损避税)相关,主要受到交易量和买卖价差两方面因素的影响。持有成本代表与拥有基金相关的年度成本,通常受到费用比率(ETFs管理人征收的费用)和跟踪误差(基金表现与市场指数的偏差)的影响。

综上,Betterment将TACO定义为上述所有部分成本的总和,即:

$$TACO = 交易成本 + 持有成本$$

在大多数情况下,持有成本在总成本中占据主要地位。然而,由于持有证券前必须先进行购买,故交易成本也是一项不可忽视的因素。

年度总成本计算的是Betterment无法控制的基金特有成本,但没有包括Betterment可控制的活动导致的摩擦(成本),这种额外的摩擦被称为"市场冲击"。

投资者买卖行为导致的基金价格变动被称为"市场影响",其已通过交易成本部分纳入了Betterment的总成本计算。这一计算特别考虑了买卖价差和成交量之间的相互作用。然而,在评估可供投资的基金范围时,平台会采取额外措施来控制市场影响,以确保投资选择的稳健性。

Betterment决策的另一个关键因素是某只ETFs管理的资产量及日内交易量是否相对较高,以确保Betterment的交易不会影响到该ETFs的市场价格。Betterment将给定投资工具的市场冲击定义为资产量和交易量的相对规模。

Betterment管理的基金资产份额相对规模表示为:

$$RSAUM = \frac{AUM_{Betterment}}{AUM_{ETF}}$$

Betterment的特定基金交易量相对规模表示为:

$$RSVOL = \frac{VOL_{Betterment}}{VOL_{ETF}}$$

最大限度地减少摩擦是 Betterment 投资过程的核心目标之一。投资团队不考虑资产基础额较小、交易活动有限的 ETFs,虽然市场冲击没有作为投资组合总成本评估的直接输入量,但任何违反 Betterment 市场冲击要求的证券都不会被纳入考虑范围。

总的来说,Betterment 在总成本中考虑了费用率、流动性(买卖价差、平均日交易量)、跟踪误差和税收负担,通过最小化成本为投资者选择合适的 ETFs。

Betterment 持续不断地监测投资选择。投资选择分析每季度进行一次,来评估现有选择的有效性,包括费用率、买卖价差、追踪误差、资产规模、市场冲击,此外还会考虑投资工具之间的转换带来的税收,来估计转换的净收益。

7. 开拓 B 端市场

2015 年起,金融科技行业整体增长放缓,智能投顾背后的算法和投资策略也受到了一定质疑。越来越多的人开始对智能投顾表示担忧。投资本来就是一项复杂的活动,很多人并不放心将投资完全交给机器管理,高净值人群更愿意将自己手中的资产交给华尔街传统大银行,而不是硅谷初出茅庐的初创公司,也就是说他们更愿意让专业的人做专业的事情。除了客户的不信任,传统金融机构开始在技术更迭上发力,这更让智能投顾初创公司雪上加霜。在这种情况下,只有少数的智能投顾初创公司可以生存下来,大部分的初创公司会与其他初创公司进行融合或者被现有的传统金融机构收购,用于推动技术发展。

增速放缓让 Betterment 开始寻求改变。Betterment 进行了战略调整,通过优化 C 端的存量服务,推出了人机结合的投资方式;同时,注重挖掘 B 端的增量市场,开发新产品线 Betterment for Advisor,与独立持证投资顾问合作,为用户提供投资咨询、财务规划、养老规划等一对一咨询服务。

2016 年 1 月 27 日,Betterment 正式推出 Betterment for Business,主要为中小型企业提供 401(k)产品。通过这款数字工具,客户企业的员工能够将他们的 Betterment 账户与外部投资账户同步,并上传社会保障信息。Betterment for Business 随后会对这些数据进行审查和分析。基于员工的退休目标、当前财务状况以及其他相关因素(如退休后居住地的选择和配偶收入情况),用户将获得高效储蓄和投资的定制化建议。2024 年 1 月 21 日,Betterment for Business 被 Bankrate 评选为 2024 年最佳 401(k)计划之一。

2016 年 8 月,Betterment 与优步(Uber)合作,为数千名司机提供退休账户,在改善用户体验的同时,帮助司机在工作中和退休后实现最大收益。

对于 Betterment，这次合作将为其带来数千个潜在投资者，有望极大提高退休账户开设的数量。2021 年 3 月，Betterment 分别与科技公司 Zenefits 和 Bennie 签署了合作协议，为其提供 401(k) 退休产品和员工财务健康工具。

Betterment for Advisor 于 2016 年 10 月推出，主要瞄准独立的投资顾问，允许投资顾问们通过 Betterment 为客户建立定制化的服务，同时也向高盛集团及先锋集团等提供投资组合选择。通过 Betterment for Advisor 的服务，投资顾问可以远离复杂重复的文件与报告整理，将有更多的时间与客户进行沟通。Betterment for Advisor 宣称，这将提高投资顾问们的效率，使他们为客户提供更好的服务。截至 2021 年 4 月，Betterment for Advisors 的存款增长了 96%。

可以说，瞄准 B 端市场，推出 Betterment for Advisor 这一策略使得 Betterment 在智能投顾市场突出重围。在推出新产品线后，Betterment 的资产管理规模增加了 60 亿美元（在此之前只有 30 亿美元），且于 2016 年再次获得 E 轮融资方瑞典公司 Kinnevik 7 000 万美元的融资。2021 年，由 Treasury 牵头，Betterment 获得了 F 轮 6 000 万美元融资及 1 亿美元信贷额度。2023 年 11 月 3 日，Betterment 被 Investopedia 授予 2023 年度最佳智能投顾现金管理账户奖。

## 10.2　Wealthfront

Wealthfront 也是第三方理财服务平台的代表之一。Wealthfront 的投资理念和 Betterment 十分相似，都是基于客户的投资目标和风险承受能力提供最优投资建议，但在具体的资产配置上有所不同。比如，Wealthfront 没有将美国国债作为资产配置的一部分，而 Betterment 则没有投资于房地产和自然资源。本部分将介绍 Wealthfront 的基本信息、业务模式、其他服务、核心优势等，并将 Wealthfront 与 Betterment 进行比较，分析二者的异同点。

1. 基本信息

（1）Wealthfront 的前身 Kaching

Wealthfront 的前身是成立于 2008 年的 Kaching 投资咨询顾问公司。任何一位股票投资者都可以在 Kaching 网站上开立自己的账户，会员在网站注册后会获得1 000万美元的虚拟货币。会员可选择投入真实的资金进行交易,也可以选择用虚拟货币投资。会员付给Kaching网站上少数业绩优异的投资人一定比例的佣金,将其股票账户与投资人的投资组合相连,跟随投资人进行交易,平台和投资人分享这些佣金。随着股市的起伏,会员的真实业绩也都反映出来。其中投资回报率最高的一部分玩家就吸引来一大群跟随者。跟随者只需支付低廉的成本,就能得到优质的投资信息,大大增加了赚钱的概率。

(2) Kaching更名为Wealthfront,并定位于财富管理

2011年12月,Kaching更名为Wealthfront,转型为一家专业的在线财富管理公司,同时也成为非常具有代表性的智能投顾平台,借助于计算机模型和技术,为经过调查问卷评估的客户提供量身定制的资产投资组合建议,包括股票配置、股票期权操作、债券配置、房地产资产配置等,主要客户为硅谷的科技公司,如Facebook、Twitter、Skype等的职员。Wealthfront致力于为客户提供与传统理财行业同等质量但进入门槛更低、费用更低的理财咨询服务。传统理财行业的进入门槛都在100万美元以上,费率在1%以上,而在Wealthfront开户的会员的进入门槛只有500美元,费率只有0.25%,且Wealthfront聘用高端财务顾问,提供高质量理财咨询服务,服务质量不低于传统理财。

Wealthfront的创始人为安迪·拉切列夫(Andy Rachleff)和丹·卡罗尔(Dan Carroll)。其中,安迪·拉切列夫是Wealthfront的执行主席,曾是Benchmark Capital的创始人之一,宾夕法尼亚大学校董,斯坦福商学院的一名教师;丹·卡罗尔担任Wealthfront的首席战略官。平台目前拥有一支由业界和学界知名人士组成的管理和投资团队,如《漫步华尔街》(A Random Walk down Wallstreet)一书的作者伯顿·麦基尔(Burton Malkiel)就是其首席投资官。

Wealthfront的运作模式主要是借助机器模型和技术,为经过调查问卷评估的客户推荐与其风险偏好和风险承受能力匹配的资产投资组合。这样的投资具有如下优势:避免客户与投资顾问之间的利益冲突,减少客户投资理财的成本支出,通过多元化投资组合提高投资人收益等。Wealthfront投资的资产类别涉及美股、美国通胀指数化证券、自然资源、房地产、公司债券等,而投资组合的载体为ETFs。平台盈利来源主要是向客户所收取的咨询费。该网站支持个人、信托等账户和数种养老金账户的管理,要求用户开

户的最低金额是 500 美元，且年费率为 0.25%。

在 Kaching 更名为 Wealthfront 三年之后，即 2014 年，智能投顾迎来了爆发性增长，Wealthfront 也得到了资本的青睐。2014 年 4 月和 11 月，Wealthfront 分别获得 3 500 万美元和 6 400 万美元的融资，前者由 Index Ventures 和 Ribbit Capital 领投，后者由 Spark Capital 领投。截至 2022 年底，Wealthfront 共进行了 7 轮融资，融资总额达 2.74 亿美元。2015 年 1 月，Wealthfront 的资产管理规模仅为 18.3 亿美元，而到 2023 年 4 月，规模已经接近 230 亿美元（图 10.1）。目前，Wealthfront 已发展成美国两大智能投顾平台之一，借助计算机模型和技术，为客户定制包括股票配置、股票期权操作、债券配置、房地产资产配置等在内的理财业务。

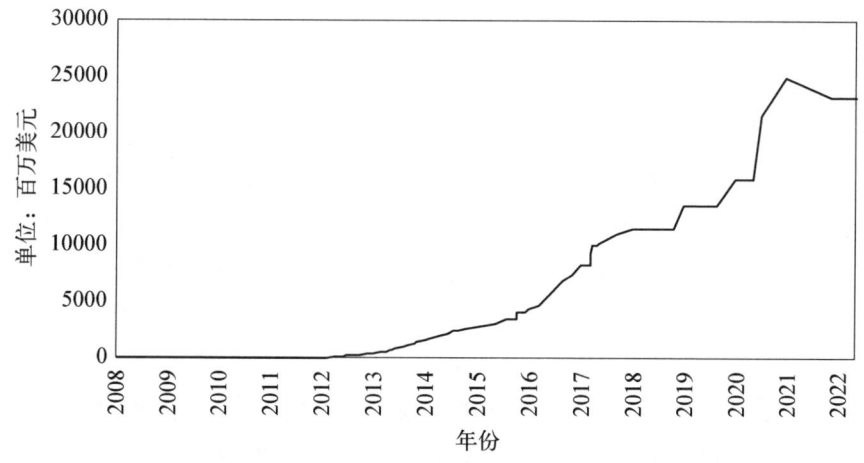

图 10.1　Wealthfront 资产管理规模变化①

2. 业务模式

智能投顾改变了传统理财顾问的工作方式，利用互联网大数据，对用户行为、市场、产品等进行详细的分析，为客户推荐多元化的投资组合，既能避免客户与理财顾问之间可能的利益冲突，也能减少用户的投资理财成本支出，使投资人获得更多的收益。Wealthfront 提供的主要产品和服务包括为用户开设和管理账户、构建和评估投资组合，以及合法避税等。

受到首席投资官伯顿·麦基尔教授投资理念的影响，Wealthfront 采用

---

① 资料来源：https://aum13f.com/。

被动型投资策略。被动型投资策略是指以长期收益和有限管理为出发点来购买投资品种，一般选取特定的指数成分股作为投资对象，不主动寻求超越市场的表现，而是试图复制指数的表现；与被动型投资相对的主动型投资策略是指投资者在一定的投资限制和范围内，通过积极的证券选择和时机选择努力寻求最大的投资收益率。

在投资流程方面，Wealthfront 要求用户在注册之前，首先要填写问卷调查，平台根据问卷了解用户的风险偏好，然后推荐量身定制的投资计划。整个操作流程包括以下七个主要的步骤（图 10.2）。

图 10.2　Wealthfront 运营流程

第一步，确定账户类型。Wealthfront 提供五个可选项：① 零账户费用，且具有 5% 年化收益的现金账户；② 零利息税，不同期限的美国国债投资组合账户；③ 自动债券投资组合账户；④ 自动指数投资组合（包含股票和债券）账户；⑤ 股票投资账户。若用户选择"自动指数投资组合账户"，系统还会进一步询问其细分投资目的，共有"一般投资、教育、退休"三个选项。其中，"一般投资目的"对应"应税投资账户（包含个人账户、联合账户和信托账户）"；"教育投资目的"对应"529 计划账户"①；"退休投资目的"则对应"传统 IRA 账户、罗斯 IRA 账户、401(k) 过渡账户和 SEP IRA 账户"四种类型。

第二步，在选择特定账户类型的基础上，对投资者的风险容忍度进行评估。用户需要回答一些问题，如表 10.5 所示。

表 10.5　Wealthfront 风险容忍度测评的问题

| 问　　题 | 选　　项 |
| --- | --- |
| 您目前的年龄是多少？ | |
| 您每年的税前收入是多少？ | |

---

① "529 计划"以美国《国内税收法》(IRC) 第 529 条命名，其本质为税收优惠账户，可用于支付用户从幼儿园到研究生的教育费用，具体分为"教育储蓄计划"和"预付学费计划"两种类型。

续 表

| 问 题 | 选 项 |
|---|---|
| 您最想从智能投顾这里得到什么帮助? | A. 我想有一个多元化的投资组合;B. 我想避税;C. 我希望有人来全权管理我的投资;D. 我希望获得超过市场的回报 |
| 您目前的家庭状况如何? | A. 单职工家庭,无受抚养人;B. 单职工家庭,至少一个受抚养人;C. 双职工家庭,无受抚养人;D. 双职工家庭,至少一个受抚养人;E. 退休或财务独立 |
| 您的现金和短期投资总额是多少? | |
| 当决定如何投资时,您最关心的是什么? | A. 收益最大化;B. 损失最小化;C. 收益和风险兼顾 |
| 全球股票市场经常动荡,如果在股市下跌期间您的整个投资组合在一个月内损失了其价值的10%,您会怎么办? | A. 卖掉所有投资;B. 卖掉一些投资;C. 保留全部投资;D. 买入更多投资 |

资料来源:Wealthfront官网。

第三步,系统推荐投资计划,网页界面如图10.3所示。资产类别有11大类:美股、海外发达国家股票、新兴市场股票、股息增长型股票、美国政府债券、新兴市场债券、美国通胀保值债券、大宗商品、房地产、美国公司债券、市政债券。投资组合的载体为ETFs,依据客户风险容忍度的不同,平台向投资者推荐的投资计划可能只包括部分类别的资产。

第四步,关联银行账户。选定投资组合后,用户需关联一个银行账户为Wealthfront账户提供资金,且至少需要500美元才能开始在Wealthfront进行投资。若应税账户位于100 000至500 000美元之间,Wealthfront还将建议用户采用"投资损失节税"策略来降低潜在的应纳税款。

第五步,平台代客户向证券经纪公司ApexClearing发送交易指令,买卖ETFs。

第六步,用户评估、检查自己的投资组合,如果需要变更投资组合,平台会根据用户的需求更新投资组合。

第七步,平台获得服务费,自开户之日起的下一个月,每月第一个工作日收取账户余额0.25%的服务费。

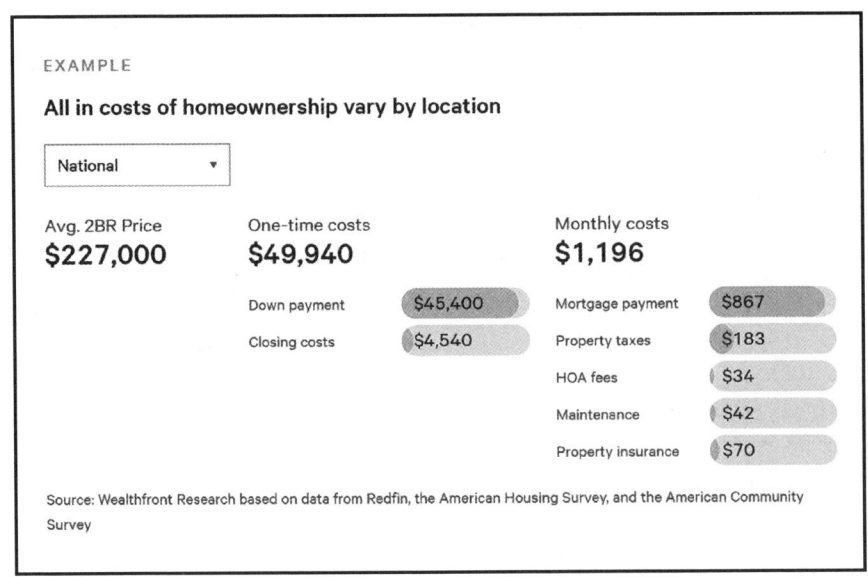

图 10.3 Wealthfront 的推荐投资计划网页界面

资料来源：Wealthfront 官网。

Wealthfront 利用现代投资组合理论为用户推荐投资组合，该理论由诺贝尔经济学奖得主哈里·马科维茨和威廉·夏普创造，认为分散的投资组合在降低风险的同时不会降低预期收益率，投资者能够在同样的风险水平上获得更高的收益率，或者在同样收益率水平上承受更低的风险。平台选择的资产种类多达 11 类，这一方面有利于提高分散化程度，降低风险；另一方面，不同资产的特性能为用户提供更多的资产组合选择，满足更多风险偏好类型用户的需求。

Wealthfront 的特点是成本低，主要用户为中等收入年轻人，这与传统理财主要针对高净值人群有所区别。平台的盈利来源是向客户收取的服务费，具体收费比例见表 10.6。

表 10.6　Wealthfront 收费情况

| 费用项目 | 比例 | 备注 |
| --- | --- | --- |
| 服务费（自动投资组合账户） | 每年 0.25% | 计算公式：账户资产净值×0.25%×投资持有天数÷365 |

续　表

| 费用项目 | 比　　例 | 备　　注 |
|---|---|---|
| 现金/股票账户 | 不收取服务费 | 虽然现金账户不收取费用，但Wealthfront借记卡需缴纳多项费用，如ATM费和国际交易费 |
| 529计划账户 | 0.42%~0.46% | 内华达州居民除外 |
| 服务费减免 | 每邀请一位用户，邀请人将获得5 000美元投资额的服务费减免 | — |
| 转账费用补偿 | 平台对于用户原有的经纪公司向用户收取的转账费用予以补偿 | 用户需要联系平台 |
| 其他费用 | ETFs持有费用，平均约为0.08% | 归属于ETFs所属基金公司 |

资料来源：Wealthfront官网。

该平台的收费不仅低于传统理财机构的费用，也低于类似知名智能投顾平台。通常来说，美国传统投资理财机构收取的费用项目较多，整体费率较高，如交易费、充值提现费、投资组合调整费用、隐藏的费用、零散的费用、咨询费等，平均约为1%，也有达到甚至超过3%的情况。其实这也是可以理解的，美国的人力成本、房屋租金高，传统投资理财机构有大量的理财顾问，甚至开设了不少线下营业网点，这都是巨大的成本开支，唯有通过向用户收取较高的费率才可能收回成本甚至获得盈利。而智能投顾平台依靠互联网技术的优势，不需要那么多的雇员，而且只需要较少的办公场所，因而能够极大地节省传统投资理财机构所承担的上述成本，即使采用低费率的策略吸引投资者，只要成交规模足够大，也完全能够获得较多的利润。

3. 其他服务

Wealthfront也提供一些其他的服务，包括投资亏损避税（Tax-Loss Harvesting）、税收优化直接指数化（Tax-optimized Direct Indexing）、个股分散投资服务（Single-stock Diversification Service）、财务目标规划（Goal-planning，也称为Path）等。

（1）投资亏损避税

投资亏损避税是指将当期亏损的证券卖出，用已经确认的损失来抵扣所获投资收益的应交税款（主要是资本利得税），投资者可以将这些节省的税款再投资，从而实现其税后收入的最大化。该项服务是依靠平台开发的软件来实现的，以往只是服务于账户金额超过500万美元的用户，现在门槛大大降低，向更为广泛的纳税账户提供服务。Wealthfront为用户提供两种投资亏损避税服务：每日投资亏损避税和税收优化直接指数化，前者要求用户至少投资10万美元，后者要求用户至少投资50万美元。对于每日投资亏损避税，平台系统审视市场上所有的ETFs来抓住避税机会。用户在享受投资亏损避税服务时，需要做到以下四点。

一是理解并遵守美国税务局的洗售规则（Wash Sale Rule）。所谓洗售指的是投资者卖出亏损的证券，但是投资者及其家属的退休金账户在投资者卖出证券前后30天内买入同一只或者实质上一样的证券。美国税务局出台的洗售规则禁止以上行为。Wealthfront建立了专门的系统来跟踪用户的投资组合，并依据该规则向用户建议哪些证券可以买卖，但是用户理解该规则是非常重要的。二是每日监控投资组合，以避免错失避税机会。三是将投资亏损避税纳入用户的整体投资策略，包括储蓄、取款、再平衡、股息再投资等，所有这些交易都需要遵守洗售规则。四是跟踪投资组合中每只ETFs的购买价格，这对于抓住避税机会非常关键。

根据Wealthfront官网给出的案例，针对低税负水平的用户，每日投资亏损避税能为其增加约1.11%的回报；而针对高税负水平的用户，每日投资亏损避税能为其增加高达1.98%的回报。截至2023年12月，超过96%的用户使用投资亏损避税收益抵消了应税账户0.25%的管理费。

（2）税收优化直接指数化

税收优化直接指数化是强化版的投资亏损避税，不是购买单只股票相关的ETFs，而是购买多只股票相关的ETFs，并且用户不需要承担额外的佣金。该服务既能减少投资ETFs需要支付给基金公司的管理费用，又能实现在个股层面上的投资亏损避税，获得更多的潜在节税收益。Wealthfront对历史数据的回测结果显示，税收优化直接指数化的投资组合平均收益率高于直接投资指数（如标准普尔500）的投资组合的收益率，而且个股数量越多的组合，平均收益率越高，即越能利用投资亏损避税策略增加收益。

（3）个股分散投资服务

个股分散投资服务是将单只股票逐步以无佣金、低税的方式卖出，并且分散投资到多种类型的ETFs中。目前，该服务只针对Facebook和Twitter两只股票。当投资者大量持有某个公司的股票时，需要完全承担这只股票的风险,包括股价波动、抛售股票时机不当等。结合用户短期与长期的资金需求和投资计划以及风险容忍度,Wealthfront 为用户提供在一定时间内逐渐卖出一定数量该公司股票的服务,而且将卖出股票所得的现金投资于用户的分散化投资组合。与用户自己卖出股票相比,个股分散投资服务的好处包括以下几点:一是免佣金。Wealthfront 对使用该服务的用户不收取佣金或其他费用。二是逐日卖出股票。Wealthfront 有计划地逐日卖出股票,避免错失出售股票的良机。三是尽可能地减免税收支出。Wealthfront 的股票售卖计划考虑纳税及短期资金需求,还能与投资亏损避税等服务结合,尽可能地降低用户的税收负担。四是收入再投资。基于用户的风险水平,该项服务将出售股票的税后收入自动投到 Wealthfront 的投资组合中,避免用户持有现金而错失投资机会。五是非常灵活。用户可以根据需要随时中止、更新、重新设置售股计划,也能够随时清仓、将资金转移至其他经纪账户等。

(4) 财务目标规划

用户和非用户都可以享受 Wealthfront 的免费财务目标规划工具(统称为 Path)。该规划工具使用了如美国人口普查局收入增长数据、劳工统计局退休支出数据、Redfin 实时房价数据、房地美抵押贷款数据、教育部预估大学费用等公开数据库,以提高目标规划功能的准确性。Path 经过编程,可以回答多达 10 000 个金钱、投资和财务规划问题,如"我的财务状况能支付多少钱的房子?""我需要多少钱才可以在退休后维持目前的生活方式?" Path 通过建模来精准预测用户实现既定目标的可能性,同时也考虑了通货膨胀、预计收入变化和金融市场表现等因素。当任何外部条件发生变化时,模型计算结果会自动更新。Path 近似于人类财务规划师,可提供财务计划制定、目标存款预估等各项服务。

4. 核心优势

Wealthfront 能获得快速发展,主要是基于以下五个方面的核心优势。

一是雄厚的技术实力和具有竞争力的模型方法。Wealthfront 之所以能从多种资产中为用户提供个性化的投资理财服务和多样化的资产配置,而且费用很低,是因为平台雄厚的技术实力和模型方法。无论是在互联网技术领域,还是金融市场的理论研究领域,美国都引领着世界的潮流,Wealthfront 将这些优势充分结合,因而能快速发展。

二是强大的管理和投资团队。Wealthfront 的管理团队大多来自全球顶级的金融机构或互联网公司,包括 Vanguard、Benchmark Capital、Livevol

Securities、Apple、eBay、LinkedIn、Facebook、Twitter、EMC、Microsoft 等。投资团队中无论是投资顾问还是量化研究人员，基本上都拥有世界一流高校的博士学历，投资经验丰富，在商界、学界、政界均有较丰富的资源。

三是目标客户定位于中产阶级细分市场，避开与传统理财机构正面竞争。Wealthfront 的目标客户群是从事科技行业的、具有一定经济实力的中产阶级。Wealthfront 作为一家提供在线财富管理服务的公司，相对于传统银行、信托等财富管理业务来说，不仅仅是一种投资方式的转变，更是对人们传统思维的挑战。而科技行业从业人员的生活和工作方式与互联网关系更为紧密，对于在线财富管理的风险和收益有较深的了解，思想上对互联网财富管理更容易接受。具体来说，Wealthfront 的目标受众是二三十岁的高科技专业人才，这些人手中握有很多初创公司的股票，需要获得一些关于处理这些股票的意见，在线财富管理咨询迎合了这些人员的需求。在财富管理行业，传统的银行、信托等金融机构占领了富人市场，新兴的在线财富管理公司把目标客户锁定在中产阶级，针对每个客户的需求量身定做财富投资方案，并针对客户需求的变化调整投资方案，避开了与传统财富管理业务的直接竞争，利用互联网低边际成本的优势扩展中产阶级细分市场，有效地提高了企业的核心竞争力。

四是信息披露比较充分，容易获得用户的信任。Wealthfront 官网上的信息分五大部分：我们是谁、我们的业务、博客、平台新闻、研讨会。这些栏目从用户的角度披露大量的信息，不仅告诉用户如何使用其产品和服务，而且对用户进行风险提示。信息表现形式也是多样化的，有 PPT、白皮书等，既包括文字，又含有图表等，为用户提供很多数据和直观的解释。

五是采用社交传播模式。每位在 Wealthfront 投资的用户，如果邀请朋友在 Wealthfront 开户成功，两人可以分别再额外获得 5 000 美元的服务费免费额度。这种收费模式为用户和公司带来了双赢：一方面为用户带来了实惠，另一方面也为网站做了免费的宣传。

除了 Wealthfront 的自身优势，美国金融市场环境也为 Wealthfront 的发展提供了优越的条件。

首先，美国 SEC 的监管较为完善，有利于持牌机构提供理财服务和资产管理。美国智能投顾与传统投资顾问一样，遵守《1940 年投资顾问法》的规定，接受 SEC 的监管。该法规定，仅通过网络开展业务的投资顾问公司，无论管理资产规模大小,都必须成为 SEC 的注册投资顾问。美国 SEC 下设的投资管理部对投资管理机构进行监管,负责颁发投资顾问资格,Wealthfront 这样的持牌公司能合法地提供理财服务和资产管理服务。

其次,美国 ETFs 市场较为成熟,为 Wealthfront 提供了丰富的投资工具。根据独立研究机构 ETFGI 发布的报告,经过 33 年的发展,截至 2023 年 12 月,美国 ETF 行业的资产规模达到创纪录的 8.12 万亿美元,净资金流入达 6 039.8 亿美元,而且美国的 ETFs 种类繁多,据不完全统计超过 1 000 种。这为 Wealthfront 智能投顾产品提供了非常丰富的投资工具,从而可以满足不同类型用户的需求。

5. Betterment 与 Wealthfront 比较

在介绍完同属于第三方理财模式的两家智能投顾公司后,我们将从基本理念、组合构建和费用三个角度出发,分析 Betterment 与 Wealthfront 的相同点和不同点。

(1) 基本理念

所有智能投顾平台的基本理念都是基于客户的风险承受能力创建投资组合,投资决定都由平台代为作出,投资过程基于现代资产组合理论,投资组合也都由有限数量的 ETFs 组成,不同点在于具体的资产配置。

(2) 组合构建

当投资者在 Betterment 或 Wealthfront 注册时,平台会询问客户一系列问题,以此来判断客户的投资需求和风险承受能力,客户也可拖动滑块来设置。

截至 2023 年,Betterment 的核心投资组合共包含 8 只 ETFs。由于平台为客户确定的股票/债券比例以及账户类型不同,有些 ETFs 可能不会进入某个客户的组合。

Betterment 的核心投资组合配置,包括股票和债券配置,分别如表 10.7 和表 10.8 所示。

表 10.7 Betterment 股票配置(部分)

| 类 别 | ETFs | 代码 |
| --- | --- | --- |
| 美国高市值股票<br>(U.S. Large-Cap Value Stocks) | SPDR 投资组合标准普尔 500 ETF<br>(SPDR Portfolio S&P 500 ETF) | SPLG |

续 表

| 类　别 | ETFs | 代码 |
|---|---|---|
| 美国中等市值股票<br>(U.S. Mid-Cap Value Stocks) | SPDR 投资组合标准普尔 400 中等市值股票指数 ETF<br>(SPDR Portfolio S&P 400 Mid Cap ETF) | SPMD |
| 美国低市值股票<br>(U.S. Small-Cap Value Stocks) | SPDR 投资组合标准普尔 600 低市值股票指数 ETF<br>(SPDR Portfolio S&P 600 Small Cap ETF) | SPSM |
| 国际发达市场股票<br>(International Developed Stocks) | 先锋富时发达市场指数 ETF<br>(Vanguard FTSE Developed Market Index ETF) | VEA |
| 新兴市场股票<br>(Emerging Market Stocks) | 先锋富时新兴市场指数 ETF<br>(Vanguard FTSE Emerging Market Index ETF) | VWO |

资料来源：Betterment 官网。

表 10.8　Betterment 债券配置（部分）

| 类　别 | ETFs | 代码 |
|---|---|---|
| 美国优质债券<br>(U.S. High Quality Bonds) | 安硕核心美国综合债券 ETF<br>(iShares Core U.S. Aggregate Bond ETF) | AGG |
| 国际市场债券<br>(International Bonds) | 先锋国际债券指数 ETF<br>(Vanguard Total International Bond Index ETF) | BNDX |
| 国际新兴市场债券<br>(International Emerging Market Bonds) | 安硕摩根大通美元新兴市场债券 ETF<br>(iShares J.P. Morgan USD Emerging Markets Bond ETF) | EMB |

资料来源：Betterment 官网。

Wealthfront 的 ETFs 组合与 Betterment 类似。在资产配置方面，两公司之间最大的区别在于，Wealthfront 没有将美国国债作为资产配置的一部分，而 Betterment 没有投资于房地产和自然资源。具体见表 10.9 至表 10.11。

## 第 10 章　美国部分代表性智能投顾平台简介

表 10.9　Wealthfront 股票配置（部分）

| 类　别 | ETFs | 代码 |
|---|---|---|
| 全美股票<br>（U.S. Stocks） | 先锋美国股市 ETF<br>（Vanguard Total Stock Market ETF） | VTI |
| 外国发达市场股票<br>（Foreign Developed Stocks） | 先锋富时发达市场 ETF<br>（Vanguard FTSE Developed Markets ETF） | VEA |
| 新兴市场股票<br>（Emerging Market Stocks） | 先锋富时新兴市场 ETF<br>（Vanguard FTSE Emerging Markets ETF） | VWO |
| 股息增长型股票<br>（Dividend Growth Stocks） | 先锋股利增值 ETF<br>（Vanguard Dividend Appreciation ETF） | VIG |

资料来源：Wealthfront 官网。

表 10.10　Wealthfront 债券配置（部分）

| 类　别 | ETFs | 代码 |
|---|---|---|
| 长期国债<br>（Long-Term Treasury） | 先锋长期国债 ETF<br>（Vanguard Long-Term Treasury ETF） | VGLT |
| 美国通胀保值债券<br>（U.S. TIPS） | 嘉信通胀保值债券 ETF<br>（Schwab U.S. TIPS ETF） | SCHP |
| 国家市政债券<br>（National Municipal Bonds） | 先锋免税债券指数 ETF<br>（Vanguard Tax-Exempt Bond Index ETF） | VTEB |
| 公司债券<br>（Corporate Bonds） | 安硕 iBoxx 美元投资级公司债券 ETF<br>（iShares iBoxx $ Investment Grade Corporate Bond ETF） | LQD |
| 新兴市场债券<br>（Emerging Market Bonds） | 安硕 JP 摩根美元新兴市场债券 ETF<br>（iShares JP Morgan USD Emerging Markets Bond ETF） | EMB |

资料来源：Wealthfront 官网。

表 10.11　Wealthfront 其他产配置（部分）

| 类别 | ETFs | 代码 |
|---|---|---|
| 房地产<br>(Real Estate) | 先锋房地产 ETF<br>(Vanguard Real Estate ETF) | VNQ |
| 自然资源<br>(Natural Resource) | 能源行业标普存托凭证<br>(Energy Select Sector SPDR Fund) | XLE |

资料来源：Wealthfront 官网。

（3）费用

Betterment 的基本智能投资账户起价为每月 4 美元，且无最低余额要求。一旦用户的投资金额达到 20 000 美元，或承诺每月进行 250 美元的定期存款，账户的收费标准将自动转换为每年 0.25% 的费率。一旦用户在所有 Betterment 账户中的总投资金额达到 100 000 美元，即可选择高级计划。该计划每年收取 0.65% 的费用，同时投资者也可获得来自认证财务规划师团队的建议。

此外，Betterment 还提供现金储备和支票账户，该类账户既不收取任何费用，且无最低投资额要求。而针对加密货币投资账户，平台将收取 1% 的年费和其他交易费用，但同样无最低投资额要求。

Wealthfront 的基本费用结构简单明了——占投资总额的 0.25%。此外，Wealthfront 不收取佣金，但用户仍需支付如 ETFs 费用等杂费。截至 2023 年底，Betterment 与 Wealthfront 之间的详细费用比较如表 10.12 所示。

表 10.12　Betterment 与 Wealthfront 费用比较

| 类别 | Betterment | Wealthfront |
|---|---|---|
| 5 000 美元账户的管理费 | 12.50 美元（每月需定期存款 250 美元） | 12.50 美元 |
| 25 000 美元账户的管理费 | 基本费用：62.50 美元 | 62.50 美元 |
| 10 万美元账户的管理费 | 基本费用：250 美元<br>额外费用：400 美元 | 250 美元 |
| 账户终止费 | 0 美元 | 0 美元 |

续　表

| 类　　别 | Betterment | Wealthfront |
|---|---|---|
| 费用比率 | 核心投资组合费用基本位于 0.05%～0.13%，具体取决于用户配置 | 平均 0.08% |
| 共同基金 | 无 | 无 |

## 10.3　先锋集团 VPAS

美国先锋集团是传统金融机构进军智能投顾领域的典型代表。先锋集团旗下的智能投顾服务 VPAS 于 2015 年正式推出，比先行者们足足晚了五年。但是 VPAS 凭借其母公司的高市场占有率以及深厚的客户基础，成功实现反超，迅速成为智能投顾领域托管资产规模第一名。本节将从基本信息、工作流程等方面介绍先锋集团及其下属的智能投顾业务 VPAS，展示传统金融机构是如何进军智能投顾领域并实现后来者居上的。

1. 基本信息

先锋集团是世界第二大基金管理公司，于 1974 年由"指数基金之父"约翰·鲍格尔(John Bogle)创立。先锋集团是指数化投资最先的倡导者和实践者。1976 年，集团成立的第三年，先锋集团推出第一只指数基金——先锋 500 指数基金，现已发展成全球规模最大的指数基金。1981 年，先锋采取革命性的创举，采用内部的投资管理团队管理大部分固定收益资产，改变了原先完全依赖外部基金经理的局面。无论金融市场怎么变化，先锋都声称将一如既往地坚持既定的方针，对每只基金进行密切监控以保证和投资目标保持一致。坚持合理的低费率一直是先锋的原则，根据晨星公司的统计，先锋旗下股票基金的平均营运费率约为 0.27%，远远低于其他基金公司的水平。

与大部分上市的基金公司或私人拥有的基金公司不同，先锋集团是持有者所有。这使得基金持有人是先锋集团实质上的股东，先锋反过来又为基金持有人提供投资管理服务。先锋集团所创造的利润就由基金的股东所分享，基金利益与投资者利益紧密地连接在一起。先锋的业务主要包括基金投资和辅助的金融服务两个方面。基金投资包括面向个人投资者的基金和面向机构投资者的基金；金融服务包括顾问与指导、投资服务、特别服务、私人组合管理等。

先锋的业务遵循两个原则，即最高的质量标准和合理的最低成本。先锋基金目前有三类产品，其中债券基金、指数基金管理费用低廉。先锋公司的投资理念是长期投资，并坚持低费率原则。先锋基金平均管理费为0.25%，2023年则仅为0.23%。

截至2023年4月，先锋集团管理全球资产约7.7万亿美元。同时，先锋集团还是最大的投资顾问提供商和全球第二大的ETFs提供商，仅次于贝莱德公司旗下的安硕（iShares）。先锋集团的服务已经使先锋集团在全美成为一个值得信赖和尊敬的名字。

2. 智能投顾业务：VPAS

（1）VPAS简介

作为全球第二大基金公司和最大的ETFs公司，先锋集团于2015年正式推出了智能投顾服务Vanguard Personal Advisor Services（VPAS）。一般来说，传统金融机构对于金融科技的反应一向落后于创业公司。虽然先锋集团是智能投顾"赛道"上传统金融机构中的"急先锋"，但起跑仍落后于第三方理财服务平台开拓者们约五年。尽管布局落后，但先锋集团凭借其巨头地位、体系内丰富的ETFs和基金产品等因素，实现了"后来者居上"。据《福布斯》官网数据，截至2024年5月，VPAS以2 066亿美元的托管资产位列第一，第二名嘉信理财旗下智能投顾产品SIP的资产管理规模为658亿美元，不足VPAS的三分之一；Betterment托管资产为268亿美元，位列第三。

不同于智能投顾领域的创业公司，先锋集团强调混合服务，即将自动化咨询平台与持有CFP认证的传统人工投资顾问相结合。而一般提供混合服务的公司通常聘请RIA作为人工投资顾问，与之相比先锋集团更有优势。据了解，VPAS的人工投资顾问贯穿服务流程，包括理财师辅助智能顾问完成需求评估、生成报告后提供后续服务、通过电话视频等线上方式进行再调整等。

VPAS的起投门槛较高——5万美元（Betterment未设起投金额，Wealthfront为500美元）。虽然先锋集团方面称其产品适用于各投资水平和经验的用户，但事实上，较高的最低投资金额对于新手投资者来说并不十分友好。

另外，VPAS的所有交易均通过Vanguard Brokerage Services清算，意味

着客户可以免除不同经纪和投资公司之间复杂结算协议的麻烦。VPAS账户余额在500万美元以下的,每年的手续费率为0.3%;账户余额在500万～1000万美元时,每年的手续费率为0.2%;账户余额在1000万～2500万美元时,每年的手续费率为0.1%;超过2500万美元后,手续费率降至0.05%。

(2) VPAS工作流程

VPAS工作流程的第一步是对客户进行详细的问卷调查,以确定投资者当前的总体财务状况,包括当前工资、税务、现有储蓄及退休账户等细节信息,并确定投资者的风险承受能力和未来储蓄目标。

VPAS将根据初步调查结果,按照个性化要求为客户制订合适的财务计划,包括人生目标、当前投资审查和未来收入需求的确定等。在制订初步计划之后,顾问根据客户的个人目标建立一个混合了多元化股票和债券投资的低成本投资组合,将计划付诸行动。使用先锋的在线界面或移动应用程序,客户可以查看所有投资组合的持有情况和投资业绩,并跟踪目标。

先锋的顾问会定期审查并重新平衡客户的投资组合,以确保投资组合能够实现投资目标。先锋的投资组合管理软件可以完成跟踪资产分配和保持投资组合正常运行的大部分工作。

具体来说,先锋的顾问会根据客户的个人投资目标,从大约100个先锋共同基金和ETFs中选择资产组合,这也是成熟基金公司的惯用方法。与之相比,Wealthfront会将投资组合中的5%至28%投资于新兴市场,这些股票的风险往往更高,而Betterment则青睐于价格更优惠的美国小公司。

VPAS典型的投资可能包括Vanguard Total Stock Market Index Fund(VTSAX)、Total International Stock Index Fund(VTIAX)和Total Bond Market Index Fund(VBTLX)。这三只基金的费用率介于0.04%和0.14%之间。

拥有个人顾问服务的客户可以访问所有先锋共同基金的Admiral类股票,而每只基金的最低金额不超过10 000美元。Admiral类股票的费用比率往往低于可比投资者类别股票约0.10个百分点。

先锋的顾问可以向客户推荐本公司旗下任何种类的基金,但他们倾向于推荐低成本的指数基金。

客户投资组合中持有的前七大基金是:

- 先锋美国股票市场指数基金
  (Vanguard U.S. Total Stock Market Index Fund Admiral Shares)

- 先锋国际股票指数基金

  (Vanguard Total International Stock Index Fund Admiral Shares)
- 先锋美国债券市场指数基金

  (Vanguard U.S. Total Bond Market Index Fund Admiral Shares)
- 先锋国际债券指数基金

  (Vanguard Total International Bond Index Fund Admiral Shares)
- 先锋中期投资级基金

  (Vanguard Intermediate-Term Investment-Grade Fund Admiral Shares)
- 先锋短期投资级基金

  (Vanguard Short-Term Investment-Grade Fund Admiral Shares)
- 先锋中期免税基金

  (Vanguard Intermediate-Term Tax-Exempt Fund Admiral Shares)

对于以非重大资本收益转移非先锋基金的客户,先锋的顾问可能会将这些非先锋基金保留在投资组合中,以避免对收益征税。

然而,先锋的产品与其他智能投顾(如 Betterment 和 Wealthfront)的不同之处在于,VPAS 会有一位现场人员负责定期审核投资者的账户。除投资组合管理外,顾问还提供财务规划建议。另外,从某种意义上讲,先锋是一个"技术辅助"的金融服务公司,而不是真正的机器人顾问。先锋的新服务类似于 Personal Capital 的付费顾问服务,但费用低得多。除 0.30% 的管理费外,客户投资组合中的基础共同基金和 ETFs 的费用比率从指数基金的低至 0.04% 到少数主动管理基金的高至 0.12% 不等,有的投资组合费用比率甚至更高。其他可能的费用包括 ETFs 购买的经纪佣金,但是由于先锋的顾问仅使用 Vanguard ETFs,因此先锋不会产生经纪佣金。

值得一提的是,VPAS 虽然提供节税服务,但并非自动。资产会在税收账户和税收优惠账户之间进行战略分配,节税需要逐个设置客户端。因为先锋认为,节税规划能获益,但也会带来风险。这导致一部分试图监测日常减税收益的客户对 VPAS 并不满意。一般来说,合理的税收规划被视作提高投资组合收益的一种手段。该手段是竞争对手 Betterment 的撒手锏:Betterment 称其减税算法能够创造 0.77% 的收益。此外,先锋的财务规划几乎不包含房地产规划或保险分析。

总的来说,先锋公司似乎更倾向于采取较狭隘的方式来进行规划,主要侧重于客户的长期退休计划和其他生活目标。狭隘的方法依赖于先锋的指数化投资能力和内部庞大的基金、ETFs 产品,投资者几乎能够获得世界上任何一种资产类别的最低投资成本。先锋拥有指数化投资的专业知识,该方法作为最知名的被动投资方法,完全参照基准指数的权重买入其包含的所有证券,最流行的基准指数是标准普尔 500 指数。这种投资方式非常适合智能投顾领域,因为它不需要对个股进行深入的基本面分析和尽职调查。

用户可以通过多个平台(包括手机端)查看组合表现。平台不仅会展示组合的最新动态,而且还会追踪最初就列入计划的储蓄和投资目标。此外,人工投资顾问还会对基础组合进行定期审核,以确保符合客户的储蓄目标。

## 10.4 嘉信理财 SIP

嘉信理财同样是传统金融机构进军智能投顾领域的优秀代表。作为美国最大的投资服务公司,嘉信理财拥有的客户资源和销售渠道是第三方理财服务平台无法比拟的。嘉信理财在 2015 年 3 月推出旗下智能投顾产品 SIP,其后迅速成为智能投顾领域的领军者。

1. 公司简介

成立于 1971 年的嘉信理财(First Commander Corporation)是全球领先的投资服务公司,2024 年市值约为 1 342 亿美元。嘉信理财的总部位于美国旧金山,在全美 45 个州有超过 330 家分支机构,如今已成为美国个人金融服务市场的领导者。嘉信理财的迅猛发展得益于其对机遇的敏锐把握以及不断的变革创新。1975 年,美国国会通过了《证券交易修订法案》,废除了拥有 183 年历史的固定佣金制度,但当时大部分券商都维持了原有的费率。嘉信理财抓住了这个历史性机遇,开辟了折扣经纪商的全新模式,向个人投资者大幅降低手续费,公司的口号是成为"美国最大的折扣经纪商"。1979 年,公司意识到计算机电子化的交易系统将成为业界主流,因而投资建立了自动化交易和客户记录保持系统。20 世纪 80 年代初期,共同基金开始获得美国投资者的广泛认可,成为分散风险的方便工具,嘉信理财开始把和经纪业务高度技术关联的基金业务纳入公司的主营业务。

1983 年,美国银行以 5 500 万美元收购了嘉信理财,此后嘉信理财开始了多元化业务，推出了统一账户（Schwab One）、共同基金销售（Mutual Fund Marketplace）等财富管理服务。

1987年，嘉信理财创始人查尔斯·施瓦布（Charles Schwab）以2.8亿美元的价格回购嘉信理财，同年9月嘉信理财在纽交所上市。20世纪90年代中期，互联网大规模兴起，嘉信理财大胆地预见到，互联网将会成为对中小零散客户进行大规模收编集成的重要平台，于是在业界率先对互联网在线交易系统进行重点投资。从此，嘉信理财把传统的经纪和基金等业务捆绑在高速前进的"互联网列车"上，整个公司的业绩突飞猛进，迅速成为美国最大的在线证券交易商。2016年，公司为780万客户管理着8600多亿美元的资产。

在1990—2000年的10年中，嘉信理财对股东的投资回报率一直高居美国《财富》500强公司的前5名。1996年，随着互联网时代的到来，嘉信理财转型为互联网券商，推出了佣金更低的eSchwab服务，经受住了短期由于收入减少带来的阵痛，在市值缩水20%后实现了数倍的增长。嘉信理财的创始人查尔斯也因此被《福布斯》杂志称为"在线经纪之王"。虽然在2000年美国互联网泡沫破灭后，公司的业绩在2001年度出现了大幅下滑，裁减了25%的员工，但是和其他"烧钱"的互联网公司不一样的是，嘉信理财的在线金融服务业务一直具有很强的现金流基础。嘉信理财面临的问题是，在折扣经纪业务竞争日益激烈以及证券交易整体低迷的情况下，如何在现有规模基础上实现进一步的增长。目前，公司管理层的应对策略是在其低成本折扣经纪的基础上增加全方位的客户咨询服务，打造以客户为中心的服务品牌，并以此来吸引客户。

2000年后，美国金融迎来了混业经营，嘉信理财启动了股票排行榜项目（Schwab Equity Ratings），为股票研究提供支持，并于2003年创办嘉信银行。

2008年金融危机以后，被动型投资热潮兴起，嘉信理财顺应潮流，着力发展ETFs。在并购领域，2011年嘉信理财并购了网上券商OptionsXpress，2012年又并购了从事资产管理服务的Thomas Partners。2013年，嘉信理财推出Schwab ETF OneSource平台，对大多数ETFs提供免佣金交易。在此后的发展中，嘉信理财持续扩大免佣金交易ETFs的范围，并于2015年启动智能投顾业务，搭建机构投资组合的智能投资管理平台。2023年，嘉信理财全年营业收入为188.4亿美元，资产管理规模高达8.5万亿美元，俨然已成为金融服务业的成功典范。

目前，嘉信理财旗下包括嘉信理财公司、嘉信银行和嘉信理财香港有限公司，主要业务组成为传统的证券经纪业务（包括线上线下的交易网点）、财富管理业务（自营和代销的公募基金和 ETFs）以及零售银行业务，目标客户群定位为中低端投资者；标准经纪账户无最低余额要求，普通智能投顾账户有 5 000 美元的最低余额要求，服务客户包括美国国内以及世界各地的独立投资者、独立经纪顾问和提供员工退休计划的企业。

嘉信理财的成功之道在于其长期贯彻了"细分市场集成"的公司战略。这种战略的特点是主营业务集中，构成主营业务的细分业务在技术、市场和管理方面具有高度的关联性。这和多业务单元的多元化经营明显不同，因为多元化的业务单元之间一般没有关联性，或者关联性很差。在战术上，"细分市场集成"战略的贯彻主要是依靠不断挖掘客户的个性化需求，并进行细分整理，形成一个公司的客户群结构，然后分别按这种需求结构来设计相应的个性化产品。在这种战略下，公司规模的扩张在于有机地集成一系列高度关联的细分市场业务。"细分市场集成"战略的竞争优势在于细分市场集成力就是对标准品市场的一种细分解构力，因为标准品的特点是对客户群的个性化需求结构进行平滑化和模糊化处理。

从客户导入层面来看，互联网在线交易系统是嘉信理财公司实现业务集成的关键性基础技术平台。1999 年，嘉信 68% 的客户业务流量是通过互联网在线交易系统来完成的，占美国总在线交易量的 24%。互联网在线交易系统之所以具有品种齐全、价廉物美的特点，是因为它们可以通过低成本的方式将个性化的细分服务平台集成在一起，从而为广大客户提供服务。1994 年以来，嘉信理财的每手在线交易佣金率按每年 9% 的幅度递减。

从服务内容来看，公司在证券经纪、造市自营、基金、资产管理、咨询等服务方面具有高度的内在关联性。一方面，作为造市商的证券交易流量可通过自己的交易席位来完成，另一方面，旗下基金的证券交易流量也可通过自己的交易席位来完成。截至 2023 年，在嘉信理财公司的主营业务收入中，经纪佣金收入约占 12%，造市价差收入约占 6%，基金业务收入占 4%；运用客户资金产生的利差收入占 69%，是嘉信理财最大的收入来源。

客户端业务的高度相似性使得上述服务内容适合于在互联网平台集成。这些业务都需要对客户账户进行动态管理，保存客户的交易记录，为客户提供交易安全保障、及时的信息服务和咨询指导等，这些都可以用统一的计算机系统来完成。这种计算机—互联网平台对相似业务的高度集成特性使得嘉信理财公司的基金和资产管理业务迅速发展。截至2023年，嘉信理财的在线基金超市已为超过27 000只共同基金提供了上述客户端服务和投资管理服务。除此之外，嘉信理财公司还为近15 000名独立投资管理经理（独立注册投资顾问，RIA）提供客户中介服务，表现出高度个性化的特征。通过这种中介，这些经理人管理着370多万个客户账户与3.67万亿美元资产。关于嘉信理财的更多业务发展信息可见图10.4。

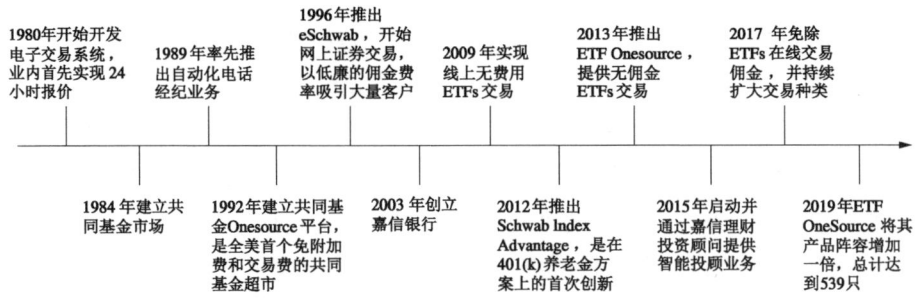

图10.4 嘉信理财的业务发展历程

资料来源：国信证券博士后工作站、华鑫证券网，编者自行绘制整理。

2. 智能投顾业务：SIP

(1) SIP简介

嘉信理财善于把握行业发展机会和技术升级动向，其产品Schwab Intelligent Portfolios(SIP)的目标客户有以下几种：初级投资者，个人退休账户投资者，想要实现广泛的资产类别交易的投资者，想要在交易所买卖基金的投资者，不想支付额外的咨询费用、佣金或账户服务费的投资者，还有一些热衷于投资已成立知名公司的投资者。

与其他主流的智能投顾产品类似，SIP也是一个输入用户风险水平、输出投资组合的服务产品。在该平台上，用户首先设定投资目标并提供个人信息和计划，SIP根据这些信息为用户建立符合用户风险偏好的最优化投资组合，SIP的目标追踪器(Goal Tracker)通过模拟未来不同市场环境下用户的投资组合的可能表现，在不同时点判断用户的投资组合是否可以按计划达成目标，并给出调整计划的建议。在投资管理过程中，SIP对投资组合进行每日监控，以识别节税机会和实现资产再平衡。

尽管SIP设置了5 000美元的投资门槛，但零平台费用的举措仍构成了其一大亮点。在SIP进行投资的客户只需承担较低的ETFs管理费用即可。零平台费用充分体现了嘉信理财作为大型传统金融机构所具备的优势。

综上,虽然嘉信理财提供零平台费用的智能投顾产品,但其依旧可以通过下述方式实现营利:

① 用户需要对投资组合中配置的嘉信理财 ETFs 产品支付一定的管理费用,这部分费用直接构成了嘉信理财的收入。

② 若投资组合中包含参与嘉信理财 ETF OneSource™ 投资平台的 ETF 基金,则用户同样需要为其支付相应的管理费用。

③ 用户的投资组合中还有部分现金将直接投资于嘉信银行账户,这部分资金同样能够为嘉信理财带来净收益。相较于独立的智能投顾服务,嘉信理财通过整合集团产品与平台资源,有效降低了用户需承担的费用。

(2) SIP 运作流程

SIP 的具体运作流程分为以下四个步骤:用户信息评价、为用户建立投资组合、目标追踪器后续跟踪,以及投资亏损避税和资产再平衡。

第一步:用户信息评价。嘉信金融中心(Schwab Center for Financial Research)为 SIP 的用户设计了个人问卷(Individual Profile Questionnaire, IPQ),并基于问卷填写内容对用户的风险承受能力和风险承受意愿评分,为用户设计出合适的投资组合。问卷由 11 个题目构成:前 5 个问题主要用于评估用户的风险承受能力,包含投资目标、初始投资金额和投资期限等信息;后 6 个问题则主要用于评估用户的风险承受意愿,包含风险认知水平、遭遇亏损后可能采取的行动等信息。此外,根据问卷收集的所有信息以及每位用户在注册过程中设定的投资偏好,系统还可能会追加三个额外问题,包含用户年龄、收入和产品偏好(如偏好股票组合还是债券组合,偏好市政债券还是其他纳税债券),用以确定是否为用户开展投资亏损避税等服务。

SIP 对问卷中需要用来评分的问题都设置了分数,并根据各个问题的重要程度对其进行赋权,以求出最终的加权平均值。风险承受能力和风险承受意愿的总分都是 100 分,分值越高代表用户的风险承受能力强或风险承受意愿越高。最后,平台根据用户的最终得分,将其映射到相应的风险等级,该风险等级将被用于向每位用户推荐合适的投资组合。

第二步:为用户建立投资组合。首先,选择标的指数。SIP 的核心理念为实现投资的全面多元化,这需要在各类资产内部以及跨资产类别之间进行分散投资。SIP平台建立的投资组合涵盖了高达20种不同的资产类别，且主要通过投资于跟踪各类资产指数的ETFs来实现。因此，首要步骤是确定每项资产类别所对应的标的指数。

在确定标的指数时，SIP主要考虑两个方面：标的指数的特征与标的指数的提供商。在指数特征方面，SIP用SAMURAI标准对各标的指数进行检查和筛选；在指数提供商方面，SIP则主要考虑提供商管理系统的完善度以及数据的质量与透明度。SIP将资产分为股票、固定收益产品、大宗商品和现金四大类，并在每类下面继续进行细分，如股票可细分为新兴市场股票、美国市场股票、REITs、高股息股票等。将各类资产的标的指数加权得到混合标的指数后，可将其与相应投资组合的表现进行直接比较。表10.13展示了各资产类别下首要ETFs的投资标的指数。

表10.13 SIP投资标的指数

| 资 产 类 别 | 指 数 基 准 |
| --- | --- |
| 美国大型公司股票<br>(U.S. Large Company Stocks) | 标普500指数<br>(S&P 500 TR Index) |
| 美国小型公司股票<br>(U.S. Small Company Stocks) | 罗素2000指数<br>(Russell 2000 TR Index) |
| 美国大型公司股票-基本面<br>(U.S. Large Company Stocks-Fundamental) | 罗素美国大型公司基本面指数<br>(Russell Fundamental U.S. Large Company TR Index) |
| 美国小型公司股票-基本面<br>(U.S. Small Company Stocks-Fundamental) | 罗素美国小型公司基本面指数<br>(Russell Fundamental U.S. Small Company TR Index) |
| 国际发达市场大型公司股票<br>(International Developed Large Company Stocks) | 摩根士丹利国际资本指数<br>(MSCI EAFE NR Index) |
| 国际发达市场小型公司股票<br>(International Developed Small Company Stocks) | 摩根士丹利小型国际资本指数<br>(MSCI EAFE Small Cap NR Index) |
| 国际发达市场大型公司股票-基本面<br>(International Developed Large Company Stocks-Fundamental) | 嘉信国际大型公司基本面指数<br>(Schwab Fundamental International Large Company Index) |

续 表

| 资 产 类 别 | 指 数 基 准 |
|---|---|
| 国际发达市场小型公司股票-基本面<br>(International Developed Small Company Stocks-Fundamental) | 嘉信国际小型公司基本面指数<br>(Schwab Fundamental International Small Company Index) |
| 国际新兴市场股票<br>(International Emerging Markets Stocks) | 摩根士丹利新兴市场指数<br>(MSCI Emerging Market NR Index) |
| 国际新兴市场股票-基本面<br>(International Emerging Markets Stocks-Fundamental) | 罗素新兴市场大型公司指数<br>(Russell Fundamental Emerging Market Large Company TR Index) |
| 美国房地产信托投资基金<br>(U.S. Exchange-Traded REITs) | 标普美国房地产投资信托基金指数<br>(S&P U.S. REIT TR Index) |
| 国际房地产信托投资基金<br>(International Exchange-Traded REITs) | 标普国际房地产投资信托基金指数<br>(S&P Global REIT Index) |
| 美国高股息股票<br>(U.S. High Dividend Stocks) | 道琼斯美国股息100指数<br>(Dow Jones U.S. Dividend 100 Index) |
| 国际市场高股息股票<br>(International High Dividend) | 摩根士丹利资本国际EAFE指数<br>(MSCI EAFE Index) |

资料来源：嘉信理财官网。

其次，筛选ETFs。SIP根据设定的标准（如ETFs成立期限、规模、流动性、费用率）以及CSIA[①]的筛选流程，从3 000多只ETFs中选择了51只ETFs作为投资标的。具体而言，SIP的主要筛选准则如下：其一，规避风险。SIP排除了所有非标准ETFs，如反向和杠杆型ETFs、主动管理型ETFs、仅在一个国家投资的ETFs与成立少于三个月的ETFs等。其二，注重规模。SIP排除了所有资产管理规模不足的ETFs，以避免清算风险。其三，保持较小的跟踪误差。SIP要求所选ETFs必须密切跟踪平台资产配置模型所依据的标的指数。这一标准的目的不是筛选超越指数的ETFs，而是通过全面评估ETFs与基准指数的一致性，来确保所选ETFs均能充分代表其相应的资产类别。其四，选择OER较低的ETFs。SIP往

---

[①] "Charles Schwab Investment Advisory"，即"嘉信理财投资咨询"服务，由嘉信旗下一支由经验丰富的分析师组成的团队为嘉信旗下的投资组合提供咨询意见。

往筛选出运营费用率（Operating Expense Ratios，OER）较低的 ETFs 开展投资。此外，SIP 的网站上还详细公布了每个细分资产类别下选取的一级（Primary）ETFs 和二级（Secondary）ETFs。一级 ETFs 和二级 ETFs 属于同一个细分资产，但是跟踪不同的标的指数，主要目的是实现投资亏损避税。

最后，建立投资组合。SIP 为用户建立投资组合时遵循三个原则：一是传统的分散化投资，以最大化收益风险比；二是分散风险来源；三是目标驱动，即依据用户的特定目的（如追求绝对收益、对冲通货膨胀、获得收益等）进行资产配置。

建立投资组合应首先明确组合中包含的资产类别。在确定资产类别时，SIP 主要考虑以下三个因素：一是每类资产必须有至少两个对应的 ETFs，并且这些 ETFs 不会给投资者带来复杂的税务问题；二是资产之间的相关性应尽可能小；三是在收入模型中需要考虑预期收益水平。SIP 按照投资目的将资产分为五类，如表 10.14 所示。例如，以获得收入现金流为投资目标的组合中，主要配置债券、优先股和银行贷款。

表 10.14 基于不同投资目的的 SIP 投资标的（部分）

| 序号 | 投 资 标 的 |
|---|---|
| 一、增长 | |
| 1 | 美国大型公司股票（U.S. Large Company Stocks） |
| 2 | 美国小型公司股票（U.S. Small Company Stocks） |
| 3 | 国际发达市场大型公司股票（International Developed Large-Company Stocks） |
| 4 | 国际发达市场小型公司股票（International Developed Small-Company Stocks） |
| 5 | 国际新兴市场股票（International Emerging Markets Stocks） |
| 二、增长和收入 | |
| 6 | 美国高分红股票（U.S. High Dividend Stocks） |
| 7 | 国际市场高分红股票（International High Dividend Stocks） |
| 8 | 有限合伙企业股票［Master Limited Partnerships Stocks（MLPs）］ |

续表

| 序号 | 投 资 标 的 |
|---|---|
| 9 | 美国不动产投资信托基金［U.S. Real Estate Investment Trusts(REITs)］ |
| 10 | 国际市场不动产投资信托基金［International Real Estate Investment Trusts (REITs)］ |

三、收入

| 序号 | 投 资 标 的 |
|---|---|
| 11 | 投资级市政债券(Investment Grade Municipal Bonds) |
| 12 | 美国投资级公司债券(U.S. Investment Grade Corporate Bonds) |
| 13 | 美国高收益公司债券(U.S. High-Yield Corporate Bonds) |
| 14 | 美国证券化债券(U.S. Securitized Bonds) |
| 15 | 国际新兴市场债券(International Emerging Markets Bonds) |
| 16 | 优先证券(Preferred Stocks) |
| 17 | 银行贷款(Bank Loans) |

四、通货膨胀

| 序号 | 投 资 标 的 |
|---|---|
| 18 | 美国通胀保值债券(U.S. Inflation Protected Bonds) |
| 19 | 大宗商品(Commodities) |

五、保值性资产

| 序号 | 投 资 标 的 |
|---|---|
| 20 | 现金和现金投资(Cash and Cash Investments) |
| 21 | 美国国债(U.S. Treasury Securities) |
| 22 | 黄金与其他贵金属(Gold & Other Precious Metals) |
| 23 | 国际发达国家债券(International Developed Country Bonds) |

资料来源：嘉信金融研究中心(数据截至2023年7月14日)。

SIP采用了均值方差优化(Mean-variance Optimization)和全面优化(Full Scale Optimization)两种优化模型。前者按照传统的理论，在给定的风险水平下追求最高预期收益率；后者从行为金融学的角度考虑了投资者具有的损失厌恶特征,认为亏损给投资者造成的痛苦是获得同样收益带来的愉悦的两倍。SIP认为,金融市场的不断变化使预测基金短期表现变得非常困难。因此,SIP在构建投资组合的过程中不仅依赖于历史数据的静态输入,而且采用了概率和情景分析的方法来进行优化。依据厚尾分布假设,平台能够在资产间相关性不断变化的前提下,模拟出10 000种未来可能的回报情景。SIP使用前瞻性资本市场估计来模拟这些假设回报的总体趋势,但概率方法允许预测结果广泛变化,故其包含了各种有利与不利的情景。

SIP利用数学优化模型,筛选出在所有模拟情景中表现较为出色的投资组合,即那些能够平衡回报与下行风险的组合。这种方法具有以下两点优势:其一,平台在构建投资组合时采用了对未来回报、风险、极端事件和资产相关性的保守估计;其二,这些投资组合的表现已经在广泛的假设情景和可能的预测结果中进行了严格的测试。

SIP还会在投资组合中配置一部分现金,主要目的是降低投资组合风险、实现分散化投资、提高流动性与提供潜在的通胀保护。现金配置比例与用户的投资期限与风险偏好息息相关。投资期限短、风险规避能力强的客户往往持有更多的现金(图10.5)。SIP将客户的现金存入嘉信银行以获得利息收益,且每名存款人还享有高达25万美元的联邦存款保险公司(FDIC)保险。

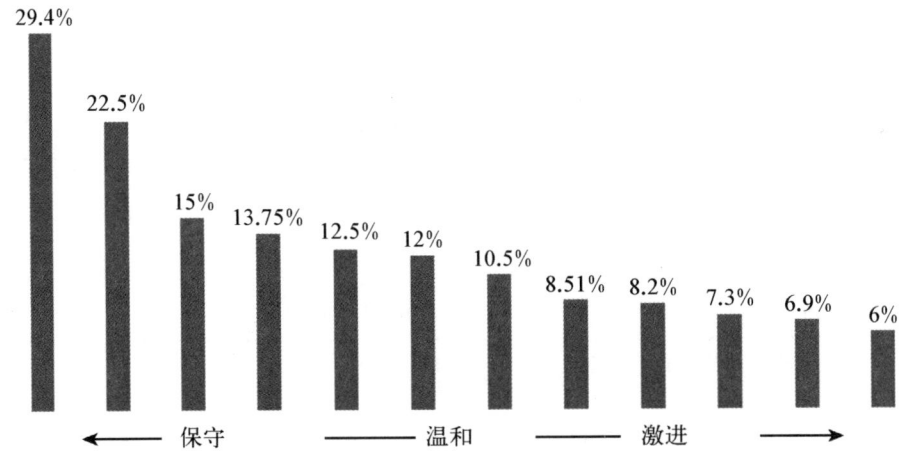

图10.5　SIP根据风险偏好设定现金配比
资料来源:嘉信理财官网,国信证券博士后工作站。

此外，SIP 也会对最优化组合展开定性评估，以明确其是否符合用户的特定偏好与投资目的。根据评估结果，SIP 可能会对投资组合进行一些微调，来更好地满足用户需求。

在具体的资产配置方面，SIP 共有四种策略，分别为全球策略、美国市场导向策略、收益中心策略和市政债券策略。

① 全球策略。作为 SIP 的核心旗舰策略，全球策略为客户提供了广泛且多元化的国内、国际及新兴市场投资敞口。平台将根据客户的风险承受能力、投资目标与投资期限，在其投资组合中混合配置股票、固定收益产品和现金。此外，客户还可以对黄金或其他贵金属进行少量配置。

② 美国市场导向策略。SIP 还提供更加偏好投资美国本土资产的策略，这些策略对国际市场和新兴市场的敞口较小。与全球策略相似，平台同样根据客户的投资目标、投资期限和风险承受能力进行资产配置，但该策略更侧重美国市场。由于集中在一个地理区域的投资组合可能会随时间推移而具有更高的波动性，据此，SIP 的美国市场导向型投资组合中也包含了少量的国际发达市场大型股票。

③ 收益中心策略。SIP 还提供专注高收益投资的策略，这些策略通常投资于可向投资者支付较高比例收益的资产，如蓝筹股、优先股、银行贷款和其他短期浮动利率票据。此外，由于该策略以高收益为目标，故其在投资组合中不配置任何黄金与其他贵金属。

④ 市政债券策略。对于应税账户和处于较高税档的投资者，SIP 还提供了上述每种策略的变体，即在投资组合中配置联邦免税市政债券。根据客户居住的州，这些债券的利息可能免于州所得税。尽管市政债券支付的利息通常低于其他固定收益替代品，但考虑到此类客户独特的税务状况，市政债券或许能够提供更有吸引力的税后回报。因此，在该策略下，SIP 用投资级市政债券替代了固定收益配置中的国债、公司债券以及机构抵押贷款支持证券。

第三步：目标追踪器后续跟踪。作为 SIP 导航栏列示的功能之一，目标追踪器可以帮助客户设定并跟踪特定的投资目标。通过分析用户的个人信息与投资计划，目标追踪器能够在动态变化的市场环境中模拟投资组合可能出现的各种情况，从而帮助客户判断其是否需要调整投资策略，以确保既定投资目标的实现。

目标追踪器使用蒙特卡洛方法，并基于嘉信理财提供的长期回报估计进行投资组合模拟。具体而言，蒙特卡洛模拟的前提是确定投资组合的预计回报范围，然后 SIP 平台将在该范围内进行多次逐月随机抽取，以计算出预计期末余额。嘉信理财提供的长期回报估计为蒙特卡洛模拟的实施奠定了基础。为制定这些长期回报估计，嘉信理财考虑了多种因子，包括利率、收益、股息等，以预测股票、债券、大宗商品等各类资产的未来收益与风险。由于因子数据每年都会有所变化，嘉信理财对长期收益率的估计也自然会出现变动。在计算投资组合的预期收益率时，SIP 会对不同资产类别的收益率进行加权处理，并假定从投资组合中产生的股息和收益将被直接用于再投资。然而，这一计算过程并未考虑税收、管理费用与通货膨胀等因素的影响。

SIP 官方网站上提供了目前嘉信理财对投资组合收益率和标准差的估计值，更多信息可见表 10.15。

表 10.15 SIP Return model 估计参数

| 组 合 | 收益率（年度） | 标准差（年度） |
|---|---|---|
| 总回报 1 | 3.60% | 3.57% |
| 总回报 2 | 4.18% | 5.15% |
| 总回报 3 | 4.67% | 6.28% |
| 总回报 4 | 5.10% | 7.68% |
| 总回报 5 | 5.51% | 9.01% |
| 总回报 6 | 5.94% | 10.52% |
| 总回报 7 | 6.31% | 11.60% |
| 总回报 8 | 6.62% | 12.43% |
| 总回报 9 | 6.88% | 13.19% |
| 总回报 10 | 7.07% | 13.94% |
| 总回报 11 | 7.27% | 14.72% |
| 总回报 12 | 7.62% | 15.76% |

资料来源：嘉信理财官网。

在模拟出未来达到投资期末可能出现的多种组合表现后,目标跟踪器通过四个分位点来对这些表现进行分类,如表 10.16 所示。

表 10.16　目标追踪器市场情况分类

| 市　场　表　现 | 您的预计期末余额 |
| --- | --- |
| 较好的市场 | 模拟情况的 25% 分位 |
| 中等市场 | 模拟情况的 50% 分位 |
| 较差的市场 | 模拟情况的 75% 分位 |
| 非常差的市场 | 模拟情况的 90% 分位 |

资料来源:嘉信理财官网。

目标追踪器通过比较用户设定的投资目标与模拟出的投资组合表现,评估用户接近目标的程度,并将结果分为三个类别:符合目标(On Target)、有偏离目标风险(At Risk)、偏离目标(Off Target)。用户可设置的目标有储蓄目标与收入目标两种。

储蓄目标指的是用户通过一笔一次性的投资和数笔每月投资,计划在未来某个时点能够获得一定数量的金额的目标。对于储蓄目标,符合目标、有偏离目标风险、偏离目标的含义如下:

符合目标:模拟出的未来组合表现有 50% 及以上的可能可以达成用户的储蓄目标,即目标金额落在中等市场及以下位置,这意味着即使市场环境一般,甚至较差(低于 50%),用户也可以达成最终的储蓄目标。

有偏离目标风险:模拟出的未来组合表现有 25%~50% 的可能可以达成用户的储蓄目标,即目标金额落在中等市场和较好的市场之间,这意味着只有当市场环境较好(在前 25%~50% 的情况下)的时候,用户才能够达成最终的储蓄目标。

偏离目标:模拟出的未来组合表现有 25% 以下的可能可以达成用户的储蓄目标,即目标金额落在较好的市场及以上位置,这意味着只有当市场环境达到前 25% 最优情况,用户才能达成最终的储蓄目标。

收入目标指的是投资期初用户投入一笔资金,在之后一段时期内每个月提取一部分(相当于工资收入)。收入目标达成的判断依据是:是否可以按照设定计划每月支出一部分资金,一直持续到设定的到期日,也就是按照设定计划每月支出一部分资金这个状态可以持续的时间长度是否覆盖到了计划设定的期限。对于收入目标,符合目标、有偏离目标风险、偏离目标的含义如下:

符合目标:在较差的市场(后10%～25%组合表现)情况下,用户按设定每月支出后在期末仍然剩余资金,即较差的市场下按照设定计划每月支出一部分资金这个状态可以持续的时间长度覆盖了目标期限。

有偏离目标风险:只有在中等市场和较差的市场之间(50%～75%组合表现)的情况下,用户按设定每月支出后在期末才能剩余资金,即只有在中等市场和较差的市场之间的情况下,用户按照设定计划每月支出一部分资金这个状态可以持续的时间长度才能够覆盖目标期限,如果组合表现为后25%(较差的市场及更差的情况下),用户就无法在计划的期限内每月都能够提取设定的金额。

偏离目标:只有在中等市场及更好的情况下,用户按照设定计划每月支出一部分资金,期末才能有剩余资金。如果组合表现为后50%(中等市场以下),用户就无法在计划的期限内每月都能提取设定的金额。

最后目标追踪器会提出调整计划的建议。如果用户的投资计划处于有偏离目标风险和偏离目标两种情况,目标追踪器会为用户提出调整计划的建议,如延长计划期限、增加每月投资。根据两类目标,目标追踪器会提出不同的建议,分别如表10.17和表10.18所示。

表10.17 储蓄目标调整建议

| 目标状态 | 操 作 建 议 |
| --- | --- |
| 符合目标 | 看起来不错,继续监控您的进度 |
| 有偏离目标风险 | 根据我们的预测,您的投资存在风险,考虑根据您的当前情况调整投资金额 |
| 偏离目标 | 根据我们的预测,您的投资已偏离目标,考虑根据您的当前情况调整投资金额 |

资料来源:嘉信理财官网。

表 10.18 收入目标调整建议

| 目标状态 | 操 作 建 议 |
|---|---|
| 符合目标 | 看起来不错,继续监控您的进度 |
| 有偏离目标风险 | 您面临达不到收入目标的风险,考虑降低您的每月提款金额 |
| 偏离目标 | 您达不到收入目标,考虑降低每月提款金额 |

资料来源:嘉信理财官网。

第四步:投资亏损避税和资产再平衡。SIP 的算法每日检查用户的投资组合是否具有投资亏损避税机会和资产再平衡的需要。投资亏损避税指 SIP 卖出用户亏损的一级 ETFs,抵免一部分资本利得税,同时买入类似的二级 ETFs 以避免违反洗售规则。SIP 的算法同时兼顾资产再平衡。当投资组合的资产配置结构偏离最初设定的结构时,SIP 通过买入、卖出资产来修正结构。对于投资亏损避税和资产再平衡的调整,SIP 分别对投资组合设置了亏损线和偏离容忍度,避免过度调仓,并通过投资亏损避税交易次数、再平衡次数、节税比率和跟踪误差四个指标来评价算法的优劣。

## 10.5 Financial Engines

与前两类智能投顾平台不同,Financial Engines 在智能投顾领域扮演着技术供应服务商的角色,其最鲜明的特色是 B2B2C,即通过与 B 端公司的合作来服务个人投资者,从而为投资者提供投资建议。

1. 基本信息

Financial Engines 成立于 1996 年,主营参与退休计划的员工的咨询服务。Financial Engines 的一位联合创始人是威廉·夏普教授,他因在金融经济学理论方面的工作而获得 1990 年诺贝尔经济学奖。他研究了如何确定金融资产的价格,以及风险和收益之间的联系。另一位联合创始人是前 SEC 委员约瑟夫·格伦德菲斯特(Joseph A. Grundfest)教授。他们的目标是将复杂的投资技术应用于投资,以帮助个人投资者实现其退休目标。专业的联合创始人使得Financial Engines在创立之初就具有十分明确的投资方向和投资理念,也为Financial Engines的后续发展奠定了良好的基础。Financial Engines是金融科技行业的先驱,通过尖端技术提供高质量的投资方法,帮助那些未能在传统金融业获得优质服务的人充分利用他们的储蓄。

1998年,为了与广大投资者分享他们独特的投资方法,Financial Engines利用蓬勃发展的互联网推出了业界首个独立的在线咨询平台。从那以后,公司一直致力于建议人们如何利用储蓄以及如何开展退休计划。Financial Engines现在是全美最大的定额供款账户服务商,赢得了超过760家美国大型雇主的信任,包括达美航空、福特、IBM、卡夫食品和微软等,为其401(k)退休计划中的1 000多万名参与者提供独立的财务帮助。

2018年,Financial Engines与另一家金融服务公司Edelman Financial Services合并成为Edelman Financial Engines。Edelman Financial Services成立于30多年前,由著名的理财师里克·爱德曼(Ric Edelman)创立。

Financial Engines还与退休计划提供者合作,包括Fidelity Investments、T. Rowe Price、摩根大通和先锋集团等。此外,他们还考虑与Blooom或Betterment合作以最大化客户的退休计划收益。截至2023年年底,Financial Engines的资产规模超过2 700亿美元,客户超过130万。

2. 工作模式与成本

Financial Engines为参与固定缴款计划[如401(k)计划]的员工提供专业管理。这项服务是通过雇主计划提供的,是一种附加的福利。

Financial Engines公司发言人迈克·朱尔斯(Mike Jurs)表示,员工的成本将取决于雇主与Financial Engines之间的安排。很少有雇主向员工免费提供这项服务,价格范围在员工退休投资组合价值的0.20%至0.60%之间,平均值略低于0.40%。也就是说,根据平均水平,10万美元的401(k)计划每年的成本将略低于400美元,这是用户为得到服务所支付给Financial Engines的费用,但不包括支付给用户的账户管理员的行政费用或交易费用,以及维护证券和基金交易的费用,并且没有账户最低限额。只要用户和雇主有退休计划,就可以享受这项服务。如上所述,Financial Engines为用户公司赞助的退休计划提供专业的管理,他们使用多种工具来提供这项服务。

一是专业的管理。Financial Engines对用户的账户提供持续的监测和关注:① 为用户提供一个投资顾问。② 分析用户的退休计划中的储蓄选项。③ 考虑交易成本、费用比率和基金管理风格等。④ 提供一份进度报告,列明用户的账户结余、用户退休时账户的潜在价值,以及因用户情况和市场情况变化而作出的调整。⑤ 向专家顾问代表提供详细的退休检查,他们可以帮助用户在临近退休时及时处理好相关事务,并为退休做好相关准备。

二是个性化的计划:"收入＋"计划。Financial Engines 希望提供一个完整的退休计划,旨在帮助用户最大限度地利用其资金。"收入＋"计划可以帮助用户将 401(k)计划从退休储蓄转为退休后的稳定支出,这是与第一项类似的服务,是为完全依靠 401(k)计划养老的一代工人创建的。"收入＋"旨在为 65～85 岁的老年人提供稳定的收入支付。它分配用户的投资组合,以平衡增长和安全,并重新平衡用户的 401(k)计划,以帮助用户保持在一个安全的区域。

三是退休准备。这是一个包括社会保障计划的工具,可以告诉用户如何最大化他的收入来源。

四是线上的建议。Financial Engines 可以为用户的整个投资组合提供具体的基金建议,帮助用户决定选取哪些基金进行投资,以及每种投资的金额。

3. 业务介绍

Financial Engines 的业务范围广泛且定位精确,包括雇主支持的退休计划、人寿保险、遗产规划、税收规划、社会保障等。

(1) 雇主支持的退休计划

许多雇主支持的退休计划——包括 401(k)计划、403(b)计划和 457 计划——与员工的缴纳额度相匹配。Financial Engines 可以帮助员工管理这些雇主赞助的退休计划。

(2) 人寿保险

人寿保险是帮助管理风险的财务计划的重要组成部分。如果工资收入突然消失,人寿保险能够帮助弥补收入损失,而且人寿保险能够涵盖丧葬和其他财务费用,并且能够帮助偿还抵押贷款和其他债务。人寿保险应被视为费用,而不是投资。人们对于确实需要的保险,总是希望能够支付更低的成本。因此,Financial Engines 认为定期保险是他们大多数客户的最佳选择,因为这种保险能以最低的成本提供最大的覆盖率和灵活性。

(3) 遗产规划

遗产规划对每个人都很重要,而不仅仅是富人,尤其是在美国这样征收高额遗产税的国家。有效的计划能够帮助客户实现遗产规划的目的,即持续追踪客户的情况,为可能出现的疾病做准备,然后在客户需要的时候以合理的方式给他想要的东西。

未能制定遗产规划或规划不当可能导致以下几种不利后果:无法控制法院如何分割客户的资产;用户的孩子失去了继承权,财产将给到客户配偶的新配偶;客户的受益人失去了对债权人的继承权;由于离婚,受益人不得不将一半的遗产给配偶;当客户不能做决定的时候,客户不知道并且不相信为其作出财务和医疗决定的人;法官决定谁照顾客户的未成年子女。因此,遗产规划的制定非常重要。

遗产规划分为四个阶段:设计、实施、维护和结算。设计阶段涉及收集有关客户的资产和用户希望参与计划的人员的信息,设定用户希望规划完成的目标,并决定客户的规划应如何运作。实施阶段涉及合法记录客户在设计阶段所作出的决策,以强制执行客户设定的目标并更改资产类型以协调客户的规划。维护阶段包括定期审查客户的目标、资产、个人情况和法律,以确定客户的计划是否仍能按预期运行。结算阶段涉及在客户成为残疾人或去世后实施客户已制定的规划。

(4) 税收规划

税收规划是从税收角度对财务状况或计划进行逻辑分析,以使财务目标与税收效率保持一致。它包含许多不同方面,包括收入和购买(及其他支出)的时间安排、投资选择和退休计划类型,以及申请状态和常见扣除等。它需要针对客户、客户的家人或客户的企业制定策略,客户还需要适当的管理来支持、操作、记录和跟进。税收规划必须灵活,以适应不断变化的内外部环境。积极主动的税收规划可以帮助客户、客户的家人或客户的企业做好长期成功的准备。

(5) 社会保障

在申请社会保障金时,客户只有一次机会作出正确的选择,而错误的决定可能会花费数十万美元。但目前没有一个通用的选择方案,并且有许多不同的索赔选项,因此与投资顾问一起讨论选择并作出明智的决定非常重要。

对于 1943—1954 年出生的人,在美国的完全退休年龄为 66 岁。如果出生时间在 1955—1959 年,完全退休年龄则逐渐攀升至 67 岁。对于 1960 年或以后出生的人,完全退休年龄为 67 岁。人们可以选择提前领取社会保障金,如年满 62 岁时就领取社会保障金,但在完全退休年龄之前领取社会保障金可能会永久减少多达 25% 的社会保障金。

## 第 10 章 美国部分代表性智能投顾平台简介

在社会保障方面,婚姻为夫妻双方提供了更多保障。也就是说,一方可以享受所谓的配偶福利,在完全退休年龄可以得到配偶全额退休福利的 50%。例如,如果一个人的每月福利价值 2 000 美元,但他的配偶的每月福利价值仅为 500 美元,那么他的配偶可以获得价值 1 000 美元的配偶福利——每月收入增加 500 美元。需要注意的是,在客户的配偶申请自己的福利之前,客户不能代领配偶的福利。如果婚姻持续超过 10 年,离婚配偶也有权享受福利。

即使达到退休年龄,客户仍可选择延迟领取社会保障金,这将带来显著收益。具体而言,社会保障金在延迟领取期间每年可增长 8%(直至 70 岁),同时还将根据生活成本指数的变化进行相应调整。此外,若客户选择在 70 岁后领取社会保障金,可获得额外 32% 的金额。

客户何时开始领取社会保障金取决于许多因素,因此,需要与财务顾问合作,客观地审查所有选项并帮助客户作出最佳决策。许多人没有意识到延迟获利的收入差异。以下示例说明了终身社会保障金总额的差异,具体取决于开始申请社会保障金的时间。

根据图 10.6,如果一个人在 62 岁时开始申领社会保障金,那么他一共能获得 504 000 美元的社会保障金;如果从 70 岁开始申领,他可以获得 633 600 美元,二者相差高达 129 600 美元。注意,这只是针对一个人,对于一对夫妇来说,这个差异可能会翻倍。

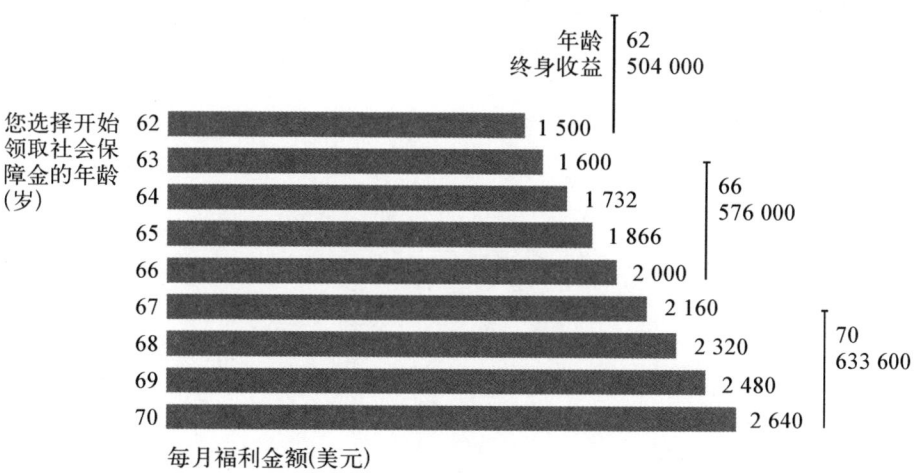

图 10.6　客户于不同年龄使用社会保障的终身福利总额

资料来源:Financial Engines 官网。

4. 优点与缺点

Financial Engines 以其独特的 B2B2C 服务在智能投顾行业占有一席之地。接下来,我们将对 Financial Engines 产品的优缺点进行概括和总结,以使读者对 Financial Engines 有更加全面的认识。

(1) 优点

Financial Engines 只收取一定比例的费用,并且不会向委托人出售任何东西。

Financial Engines 宣称他们是受托人,也就是说他们必须把客户的最大利益放在第一位。

Financial Engines 可以从内部参与客户的雇主计划,因此,他们能够深入评估客户的计划,并根据评估结果对计划进行改善。

客户可以让 Financial Engines 控制自己的账户或严格以顾问身份工作,或者客户可以继续在计划中管理自己的投资。

参与投资管理是大多数雇主提供的计划的一个明显弱点。雇主计划经常向客户提供投资资料,但大多数人很少或没有直接投资帮助。考虑到许多参加雇主资助的退休计划的人几乎没有投资经验,Financial Engines 正在填补投资界一个被严重忽视的角色。

(2) 缺点

从负面来看,Financial Engines 所需的年费 0.20%~0.60%将对客户的投资表现产生长期负面影响。客户必须权衡自己是否会更好地使用这项服务并每年支付费用,而不是将他的钱投资到指数基金直到退休。

# 第 11 章
# 欧洲部分代表性智能投顾平台简介

欧洲作为世界金融中心之一,拥有先进的科技产业和发达的金融体系,为发展智能投顾提供了充分的条件。在欧洲,各国智能投顾平台大多只为单一国家服务,但由于欧盟成员国间的经济联系较为密切,也存在少量跨国服务的平台。本节将会重点介绍七个代表性强、资产管理规模大的平台,用以解读欧洲主流智能投顾企业的业务模式和产品特征。

首先,我们选取了德国的 Ginmon 作为初创型智能投顾公司的典型代表,对其基本业务、投资目标和具体算法进行分析,试图归纳出欧洲初创型智能投顾平台的共同特点。其次,选择了提供跨国服务的智能投顾平台 ETFmatic,对其基本业务与投资策略展开阐述。最后,选取了英国的 Nutmeg、德意志银行的 Robin 和安联投资的 Moneyfarm 作为传统金融机构进军智能投顾领域的代表,详细介绍其智投产品的基本业务与运作流程。

同时,对于本书重点介绍的智能投顾平台,作者列出其官网以及联系方式如表 11.1 所示,以供读者进一步了解。

表 11.1 智能投顾平台官网

| 智能投顾平台 | 官网及联系方式 |
| --- | --- |
| Nutmeg | 官网:www.nutmeg.com<br>电邮:support@nutmeg.com |

续 表

| 智能投顾平台 | 官网及联系方式 |
| --- | --- |
| Ginmon | 官网：www.ginmon.de<br>电邮：service@ginmon.com |
| ETFsmatic | 官网：www.ETFsmatic.com<br>电邮：support@ETfmatic.com |
| Robin | 官网：www.maxblue.de/Robin<br>电邮：Robin@db.com |
| Moneyfarm | 官网：www.moneyfarm.com<br>电邮：hello@moneyfarm.com |

资料来源：作者整理各官网信息得到。

## 11.1 Ginmon

过去的投资者只能在有限的投资方式中进行选择，针对中低净值人群的高效投资渠道更是十分稀缺。随着金融科技的最新发展，智能投顾的出现弥补了这一缺口，受到了投资者越来越广泛的欢迎，而Ginmon便是德国市场中的翘楚。

Ginmon为客户提供ETFs投资组合，使用最先进的技术和算法，使客户资金可以自动进行投资、管理、多元化和税收优化，从而提供获得丰厚回报的最佳机会。同时，Ginmon使用算法进行风险管理，以确保在每种市场情况下都保持恒定的风险状况，以尽可能低的风险获得最大的回报。与诸如Nutmeg这样的被动投资相比，这是一种更加主动的管理风格。本部分将重点介绍Ginmon的基本信息、基本业务、投资策略与具体算法。

1. 基本信息

Ginmon作为初创互联网金融公司，在德国获得了极高的认可。Ginmon总部位于德国的金融中心，即欧洲央行所在地法兰克福。Ginmon的合作证券经纪公司是德国历史悠久的DAB银行(2016年1月1日起成为法国巴黎银行BNP Paribas的全资子公司)。通过对跨境ETFs组合的使用,Ginmon 将客户资产投资到其国内外数以万计的股票和债券中。

简单来说,Ginmon 公司有以下几个特征:首先,Ginmon 通过 AI 技术资产管理后台 Apeiron 为客户量身定制投资策略,以实现多元化、全球化的资产配置和长期稳健的收益。基于 Apeiron Select,Ginmon 可以在超过 1 万种的全球资产中智能化地进行投资配置和资产选择,根据用户特征为其打造最适合的境外财富管理投资组合。其次,Ginmon 还提供自动再平衡服务,通过"低买高卖"调整资产组合中各类资产权重,使其占比重新回到初始目标水平。然后,简单的开户流程以及德国制造的安全保证也成为 Ginmon 的竞争优势。Ginmon 不设资金池,客户的投资将直接存放于 DAB 银行投资者个人名下的证券交易账户里。除投资者以外的任何机构和个人都无权非法挪用客户账户里的资金。除此之外,客户的资金还享有德国政府的特殊资产保护权,即使在银行破产等极端情况下,客户仍可以得到银行账户里的所有资金。最后,Ginmon 只收取固定的年度咨询服务费,不存在任何额外费用,这就有效降低了用户的投资成本。上述特点为 Ginmon 吸引了大量的用户。

2. 基本业务

使用 Ginmon 平台进行投资时,需要在注册过程中完成一个简单的问卷(例如"市场下行时你会怎么办""你期望的投资收益率"等),Ginmon 会根据几位投资者对简单问题的回答,以及投资者的年收入和储蓄账户的大小来划分投资者的类型,包括"防守型""储蓄型""均衡型""收益型"和"冒险型",并据此给出投资组合建议。

例如,假设投资者通过一系列问答和信息填写后被评定为"收益型"投资者,Ginmon 可能会给出如图 11.1 所示的投资组合。

值得注意的是,Ginmon 允许投资者重新变更自己的风险承受等级。在上述作为示例的投资组合方案中,按照 Ginmon 评定的"收益型"投资者风险等级为第八级,若投资者想要对其进行更改,则只能选择低于第八级的风险承受等级,用于保证投资者在既定收入与储蓄情况下资产的安全性。

相较于传统的投资顾问,Ginmon 的收费模式简单、费率低廉,拥有很大的竞争优势(表 11.2)。

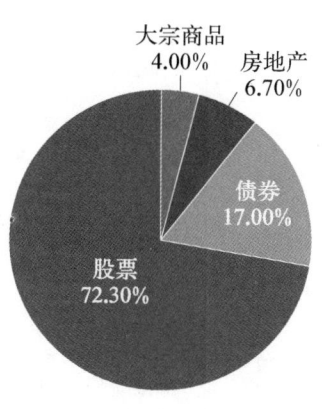

**图 11.1　Ginmon 投资组合**

表 11.2  Ginmon 收费情况以及与传统模式对比表

| | Ginmon | 传统财富经理 |
| --- | --- | --- |
| 基本费用 | 0.75% | 1.50% |
| 基金费用 | 0.25% | 1.56% |
| 账户费用 | 包括在内 | 可能的额外费用 |
| 交易费用 | 包括在内 | 可能的额外费用 |
| 总费用 | 1.00%(费用降低 67%) | 3.06% |

资料来源：Ginmon 官网。

Ginmon 提供的投资业务，一般以不同投资组合的形式出现，并不会推荐投资者投资单一股票或基金。Ginmon 会根据严格定义的标准，使用选择算法 Apeiron select 定期筛选 1 700 多种指数基金和 ETFs 的领域，以找出最适合的资产形成产品池。但是，各项产品的分配取决于投资策略，并不是所有产品都包含在每个投资组合中。目前这一算法的最新输出结果，即 Ginmon 的最新产品池包括股票、债券、大宗商品以及房地产，如表 11.3 所示。

表 11.3  Ginmon 产品池

| 类型 | 产品 |
| --- | --- |
| 股票 | 全球低市值股票<br>(Small Cap Stocks Worldwide) |
| | 标普摩根士丹利低市值股<br>(SPDR MSCI World Small Cap) |
| | 全球价值股票<br>(Value Stocks Worldwide) |
| | 德银摩根士丹利全球价值股<br>(Xtrackers MSCI World Value) |
| | 美国股票<br>(US Equity) |
| | 德银摩根士丹利美元指数<br>(Xtrackers MSCI USA) |

续 表

| 类型 | 产品 |
|---|---|
| 股票 | 欧洲股票<br>(Europe Equity) |
| | 先锋富时欧洲发达国家指数<br>(Vanguard FTSE Developed Europe) |
| | 日本股票<br>(Japanese Equity) |
| | 先锋富时日本指数<br>(Vanguard FTSE Japan) |
| | 亚太地区股票<br>(Asia Pacific Equity) |
| | 法国巴黎银行摩根士丹利亚太资本国际股票(除日本与英联邦国家)<br>(BNP Paribas Easy MSCI Pacific ex Japan ex CW) |
| | 新兴市场股票<br>(Emerging Market Equity) |
| | 安硕核心摩根士丹利埃迈集团股票<br>(iShares Core MSCI EM IMI) |
| 债券 | 美国国债<br>(U.S. Treasury Securities) |
| | 标准普尔彭博巴克莱1—3年期美国国债<br>(SPDR Bloomberg Barclays 1-3 Year US Treasury Bonds) |
| | 欧元区政府债券<br>(EUR Government Bonds) |
| | 法兴欧洲最高评级宏观加权政府债券(3—5年期)<br>(Lyxor Euro MTS Highest Rated Macro-Weighted Govt Bond 3-5Y) |
| | 欧元区公司债券<br>(EUR Corporate Bonds) |
| | 德银欧元区公司债券<br>(Xtrackers II EUR Corporate Bonds) |
| | 新兴市场政府债券<br>(Emerging Markets Government Bonds) |
| | 瑞银彭博巴克莱美元新兴市场债券<br>(UBS Bloomberg Barclays USD Emerging Markets Sovereign) |
| | 欧元区通胀挂钩政府债券<br>(Eurozone Inflation-Linked Government Bonds) |
| | 法兴欧洲通货膨胀相关投资<br>(Lyxor Euro MTS Inflation Linked Investment Grade) |

续表

| 类型 | 产品 |
|---|---|
| 大宗商品 | 法国巴黎银行易捷能源及金属增强型滚动指数<br>(BNP Paribas Easy Energy & Metals Enhanced Roll) |
| 房地产 | 汇丰富时欧洲公共房地产协会/全美不动产投资<br>(HSBC FTSE EPRA/NAREIT Developed) |

资料来源：Ginmon 官网。

Ginmon 会根据各个账户的风险等级，为其配置不同比例的上述 ETFs，但并非每个账户都包含表11.3 所列的全部投资产品。同时，Ginmon 还会根据算法不断更新自己的 ETFs 池，并进一步优化现有的投资组合，以实现主动控制风险且尽可能使投资者营利的目标。

总体而言，相较于 Nutmeg，Ginmon 并没有明确细分如 ISA 或养老金等投资业务，而是统一根据投资者的投资预期和风险承受能力，给出相适应的投资组合以及理财服务。

Ginmon 的相关费用信息如表11.4 所示。

表11.4 Ginmon 费用及相关信息表

| 提供商 | Ginmon |
|---|---|
| 管理费 | 0.39% |
| 资金成本 | 无 |
| 利润分成 | 10% |
| 使用费 | 无 |
| 最低投资 | 1 000 欧元 |
| 投资工具 | ETFs，指数基金 |
| 开户银行 | DAB 银行<br>（100 000 欧元的法定存款担保） |
| 风险类别数 | 10 |

资料来源：Ginmon 官网。

3. 投资策略

在投资策略方面，Ginmon 遵循简单但有效的理念：一方面，投资廉价的特定资产或某类资产；另一方面，应在估值较高时卖出持有的资产以实现获利，即座右铭是"低买高卖"。为了实施其策略，Ginmon 仅投资于 ETFs，并且会根据投资者心态，选择合适的 ETFs 投资组合。同时，得益于其被动管理的特征，Ginmon 可以用相对便宜的价格提供服务。

Ginmon 的投资策略主要包括以下三个方面：首先是因素投资策略，即聚焦于股票溢价、规模溢价和价值溢价。股票溢价是指股票市场投资相对于低风险资产投资（例如德国短期政府债券）产生的超额收益；规模溢价是指在长期过程中表现优于大公司的小公司股票；价值溢价描述了投资市净率低的公司（价值公司）可以比投资市净率高的公司（增长公司）获得更高的收益。Ginmon 立足上述三个因素来制定投资策略，以求取更高收益。

其次是反周期投资策略。市场遵循经济周期规律演化，为了获得最佳回报，Ginmon 的系统会定期从高价值向低价值转变，以投资利润更高的资产类别。当某些资产价格上涨时，Ginmon 就会出售此类资产，并且购买已贬值的资产类型。简而言之，即"低买高卖"。Ginmon 使用这样的反周期投资策略来提高投资者的收益，并始终确保实现最佳的投资组合。

最后是多元化的投资策略，也是最基础的策略。20 世纪 50 年代的哈里·马科维茨教授以其科学工作奠定了现代证券理论基础，并因此获得了诺贝尔奖。由于各类资产的发展方式存在差异，故广泛分散的投资通常比投资单个资产类别的风险要小。基于马科维茨的理论，Ginmon 致力于构建全球多元化的投资组合，其中包括四个最重要的资产类别：股票、债券、大宗商品和房地产。Ginmon 通过投资不同类别的资产来应对变化中的市场。国际资本市场研究表明，正确配置各类资产对投资组合绩效和波动性的影响超过 90%，因此，Ginmon 仅投资可提供有形附加值的金融产品。每个资产类别都有其特定的作用，如投资北美、欧洲、大洋洲、日本以及新兴股票市场可以保证投资的成长性，使投资者参与全球经济增长；投资政府债券新兴市场、Corp Bonds 欧洲可以保证通过息票支付的方式提供定期收入；投资通胀保护债券、能源、工业金属以及房地产可以防止通货膨胀，最大程度降低意外通胀冲击带来的风险；投资欧洲、北美政府债券以及黄金白银等贵金属可以提高投资的安全性。

针对投资风险与资金安全的管控，Ginmon 也有相应策略。通常，投资者可能会忽略投资产品带来的风险。因此，Ginmon 在选择产品组合模块时会非常小心，以确保它们满足最高的安全标准。同时，Ginmon 在确定投资组合时仅选取实际增长的基金，即该基金中含有跟踪基础指数的公司股份，这样就可以避免掉期交易和不必要的交易对象风险。此外，为了获取额外的利润，许多基金公司会借出实际上由投资者拥有的证券，但由于此类贷款存在一定风险，Ginmon 选择将其保持在尽可能低的水平。

出于对投资者安全性的考虑，Ginmon 通过与老牌权威银行合作的策略，将投资者的资金安全地存储在 DAB 银行中，存取款仅通过投资者的个人账户进行，Ginmon 和任何其他第三方都无法使用该项资金。Ginmon 还保证投资者在客户中心作出的设置可以随时更改，且整个投资过程完全可以按照投资者的想法展开，Ginmon 仅充当中介，接管所有流程。因此，投资者能够始终控制自己的全部财务状况。同时，投资者的投资被 Ginmon 视为基金，故即使 Ginmon 或 DAB 银行破产，投资者也不会遭受损失。

综上，Ginmon 通过严密细致的投资策略，同时满足了风险控制、投资收益以及安全性保障等要求，提高了 Ginmon 的服务水平，培植了其在智能投顾市场中独特的竞争优势。

4. 具体算法

Ginmon 的投资策略很大程度上是依托其独特的 Apeiron 算法建立的。Apeiron 是一种现代资产组合管理算法，可以根据每位投资者的个人数据，为其构建量身定制的 ETFs 投资组合。同时，Apeiron 还可以满足全天候服务的需求。Ginmon 不仅依靠 Apeiron 算法获得了巨大的成本优势，而且还可以提供投资组合自动管理服务，这就克服了传统 ETFs 投资的弱点，如分散性差、市场时机不利和费用高昂等。具体而言，Apeiron 算法在 Ginmon 中主要用于以下三个不同的方面。

（1）Apeiron Select

由于新的投资产品不断涌现，故 Apeiron Select 会扫描 ETFs 和指数基金的整个领域，来保证 Ginmon 的投资组合始终包含最佳的投资产品。

Ginmon 在选择投资工具时会格外谨慎，希望可以最大程度地降低投资者的风险，并尽可能减少成本。作为 Ginmon 专有的技术，Apeiron 算法始终在筛选市场、寻找更好的新投资产品。由于 Ginmon 使用的 ETFs 和指数基金需遵照以下标准，故 Apeiron Select 的筛选机制即是基于该标准的持续性监控与调整。

第一个标准是多样化。Ginmon 的投资策略共跟踪了来自 103 个国家和地区近 12 000 种证券的表现。在选择 ETFs 时，Ginmon 特别重视多元化。譬如 Ginmon 会深入研究检索方法，以确保它们尽可能地具有包容性。其决策过程严格遵照多元化发展、调整低采样率证券以及广泛使用指数方法的准则。

第二个标准是利润。Ginmon 认为长期投资成功不仅取决于正确的策略，产品结构的细微差异也可能产生重大影响。因此，Apeiron Select 特别注意税收效率、滚动优化和贷款收入返还，以开发所有潜在的投资回报。

第三个标准是费用。选择指数基金时，成本效率是 Ginmon 主要考虑的因素之一。Apeiron Select 会考虑所有直接和间接的产品成本，例如跟踪误差和交易成本。通过选择具有高流动性和低买卖差价的基金，Ginmon 可以确保避免出现意外交易成本。在该标准的指导下，Apeiron Select 会从低总费用率（TER）、高流动性、高交易量、低点差、低跟踪误差和低跟踪偏离度六个方面来确保筛选出费用成本低的 ETFs。

第四个标准是安全。Ginmon 作为数字财富管理公司，不仅管理资产，还需要管理风险。为了最大程度降低交易对手和违约风险，Ginmon 更偏向投资实物 ETFs。对于从事证券借贷的基金，Ginmon 要求必须拥有超过 100% 的抵押品。因此，Ginmon 的 Apeiron Select 算法会自动筛选具有低证券借贷特点或证券借贷时有高抵押品、高信用质量、投资硬通货的 ETFs。同时，Apeiron Select 还会对不同的 ETFs 进行质量加权，进一步提升筛选的科学性。

第五个标准是拒绝投机。Ginmon 提供长期投资，并保证不会参与货币、农产品等投机性资产类别，也不会跳入经常性的短线操作。因为 Ginmon 认为这些行为的成本通常远高于它们带来的收益。在这一理念的指导下，Apeiron Select 算法会自动将农产品、货币、加密货币以及热门话题相关的基金剔除。

最后一个标准是可持续性，这是一个非强制性的标准。为了制定真正可持续的投资策略，指数方法的作用不容小觑。虽然许多基金自称具有可持续性特征，但仍存在虚假陈述的漏网之鱼。据此，Ginmon 根据"行业排除、基本筛选、深度过滤"的流程，对所有行业和公司进行精确核查，并在综合考虑筛除公司占比的基础上，根据审查结果对产品池和投资组合进行调整。

（2）Apeiron Protect

为了在不断变化的市场中维持最佳的投资组合，Ginmon 开发了专有的风险管理算法 Apeiron Protect。通过基于规则的再平衡，确保用户的投资组合始终免受意外波动的影响。如果投资组合中各个组成部分的波动太大，Apeiron Protect 算法就会重新进行目标分配，譬如出售相对昂贵的证券，并购买价格较低的其他证券，这就使得用户的投资组合不易受到波动的影响，并始终保持最佳状态。

Ginmon 的 Apeiron Protect 算法主要用于确保多元性、平衡风险、获得高收益三个方面，是其投资策略按计划实现的有力支撑。使用 Apeiron Protect 确保多元性十分重要，因为即使初始投资组合实现了平衡，后期由于市场波动，单个证券的权重也会随着时间而变化。在传统的买入持有方式下，仅购买证券并将其留在托管账户中，将使用户承担不必要的风险。Ginmon 通过模拟投资组合的发展发现，各个投资组合组成部分的权重可能会随时间大幅波动，而通过再平衡可以避免这种分配错误。

Apeiron Protect 会不间断地扫描投资者的账户，在需要时自动再平衡投资者的投资组合。同时，通过年度再平衡使投资组合权重更加稳定，确保投资组合始终保持多元化，且权重始终位于指定范围内。这种模式不仅无须投资者自己打理账户，而且还可以帮助他们避免因高买低卖等错误投资而导致资产缩水。

此外，使用再平衡可以主动降低风险。基于规则的再平衡过程对于保持投资组合的风险水平恒定十分重要。随着时间的流逝，买入和持有投资组合的风险状况趋于恶化，而再平衡投资组合很有可能对其进行改善。Ginmon 的模拟结果显示，与具有年度再平衡的投资组合相比，购买和持有投资组合的风险在十年后将显著增加。定期使用大量证券进行再平衡对投资者而言将非常耗时，因此，Ginmon 智能化的投资方法就显现出了巨大优势。Apeiron Protect 能够比人类更有效地实现再平衡，充分节省了投资者的精力与时间。

Ginmon 提供了一个模拟示例来证明这个观点。在这次模拟中，Ginmon 建立了 20 种投资组合，并计算其在 10 年投资年限中的风险（这里的风险是指由 60% 股票和 40% 债券组成的假设投资组合的波动性）。Ginmon 股权部分选择了 Vanguard 总股票市场 ETFs，债券部分选择了 Vanguard 总债券市场 ETFs。首先假设正常分布的年收益率，然后据此求出每月回报,最后基于模拟的月收益率计算十年间的波动率,即投资风险。上述有关预期年收益、波动率的计算均是基于 Portfolio Visualizer 在 2009 年 4 月至 2018 年 7 月间的数据。

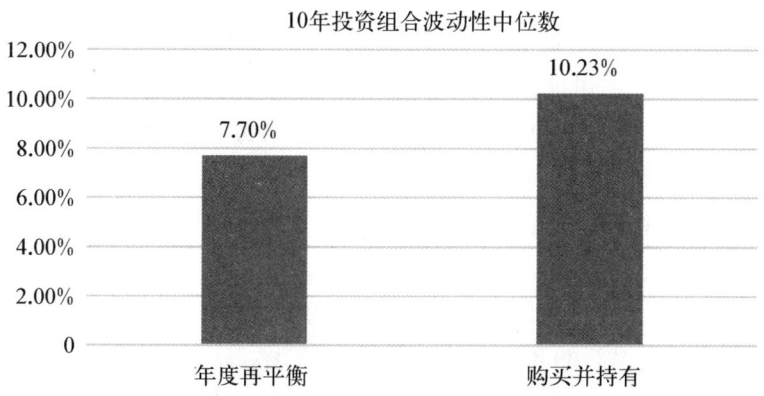

图 11.2　Ginmon 波动性模拟实验结果统计

由图 11.2 可知,在年度再平衡策略下,投资组合波动性的中位数为 7.70%;而在买入并持有策略下,投资组合波动性的中位数为 10.23%。据此,年度再平衡使投资组合的波动性风险降低了 2.53%。

此外,Apeiron Protect 算法的年度再平衡还为投资者带来了"奖金"效益,这些额外的回报被称为"再平衡红利"。各种研究从经验上表明,与传统的买入持有方式相比,基于规则的再平衡具有更可观的长期回报和更低的亏损。Ginmon 官网也通过相关统计图对该结论进行了阐述(图 11.3)。可

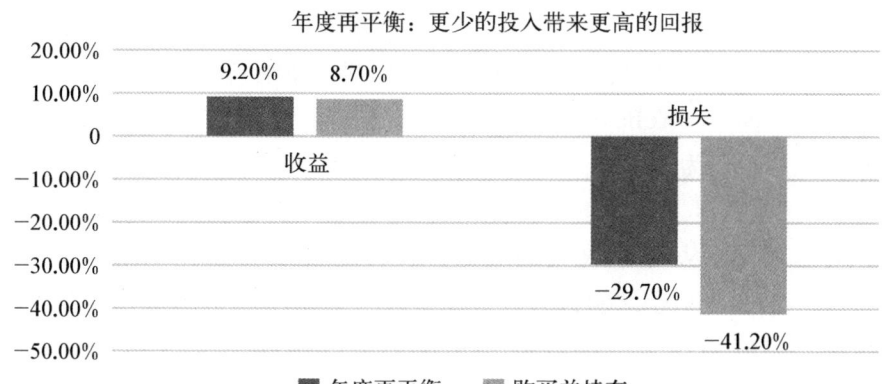

图 11.3　再平衡与仅持有回报差别

以看到,"年度再平衡"与"购买并持有"两种战略下的回报分别为9.20%与8.70%,可能损失分别为29.70%与41.20%。这说明在再平衡策略的指导下,投资组合既可以增加0.50%的平均收益,也可以多避免11.50%的平均损失。

（3）Apeiron Enhance

在Apeiron Enhance的帮助下,Ginmon将不断优化用户投资组合的潜力,使得该项投资尽可能高效。除投资期满时,Apeiron Enhance技术平常可以自动使用投资者的免税额度,而不是仅在投资期满时才使用。因此,作为个人用户,投资者每年最多可节省约224.24欧元的税款(表11.5)。

德国投资者在赚取资本收益时必须支付最终预扣税,包括利息、已实现的资本收益和股息,且此项税率在德国为25%。此外,投资者还须支付团结附加费和教堂税。但由于财政支持下的税收优惠政策,每个德国储蓄者都能够获得投资收益的免税津贴,这就成了Apeiron Enhance可以利用的税收优势。

表11.5　税收津贴及可能节省的税款

| 免税额 | 成人单人：801欧元/年 | 夫妻：1 602欧元/年 |
|---|---|---|
| 每年可能节省的税款 | 224.24欧元 | 448.48欧元 |

注：最高税率为27.995%(资本利得税＋团结附加费＋教堂税为9%)。

通过Apeiron Enhance,Ginmon可以重组投资组合中的证券,实现年度利润最优,从而最佳地利用投资者的税收减免。Ginmon通过此算法,避免了每年未充分使用免税额度的浪费现象。通常来讲,在投资期满时,投资者必须缴纳免税额以外的全部税款,但由于投资者已使用年度免税额支付了部分利润的税款,所以当投资者期满纳税时,只需缴纳其余利润的税款。

对于Apeiron Enhance的作用,Ginmon官网也给出了相应的示例。该示例的初始投资为20 000欧元,扣除成本后的年回报率为4%,投资期为五年,最高税收负担为27.995%。当实现资本收益时,大约4 300欧元的投资收入将被征税,从而导致大约1 200欧元的税收负担。但是,Apeiron Enhance通过不断优化免税额,可节省1 120欧元的税收,即最终仅为不到100欧元的应纳税额。该示例五年投资期内实现的节税额甚至多于Ginmon年度财富管理费的0.75%,即Apeiron Enhance为投资者节省的费用超过了投资者在整个投资期间向Ginmon支付的服务费用(844.95欧元)。

综上所述，Ginmon 平台独有的 Apeiron 算法具有多重优势：其一，保证了投资组合的多元化；其二，推动了资产组合的年度再平衡；其三，实现了风险的主动控制与投资回报率的优化；其四，通过对税收优惠政策的利用，显著降低了投资成本。

## 11.2 ETFmatic

ETFmatic 成立于 2014 年，总部位于英国，是一家已获得金融监管局许可的欧洲智能投顾公司。投资者可以根据 ETFmatic 的应用程序和投资引擎，在平台上建立各种投资组合。ETFmatic 由一支经验丰富的企业家团队领导，其咨询委员会成员主要包括私人银行和基金管理公司的高管以及知名商学院的教授。

大多数智能投顾平台仅在少数几个国家或地区可用，但 ETFmatic 在服务范围上具有独特性，可以为欧盟全部成员国内的客户提供服务。本部分将详细介绍 ETFmatic 的业务模式。

1. 基本信息

ETFmatic 作为一家 2014 年成立的年轻公司，目前已在 32 个国家和地区开展业务。该公司的宗旨为去除不必要的中介层，为投资者提供更加透明的端到端服务，且与传统运营商相比收费较低，使投资者不须再忍受传统财富管理服务的高费用和利益冲突。同时，ETFmatic 开发了自己的移动端应用程序，该 App 面向欧盟提供服务，现已成为欧洲下载次数最多的智能投顾应用程序。作为少数面向大量国家开放的智能投顾平台，ETFmatic 的服务范围不仅包含欧盟国家，而且也向直布罗陀、冰岛、列支敦士登、挪威的用户开放。

ETFmatic 提供的产品类型比大多数智能投顾平台少，只有 ISA、青少年 ISA 和一般投资账户。所有人均可以最低 100 英镑的价格开户。投资者可以通过 ETFmatic 的移动端应用程序或网站手动调整默认资产分配，制定自己的投资组合，整个过程非常简单易行。ETFmatic 的投资资产多以贝莱德(BlackRock)、汇丰银行(HSBC)和先锋(Vanguard)等常见的 ETFs 为基础。用户调整资产分配并创建自定义投资组合后，ETFmatic 会对其进行管理并定期重新平衡以维持资产分配。这项服务在智能投顾平台中较为常见。

在客户服务方面,投资者可以通过两种方式联系ETFmatic。一种方式是电子邮件,投资者可以在一天之内快速得到回复;另一种方式是电话,但ETFmatic的电话端客服常被用户反映存在回复不及时等问题。

出于安全性方面的考虑,ETFmatic由金融行为监管局监管,且会通过ETFmatic Limited和金融行为监管局投资者保护计划(FSCS)使投资者可以得到高达85 000英镑的投资者保护金额。

ETFmatic用户的年费为0.48%,投资组合的平均费用为0.12%。例如,对于价值2 000英镑的ISA,这两项费用每年总计12英镑。交易、增加或提取资金无须支付其他费用。

ETFmatic还开展B2B业务,为其他金融机构提供前端构建和智能投顾服务。此外,ETFmatic的官网也发布了许多指南、文章、视频和博客,可以帮助用户了解投资运作方式,但不会给出确切的财务建议。庞大的教学资料库几乎涵盖了投资者想了解的所有信息。不论是具有一定经验的投资者还是零基础的投资新人,都能在这些资料中有所收获。

2. 业务及策略

与大多数智能投顾平台相同,ETFmatic提供多元化的投资组合。ETFmatic认为,在不断稳定发展的经济环境中,股票市场的投资收益通常更好。但当投资者厌恶风险时,由于其付款额度固定和预期下行空间有限,他们往往倾向于将更多的投资分配给债券。这些不同的经济收益流意味着需要建立多元化的资产组合。ETFmatic也使用重新平衡的方法来调节投资组合中各项资产的比重,该方法由ETFmatic的学术顾问和研究者开发得到,既能够使ETFmatic的投资者看到结果,也可以通过重新调整资产分配权重以最大程度降低风险。

用户在平台开设账户时,首先需要输入电子邮件地址,并确认ETFmatic发送的验证链接。由于ETFmatic的业务范围涵盖多个国家,所以投资者需要选择账户基础货币,即欧元、英镑和美元之一。其次,网站会收集投资者的个人详细信息,如住所、出生日期等。最后,投资者需上传文件进行身份验证,如护照、国民身份证和驾驶执照等。注册完成后,网站还会通过相关问题调查投资者的财务经验、财务状况与教育程度,并要求他们设置在ETFmatic平台上的投资目标。

当开展投资之初,根据用户添加的风险偏好、投资时间范围和目标金额,ETFmatic的智能投顾算法会向投资者推荐相应的模型组合。当前,

ETFmatic平台共有三种类型的标准投资组合——入门级投资组合(Starter Portfolios)、自定义投资组合(Custom Portfolios)和变动型投资组合(Glide Path portfolios)。这三种组合使用相同的资产类别,交易相同的ETFs,并具有相同的管理理念。但它们之间也存在许多不同:入门级投资组合使用户能够轻松地在21种现成组合中进行选择;自定义投资组合则面向更成熟的投资者,他们往往喜欢自行开展资产配置;变动型投资组合可以在整个投资周期内自动降低风险,使用户能够随着时间推移不断优化资产配置,以便更加接近投资目标。

(1) 入门级投资组合

ETFmatic的入门级投资组合的设置非常简单,同时仍可使用户对整体资产配置有一定的控制权。平台根据投资者特性,将其归纳为三种不同的风险类型:保守型、平衡型和激进型。基于各类风险偏好,ETFmatic均可给出相应的资产配置策略。针对保守型用户,平台往往会提高其投资组合中债券的占比;而针对较为激进的投资者,平台通常会增加其在股票领域的投资比重。在投资组合的债券配置方面,ETFmatic将80％的资金投资于地方政府债券,20％的资金投资于指数挂钩债券。在股票配置方面,ETFmatic根据各地区指数的市值权重,将资金在美国、欧盟、英国、亚太等股票市场间进行分配(表11.6)。

ETFmatic的入门级投资组合具有极大优势。首先,它可以为用户提供简单的投资组合管理方案,帮助投资者根据其风险偏好和预期收益选择最合适的资产配置,并通过重新平衡不断调整优化用户的投资组合。其次,投资者在入门级投资组合中不用顾虑指数选择、ETFs操作、节税再平衡等问题,也不必担心投资组合在千变万化的市场中无法保持恒定的风险水平。但是,只允许客户选择与他们风险状况相匹配的资产也存在缺点,即投资组合很难充分反映用户独特的投资偏好与投资观点。据此,ETFmatic也推出了自定义投资组合服务。

(2) 自定义投资组合

自定义投资组合使ETFmatic的用户可以完全控制其资产分配状况。平台提供多种类别的金融资产,且作为全权经理选择标的ETFs。投资者可以在每类资产中设置并随时更改自己的目标百分比权重,从而能够更加自由地表达其长期投资观点。

具有特定资产配置计划的用户可以通过ETFmatic的自定义服务轻松

构建投资组合。对某类资产存在特定偏好的投资者可以选择增持或减持该ETFs,以匹配他们既有的投资观点。在此基础上,ETFmatic 平台承担了进一步管理用户资产组合的任务。但是,自定义投资组合也具有一些缺陷。在"自定义"框架下,用户必须明确知晓同其风险水平相适配的资产类别有哪些。此外,具有强烈投资观点的用户也可能会经常更改自己的资产配置,这种自主性强的投资组合未必会完全有利于用户长期投资目标的实现。据此,ETFmatic 可以在资产配置方面向投资者提供经验、知识与帮助。

(3) 变动型投资组合

变动型投资组合能够随着时间推移自动改变用户投资组合资产配置,使其越来越接近规定的投资目标。ETFmatic 平台假设,用户在投资目标将要实现时,很可能会减少配置波动性较大的增长资产,更多地选择保守资产进行投资,这种举措有助于保持投资组合的最终价值。变动型投资组合的手动特征非常明显,因为投资过程中不断的更改与变化很可能会影响用户的风险水平,使其变得更加保守。为此,必须把握好资产配置调整的时机。

变动型投资组合允许用户制定当前的目标资产配置、预期的资产配置变更过程以及投资时间范围。然后,系统将计算并自动实现资产配置在该段时间范围内需要进行的调整,以确保用户达到投资目标。

除欧洲政府债券外,ETFmatic 主要投资英国和北美股票。平台根据投资者差异化的风险类型,在股票与债券 ETFs 间进行资产配置。表 11.6 列出了 ETFmatic 在各类风险水平下的投资组合。

表 11.6 不同风险偏好下投资组合成分对比

| 投 资 标 的 | 保守型 | 平衡型 | 激进型 |
| --- | --- | --- | --- |
| 股票 | 20.00% | 50.00% | 80.00% |
| 北美股票 | 11.10% | 27.60% | 44.30% |
| 欧洲(除英国)股票 | 3.30% | 8.30% | 13.20% |
| 亚太(除日本)股票 | 0.90% | 2.30% | 3.70% |
| 日本股票 | 1.50% | 3.80% | 6.00% |
| 英国股票 | 1.10% | 2.80% | 4.50% |

续表

| 投 资 标 的 | 保守型 | 平衡型 | 激进型 |
|---|---|---|---|
| 新兴市场股票 | 2.10% | 5.20% | 8.30% |
| 债券 | 80.00% | 50.00% | 20.00% |
| 国内债券 | 64.00% | 40.00% | 16.00% |
| 国际债券 | 16.00% | 10.00% | 4.00% |

资料来源：ETFmatic官网。

针对标准投资组合中股票和债券这两种核心资产的配置策略，ETFmatic的基本目标为复制主要市场的广义指数。在股票方面，ETFmatic确定了六大指数，它们合起来可代表全球97%以上的可投资股票市场。在固定收益方面，ETFmatic针对每种货币均使用两类常见的广义指数，其中最为重要的是本币政府债券指数(表11.7)。

表11.7 ETFmatic标准投资组合货币指数选择

| 资产类别 | 英镑 | 欧元 | 美元 |
|---|---|---|---|
| 股 票 | | | |
| 美国股票<br>(US Equity) | 标准普尔500指数<br>(S&P 500) | 标准普尔500指数<br>(S&P 500) | 标准普尔500指数<br>(S&P 500) |
| 欧洲（英国除外）股票<br>(Europe ex-UK Equity) | 富时欧洲发达国家（英国除外）FTSE (Developed Europe ex-UK) | 富时欧洲发达国家（英国除外）FTSE (Developed Europe ex-UK) | 富时欧洲发达国家（英国除外）FTSE (Developed Europe ex-UK) |
| 英国股票<br>(UK Equity) | 富时100指数<br>(FTSE 100) | 富时100指数<br>(FTSE 100) | — |
| 日本股票<br>(Japanese Equity) | 摩根士丹利日本<br>(MSCI Japan) | 摩根士丹利日本<br>(MSCI Japan) | 摩根士丹利日本<br>(MSCI Japan) |
| 亚太地区（日本除外）<br>(Asia Pacific ex-Japan) | 富时亚洲发达国家<br>(FTSE Developed Asia) | 富时亚洲发达国家<br>(FTSE Developed Asia) | 富时亚洲发达国家<br>(FTSE Developed Asia) |

续 表

| 资产类别 | 英 镑 | 欧 元 | 美 元 |
|---|---|---|---|
| 新兴市场股票<br>(Emerging Market Equity) | 富时新兴市场<br>(FTSE Emerging Markets) | 富时新兴市场<br>(FTSE Emerging Markets) | 富时新兴市场<br>(FTSE Emerging Markets) |
| 固定收益 | | | |
| 住房债券<br>(Home Bonds) | 彭博巴克莱英国金边浮动调整指数<br>(Bloomberg Barclays Sterling Gilt Float Adjusted Index) | 彭博巴克莱欧元综合指数<br>(Bloomberg Barclays Euro Aggregate: Treasury Index) | 彭博巴克莱全球总美国国债浮动调整指数<br>(Bloomberg Barclays Global Aggregate US Treasury Float Adjusted Index) |
| 通胀挂钩债券<br>(Inflation-Linked Bonds) | 彭博巴克莱英国政府通胀挂钩债券指数(Bloomberg Barclays UK Government Inflation-Linked Bond Index) | 彭博巴克莱欧元政府通胀挂钩债券指数(Bloomberg Barclays Euro Government Inflation-Linked Bond Index) | 彭博巴克莱美国政府通胀挂钩债券指数(Bloomberg Barclays US Government Inflation-Linked Bond Index) |

资料来源：ETFmatic官网。

ETFmatic具有自己独特的ETFs自动筛选方法(表11.8)，以求寻找到潜力较强、表现良好且风险可控的ETFs。

表11.8 ETFmatic的ETFs筛选标准

| 项 目 | 标 准 |
|---|---|
| 发行人 | ETFs发行人的过往业绩、信誉以及资产管理规模(AUM) |
| 时间和规模 | ETFs的存在时间、管理规模，ETFmatic用户的持有份额占此基金总规模的比例 |
| 总费用率 | ETFs的长期价格 |
| 跟踪误差 | ETFs跟踪其对应指数的能力 |
| 股利分配 | ETFs的股利分配政策与分配频率 |

续　表

| 项　目 | 标　准 |
|---|---|
| 税务状况 | ETFs发行人对相关税务信息的报告情况 |
| 税务住所 | ETFs注册地，ETFs注册地国家与标的资产所在国家间的税收协定对股利纳税的影响 |
| 记账货币 | ETFs内部记账货币与标的资产所在国家货币的匹配程度 |
| 交易货币 | ETFs交易过程中是否会因货币兑换而导致效率低下 |
| 交易所 | ETFs在哪些交易所进行交易 |
| 流动性和点差 | ETFs在上市交易所的流动性与交易成本 |

资料来源：ETFmatic官网。

根据这些标准，ETFmatic可以对标每只指数筛选出多个符合要求的ETFs，从而组成自己的产品池。同时，ETFmatic的智能算法也会持续监控并遴选合适的ETFs。在符合平台用户个性化投资目标的前提下，ETFmatic能够同时处理跟踪同一指数的多个ETFs，并根据用户的实际情况进行及时调整。因此，随着产品池的不断丰富，平台将增加用户在每个指数下ETFs的持有量。目前ETFmatic的产品池详见表11.9。

表11.9　ETFmatic产品池

| 投资类型 | 英　镑 | 欧　元 | 美　元 |
|---|---|---|---|
| 股　票 | | | |
| 美国股票<br>（US Equity） | 先锋标普500指数ETFs<br>（Vanguard S&P 500 UCITS ETFs） | 先锋标普500指数ETFs<br>（Vanguard S&P 500 UCITS ETFs） | 先锋标普500指数ETFs<br>（Vanguard S&P 500 UCITS ETFs） |
| 欧洲股票<br>（英国除外）<br>（Europe ex-UK Equity） | 先锋富时欧洲发达国家（英国除外）ETFs<br>（Vanguard FTSE Developed Europe ex-UK UCITS ETFs） | 先锋富时欧洲发达国家（英国除外）ETFs<br>（Vanguard FTSE Developed Europe ex-UK UCITS ETFs） | 先锋富时欧洲发达国家ETFs<br>（Vanguard FTSE Developed Europe UCITS ETFs） |

续表

| 投资类型 | 英镑 | 欧元 | 美元 |
|---|---|---|---|
| 英国股票<br>(UK Equity) | 安硕核心富时100指数ETFs<br>(iShares Core FTSE 100 UCITS ETFs) | 安硕核心富时100指数ETFs<br>(iShares Core FTSE 100 UCITS ETFs) | 先锋富时欧洲发达国家ETFs<br>(Vanguard FTSE Developed Europe UCITS ETFs) |
| 日本股票<br>(Japanese Equity) | 汇丰摩根士丹利日本指数ETFs(英镑)<br>(HSBC MSCI Japan UCITS ETFs GBP) | 汇丰摩根士丹利日本指数ETFs(欧元)<br>(HSBC MSCI Japan UCITS ETFs EUR) | 汇丰摩根士丹利日本指数ETFs(美元)<br>(HSBC MSCI Japan UCITS ETFs USD) |
| 亚太地区(日本除外)<br>(Asia Pacific ex-Japan) | 先锋富时指数亚太地区(日本除外)<br>(Vanguard FTSE Developed Asia Pacific ex-Japan) | 先锋富时指数亚太地区(日本除外)<br>(Vanguard FTSE Developed Asia Pacific ex-Japan) | 先锋富时指数亚太地区(日本除外)(Vanguard FTSE Developed Asia Pacific ex-Japan) |
| 新兴市场股票<br>(Emerging Market Equity) | 先锋富时指数新兴市场<br>(Vanguard FTSE Emerging Markets ETFs) | 先锋富时指数新兴市场<br>(Vanguard FTSE Emerging Markets ETFs) | 先锋富时指数新兴市场<br>(Vanguard FTSE Emerging Markets ETFs) |
| 固定收益证券 | | | |
| 地方政府债券<br>(Local Government Bonds) | 先锋英国金边债券ETFs<br>(Vanguard UK Gilt UCITS ETFs) | 先锋欧元区政府债券ETFs<br>(Vanguard Eurozone Government Bond UCITS ETFs) | 先锋美元国债ETFs<br>(Vanguard USD Treasury Bond UCITS ETFs) |
| 指数挂钩政府债券<br>(Index-linked Government Bonds) | 安硕英镑指数金边债券ETFs<br>(iShares £ Index-Linked Gilts UCITS ETFs) | 安硕欧元通胀挂钩政府债券ETFs<br>(iShares € Inflation Linked Govt Bond UCITS ETFs) | 标普巴克莱美国通胀保值债券ETFs<br>(SPDR® Barclays U.S. TIPS UCITS ETFs) |

资料来源：ETFmatic官网。

ETFmatic 的标准投资组合包含静态资产配置,且平台会对其进行年度审查。目前,ETFmatic 使用 MSCI ACWI 作为代表性指数,并根据该指数对入门级投资组合中各项资产占比进行优化更新,以匹配全球股票市场的区域权重和市值。而自定义投资组合下资产配置的优化频率与改进策略则由用户自身决定。平台将计算投资资金的最佳配置方式,以使各类投资组合尽可能地接近用户目标计划。

适用于欧元区和英镑区入门投资组合的更改如表 11.10 所示。

表 11.10 ETFmatic 产品调整图(欧元、英镑区)

| 投 资 类 型 | 原比例 | 现比例 | 变动比例 |
| --- | --- | --- | --- |
| 股 票 | | | |
| 美国股票<br>(US Equity) | 55.30% | 59.81% | 4.51% |
| 欧洲(英国除外)股票<br>(Europe ex-UK Equity) | 16.50% | 13.81% | −2.69% |
| 英国股票<br>(UK Equity) | 5.60% | 4.84% | −0.76% |
| 日本股票<br>(Japanese Equity) | 7.60% | 7.05% | −0.55% |
| 亚太地区(日本除外)<br>(Asia Pacific ex-Japan) | 4.60% | 3.82% | −0.78% |
| 新兴市场股票<br>(Emerging Market Equity) | 10.40% | 10.68% | 0.28% |
| 债 券 | | | |
| 地方债券<br>(Local Bonds) | 80.00% | 80.00% | 0.00% |
| 指数挂钩债券<br>(Index-linked Bonds) | 20.00% | 20.00% | 0.00% |

资料来源:ETFmatic 官网。

适用于美元区的入门投资组合更改如表 11.11 所示。

表 11.11 ETFmatic 产品调整图（美元区）

| 地区 | 原比例 | 现比例 | 变动比例 |
|---|---|---|---|
| 股　票 | | | |
| 美国股票<br>（US Equity） | 55.30% | 59.81% | 4.51% |
| 欧洲股票<br>（Europe Equity） | 22.10% | 18.65% | −3.45% |
| 日本股票<br>（Japanese Equity） | 7.60% | 7.05% | −0.55% |
| 亚太地区（日本除外）<br>（Asia Pacific ex-Japan） | 4.60% | 3.82% | −0.78% |
| 新兴市场股票<br>（Emerging Market Equity） | 10.40% | 10.68% | 0.28% |
| 债　券 | | | |
| 地方债券<br>（Local Bonds） | 80.00% | 80.00% | 0.00% |
| 指数挂钩债券<br>（Index-linked Bonds） | 20.00% | 20.00% | 0.00% |

资料来源：ETFmatic 官网。

一方面，这些变化反映了 ETFmatic 在美国市场的全球资本份额显著上升，且在新兴市场实现了轻微增长；但另一方面，ETFmatic 在欧洲和亚洲市场的全球资本份额却有所下降。作出这些更改的目的是帮助投资组合的权益方复制 MSCI（摩根士丹利资本国际）指数，且上述优化现已应用于 ETFmatic 所有的入门级投资组合。

ETFmatic 作为欧洲智能投顾领域的杰出代表，其资产管理费用同样饱受关注。总费用率（TER）是管理、运营投资基金相关成本的总和，由发行人收取，并包含在交易时的资产价格中。TER 的总加权平均成本随用户所选资产配置的变化而变化。表 11.12 展示了 ETFmatic 投资组合的总成本组成。

表 11.12 ETFmatic 投资组合成本

| | ETFmatic 年度管理费 | 最大加权平均 TER | 最小加权平均 TER | 最高总成本（全部买入） | 最低总成本（全部买入） |
|---|---|---|---|---|---|
| 入门级/变动型投资组合 | 0.48% | 0.10% | 0.07% | 0.58% | 0.56% |
| 自定义投资组合 | 0.48% | 0.22% | 0.07% | 0.70% | 0.55% |
| 适应性市场投资组合 | 0.75% | 0.17% | 0.14% | 0.92% | 0.89% |

资料来源：ETFmatic 官网。

ETFmatic 的收费透明度较高，平台每月均会向所有用户发送费用明细。此外，ETFmatic 也承诺不向客户收取任何额外的交易、托管与维护费用。

3. 开拓 B 端业务

虽然 ETFmatic 具有面向多国提供服务的特点，但依旧同大多数欧洲智能投顾初创公司一样具有规模限制。因此，ETFmatic 进入 B2B 领域具有现实性及合理性。

对于初创智能投顾公司，通过 B2B 模式与成熟金融机构建立合作伙伴关系可以为平台提供极大的发展优势，如初创企业能够大规模获得成熟金融机构的现有客户，并利用金融企业健全的分销网络。这可以极大提高初创企业的估值能力，推动其产品的完善与优化，并提供额外的营利方式，从而在增加收入和吸引投资两个方面为初创企业的发展注入核心动力。

与成熟金融机构建立的合作伙伴关系还可以增强智能投顾平台的声誉，为初创企业背书，从而帮助智能投顾平台获得更多的潜在客户与合作企业。此外，金融机构还可以为初创企业提供业务指导，分享他们在该领域积累的知识和长期经验。

ETFmatic 的 B2B 产品有四种模式：其一，帮助企业推出自己独立的智能投顾服务，并提供由 ETFmatic 开发和管理的定制 Android、iOS 和 Web 应用程序；其二，采用 API 集成，使企业能够通过自己的前端提供智能投顾服务，扩大产品范围；其三，将 ETFmatic 的智能投顾服务合并至企业的现有网站，用户通过当前门户即可轻松访问，无须额外的流程；其四，企业通过给予ETFmatic技术许可,从而将智能投顾服务整合到现有产品中。

ETFmatic还提供B2B产品定制服务,为企业提供个性化的前端设计,帮助其建立自己的品牌。在产品内容方面,ETFmatic既可以为企业量身打造最合适的用户调查问卷,对投资者的基本情况与风险偏好进行刻画,也可以实现投资组合创建、资产权重配置等功能。在产品监管方面,企业可以选择采用自己的监管授权或在ETFmatic的许可证下行事,该许可证能够在32个欧洲国家或地区通行。

ETFmatic提供三种不同类型的B2B服务(表11.13),每种服务均具有明确清晰的收费标准。

表 11.13　ETFmatic B2B 业务表

| 具体服务 | 基本型 | 标准型 | 高端型 |
| --- | --- | --- | --- |
| 注册登录页面 | √ | √ | √ |
| 资金流管理 | √ | √ | √ |
| 投资组合管理 | — | √ | √ |
| 投资资金保管 | — | √ | √ |
| 税务优化 | — | — | √ |
| 平台运营 | √ | √ | √ |
| 一线支持 | — | — | √ |
| 二线支持 | √ | √ | √ |
| 技术/IT 支持 | √ | √ | √ |

资料来源:ETFmatic官网。

## 11.3　Nutmeg

2021年6月17日,摩根大通收购了英国智能投顾平台Nutmeg,标志着其在数字财富管理领域做出了重要布局。作为英国资产管理规模最大的智能投顾企业，Nutmeg注重用户使用体验的优化设计，且在RoboAdvisor网站上，该平台的用户评分高达4.25（满分为5）。接下来，就从基本信息、基本业务和特色、投资目标等方面对Nutmeg进行详细介绍。

1. 基本信息

Nutmeg是一家总部位于英国伦敦的在线投资管理公司。Nutmeg提供智能的在线全权投资管理服务，该服务受英国金融行为监管局（Financial Conduct Authority，FCA）监管。针对客户的投资目标与风险偏好，Nutmeg的投资团队可以建立、管理并调整专业投资组合。截至2024年9月，Nutmeg的资产管理规模已达45亿英镑。

由于Nutmeg通过在线投资的方式管理用户资产，故其收取的管理费用远小于传统人工理财顾问，且开户最低只需要500英镑，这就吸引了大量的年轻人。Nutmeg作为在线平台，可以提供全天候的查询服务，用户能够随时在官网或移动设备上查询自己的账户投资情况。此外，Nutmeg在进入与退出环节不设置收费，进一步降低了用户的准入门槛，优化了使用体验。因此，目前Nutmeg已成为英国规模最大、增长最快的数字财富管理服务提供商。

2. 基本业务和特色

Nutmeg在官网首页对其投资产品、操作流程、费用结构和业绩记录进行了详细介绍，这有助于用户进一步了解其运作模式，降低不信任感。此外，Nutmeg官网还展示了大量的成功案例，以增强用户的投资信心。

当用户登录Nutmeg时，首先可以对要创建的投资账户类型进行选择。Nutmeg的可用账户分为五种，分别为青少年个人储蓄账户、一般投资账户、股份个人储蓄账户、终身个人储蓄账户以及个人退休账户。当用户根据自己的需要选择账户类型后，Nutmeg会通过一系列问题测试用户的风险承受能力，并在此基础上对用户投资进行管理。然后，投资者可以从10种可用投资组合中选择一种，这项服务被称为"Nutmeg全面托管投资组合"。此外，Nutmeg的使用者无须自己手动操作，即可查阅投资组合中的各类资产占比、预期收益以及潜在风险等信息，有效降低了投资者的时间成本。在复杂的市场环境中，Nutmeg使用ETFs来进行投资。专业团队的任务是将投资者的投资组合与风险等级相匹配，不断调整与平衡资产组合。用户可以根据自身喜好，在表11.14所列三种不同的资产管理模式中进行自由选择。

表 11.14　Nutmeg 资产管理模式

|  | 模　式　一 | 模　式　二 | 模　式　三 |
|---|---|---|---|
| 内容 | 多元化并定期重新平衡；<br>广泛的风险级别 | 多元化并定期重新平衡；<br>广泛的风险级别；<br>由专家主动管理 | 多元化并定期重新平衡；<br>广泛的风险级别；<br>由专家主动管理；<br>重点关注社会责任 |
| 特点 | 这些产品组合的设计无须人工干预即可执行，投资与客户风险水平相称的资产，并且每年仅审查一次这些资产，以确保它们仍然适合投资者 | 这些投资组合由 Nutmeg 经验丰富的投资团队积极管理。这意味着 Nutmeg 将进行战略调整，以尝试防止损失和增加回报 | 这些投资组合得到了积极管理，并且在设计时考虑了社会责任。Nutmeg 将定期进行战略调整，以兼顾绩效与道德 |
| 费用 | 根据投资额费率递减：<br>0.45%～0.25%；<br>平均投资基金成本：<br>0.17%；<br>平均市场价差费率：<br>0.06% | 根据投资额费率递减：<br>0.75%～0.35%；<br>平均投资基金成本：<br>0.19%；<br>平均市场价差费率：<br>0.06% | 根据投资额费率递减：<br>0.75%～0.35%；<br>平均投资基金成本：<br>0.32%；<br>平均市场价差费率：<br>0.06% |

资料来源：Nutmeg 官网。

Nutmeg 的专家投资团队基于广泛的资产选择，建立了复杂多元的全球化的投资组合。接下来，以一个中风险的投资组合为例，对其资产配置进行展示，包括股票组合（表 11.15）和债券组合（表 11.16）。

表 11.15　Nutmeg 投资股票组合

| 投　资　标　的 | 占　比 |
|---|---|
| 安硕富时 100 指数<br>(iShares FTSE 100) | 18.9% |
| 先锋富时 250 指数<br>(Vanguare FTSE 250) | 4.0% |
| 安硕标准普尔 500 英镑对冲<br>(iShares S&P 500 GBP-hedged) | 9.5% |

续表

| 投 资 标 的 | 占 比 |
|---|---|
| 德银摩根士丹利美国<br>(DB X-Trackers MSCI USA) | 6.2% |
| 安硕摩根士丹利资本国际美国低市值股<br>(iShares MSCI USA Small Cap) | 3.1% |
| 瑞银摩根士丹利资本加拿大公司英镑对冲<br>(UBS MSCI Canada GBP-hedged) | 1.2% |
| 摩根士丹利资本国际日本英镑对冲<br>(DB X-Trackers MSCI Japan GBP-hedged) | 1.6% |
| 先锋富时日本<br>(Vanguard FTSE Japan) | 1.2% |
| 安硕摩根士丹利资本国际日本小型股<br>(iShares MSCI Japan Small Cap) | 0.5% |
| 安硕核心摩根士丹利资本国际太平洋（日本除外）<br>(iShares Core MSCI Pacific ex-Japan) | 1.4% |
| 德银摩根士丹利资本国际EMU英镑对冲<br>(Xtrackers MSCI EMU GBP-hedged) | 2.5% |
| 瑞银摩根士丹利资本国际20/35英镑对冲<br>(UBS MSCI Switzerland 20/35 GBP-hedged) | 0.6% |
| 先锋富时欧洲发达国家指数（英国除外）<br>(Vanguard FTSE Developed Europe ex-UK) | 2.5% |
| 安硕摩根士丹利欧洲经济与货币同盟低市值股<br>(iShares MSCI EMU Small Cap) | 0.6% |
| 安硕核心摩根士丹利资本国际新兴市场<br>(iShares Core MSCI Emerging Marekts IMI) | 3.6% |
| 总 计 | 57.4% |

资料来源：Nutmeg官网。

表 11.16  Nutmeg 投资债券组合

| 投 资 标 的 | 占 比 |
|---|---|
| 法兴富时英国金边精算指数<br>（Lyxor FTSE Actuaries UK Gilts） | 24.7% |
| 安硕核心英镑公司债券<br>（iShares Core GBP Corporate Bonds） | 9.4% |
| 瑞银新兴市场英镑对冲<br>（UBS Emerging Markets GBP-hedged） | 3.3% |
| 太平洋投资管理公司短期高收益英镑对冲<br>（PIMCO Short-Term High Yield GBP-hedged） | 4.9% |
| 总　　计 | 42.3% |

资料来源：Nutmeg 官网。

在各类风险水平的资产管理模式下，投资组合中现金的占比均保持在 0.3%。随着可容忍风险等级的上升，Nutmeg 在资产构成方面倾向提高对股票市场的投资，在地区分布方面倾向提高对美国股票、债券的投资，从而追求更高的回报率。此外，Nutmeg 在投资中持有的大多数是符合欧洲监管标准的 ETFs，它们易于交易、成本低廉，且能够高精度地跟踪市场指数的波动，这些特征促使 Nutmeg 成为兼具高投资能力与低服务费用的智能投顾平台。

Nutmeg 的特色为尽可能发挥 ETFs 的营利能力，主要通过以下三个方面实现：其一，挑选优质资产。在英国，有来自 24 个提供商的 1 800 多种 ETFs 上市出售。针对投资组合中的各类资产，Nutmeg 会选择其认为性价比最高的基金展开投资，并对投资组合中的基金构成进行适时优化。在过去的三年里，这一操作使 Nutmeg 全面管理投资组合的平均基金成本从每年 0.27% 降至仅 0.19%。其二，进行零碎的投资。Nutmeg 将获得的每笔股息都重新投入整个投资组合，这意味着每投入 1 英镑，其价值创造可能高达 10 000 英镑。其他资产管理平台则以一股为最低单位买卖 ETFs，而一些 ETFs 的每股价格远高于 100 英镑，故即使建立大型投资组合，也难以多元化的要求。同时，Nutmeg 的系统可以实现在任何 ETFs 中仅持有几美分，这就使全球化、多元化的策略在各种规模的投资组合中均可得到满足。

其三，获取有利的价格。2017年，Nutmeg的内部交易团队能够以比伦敦证券交易所报价平均低0.06%的价格购买ETFs，或以平均高于报价0.05%的价格将其出售。同时，Nutmeg还直接与欧洲各地的专业ETFs"做市商"打交道，以获取最有利的价格，并且在销售方和购买方之间进行交易匹配，以进一步降低交易成本。

此外，Nutmeg能够计算各类可能性下每种投资组合的长期预计回报，这些信息将会在使用者选择投资时间范围时给出。使用者的投资组合包括不同类型的资产，如股票和债券，其各自占比取决于风险水平的高低。通常，投资组合的风险越高，股票的占比就越大，预计收益水平也越高。针对长期股权收益的预测，Nutmeg使用历史波动率（1990—2018年）的数据计算收益率，即预计净资产收益率等于该资产波动率（风险）的30%。此假设在Nutmeg看来已十分保守与谨慎。针对债券长期收益的预测，Nutmeg先通过官方公布数据，对长期经济形势进行独立测算。然后，根据长期经济增长的估计结果，计算得出债券收益率。

综上，Nutmeg通过建立清晰可靠的投资业务，树立了自身的优势与特色，吸引众多投资者使用该平台。

3. 投资目标

Nutmeg的投资目标与用户开设的账户类型紧密相连，即不同的账户可以相应设置差异化的投资目标。

（1）Individual Savings Account投资

Nutmeg平台的Individual Savings Account（ISA）投资包含股票/基金账户、终身储蓄账户和青少年ISA账户。ISA账户中的收入可享受免税政策，被称为"免税利器"。针对股票/基金账户，Nutmeg的投资者可以在"完全托管"和"固定分配"两种方式之间进行选择，将资金分别投资于股票和基金。针对终身储蓄账户，Nutmeg允许年龄在18至39岁间的投资者以100英镑的价格开设此类账户，同时政府也会给予25%的奖励，用于购买第一套房屋或退休养老。针对青少年ISA账户，Nutmeg规定，在父母或监护人开设该账户后，包括父母、朋友、家人以内的任何人在每个纳税年度最多可供款9 000英镑。青少年自16岁起开始管理账户，并在年满18岁后可使用账户内的资金。

在Nutmeg创建ISA账户时，首先，投资者需在Nutmeg平台选择自己的投资目的，如"大宗购买""退休"或"房屋"等，并且命名自己的"投资罐"；

然后，投资者需设定投资年限、初始投资金额以及每月增加金额；最后，投资者需选择资产管理模式（详见表 11.14），并且给出自己所能承受的风险等级，这就完成了创建 ISA 账户的全部工作。

值得一提的是，Nutmeg 拥有强大的 ISA 计算功能，可以根据投资者设定的投资计划和资产管理方式给出未来投资收益的预期范围以及收费情况。这种透明度高、通俗易懂的反馈为用户调整当前投资方案提供了可靠参考，从而使投资结果更加接近自己的投资目标。此外，Nutmeg 的专业团队会对用户的投资组合进行每年至少一次的重新审定，并及时调整各类股票、债券的占比，以实现控制投资风险与达成投资目标的"双赢"。

终身储蓄账户是 Nutmeg 平台的一项重要特色，Nutmeg 也是少数提供终身储蓄账户的公司之一。终身储蓄账户的投资目标往往更倾向于养老或购买房屋，Nutmeg 可以代替投资者关注股票、基金市场，帮助投资者实现自己设置的既定目标。

青少年 ISA 账户的目标多倾向于未来教育消费，此类 ISA 账户是父母或监护人为未满 18 岁的孩子设立的免税账户。父母或监护人向该账户转入投资资金，但只有孩子才能使用这笔钱——当且仅当他们年满 18 岁后。此类 ISA 账户的营利模式是利用政府的免税政策以及 Nutmeg 自身的智能算法，以求在承受风险的同时获得更多收益，来实现保障子女未来教育支出的目标。

（2）一般投资

相较于 ISA，一般投资是一种受限较少的投资方式。通常来讲，一般投资并没有明确的投资目标，或者说一般投资的目标是资本的增长，即在投资期内不存在特定的取款需求。因此，Nutmeg 设立此项投资往往是为三年以上的投资情况作考虑，但同时也保障了随时取款的灵活性。

Nutmeg 提供的一般投资具有 ISA 的基本特征，但没有 ISA 提供的免税优势，因此 Nutmeg 建议将一般投资作为 ISA 投资的补充账户使用，即当每年的 ISA 津贴达到最高限额（目前为 20 000 英镑）后，再使用一般投资来追求资本的增长。这也是为什么在用户设置一般投资的目标时，Nutmeg 给出了"仅用来投资"和"具有特定目标"两个不同的选项，且后者的具体目标分类与 ISA 是一致的。

此外，Nutmeg 在一般投资环节也设置了与 ISA 相同的计算功能，可以有效帮助投资者更加明晰其未来预期收益。在此基础上，投资者可以根据反馈进行更多的调整，以贴近自己的投资目标。

（3）退休养老

退休养老通常是最为普遍的投资目标。英国的养老金分为三种：工作场所养老金、个人养老金和州养老金（州养老金一般作为其余养老金的补充，不再赘述）。投资者拥有的养老金类型取决于其个人情况。

首先是工作场所养老金，也称为公司养老金或职业养老金，由雇主提供。如今，英国的雇主必须建立退休金计划，并在计划中自动注册其符合条件的员工，雇主和员工每月均须向该养老金缴纳一定的最低金额，此外政府也通过税收减免的方式为养老金供款。自2019年4月6日起，雇主的最低供款额为3%，雇员的最低供款额为5%。因此，如果投资者被雇用并符合资格标准，则很可能已经加入了雇主的退休金计划。

其次是个人养老金，也称为私人养老金，是投资者可以自行设置的一种养老金。即使投资者已经在雇主那里获得了养老金，也同样可以拥有个人养老金。如果决定开设个人养老金，投资者需要充分衡量自己在年度和终生限额内可以缴纳的数目。与工作场所养老金一样，政府还将通过税收减免为投资者的个人养老金供款，Nutmeg可以自动管理该账户的每月投资，使投资者的养老金平稳增长。

个人养老金投资通常属于"设定缴费型"养老金计划，因此退休时个人养老金的价值取决于投资者缴纳的养老金数额及其投资业绩。与其他所有投资一样，投资者的养老金价值也可能会上升或下降。

Nutmeg还提供自投资型个人养老金服务（Self-Invested Personal Pension, SIPP）。SIPP是一种个人养老金，投资者可以自行选择投入资金并积极对其进行管理。SIPP通常更适合大笔投资，且由于投资者可以控制投资方式，故对于经验丰富的投资者而言SIPP是一种更优的选择。

如果用户使用Nutmeg个人退休金服务，经验丰富的专家投资团队将协助其进行投资规划。同时，针对每笔向养老金池支付的款项，Nutmeg还将自动为用户添加20%的政府税收减免。

由于养老金具有使用目的上的特殊性，所以应该以较高的安全水平保证用户的资金不会有除投资风险外的其他损失。Nutmeg选择了巴克莱银行和美国道富银行作为投资者养老金的持有方，并向用户承诺美国道富银行绝对不会将投资者的资产借给第三方，或将其与银行和Nutmeg的自有资产混合使用。同样，任何未投资的现金均由巴克莱银行持有，并与

Nutmeg 的自有资金隔离。因此，即使 Nutmeg 被宣告破产，投资者的所有现金都将受到保护，以此来确保投资者退休养老资金的安全性。

在传统的投资模式中，设立退休金投资账户需要花费时间与财务顾问进行会面，以确定投资目标。而 Nutmeg 无须进行此类操作，其养老金账户的设立过程既简便易行又成本低廉。同时，Nutmeg 的访问权限也十分灵活，投资者可根据个人需要在 55 岁以后随时提取资金。Nutmeg 的所有退休金都存放在多元化的投资组合中，这意味着用户的资金分散投资于多项资产（股票、债券和现金）、多种行业和多个国家。如果用户的投资组合中存在生息资产，则 Nutmeg 自动将其进行再投资。

为方便用户设立自己的养老金投资目标，Nutmeg 开发出简单可靠的养老金计算器功能，投资者在输入性别、年龄、预计退休时间、当前养老金储蓄额以及所需退休金数额后，即可查看每月应存储金额和达成投资目标的可能性。在设置完当前储蓄及每月存储额度之后，Nutmeg 将通过 11 个问题对用户进行风险评估，并推荐相应的投资产品组合。投资者还可以对 Nutmeg 的投资状况进行监控，随时更改每月投资额及风险等级，以确保达到自己的投资目标。

4. ETFs 选择

Nutmeg 作为智能投顾平台，倾向使用 ETFs 进行投资。这是由于 ETFs 是一种获得投资组合敞口的简便方法，即无须单独购买每一种资产。他们可以跟踪股票市场指数（如富时 100 指数）、资产类别（如政府债券）、市场细分（如少于五年的到期债券）、区域和部门。由于 ETFs 的目的为跟踪市场指数或投资池的表现，而不是试图超越该指数，故其被称作被动投资或被动基金。此外，ETFs 还具有很多不同的优点，如成本较低、透明度高、灵活性强和选择力优。根据 IA UK All Companies 领域活跃基金的资产加权平均数（截至 2019 年 12 月），追踪富时 100 指数等发达股票市场的 ETFs 成本仅为 0.86%。与单位信托不同，该信托的交易价格为 1，即在一天中设定价格点时，只要交易所开放，就可以交易 ETFs，这就促使它们成为一种灵活的投资方式。投资 ETFs 也有助于投资组合的多元化。例如，购买追踪标普 500 的 ETFs 相当于以一定的比例购买该指数下 500 家公司中每家公司的一小部分股权，所以成本相对低廉很多；同时，典型的公司债券 ETFs 包含 200 多个独立债券，这就高度分散了违约风险。

Nutmeg 对于 ETFs 的选择也具有独到之处，针对每种资产类别、区域和市场细分，Nutmeg 主要评估以下五个关键因素。

（1）指数构成

指数的组成部分是指数基金的本质，其重要性不容小觑。指数的构建通常基于规定的方法，将特定市场中每个基础工具的市值进行加权，某些指数会将较多权重放在一个特定的公司或国家上以凸显其特征。通过查看底层组成，Nutmeg 可以判断哪些指数为合适的投资，以及它们是否准确反映了 Nutmeg 投资团队的观点。

（2）追踪差额

持有构成指数资产的方法因基金而异。许多基金使用优化系统，通过指数构成中的一些样本来复制该指数的整体表现。为了做到这一点，Nutmeg 研究了每个 ETFs 的追踪差额——ETFs 经理与指数表现的匹配程度，并尽可能选择匹配程度高的基金。

（3）费用

Nutmeg 的目标是在每种资产类别中以最低的总成本持有该基金，总成本包括基金运营成本、销售费用以及从基金的每日价值中收取的管理人员费用。当然，除成本之外，基金的绩效也是必须考虑的，Nutmeg 寻求能为客户带来最大整体价值的基金。

（4）规模和交易量

ETFs 的规模和交易量是重要的考虑因素。因为显而易见不应在交易量有限的 ETFs 上投资大量资金。Nutmeg 通常使用买卖价差最低的 ETFs，即买卖每只基金的成本之间差距最小。如果要约价差非常大或基金规模很小，则在这些条件得到改善之前，Nutmeg 不一定会投资该基金。Nutmeg 还会了解基础指数持有量的流动性动态，以便充分明晰买进或卖出某一 ETFs 的成本。

（5）ETFs 类型

ETFs 有两种主要类型："实物 ETFs"和"合成 ETFs"。Nutmeg 仅投资实物 ETFs，旨在通过投资其各个组成部分来追踪指数的表现。

合成 ETFs 使用"互换"手段来产生收益，即同时持有该基金的资产作为抵押。抵押品可以采用许多工具的形式，并且可能与 ETFs 试图复制的指数完全无关。在某些情况下（通常是在比较复杂的市场中），合成 ETFs 的成本有时可能会比实物 ETFs 低。但 Nutmeg 认为，投资实物 ETFs 更安全，因为它不易承受对手风险，即交易的一方存在破产的可能性。此外，合成 ETFs 所持有的抵押品有时可能质量较差或难以交易。

Nutmeg 也不投资"杠杆"或"空头"ETFs。杠杆 ETFs 试图利用借贷提供指数的倍数业绩。空头 ETFs 旨在产生相反的结果，例如，如果富时 100 指数下跌 2%，则空头 FTSE ETFs 将上升 2%。Nutmeg 认为，这类 ETFs 更适合即日交易者，所以并不符合其团队以及平台的定位。当我们认为市场指数可能下跌时，Nutmeg 会采取其他措施来保护投资组合，例如购买政府债券。

#### 5. 开拓 B 端业务

与美国相比，欧洲各国的人口较少、国家规模较小，其业务投资远不如美国广泛。而且欧洲各国的智能投顾平台难以跨越大量国家提供服务，因此也相应限制了这些公司的规模。据此，金融科技公司越来越多地调整其业务模型，积累足够的资产管理规模以实现可持续发展，如转向 B2B 模式或进行海外金融科技合作，以获取海外客户群。

Nutmeg 在保持快速增长的同时却并未实现营利，因此其也通过与海外金融商合作的方式提供智能支持。Nutmeg 于 2019 年 4 月与台北富邦银行建立了首个 B2B 合作伙伴关系。台北富邦银行是中国台湾地区领先的金融服务集团富邦金融控股公司的子公司。作为 Nutmeg 的投资者，台北富邦银行在见证了 Nutmeg 为英国财富管理带来的创新后，便邀请其帮助他们发展 Nano Investments。此项服务利用 Nutmeg 在数字财富管理方面的专业知识，提供专门针对台湾市场的创新解决方案，并为投资者提供过往难以负担的高端化财富管理服务。

目前，Nutmeg 提供的技术套件支持包括零碎股权持有协助、全权委托投资组合管理以及应用程序接口（Application Programming Interface，API）与技术平台的模块化组件集成。

## 11.4　德意志银行 Robin

作为全世界最大的投资银行之一，德意志银行（Deutsche Bank）位居全球十大外汇交易商榜首，拥有高达 15.68% 的市场占有率。凭借显著的优势与雄厚的实力，德意志银行自主搭建了数字化资产管理平台 Maxblue，并在此基础上推出了智能投顾平台 Robin。据此,下面将从基本信息、基本业务、投资特点等方面出发,对传统金融机构进军智能投顾的突出代表 Robin 进行详细介绍。

1. 基本信息

Robin 采用德意志银行自主研发的算法,并结合首席投资官乌尔里希·斯蒂芬(Ulrich Stephan)的市场观点运营。Robin 将数字资产组合管理设计为一个开放的平台,这意味着它不仅可以把用户的资金投资于德意志银行的金融产品,而且还能够购买其他供应商的精选产品。Robin 的最低投资额为 5 000 欧元,用户也可进行逐月储蓄。根据投资金额多寡,平台收取的固定费用在 0.8%~1.0%间不等,普遍高于其他智能投顾平台。此外,由于 Robin 仅投资 ETFs,故年均费用率约为 0.25%。据此,投资者的总费用率大致位于 1.05%~1.25%。

德意志银行作为成熟发展的传统金融机构,具有高安全性、投资经验充足、专业化程度高、零托管费和零账户费等优点,这便为 Robin 提供了独特的竞争优势。但是,作为传统金融机构旗下的智能投顾平台,Robin 的投资成本和最低投资限额相对较高,这些特征也与德意志银行的用户画像较为吻合。

Robin 主要帮助用户投资现成的 ETFs 组合。Robin 选取的 ETFs 组合主要是被动管理型投资产品,相较于传统投资基金,其收费结构更具成本效益。Robin 的智能算法每天也会对投资组合进行监控,以精准研判风险水平并确定是否需要采取行动。

Robin 目前共有 16 种投资策略,涵盖了不同的风险偏好类型。通过这些分类,Robin 可以为各种风险水平的投资者匹配合适的策略。与前述智能投顾平台类似,Robin 用户在开设账户时也必须回答一系列问题,对其投资目标、财务状况、投资范围和风险偏好进行调查,根据用户的回答为其量身定制投资策略。

ETFs 投资组合间的差异主要表现为资产构成与所占比例不同。Robin 的投资具有全球性特征,其投资组合中包含的资产主要有股票、债券、大宗商品和现金。用户间投资策略的最大区别在于各类资产的具体权重高低不一,股票占比大的投资组合可以带来更高的期望回报,但也加剧了风险;债券占比大的投资组合虽然波动幅度较小、风险较低,但其回报率往往不够可观。

有关平台投资的安全性问题,Robin 明确指出用户资金具有欧洲存款担保。根据现有规定,德国银行和其储蓄客户最高可享有 100 000 欧元的担保。此外,德意志银行不仅有德国银行股份有限公司补偿计划的会员资格,而且还有德国联邦银行协会存款担保基金的会员资格。所以,Robin 在用户资金安全性保障方面着实令人信服。这种双重保险构成了 Robin 区别于一般初创智能投顾平台的特色。

依托德意志的发展基础,Robin 的客服服务同样十分出色,因为它可以每天 24 小时不间断地提供咨询与答疑。在德意志银行的支持下,投资者可以通过多种渠道联系客户服务,如电话、电子邮件以及 Google、Youtube 等社交媒体上的官方联系人。

同时,Robin 官网的页面布局十分清晰,投资者可以在官网上一目了然地查看 Robin 的数字资产管理费,各种可视化陈述可以帮助投资者快速了解其价格水平。网站还设有 FAQ 服务,以便向潜在客户解答常见问题,并介绍 Robin 的运营理念与业务模式。为了使感兴趣的投资者可以获得有关 Robin 的大量信息,网站还提供了"杂志"选项,投资者可以在这里自由查阅有关 ETFs 和财富管理的详细报告。

2. 基本业务

Robin 是一家专业的财富管理公司。借助 Robin,用户可以将其投资资金的管理权转移至德意志银行。Robin 在全球范围内投资股票、债券和大宗商品,力求为每位用户创建多元化的证券组合。

先进的算法使 Robin 能够在每个交易日监控所有客户的投资组合是否与其风险偏好相匹配,并在必要时优化更新投资组合。同时,德意志银行的投资策略师会对资本市场的变化进行持续监控和评估,既可以为 Robin 的投资顾问服务提供参考,又节省了投资者的时间,使其不必经常监视自己的投资组合并全权作出个人投资决策。Robin 的业务面向那些在资本市场上进行多元化投资,且希望依赖经验丰富的银行来选择合适证券的投资者,其最佳潜在用户通常具有下述特征:① 想要将投资决策委托给银行的德国成年居民;② 不具有美国纳税义务;③ 至少投资 500 欧元;④ 对资产管理策略和投资风险的了解较为充分;⑤ 愿意承担投资风险且不需进行资本担保。此外,由于 Robin 的最低投资期限为两年,故其数字资产管理不适用于打算进行短期投机的用户。

在服务费用方面,Robin 并不是按照固定比例收取费用,而是采取梯级收费的模式。具体来讲,用户的投资金额在 25 000 欧元以内时,费率为 1.0%;在 25 000 欧元至 50 000 欧元间时,费率为 0.9%;多于 50 000 欧元时，费率为 0.8%。假如某位投资者在 Robin 平台进行投资，且年投资额为 65 000 欧元，其中 5 000 欧元为流动资金（无须缴纳服务费），其余的 60 000 欧元用于投资证券。根据计费标准，前 25 000 欧元按每年 1.0% 的费率计算，需缴纳 25 000×1.0%＝250 欧元；25 000 欧元至 50 000 欧元间的费率为 0.9%，故应支付（50 000－25 000）×0.9%＝225 欧元；50 000 欧元至 60 000 欧元间的费率为 0.8%，这部分资金的管理费用为（60 000－50 000）×0.8%＝80 欧元。则在上述示例中，Robin 对该投资者的年度总收费为 555 欧元。

Robin 的使用非常轻松便捷，仅需几个步骤即可成功设置。在注册过程中，Robin 会询问投资者的财务状况、预计投资期限以及个人风险承受能力，对用户的个人情况进行真实完整的刻画。平台将根据这些信息分别为每位用户制定独立的投资策略，这与其他许多向投资者提供预设策略和资产构成的智能投顾供应商存在不同。

具体而言，Robin 对投资者的个人资料调查包含职业和年龄等信息，并通过询问用户每月的收支情况和资产负债现状，对用户的财务状况进行刻画。Robin 与其他智能投顾平台的区别在于，其对用户月花费的统计并非由固定费率估算得出，而是将其详细分为生活费用、房屋租金、机动车费用等条目，要求投资者逐一填写。在输入过程中，Robin 将会以清晰的可视化图表动态显示投资者流动性资金和投资资金的变动。最后，Robin 会帮助投资者设置个人投资目标与投资年限，并告知用户在未来投资期内可能存在的大笔支出。

在调查整理投资者的基本信息后，Robin 会进一步询问用户的投资计划，如首次投资的金额、投资方式（一次性投资还是逐月储蓄）等。此外，Robin 还会根据投资者填写的个人信息自动计算出其能够使用的最大投资额以及每月可用于投资的流动资金，并要求投资者在－8% 至－34% 之间选择可以承受的风险损失规模，以确定用户的风险承受能力。当系统自动生成投资组合后，投资者仍可更改风险水平，但不能超出 Robin 为用户确定的最大值。Robin 官网可将用户个人的投资组合以图表形式进行初步展示，并将投资策略清晰地汇总于一页以便用户查看。用户可以看到各种资产类别的详细信息，如其将持有多少公司债券，以及投资过程中的成本明细等。

与 Ginmon 等智能投顾平台有所不同的是，Robin 的身份为德意志银行的数字资产经理。德意志银行由联邦金融监管局监管，并被授权管理金融投资组合，这使 Robin 成为真正的资产管理经理。与仅充当金融投资经纪人的智能投顾平台相比,这种身份具有许多优势,如 Robin 可以在投资组合开放后更加积极地对其进行干预,在无须投资者自行操作的情况下,对现有投资进行优化,以实现更高的期望收益。Robin 在每个交易日都时刻监控用户的投资组合,若发现因价格波动造成投资组合无法匹配用户的风险水平,平台会迅速计算新的投资组合,并由投资经理进行改进与重新分配。此外,Robin 的决策流程也与一般的智能投顾存在不同,其投资决策并非仅由算法作出,德意志银行分析师的调查结果也起到了重大作用,且最终决策权始终在于人工。

综上,我们可将 Robin 的业务模式进行如下概述:首先,其通过详尽的信息调查,根据客户的风险偏好编制包含股票、债券、大宗商品 ETFs 等多类资产的投资组合,同时持有流动性现金储备。在需要对投资组合进行优化时,Robin 既依赖于算法,又依赖于分析师的专业知识,通过人机合作达到投资者设置的投资目标,实现数字化智能化的金融服务。Robin 目前仅提供投资标的为 ETFs 的金融业务,由于 ETFs 具有追踪指数的特征,故当指数上升时,ETFs 的市场价格也会上升,反之亦然。Robin 投资全球范围内各种资产类别的 ETFs,混合多样化的资产配置有助于降低投资组合对波动的敏感性,使其可以更好地抓住机遇、降低风险。同时,传统金融机构的支持也使 Robin 在投资过程中可以从德意志银行的分析师那里获取数据,进而更好地对市场形势进行研判。

Robin 的投资专家团队不断从大量 ETFs 中筛选最具代表性,且能够满足德意志银行要求的 ETFs。根据用户设定的风险水平,Robin 会在综合考虑每类 ETFs 波动情况及分析师团队市场评估的基础上,选出 7 至 14 只不同的 ETFs,并以此构建投资组合。截至 2023 年 10 月,Robin 的 ETFs 投资标的如表 11.17 所示。

表 11.17  Robin 投资标的

| 股票 ETFs——发达国家股票 ||
| --- | --- |
| 国家/地区 | ETFs 名称 |
| 德国 | 德银 DAX 指数<br>(Xtrackers DAX) |
| 欧洲 | 安硕摩根士丹利欧洲<br>(iShares MSCI Europe) |

## 第 11 章 欧洲部分代表性智能投顾平台简介

续 表

| 股票 ETFs——发达国家股票 ||
|---|---|
| 国家/地区 | ETFs 名称 |
| 全球 | 德银摩根士丹利全球<br>(ETFs Xtrackers MSCI World UCITS ETF) |
| 全球—货币对冲 | 德银摩根士丹利全球<br>(Xtrackers MSCI World) |
| 日本 | 先锋富时 100 日本<br>(Vanguard FTSE Japan UCITS) |
| 日本—货币对冲 | 德银摩根士丹利日本 ESG 筛选<br>(Xtrackers MSCI Japan ESG Screened) |
| 美国 | 德银标准普尔 500 指数(美元)<br>[Xtrackers S&P 500 (USD)] |
| 美国—货币对冲 | 德银标准普尔 500 指数<br>(Xtrackers S&P 500) |

| 股票 ETFs——新兴市场股票 ||
|---|---|
| 国家/地区 | ETFs 名称 |
| 亚洲 | 安硕摩根士丹利新兴市场(美元)<br>[iShares MSCI Emerging Markets (USD)] |
| 亚洲 | 安硕摩根士丹利亚洲新兴市场<br>(iShares MSCI EM Asia UCITS ETF) |
| 拉丁美洲 | 德银摩根士丹利拉丁美洲新兴市场 ESG<br>(Xtrackers MSCI EM Latin America ESG UCITS) |

| 债券 ETFs——政府及企业债券 ||
|---|---|
| 国家/地区 | ETFs 名称 |
| 全球 | 德银二期 ESG 全球综合债券(美元)<br>[Xtrackers II ESG Global Aggregate Bond (USD)] |
| 全球—货币对冲 | 德银二期 ESG 全球综合债券<br>(Xtrackers II ESG Global Aggregate Bond) |

续 表

| 债券 ETFs——政府债券 ||
|---|---|
| 国家/地区 | ETFs 名称 |
| 欧洲 | 德银欧元区通胀挂钩债券<br>(Xtrackers Eurozone Inflation-Linked Bond) |
| 欧洲 | 德银欧元区政府债券<br>(Xtrackers Eurozone Government Bond) |
| 全球 | 安硕新兴市场地方政府债券（美元）<br>[iShares Emerging Markets Local Government Bond（USD）] |
| 全球—货币对冲 | 德银全球政府债券<br>(Xtrackers Global Government Bond) |
| 全球—货币对冲 | 德银美元新兴市场债券<br>(Xtrackers USD Emerging Markets Bond) |
| 全球 | 安硕摩根大通新兴市场债券（美元）<br>(Xtrackers USD Emerging Markets Bond) |
| 美国 | 德银美国国债（美元）<br>[Xtrackers US Treasuries（USD）] |
| 债券 ETFs——企业信用债券 ||
| 国家/地区 | ETFs 名称 |
| 欧洲 | 先锋欧元企业债券<br>(Vanguard EUR Corporate Bond UCITS ETF) |
| 全球—货币对冲 | 安硕全球企业债券欧元对冲<br>(iShares Global Corporate Bond EUR Hedged UCITS) |
| 全球—货币对冲 | 德银二期欧元高收益企业债券<br>(Xtrackers Ⅱ EUR High Yield Corporate Bond UCITS) |
| 美国 | 安硕美元高收益企业债券<br>(iShares $ HY Corp Bond UCITS ETF USD Dis) |
| 美国 | 安硕企业债券（美元）<br>[iShares Corporate Bond（USD）] |

续表

| 债券 ETFs——担保债券 ||
| --- | --- |
| 国家/地区 | ETFs 名称 |
| 欧洲 | 安硕欧元担保债券<br>(iShares Euro Covered Bond) |

| 大宗商品 ETFs ||
| --- | --- |
| 国家/地区 | ETFs 名称 |
| 全球 | 东方汇理彭博等权重大宗商品(农业除外)<br>(Amundi Bloomberg Equal-weight Commodity ex-Agriculture UCITS ETF) |

资料来源：Robin 官网(数据截至 2023 年 10 月)。

3. 投资特点

Robin 与 Ginmon 等平台在金融服务流程上最大的区别即为人机合作的工作模式。Robin 通过对资本市场波动的持续监测，并结合现实数据与德意志银行的投资策略支持，不断更新其有关当前市场状况的评估。在作出投资决策时，Robin 的投资经理首先对资产组合进行审查，同时平台自主研发的算法也会对投资组合是否与用户风险水平偏离进行评估。一方面，该算法基于大量的市场数据和广泛的模拟工作，具有极高的可靠性和准确度；另一方面，该算法立足于德意志银行首席投资团队对资本市场的评估，投资策略的实施与后续调整均是该算法的优化建议与投资经理最终批准相结合的结果。

Robin 主要投资 ETFs，ETFs 被动复制诸如 DAX、MSCI World 之类的指数，大大降低了投资成本。与其他智能投顾平台类似，Robin 仅投资股票、债券和大宗商品 ETFs，且部分投入资本也作为现金储备留存。此外，Robin 在全球范围内进行投资活动，并未在国家或地区层面实行特殊限制，多元化的投资组合也有效降低了用户的投资风险。同时，Robin 的投资标的不仅有属于德意志银行的 ETFs，而且还有许多来自其他供应商的 ETFs。

资产组合的风险价值也是 Robin 在投资过程中需要考量的重要一环。Robin 在进行风险评估时默认以年为间隔、以天为单位进行滚动计算，并选取 95% 的置信水平。假设某位用户想要投资 50 000 欧元，且 Robin 通过问卷调查计算得出他的风险水平为15%,这就意味着在未来一年内,其投资损失低于7 500欧元(50 000×15%=7 500欧元)的概率为95%。为了更好地监测投资风险,Robin在每个交易日都会对所有用户的投资组合进行单独审查,平台不仅可以计算单个资产类别的风险,而且还能计算出整个投资组合的潜在风险。为此,在算法定期分析资本市场的基础上,Robin会始终综合考虑银行分析师和投资策略师的预测。若投资组合当前的实际风险水平与合同约定的风险水平存在出入,则平台将及时计算调整策略,并由投资经理进行审核与批准。

在资本市场波动较大的情况下,Robin会进行更具防御性的投资;在市场发展较为平稳的情况下,Robin会增加股票ETFs的投资比例以获取更高收益。智能投顾算法的量化能力与分析师的风险管理能力共同发挥作用,在每个交易日内对投资组合进行实时监测,促使愿意承担风险的投资者抓住机遇,对资本市场的变化作出快速反应,但同时又不会忽视长期投资的前景。

在投资组合的调整方面,不同于Ginmon等平台重新平衡的投资优化策略,Robin在投资组合中始终保持初始定义的权重,以微调的方式来实现资产配置的改变。这类决策依赖上文所述的"风险价值"原则,该原则与市场波动密切相关。风险价值作为表示投资潜在损失的关键数字,既体现了投资者的冒险意愿,又考虑了一定时期内证券投资组合的风险。此外,Robin也会通过预设的置信水平对用户投资期间的风险价值进行详细描述。

一般而言,用户选择的风险价值越高,其风险水平和获利机会就越高,反之亦然。投资者在Robin提交个人信息(如财务状况和风险承受能力)后,平台将为其提供合适的风险价值,并允许用户向下调整。Robin将最新的资本市场理论与德意志银行的市场观点相结合,在此基础上对投资组合进行优化。首席投资分析师会不断吸收市场意见,并在特殊情况发生时及时作出临时调整。目前,其他金融科技公司和银行都无法提供可与Robin并驾齐驱的投资实施方案。

综上,Robin依托德意志银行专业经理团队的支持,在与其他初创智能投顾平台的竞争中脱颖而出。"人机合作"的独特工作模式将平台先进算法与分析师策略完美结合,成为Robin发展经营的核心特点与主要优势。

## 11.5　Moneyfarm

智能投顾的持续火爆吸引了越来越多的传统金融机构向该新兴领域进军。不同于德意志银行直接搭建整合自己的智能投顾平台，全球性金融服务集团安联则是通过名下投资公司直接控股初创智能投顾平台的方式进入这一行业。接下来将介绍安联投资旗下的智能投顾平台Moneyfarm，对其基本信息、业务模式、投资策略以及优缺点等进行分析。

1. 基本信息

2012年4月，Moneyfarm在意大利启动。2015年7月，Moneyfarm将总部移至英国并获得FCA批准。Moneyfarm创建的初衷是为了帮助人们作出更好的投资决策。缺乏经验的投资者往往会因交易频率失当而付出额外的成本。Moneyfarm可以通过正确的资产配置、长远的眼光以及对成本和风险的严格管理，为其用户带来更可观的收益。2016年9月，Moneyfarm接受了安联的战略投资，2018年5月，安联集团又进一步成为Moneyfarm的主要少数投资者。Moneyfarm平台已获得投资巨头安联全球投资公司、英国私募股权公司Cabot Square Capital和风险投资基金United Ventures超过6 000万英镑的支持。

Moneyfarm在欧洲有四万多客户，且平台目前已帮助一些人实现了提早退休、教育以及购房储蓄等各式各样的投资目标。凭借优异的表现，Moneyfarm曾获得创新和金融科技奖项，并在2018年YourMoney.co.uk奖项中被评为英国最佳在线投资平台。

Moneyfarm平台上有大量易于查阅的文字资料，包括公司业务简介、金融市场分析以及专业术语阐释等。"简介博客"一栏中的此类资源，可以帮助投资新手更好地理解Moneyfarm的工作方式，并更放心地使用Moneyfarm的服务。

Moneyfarm的财富管理解决方案将人类的专业知识和计算机的智能技术完美融合，既简单方便，同时又在投资者的负担范围内。Moneyfarm的服务涉及数字投资建议、投资组合管理和人为指导，可帮助投资者作出更好的决策，以实现良好的财务预期收益。在公司经验丰富的投资顾问团队的支持下，Moneyfarm 可以随时为投资者提供智能投顾服务，以减轻用户的投资压力，并提高财务安全性。Moneyfarm 认为，技术手段显著提高了投资顾问的质量，并增强了用户对服务的接受度。

2. 业务模式

Moneyfarm 是为数不多将金融技术自动化发展与人性化相结合的智能投顾平台，其业务基本包括帮助投资者建立投资组合，并回答与客户个人投资需求有关的特定问题。Moneyfarm 主要通过建立全球多元化的投资组合、尽可能降低费用和管理成本，以及自动再平衡三种具体措施来帮助投资者实现其投资目标。

Moneyfarm 旨在为投资者提供与其风险承受能力相适配的投资组合。如果某位投资者属于退休时间较短的保守型投资者，那么他将会比那些退休时间较长、风险偏好较高的投资者承担更小的风险，其投资组合中的资产配置也会更加稳健。基于现代投资组合理论，Moneyfarm 构建的投资组合中包含许多不同的资产类别，并通过低成本的 ETFs 进行交付。投资组合最多可包含 14 种基金，这些基金覆盖了股票、债券等多种资产类别，并跨越了英国、欧洲、美国、新兴市场等多个地理区域。此外，Moneyfarm 的投资组合还涉及不同货币类型（英镑、美元等）以及商品、医疗保健、能源等不同行业领域。在 Moneyfarm 进行注册时，投资者需要提供基本信息，并回答关于投资乐观程度、风险承受能力和投资经验的问题。然后，平台会根据用户的个人情况免费为其创建一个个性化投资组合。投资组合示例如表 11.18 所示。

表 11.18 Moneyfarm 中投资组合示例

| 资　　产 | 比　例 |
| --- | --- |
| 现金 | 2% |
| 现金和短期政府债券 | 9.8% |
| 发达市场政府债券 | 12.5% |
| 通货膨胀挂钩债券 | 5% |
| 投资级公司债券 | 11.7% |

续表

| 资　　产 | 比　例 |
|---|---|
| 高收益信贷和新兴市场政府债券 | 10% |
| 发达市场股票 | 38.5% |
| 新兴市场股票 | 5.5% |
| 大宗商品和房地产 | 5% |

Moneyfarm 支持四种不同形式的投资账户，分别是股票 ISA 账户、一般投资账户、青少年 ISA 账户以及养老金账户。Moneyfarm 的股票与青少年 ISA 账户旨在帮助投资者充分利用税收优惠，实现长期的最大化投资回报。前文在介绍 Nutmeg 平台时曾提到过，ISA 账户可帮助储户和投资者以简单且节税的方式增加资金。因为在通常情况下，投资者在投资过程中赚取的任何利润（超过年度免税额度）都必须缴纳资本利得税。然而，如果投资者选择将资金投入 ISA，那么他们就无须为资本增值或股息收益支付任何税费。作为一种简单且具有税收优势的长期投资方式，股票 ISA 允许投资者在每个财政年度内最多投资 20 000 英镑。在这种账户模式下，投资者的资金价值以及由此产生的任何收益增长均可享受免税待遇。如果投资者不选择 ISA 账户进行投资，那么他们需要对超出年度免税额度的任何资本利润支付资本利得税。具体而言，在不使用 ISA 的情况下，投资者在纳税年度中获得的前 2 000 英镑股息享有免税，而针对超出 2 000 英镑的部分，投资者需要根据其所得税税阶缴纳 7.5%~38.1% 的税。然而，如果投资者通过 ISA 进行投资，则无须支付任何费用。但需要注意的是，通过股票 ISA 投资产生的任何亏损，不能用来抵销其他投资的资本收益。

针对 Moneyfarm 的一般投资账户，其吸引投资者的最大原因在于收费较低，因为 Moneyfarm 的管理费随着投资者投资金额的增加而递减。此外，投资者还需要考虑与基础 ETFs 相关的其他成本，这些成本平均每年约为 0.3%，相较于典型财富管理公司的投资收费，这一费率并不高。Moneyfarm 在计算管理费时已包括了与投资组合运营相关的所有费用，这意味着投资者无须支付额外的交易费、账户建立费、取款费和退出费。但要注意的是，一般投资账户并不享受 ISA 账户的免税政策。参考前文

Nutmeg 平台的介绍部分，用户可将一般投资账户作为 ISA 账户的补充投资。

针对 Moneyfarm 的养老金业务，其曾在 YourMoney.com 大赛中荣获"最佳直接 SIPP 提供商"奖项。Moneyfarm 养老金是一个全权管理的自投资个人养老金，是由公司的投资团队建立和持续管理的，以确保投资者的规划得当，朝着预定的退休投资目标努力。Moneyfarm 提供的投资建议将投资者与平台提供的投资组合之一相匹配，从而使投资者的退休金能够反映其退休目标、时间范围和风险承受能力。此外，Moneyfarm 的养老金是一个目标日期明确的产品，在投资者接近退休年龄时，Moneyfarm 会自动重新平衡其投资组合，以帮助投资者实现财务目标。

与 Nutmeg 类似，Moneyfarm 平台也设有青少年 ISA 账户，适用于未满 18 岁且居住在英国的青少年，可为其父母或监护人提供一种税收优惠的投资渠道。用户每年可在 Moneyfarm 的青少年 ISA 账户中最多投入 9 000 英镑，而且这些资金的投资收益是完全免税的。青少年 ISA 提供的投资选择与股票 ISA 相同，包括经典型、固定配置型以及社会责任型投资组合。当孩童年满 18 周岁时，他们既可以主动提取并全权掌握这笔资金，也可以选择使青少年 ISA 自动转为普通的股票 ISA 账户。

为了给投资者提供更加清晰的反馈，Moneyfarm 平台提供了两种不同的投资组合绩效展示方式，即"时间加权"和"资金加权"绩效。时间加权收益率（Time-Weighted Return，TWR）通常用于评估投资经理的表现，因为它排除了现金流对绩效的影响，从而提供了一个更纯粹的投资表现指标。资金加权收益率（Money-Weighted Return，MWR）则考虑了一定时期的个人现金流，如投资、赎回、股息收入和投资损失，以准确反映投资者个人所获得的实际回报。如果投资者对投资组合中的某部分进行投资或撤资，则会影响其预期回报，这种情况可被视为投资组合的"个人表现"。这种绩效度量方式采用了内部收益率（Internal Rate of Return，IRR）的概念，以展示投资者的实际投资效益。

综上，Moneyfarm 的投资业务基本可以满足一般投资者的投资需求。然而，与 Nutmeg 相比，Moneyfarm 在业务覆盖上的唯一不足是缺少终身 ISA 服务，但这并不妨碍其持续发展和增长。此外，Moneyfarm 的业务模式与 Robin 也有一定的相似之处，即二者都采用了技术和专家咨询相结合的工作方式。这种相似性可能源于它们都拥有传统金融机构的背景，此背景可以帮助平台更有效地获取专业资源。同时，Moneyfarm 的专业人工投资团队为其创造了独特的竞争优势，使其能够在一定程度上追求超越市场增长的目标，而不仅仅是简单地复制某个市场指数以获取收益。

3. 投资策略

在使用 Moneyfarm 进行投资时，完成问卷调查后，算法以及专家会根据投资者的性格，财务背景和风险偏好将其与投资者简介匹配，这就像一份投资者 DNA 一样，影响着投资组合的内容。Moneyfarm 会将投资者与由投资组合经理团队构建的投资组合进行匹配，以反映投资者概况，与当前资产相比的投资金额以及时间范围。同时投资者的目标，财务背景和风险偏好可能会随时间与市场发生变化，因此 Moneyfarm 的适用性算法每月至少运行一次，以确保投资者的投资组合能够继续反映投资者本身以及投资者的目标。Moneyfarm 还提供可靠的人工服务，无论投资者是想咨询金融市场的近期事件还是现有投资组合业绩，Moneyfarm 的投资顾问都将随时与咨询的投资者进行交谈，探讨其投资过程中的每一个环节。

具体到投资策略时，Moneyfarm 使用全权委托管理的方式管理投资者的资产，Moneyfarm 的投资团队会管理投资者的投资组合，并在必要时定期进行战略调整和再平衡，以优化回报并防止损失。Moneyfarm 也会不断监控他们的投资组合产品，根据投资者概况的目标跟踪绩效，以确保增长保持进度，接下来根据官网所介绍的三种业务类型，分别进行具体分析。

（1）ISA 账户

使用 Moneyfarm 的 ISA 投资具有多种优点，如充分利用税收优惠，获取具有成本效益的投资建议，获得由投资专家建立和管理的投资组合，可以免费转移 ISA 账户，完全透明的查询与账户表现跟踪。这些优点一定程度上反映了 Moneyfarm 在 ISA 上的投资策略，或是反映了 Moneyfarm 投资策略的领先之处。

粗略来说，在进行 ISA 账户设置时，分为四步进行，首先是要求投资者回答有关目标，财务状况和风险态度的问题，以建立投资者资料；接下来 Moneyfarm 会以此为基础为投资者推荐正确的 ISA 产品组合，这些组合均是由 Moneyfarm 的专家构建和管理，以帮助增加收入；然后投资者可以通过设置直接借记或一次性投资来增加 ISA 账户中的资金，也可以免费合并旧的 ISA 至现有账户；最后 Moneyfarm 将会帮助投资者始终投资于适合自己的投资组合,并且可以通过咨询中心进行管理。

通过以上四步,Moneyfarm 基本可以实现客户的投资目标并保证客户良好的投资体验。

为了形成合适的投资组合产品,Moneyfarm 的研究团队模拟了从 2010 年到 2020 年的 10 年中四种不同的假设投资组合的表现。即现金 ISA、富时 100 指数投资组合、全球股票投资组合以包括股票投资和全球债券的平衡投资组合。Moneyfarm 模拟的假设股票和股票 ISA 的名义年度回报率为 9.64%。在过去 10 年中,富时 100 组合的名义收益率最低,为 104.96%。另一方面,全球股票投资组合的名义回报率高达 224.94%。在这种情况下,现金的 12.74% 显得微不足道。这样的模拟结果体现了多元化投资的重要性,Moneyfarm 认为这是一种平衡的方法,可提供最佳的风险回报率,通过将投资分散在平衡的投资组合中,波动率下降到了更为良好的 7.43%,48 924 英镑的名义回报相当于 18 723 英镑的实际回报,是一种有效的投资方法,可以在不承担不利风险的前提下为投资者服务。

总的来讲,Moneyfarm 的策略是将正确的资产组合与每个客户的适当风险等级相结合,根据不同客户的不同风险承受额能力,Moneyfarm 会定期更新投资组合,以确保客户始终能从他们的投资中获得最大收益,同时,所有这些都以低廉的费用和个人专用的投资建议为后盾。为保证以上过程的顺利运行,Moneyfarm 具有完善的风险评估和控制机制。

Moneyfarm 的投资组合在市场上运行时难免会遭受风险,一般来说常见风险包括通货膨胀风险、市场风险、利率风险、绩效风险。通货膨胀风险与那些将现金存入现金储蓄账户的人有关,尽管他们的钱不会减少,但如果通货膨胀率上升,他们的购买力可能会下降;而市场风险在于个人资金投入国的股市上升或下降,如果基准指数下跌,绝大多数股票将随之下跌;利率风险是指个人将钱存入固定利率存款账户的时间,如果储蓄率上升,他们最终获得的利息可能会少于市场平均水平,但是,如果储蓄率下降,他们可能会获得更高的收益率;绩效风险与具有相似目标的投资基金之间的绩效差异有关,这是由于每个基金选择的资产不同。与具有较传统投资组合的基金相比,具有高性能目标的基金通常会遇到较高的波动性。

在对投资组合的风险进行控制时,Moneyfarm 使用了波动率的概念。波动率是衡量市场资产上升或下降速度的指标,波动率并不是风险,但是风险发生的可能会随波动性上升而显著提高。对于提供的每一种投资组合,

Moneyfarm 都会使用波动性作为主要关注的变量,这意味着如果产品池中的某一项投资组合中的某项资产出现了大幅的波动,Moneyfarm 都会重新评估该项资产在投资组合中的份额。在这样的监控平衡工作下,理论上即使市场发生了根本性的变化,Moneyfarm 不同风险程度的投资产品组合依旧可以保持原有的风险水平不变,从而不影响投资者的预期。

(2)一般投资账户

Moneyfarm 的一般投资账户旨在帮助有为退休投资,购置新房的定金或希望增加自己的财富意向的投资者进行资产管理。

与 ISA 账户类似,Moneyfarm 的一般投资依旧采取专业完全托管以及与人工建议相结合的投资方式,Moneyfarm 的专家会为投资者关注市场,并且建立、管理和重新平衡投资组合,免除投资者本身不专业的管理,同时投资者也会从平台的专业团队处获得投资建议以及管理意见。

Moneyfarm 认为成本是影响收益的重要条件,因此 Moneyfarm 致力于控制成本来增加投资者的实际收益,反映到 Moneyfarm 的费用政策就成为简单的低成本费用结构。Moneyfarm 使用涵盖所有不同账户类型的单一管理费并使用分层的收费方式,即 1 500 英镑至 10 000 英镑之间的投资为 0.75%;从 10 001 到 50 000 英镑的任何投资的 0.6%;从 50 001 英镑到 100 000 英镑的任何投资收取 0.5%;超过 100 000 英镑的投资为 0.35%。

举一个简单的例子。如果向 Moneyfarm 投资了 210 000 英镑,则需要支付:10 000 英镑的 0.75%;接下来的 40 000 英镑的 0.6%;接下来的 50 000 英镑的 0.5%;剩余的 110 000 英镑的 0.35%。在费率上与同为具有传统金融机构背景且也使用层级收费的 Robin 相比,可以看出其在收费上具有较大的优势。Moneyfarm 每天会根据投资者投资组合的总市值计算费用,随着投资组合价值的上升和下降,所支付的费用也会变动。如果投资者有多个投资组合,Moneyfarm 将计算整个账户而不是单个投资组合的费用,这意味着当投资者增加 Moneyfarm 账户的总价值时,将从较低的费用中受益。"市场价差"效应也会影响投资,这是在特定时间某项投资的"买入"和"卖出"价格之间的差额,最高可以达到 0.09%(假设在一年中出售了投资组合中 40% 的资产,并用新资产替换了这些资产),但是 Moneyfarm 将始终使用实际价格作为计费依据。

与 ISA 相同,一般投资账户的基础仍旧是 Moneyfarm 基于问卷信息的算法,可将投资者身份与投资者的个人资料相匹配,以更好地了解投资者的目标、投资时间范围以及任何会影响投资者与投资关系的个性特征。Moneyfarm建立个人资料来反映投资者对风险的承受能力,在这样的背景下Moneyfarm将投资者资料与特定的投资组合目标结合使用,以确定最合适的投资组合。同时,Moneyfarm在工作中加入了人工的成分,投资专家团队会建立投资组合并对其进行持续管理,直到发生投资者取出资金的行为,再重新确认投资者对风险的承受能力并进行新的投资组合匹配。

在Moneyfarm,一般投资账户的投资是通过使用资产分配策略来提高绩效,即投资者的投资组合将始终包含多种投资组合,以帮助平滑投资回报。这是基于诺贝尔经济学奖得主的理论,即模型投资组合理论来指导投资的。Moneyfarm在策略上会保证投资组合的资产分配将始终尝试通过调整投资组合中每种资产的比例来平衡风险和回报。除战略资产分配,Moneyfarm还积极管理投资组合,进行定期战略调整,必要时也会在非定期时点进行调整。

（3）养老金

Moneyfarm养老金是完全管理的自投资个人养老金(SIPP),即投资者的养老金投资账户是由Moneyfarm的投资团队建立和持续管理的,以确保投资者实现自己追求的退休生活。Moneyfarm通过投资建议使投资者与Moneyfarm现有的投资组合之一匹配,从而使投资者的退休金能够反映退休目标、时间范围和风险承受能力。

Moneyfarm投资养老金具有多重优势。一是其具有成本效益的投资建议可为投资者提供养老金管理,以反映投资者概况和时间范围。二是Moneyfarm的投资团队可以建立和管理投资组合,定期重新平衡养老金,以管理风险和最大化回报。三是Moneyfarm还可以帮助投资者免费转移旧退休金账户,使投资者可以在一处管理积蓄,更轻松地实现目标。四是Moneyfarm可以通过其算法来保证投资者始终投资于合适的产品组合,时时保证投资团队可以监控投资组合的情况,并进行相关的调整。五是Moneyfarm可以对风险进行调整,随着投资者年龄的增长,投资团队会调整投资者的养老金投资,并随着接近退休年龄而自动降低风险。六是Moneyfarm保证投资者在退休后可以灵活地使用养老金,从退休金中提款无须任何额外费用。

在进行养老金投资时,Moneyfarm有明确的退休计划来指导实行对投资的控制。Moneyfarm认为,对于不同的投资者,没有万能的数字可言,不能以单一的目标金额作为所有养老金账户的共同目标。但是 Moneyfarm 认为，所有的投资者都具有相似的退休目标，即保证现有的生活水平。因此在这个共识下，Moneyfarm 认为在投资者退休时应该维持达到投资者当前三分之二年收入水平的养老年金。

根据 Moneyfarm 的研究，一个两口之家每年需要 27 000 英镑才能舒适地退休。这是基于基本的支出，以及一些奢侈品，例如欧洲度假、业余爱好和外出就餐的情况。而对于那些追求退休后较为奢侈生活方式的人，估计同样的一个两人家庭则需要 42 000 英镑才能满足需求，这是因为投资者会倾向购买更多的奢侈品，例如长途旅行和每五年一辆新车。Moneyfarm 充分使用这些分析作为粗略的指导来帮助投资者规划退休储蓄，使投资目标更易于管理。

Moneyfarm 为了更好地规划投资者的养老金投资，还提供了养老金计算机的功能。在这项功能中投资者可以通过设置自己的目前投资额、每月投资额以及预期年收入等数据，来模拟自己的 SIPP 未来的增长情况，还可以通过投资者设置的一次性初始投资以及每月投资来计算养老金应该实现的每月资本增长，从而帮助投资者以及投资团队分解投资目标，实现更好的投资管理与规划（图 11.4）。

**图 11.4　Moneyfarm 养老金计算器示例**

资料来源：Moneyfarm 官网。

根据最新的研究成果，Moneyfarm 在计算投资数据时，使用了 2% 的通货膨胀率，所有数据都充分考虑了通货膨胀带来的影响，并显示了投资者养老金在当今货币中的购买力。Moneyfarm 养老金计算器能够实现的原理在于，假设投资者的投资在积累阶段即达到所需退休年龄之前将以每年 5% 的速度增长，一旦退休，则调整为投资者的投资将以 3% 的年增长率增长。终生津贴目前被设定为 1 055 000 英镑，如果投资者的退休金超过了终身津贴，则需要投资者从政府那里获取额外补贴。同时 Moneyfarm 假设投资者在退休期间将获得每年 8 767.20 英镑的全额单级州退休金，并且可以活到 83 岁。在这样的假设以及理论指导下，Moneyfarm 给出了以上的投资指导以及计算结构。

Moneyfarm 对于养老金业务还给出了灵活的养老金提取选项（表 11.19）。

表 11.19 Moneyfarm 养老金提取模式

| PCLS<br>（免税一次性提取） | 灵活接入收入缩编<br>（可调收入） | UFPLS<br>（临时一次性提取） |
| --- | --- | --- |
| 1. 一次性或分期提取最多 25% 的养老金免税额；<br>2. 不会触发货币购买年度津贴，这限制了投资者每年可以节省多少养老金；<br>3. 将剩余的养老金投入增长 | 1. 每月、每季度或每年分期将投资者的养老基金作为应税收入；<br>2. 根据需要调整收入的金额和时间表；<br>3. 将此选项与免税一次性提取（PCLS）结合使用；<br>4. 将剩余的养老金投入增长 | 1. 临时提取一笔或多笔款项；<br>2. 通常可以对每次取款的 25% 免税；<br>3. 将剩余的养老金投入增长 |

资料来源：Moneyfarm 官网。

Moneyfarm 对于这些不同的提取方式也设置了相对应的调整策略，来保证投资的有效性以及对投资目标的负责。

4. 优点与缺点

Moneyfarm 作为顺应金融科技潮流出现的智能投顾平台，且同时具有传统金融机构的背景，因此具有相对于传统顾问以及其他智能投顾平台的两个维度上的优劣势。

在对 Moneyfarm 的工作原理及其提供的所有功能有了一个很好的了解的基础上，现在很容易看到在该智能投顾平台上进行投资时将获得的所有好处。一是低廉的费用：将 Moneyfarm 与整个投资行业进行比较时，可以放心地说，它们提供的运营和维护成本要低得多。在智能投顾平台方面，与类似程度较高的智能投顾平台相比，如上文所述的同样具有传统金融企业背景的 Robin,可以看出 Moneyfarm 具有价格上的独特之处;而与传统的财务顾问相比,Moneyfarm 不需要投资者付出可观的投资顾问酬劳,至于对冲基金通常则会收取至少 1% 的费用,并在进入和退出时收取费用,这类费用是 Moneyfarm 可以免除的。但是,稍后在对劣势的分析中将看到,就一般智能投顾平台而言,Moneyfarm 并不是最便宜的选择。

二是最低投资要求低:这是最吸引人的功能之一,因为投资者只需 1 磅即可开始投资。10 年前,一个人至少需要投入 10 000 英镑才能拥有 Moneyfarm 今天提供的金融产品的投资服务。

三是与其他智能投顾平台相比 Moneyfarm 还提供专业团队的人力支持:借助 Moneyfarm,投资者的确可以做到"两全其美"。一方面,投资者可以获得先进的 AI 算法对其投资组合选择与管理的支持,另一方面,投资者会得到所有维护和完善该系统的 Moneyfarm 员工的不间断支持,包括解决遇到的任何问题、进行每天评估和改进投资。

四是 Moneyfarm 还具有简便易用的优点:应用程序和 Web 浏览器都易于浏览且对新老用户很友好。投资者完全不需要精通投资理论或者计算机技术,即可快速掌握 Moneyfarm 提供的所有功能和选项。这一定程度上是得益于 Moneyfarm 完善的 Blog 页面以及知识服务,它们可以快速地回答用户的问题并且提供市场分析以及账户类型的相关知识。

五是与其他的智能投顾平台类似,Moneyfarm 可以高效地利用税收政策。即借助 Moneyfarm,投资者可以充分利用 ISA 津贴以及养老金的免税政策,来创造更好的资本增长。

当然,Moneyfarm 也有其缺点。首先是 Moneyfarm 只有有限的投资机会。虽然 Moneyfarm 可以使用很多资产,但经验丰富的投资者可能并不会使用此软件。更有经验的投资者可能会考虑通过使用实际的经纪账户建立自己的投资组合,该账户会使他们获得所有其他投资机会。但 Moneyfarm 不允许投资者自定义建立自己的投资组合,这一点可能在未来会有所改善。

其次是受到规模限制。Moneyfarm 仅在英国和意大利提供服务,这意味着对于大多数欧洲人来说,Moneyfarm 不是可用的服务。在不久的将来这可能会有所改变,比如 Moneyfarm 可能学习 ETFmatic 类似的跨国服务模式。

最后是 Moneyfarm 的提款服务:一些用户反映提款方法并不像他们想要的那样简单。这在于可能 Moneyfarm 为提款设置了太多的"关卡",这在一定程度上提高了用户提款的成本。

在目前的智能投顾市场中，Moneyfarm 在国际上还存在大量的竞争对手，包括 SigFig.com、FutureAdvisor.com 和 Betterment.com，以及在英国本土增长极快的 Nutmeg。

根据以上对于优缺点的分析，可以看出在最低投资额方面，Moneyfarm 的表现相当不错，它的最低存款额为 1 磅，部分 Moneyfarm 的竞争者（如 Betterment 和 Hedgeable）同样没有最低存款额，但诸如 Wealthfront 等平台的最低存款额为 500 磅，而 SigFig 的最低存款额为 2 000 磅。在费用方面，MoneyFarm 的管理费起价为 0.7％，略高于其他智能投顾平台，这一点并不是 Moneyfarm 的优势所在。在人工支持方面，得益于背后的强有力支持，Moneyfarm 的支持团队应答迅速且专业程度很高，具有比其竞争对手领先了数年的竞争优势。

在性能方面，虽然很难收集有关所有不同顾问的各种投资组合的全部业绩信息，但是根据来自 moneycheck.com 的信息，将 Moneyfarm 与其他智能交易顾问如 Nutmeg 进行比较，可以得出在同一时期，Moneyfarm 的表现比 Nutmeg 高出 9.5％。这是因为 Moneyfarm 拥有一支有能力的分析师团队，可以为平台提供追逐超越市场表现的能力，获取更好的投资收入。

总的来说，虽然 Moneyfarm 因为算法的薄弱以及费用较高看起来并非最好的选择，但 Moneyfarm 的投资管理在智能投顾平台中不采用以牺牲潜在的营利能力来换取较低的风险的模式，而是主动地对波动性进行调整，可以获取超越市场的表现，因此 Moneyfarm 属于欧洲最好的智能投顾平台之一。

# 第 12 章
# 中国部分代表性智能投顾平台简介

和欧美国家相比,我国智能投顾市场起步较晚,尚处于早期阶段,但是发展速度非常快。2015年以后,智能投顾领域的创业公司和服务陆续涌现。由于不同的国情和发展阶段,我国在智能投顾发展中也呈现出一些特色。2014年,我国开始出现第一家智能投顾平台,截至2022年8月,共有61家机构获得了基金投顾牌照,其中公募和券商是主流力量,占据90%。根据数据统计平台Statista的测算,2023年中国智能投顾资产管理规模达到3 229.95亿美元,较2018年增长了七倍多[①]。

从平台主体公司的性质来看,国内智能投顾平台主要分为传统金融公司智能投顾平台、互联网公司智能投顾平台和独立第三方智能投顾平台三类。其中,传统金融公司智能投顾平台以银行、券商、基金系智能投顾平台为主,主要投资对象为银行理财产品和代销的公募基金,为商业银行理财顾问业务的延伸;互联网公司智能投顾平台依托互联网金融的发展,凭借其掌握的技术优势驱动金融创新,投资对象不仅包括传统资本市场资产类型,还包括网络借贷等互联网理财产品;独立第三方智能投顾平台以初创型智投公司为代表,实现了高度的资本市场覆盖,是资本市场财富管理业务的延伸。

具体而言,首先,本节选取了广发证券贝塔牛和中银慧投作为传统金融机构进军智能投顾领域的代表,详细介绍其运营策略、产品和业务流程,并

---

① 详见 https://www.statista.com/statistics/1258450/china-aum-of-the-robo-advisor-market/。

对二者的异同点进行比较。其次，以理财魔方作为第三方理财服务平台模式的典型代表，详细阐述其运作流程与产品布局。最后，选取蚂蚁金服"帮你投"作为互联网公司智能投顾平台的代表，详细介绍此类平台的运作模式、主要业务和优缺点等。关于这些平台的更多信息可见表12.1。

表12.1 我国主流智能投顾平台的官网及联系方式

| 智能投顾平台 | 官网及联系方式 |
| --- | --- |
| 广发证券贝塔牛 | 官网：https://robot.gf.com.cn/<br>电话：020-66338888 |
| 中银慧投 | 官网：https://www.fintechboc.cn/zyht<br>电话：021-38973764<br>邮箱：bd bocft@bank-of-china.com |
| 理财魔方 | 官网：https://www.licaimofang.com/<br>电话：400-080-8208<br>邮箱：fundservice@xuanyuanmail.com |
| 蚂蚁金服"帮你投" | 官网：仅有App<br>电话：95188 |

资料来源：作者整理各官网信息得到。

总体来看，我国的智能投顾行业仍处于生命周期中的萌芽起步阶段，虽然发展速度较快，参与主体众多，但平台间的实力差距并不明显，整体行业管理规模小，且普通民众对于智能投顾认知度较低。此外，受《证券法》第171条的影响，平台无法进行全流程自动化交易，这在一定程度上也使得我国智能投顾行业整体智能化发展受限。

## 12.1 广发证券贝塔牛

**1. 平台简介**

2016年6月，广发证券在其移动交易平台"广发易淘金App"上推出了一项名为"贝塔牛"的智能投顾服务。该服务旨在运用金融工程理论、人工智能和大数据技术,为用户提供更为智能化、个性化和专业化的投资建议。作为国内证券行业最早期的一批智能投顾实践,贝塔牛尝试采取了"技术"与"人工"相结合的投顾模式,可以在一定程度上减少非理性投资行为,提升投资决策的合理性。在服务初期,贝塔牛会根据投资标的不同,将策略分为"i股票"与"i配置"两大类。"i股票"主要为客户提供股票投资建议,旨在满足金融市场上A股投资者的需求;"i配置"则主要为客户提供公募基金投资建议,旨在为投资者选择一个收益曲线较为稳定且回撤率较低的投资组合。然而,受市场环境等多重因素的影响,"i股票"长期超越市场收益的难度较大,也未能充分满足投资者的期望。因此,贝塔牛在2020年3月31日全面下线了股票智投服务。

广发证券贝塔牛的业务模式包含如下方面:首先,通过结合金融模型与大数据分析,创建投资组合,实现多样化的资产配置与投资策略;其次,保障软硬件设施能够满足大数据处理的需求,并通过App及微信端实时提供明确的操作指引,提高了投资流程的时效性和有效性;最后,简化操作流程,提供一键式实盘跟单和调整功能,增强了业务模式的清晰度和便捷度。

目前,贝塔牛作为广发易淘金App中的一个独立服务板块,仅向广发证券现有客户开放。投资者若希望使用贝塔牛的智能投顾服务,首先需要开设一个广发证券的交易账户。此外,在首次体验智能投顾服务前,用户必须阅读并签署《机器人投顾风险揭示书》。

2. 服务流程与收费模式

贝塔牛的服务体系涵盖客户需求信息收集、投资组合创建和组合管理等关键环节。在服务模式方面,贝塔牛采用理财建议型模式,给予用户最终决策权,由他们自主选择是否采纳系统提供的投资建议。其具体服务体系如下:

第一步,收集客户需求信息。投资者的具体需求主要包含退休、住房、教育等方面。而且,不同投资者也具有相异的投资理念与风险偏好程度。因此,响应投资者需求是开展投顾服务的首要环节。良好的投资需求管理有助于避免在市场出现变动时,客户受心理因素影响而出现追涨杀跌等行为。

第二步,创建投资组合。贝塔牛的投资组合创建包含"填写投资需求、选择投资策略、预览组合详情、保存设置"四个步骤。在每个交易日开盘前,贝塔牛会提供初始化建仓建议,并在后续运行过程中持续推送买卖建议。此外,用户还可以根据个人偏好选择市价委托(按照实时市场价格进行交易)或限价委托(在非交易时间预设一个期望的交易价格)等不同的委托方式。

第三步,投资组合管理。用户可通过点击 App 界面上"我的组合"一栏来查看自己的投资组合信息,这包括所有正在运行和已经结束的组合。点击任一组合,用户即能进入该组合的详细页面,并查看组合的收益情况、最近的调仓记录以及当前的持仓详情。贝塔牛会根据有效投资组合前沿的动态变化给客户发送调仓信号,控制其仓位,指导投资者进行策略调整。用户则可以根据自己的判断,决定是否按照提示进行调仓,或者选择自行调整组合以适应市场变化。

在平台费用方面,贝塔牛采取了差异化的收费策略。大部分投资组合不收取服务费,但对"稳健成长"板块中的定投基金组合会收取一定费用。截至 2024 年 7 月,各定投基金的年化管理费率介于 1.2% 到 1.5% 之间,年化托管费率介于 0.1% 到 0.25% 之间。此外,在基金转换过程中,用户还需支付相应的申购和赎回费用。

在投资门槛方面,贝塔牛不同组合的起投门槛也不尽相同。例如,"现金理财"板块并未设定最低投资门槛,而"稳健成长"和"热点挖掘"等板块的最低起投金额均为 1 000 元。

3. 产品介绍

贝塔牛的产品组合主要分为四大板块:"现金理财""固收增强""稳健成长"和"热点挖掘",每个板块下又包含了多种投资策略。"现金理财"板块主要投资货币基金和短期债券基金,其核心优势在于较低的风险和较高的流动性;"固收增强"板块主要投资债券基金,并辅以少量股票基金,旨在保持低风险的同时增强收益潜力;"稳健成长"板块均衡配置各类权益基金,以实现风险和收益的平衡;"热点挖掘"板块则专注于追踪行业动态,捕捉投资热点行业的机会。贝塔牛各类产品组合的具体情况详见表 12.2。

表 12.2 广发证券贝塔牛各类产品组合情况

| 板块名称 | 策略名称 | 策略特点 |
| --- | --- | --- |
| 现金理财 | 灵活宝 | 当日起息,即赎即用,以货币型基金为主 |
| | 月盈宝 | 申赎灵活,收益更高,以短期债券型基金为主 |
| | 小白理财 | ① 选取每个交易日内七日年化较高的货币基金;<br>② 存入时,优先存入最高收益的货基;取出时,优先取出最低收益的货基;<br>③ 剔除收益波动大、基金规模小、风险承受能力差的货基;<br>④ 单笔存入可支持额度高达 1 亿元 |

续表

| 板块名称 | 策略名称 | 策略特点 |
|---|---|---|
| 固收增强 | 日薪月益 | ① 追求绝对收益,以债券基金为主、量化对冲为辅;<br>② 严格控制回撤率和波动性;<br>③ 近三年回测年化收益率7.10%,最大回撤率仅1.89% |
| | 天秤均衡 | ① 配置10%的股票型基金和90%的债券型基金;<br>② 均分组合资产的风险,平滑掉单一资产的巨大波动;<br>③ 更易执行长期持有策略,从而分享资本市场平均收益率 |
| | 步步为营 | ① 分散配置股票债券和大宗商品等资产,降低组合风险;<br>② 可以更准确地预测各资产的风险和择时策略;<br>③ 在分散配置各资产的基础上,动态调整各资产比例 |
| | 成长先锋 | ① 通过定量与定性结合的方法优选能够长期战胜市场、持续创造超额收益的主动管理型基金;<br>② 在主要配置国内主动偏股型基金的同时,配置一定比例的美股基金和债券基金,通过大类资产配置提高整个组合的收益风险表现 |
| 稳健成长 | 中欧全明星 | 依托中欧基金公司,结合中欧主动权益基金经理不同的投资风格,进行合理均衡配置 |
| | 全球猎手 | ① 运用BL(Black-Litterman)模型及MVO(Markowitz Mean-Variance Optimization)优化,力求在收益最高的情况下,风险最小;<br>② 关注全球投资机会,更加灵活 |
| | 嘉实带飞 | ① 采用"定量+定性"的方法筛选基金;<br>② 定量:运用多因子模型,对各基金的风格展开分析,并结合风险调整后收益、择时能力、选股能力、风控能力等量化指标进行筛选;<br>③ 定性:对基金经理进行投资偏好、能力与方法论、投资背景等全方位深入调研 |
| 热点挖掘 | 主题选基 | ① 紧跟市场热点,捕捉热门主题;<br>② 以多因子选基模型为基础,权衡短期营利能力与长期稳定性 |
| | 风格轮动 | ① 基于经济周期、行业景气度、业绩与估值比价等重要影响因素,从资产配置的角度在大周期中寻找最佳配置组合;<br>② 深入研究经济周期和中观行业景气度,综合考量业绩表现与估值水平,并采用主动策略寻找风险收益比的最佳配置方向 |

资料来源:广发易淘金App。

截至 2024 年 7 月,贝塔牛"现金理财"板块的整体业绩表现良好(表 12.3)。仅灵活宝近 1 年的累计收益率略低于货币基金指数,而小白理财和月盈宝近 1 年的累计收益率均高于货币基金指数。

表 12.3 "现金理财"板块业绩

| 现金理财组合 | 投 资 标 的 | 近 1 年累计收益率 | 货币基金指数 |
| --- | --- | --- | --- |
| 灵活宝 | 华夏保证金货币 A | 1.24% | 1.90% |
| 小白理财 | 泰康现金管家 C | 2.19% | 1.90% |
| 月盈宝 | 兴银鑫日享短债 C | 1.16% | 0.78% |

资料来源:广发易淘金 App(数据截至 2024 年 7 月 21 日)。

贝塔牛的"固收增强""稳健成长"和"热点挖掘"板块共包含九种具体策略,其累计收益率、投资期限与风险等级如表 12.4 所示。由表可知,除"全球猎手"以外,其余各投资策略的累计收益率均较高。

表 12.4 "固收增强"等板块业绩

| 组合板块 | 策略名称 | 累计收益率(自成立以来) | 投资期限 | 风险等级 |
| --- | --- | --- | --- | --- |
| 固收增强 | 日薪月益 | 33.51% | 短期 | 中风险 |
| | 天秤均衡 | 38.04% | 短期 | 中风险 |
| | 步步为营 | 35.39% | 短期 | 中风险 |
| | 成长先锋 | 44.01% | 短期 | 中风险 |
| 稳健成长 | 中欧全明星 | 37.22% | 短期 | 中风险 |
| | 全球猎手 | −1.96% | 短期 | 中风险 |
| | 嘉实带飞 | 54.26% | 短期 | 中风险 |
| 热点挖掘 | 主题选基 | 72.60% | 短期 | 中高风险 |
| | 风格轮动 | 28.25% | 短期 | 中高风险 |

资料来源:广发易淘金 App,Wind 数据库(数据截至 2024 年 7 月 21 日)。

## 12.2 中银慧投

1. 平台简介

中银慧投于 2018 年 4 月上线,是中国银行依托人工智能和大数据技术,面向个人客户提供的智能投顾产品。中银慧投将智能算法与投资组合优化模型相结合,为个人客户提供智能化和自动化的资产配置建议。

中银慧投仅面向中国银行的用户提供服务,其功能内嵌于中国银行 App。用户在 App 内点击"中银慧投"并进入相关服务页面后,首先需完成一项由 15 个问题组成的风险测评。该测评具有一定的有效期,需要定期进行,一年内最多可测评 6 次。测评内容涵盖用户年龄、年均收入、债务水平、投资经验、面对风险的态度以及投资期限偏好等方面。平台将基于评估结果,把用户划分为"谨慎型""稳健型""进取型"等投资类型,并据此推荐相匹配的投资方案。

在运营模式方面,中银慧投采用人机结合的方式,致力于提高用户的服务质量。具体而言,中银慧投不仅通过机器学习技术不断优化其算法模型,而且充分发挥了传统金融机构旗下投顾平台的优势,与中国银行的投资顾问团队实现了深度融合。此外,中银慧投主要采用理财建议型服务模式为用户提供专业投资建议,最终的投资决策权仍掌握在用户手中。这些投资策略由中国银行内部研究团队开发,结合量化分析与基本面研究,并偏向大类资产配置。

目前,中银慧投为客户提供的智投服务是免费的,平台的收入主要来源于金融产品代销手续费。中银慧投在进行调仓操作时会仔细计算成本与收益,严格控制交易的换手率和成本。在策略设计方面,平台力求避免依赖频繁调仓以增加手续费收入,因此,中银慧投的平均调仓周期通常设定在 3 个月左右。

2. 产品介绍

凭借中国银行的国际化与综合化优势,中银慧投能够较好地为用户提供全球资产配置服务。该平台以公募基金为投资核心,涵盖了货币、固收、权益、商品联接基金以及 QDII 和 QFII 等多元化的基金类型。目前,中银慧投平台由"优选 FOF""资产诊断"和"智能定投"三个核心板块构成。其中,

"优选FOF"板块能够综合分析市场状况与用户风险偏好,并采用系统自动化技术为客户推荐投资产品;"资产诊断"板块运用智能算法对客户的现有资产配置进行深入分析,并根据个人情况定制资产配置策略;"智能定投"板块则可以为客户提供基于智能算法的"定期不定额"定投服务。

在中国银行持有金融资产的客户均可享受中银慧投"资产诊断"板块的智能资产诊断服务。在投资门槛方面,中银慧投的起始投资额为1 000元,这在一定程度上体现了商业银行对国家普惠金融战略的践行。

(1) 优选FOF

"优选FOF"是中银慧投的核心板块。根据用户的风险测评结果与预期投资期限,中银慧投共设计了15种投资组合。现将不同投资期限下,各风险等级投资组合的资产配置情况进行整理,如表12.5所示。

表12.5 各风险等级投资组合的资产配置情况

| 投资期限 | 组合内容 | C1 谨慎型 | C2 稳健型 | C3 平衡型 | C4 成长型 | C5 进取型 |
| --- | --- | --- | --- | --- | --- | --- |
| <1年 | 现金管理类 | 18.18% | 10.23% | 5.38% | 5.70% | 5.20% |
|  | 固定收益类 | 81.82% | 59.85% | 49.64% | 32.59% | 24.80% |
| <1年 | 权益投资类 | 0 | 23.00% | 36.36% | 52.30% | 60.40% |
|  | 另类及其他 | 0 | 6.92% | 8.62% | 9.41% | 9.60% |
| 1~3年 | 现金管理类 | 14.54% | 10.16% | 5.34% | 5.28% | 5.00% |
|  | 固定收益类 | 85.46% | 59.71% | 45.43% | 29.40% | 20.44% |
|  | 权益投资类 | 0 | 22.34% | 39.87% | 55.15% | 64.46% |
|  | 另类及其他 | 0 | 7.79% | 9.36% | 10.17% | 10.10% |
| >3年 | 现金管理类 | 11.87% | 9.60% | 5.24% | 5.11% | 4.80% |
|  | 固定收益类 | 88.13% | 59.35% | 42.90% | 22.29% | 16.40% |
|  | 权益投资类 | 0 | 22.59% | 42.40% | 62.10% | 68.30% |
|  | 另类及其他 | 0 | 8.46% | 9.46% | 10.50% | 10.50% |

数据来源:中国银行App,作者整理。

(2) 资产诊断

中银慧投资产诊断服务的目的为考察用户是否合理安排了"活钱管理""稳健投资""进取投资""保险保障"四笔资金。在健康的资产配置方案中，这四笔资金需要各司其职，缺一不可。借助专业的投资策略研究、科学的资产配置理论、优选的金融产品体系和智能的量化模型算法，中银慧投能够根据用户的风险评估等级对其资产配置现状进行评分，以考察用户资金配置的合理度与优化空间。下面将详细介绍在中银慧投资产配置策略中，上述四类资金各自的收益特征与产品范围。

其一，活钱管理。"活钱管理"模块中的资金具有高流动性、低风险性与低收益性的特点。该项服务的目的是满足用户日常及短期消费资金需求，产品范围包括活期存款、货币基金、现金管理类理财及活钱宝、闲钱宝等。"活钱管理"的收益特征可参考中证货币基金指数，该指数由当前市场上全部开放式货币基金组成。

其二，稳健投资。"稳健投资"模块的流动性、风险性与收益性均位于中等水平。作为用户整体资产的压舱石，"稳健投资"的底层资产以现金类、债券类投资为主，并结合少部分权益类投资来增厚收益，其波动相对较小，有助于实现资产稳步增长。该模块的收益特征可参考中证债券型基金指数，该指数主要由当前市场上的开放式债券基金组成。

其三，进取投资。"进取投资"模块中的资金具有低流动性、高风险性与高收益性的特点。作为用户整体资产的推动器，该模块的底层资产中权益类、另类资产投资占比相对较高（如偏股基金、贵金属积存、偏股代销资管等产品），但波动程度也相对较大。"进取投资"的收益特征可参考中证偏股型基金指数，该指数主要由当前市场上的开放式偏股基金组成。

其四，保险保障。设置该模块的目的为帮助用户更好地应对风险。同时，"保险保障"资金还具有"人生规划"功能，用户可以通过该模块提前锁定子女教育、养老等投资目标所需的现金流，并且通过指定受益人的方式实现资产在代际间的继承。

此外，为响应党的二十大报告中对"完善多层次、多支柱养老保险体系建设"的号召，中银慧投在其资产诊断服务页面新增了"个人养老金资产配置规划"功能。用户只需输入退休剩余年数、预计领取养老金年数、工作地社会平均工资水平、期望养老生活方式以及基本养老保险缴费情况等关键信息，即可测算退休后的年度开销、每年可领取的养老金数额以及当前的养老金缺口。同时,平台还提供了"个人养老金理财""个人养老金基金""个人养老金存款"与"个人养老金保险"四种服务供用户选择。

(3) 智能定投

作为智能投顾平台的代表之一,中银慧投的"智能定投"板块相较于传统的基金定投在如下三方面具有优势。

其一,投资方式。有别于传统基金定投"固定时间+固定扣款金额+投资者指定基金"的投资方式,中银慧投"智能定投"板块采用了一种更为灵活的策略——"固定时间+智能调节扣款金额+BOC Smart 精选基金",以期实现更优的投资效果。

其二,产品选择。在传统基金定投模式下,投资者需具备一定的专业能力,以自行选择长期业绩稳健的优秀基金。而中银"智能定投"板块则充分借助信息技术时代的优势,由中行 BOC Smart 量化模型选择适合智能定投的优秀基金,该模型会自动匹配策略以实现用户收益最大化的目标函数。

其三,投资收益。在传统基金定投的基础上,中银智能定投使用了"均线策略",即根据指数相对其均线(即指数的移动平均线 MA,其通过计算一段时间内指数的均值,客观反映了指数的平均价格)的偏离程度自动调整单次的投资金额。调整规则由中行 BOC Smart 模型智能计算得出,如表 12.6 所示。当指数在均线上方时,代表市场处于相对较高的位置,此时相对减少定投金额,可有效降低资金投入风险;当指数在均线下方时,代表市场处于相对较低的位置,此时相对增加定投金额,可有效降低平均持仓成本。

表 12.6　中银慧投"均线策略"投资金额调整规则

| 若指数 T-1 收盘价高于均线值 | 实际扣款率 | 若指数 T-1 收盘价低于均线值 | 实际扣款率 |
| --- | --- | --- | --- |
| 0～1% | 100% | 0～1% | 100% |
| 1%～3% | 90% | 1%～3% | 120% |
| 3%～6% | 80% | 3%～6% | 140% |
| 6%～10% | 70% | 6%～10% | 160% |
| 10%～20% | 60% | 10%～15% | 180% |
| 20%以上 | 50% | 15%以上 | 200% |

资料来源:中国银行 App。

中银慧投为用户提供主动管理型、指数追踪型与指数增强型三类基金定投产品。用户开通并签约基金投资理财服务后，即可选择这三种类型的产品进行定投。各类基金定投产品的具体介绍详见表12.7。

表12.7 各类基金定投产品介绍

| 定投类型 | 基 金 名 称 | 基金类型 | 风险等级 | 起投金额 | 普通定投近3年收益率 | 智能定投近3年收益率 |
|---|---|---|---|---|---|---|
| 主动管理 | 富国天惠 | 混合型 | 中等 | 100元 | −15.94% | −15.80% |
| | 鹏华优势企业股票 | 股票型 | 中等 | 100元 | −15.41% | −15.27% |
| | 华安生态优先混合A | 混合型 | 中等 | 100元 | −28.32% | −28.21% |
| | 嘉实泰和混合 | 混合型 | 中等 | 100元 | −25.73% | −25.58% |
| | 银华中小盘混合 | 混合型 | 中等 | 100元 | −28.17% | −28.00% |
| | 国泰聚信价值混合A | 混合型 | 中等 | 100元 | −29.02% | −28.89% |
| | 招商行业精选股票 | 股票型 | 中等 | 100元 | 11.90% | 11.93% |
| | 华夏经济转型股票 | 股票型 | 中高 | 100元 | −19.94% | −19.74% |
| | 华商新量化混合A | 混合型 | 中等 | 100元 | −16.18% | −16.01% |
| | 富国美丽中国混合A | 混合型 | 中等 | 100元 | −20.41% | −20.32% |
| 指数追踪 | 南方创业板ETF联接A | 指数型 | 中高 | 100元 | −14.75% | −12.38% |
| | 中银证券中证500 ETF联接A | 股票型 | 中等 | 100元 | −6.07% | −5.23% |
| | 嘉实中证主要消费ETF | 指数型 | 中高 | 100元 | −0.73% | 0.85% |
| | 嘉实深证120联接A | 指数型 | 中等 | 100元 | −1.41% | 0.31% |
| | 华夏恒生ETF联接A（美元） | QDII | 中高 | 10美元 | −6.83% | −4.52% |
| 指数增强 | 景顺沪深300指数增强A | 股票型 | 中等 | 100元 | −10.16% | −8.14% |

资料来源：中国银行App。

## 12.3 理财魔方

1. 平台简介

理财魔方成立于2014年12月,是国内首家智能投顾企业(图12.1)。作为人工智能驱动的家庭财富管理平台,理财魔方已与多家基金公司开展了商业合作。借助人工智能技术,理财魔方可以为用户定制与其风险承受能力匹配的资产组合,提供一键式全球配置、实时监控金融市场、动态调仓等功能和服务。

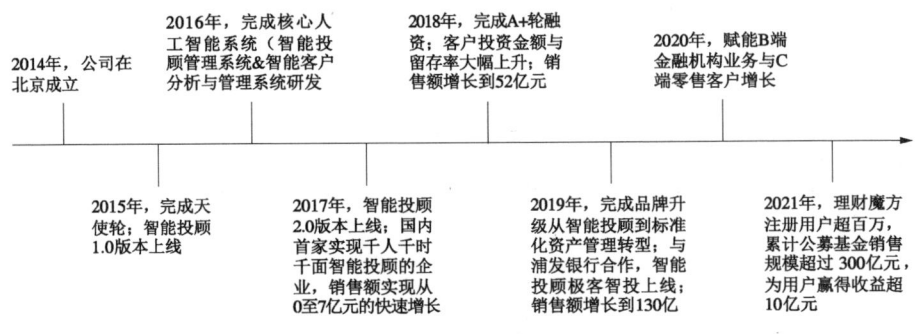

图12.1 理财魔方发展历程

用户在进入"理财魔方"界面后,首先需要完成一个问卷调查与一项风险测评。在问卷调查部分,平台会收集用户的基本信息,包括职业、年龄、婚姻状况,以及他们的投资期限与目标;在风险评估环节,平台则会进一步了解用户的投资经验、收入来源、资产状况与投资偏好。根据问卷填写与风险测评结果,平台可将用户划分为谨慎型、稳健型、平衡型、成长型、进取型五类,并分别为其推荐不同的投资方案。

用户在使用理财魔方进行投资时,需要交纳的费用包含赎回费、申购费与投顾费。其中,赎回费与用户当前基金赎回份额和持有时间相关,申购费与用户申购基金金额相关,投顾费与投资产品的风险特征等相关。以一个风险等级为R4中高风险的投资产品为例,其投顾年化费率为0.8%,但以一个风险等级为R2的中低风险投资产品为例,其投顾年化费率仅为0.2%。

在理财魔方的主页面上,用户共拥有"三张卡",分别为资产配置卡、理财偏好卡和理财能力卡。用户可以随时查看自己的资产状况,并调整自身的用户画像,以实现更加精准的投资偏好匹配。

此外,理财魔方还推出了"魔方真选"服务。该服务是理财魔方独创的基金可视化分析系统,采用类似魔方的"九宫格"进行可视化,能够清晰地展示出基金产品在不同时期、不同类别下的表现(图12.2),图中细密的散点为所有产品的风险收益分布,而左上角的大圆点则代表用户所选单一产品的风险收益位置。坐标轴所代表的风险排名和收益排名只是相对于其他基金的排名情况,故风险排名靠前只能说明该基金相对于其他基金的历史最大回撤较低,并不能保证其一定是低风险产品。"九宫格"可视化图表有助于用户找出在同等收益下风险更低,或者在同等风险下收益更高的产品。

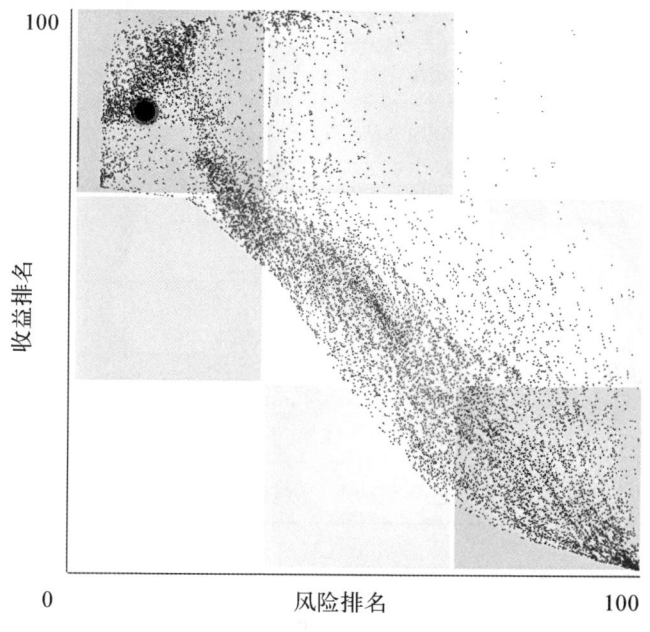

图12.2 "魔方真选"可视化图表

2. 产品介绍

理财魔方主页共展示了四类专题,分别为"安稳理财""追求长期收益""海外优选配置"与"热门主题优选"(表12.8)。

表 12.8 理财魔方产品介绍

| 专题类别 | 相关产品 | 当期成分基金近1年平均收益 |
| --- | --- | --- |
| 安稳理财 | 智能定投——万家季季乐享 | 4.94% |
| | 智能定投——超级月月福 | 4.12% |
| | 优选债券基金组合 | — |
| 追求长期高收益 | 超越全明星 | — |
| | 财星选成长 | −9.99% |
| 海外优选配置 | 纳斯达克100优选 | 18.77% |
| | 新兴市场优选 | 6.33% |
| | 高收益美元债优选 | 3.04% |
| | 标普500优选 | 12.74% |
| | 全球高科技行业优选 | 19.37% |
| | 科技互联优选 | 19.40% |
| 热门主题优选 | 黄金ETF优选 | 19.63% |
| | 央企主题优选 | 2.92% |
| | "一带一路"特估主题优选 | 1.60% |
| | 银行ETF优选 | 13.92% |
| | 创新驱动ETF优选 | 8.68% |

资料来源：理财魔方App。

"安稳理财"专题以纯债类产品为主，追求稳健且持续上升的业绩走势，期望在每个周期均可取得正收益。因此，该专题更加适合风险承受能力低、追求稳健的投资者群体。

"追求长期收益"专题专注于资产的长期配置与持续优化调整，适合投资周期较长的人群。该专题内的产品可能会经历一定程度的波动，但总体目标是实现长期超越比较基准。

"海外优选配置"专题以海外投资产品为主,目标是寻找具有上涨潜力的投资机会,为家庭资产配置提供多元选择,以分散单一资产带来的投资风险。因此,该专题适合风险承受能力较高,且看好海外投资的人群。

"热门主题优选"专题主要聚焦近期较受市场追捧的板块,比如黄金、银行、央企等主题。当下,黄金作为避险资产,具有较高的投资价值;而银行和央企等红利型资产受益于经济慢复苏背景下稳定分红的逻辑,也具备一定的配置价值。

## 12.4 蚂蚁金服"帮你投"

1. 平台简介

"帮你投"是由先锋集团与蚂蚁金服集团在2020年联合推出的智能投顾平台,由先锋领航投顾(上海)投资咨询有限公司(现已更名为蚂蚁投顾)为用户提供选基、配置、调仓等资产管理服务。参照美国先锋领航集团多年来的线上投顾经验,先锋领航投顾(上海)投资咨询有限公司的团队会基于先锋领航集团独家专利"全球资本市场模型"(Vanguard Capital Markets Model,VCMM)中各类资产的收益与数据变量进行系统分析,并对投资组合未来可能的收益进行10 000次模拟,计算出适合投资者风险偏好的投资组合。"帮你投"可以帮助用户进行基金申购、赎回等交易,为客户持续跟踪市场动态,并且根据市场情况为用户进行自动调仓。2020年4月初,"帮你投"在支付宝内上线,具有门槛较低、简单便捷、自动化等特点。其发展历程如图12.3所示。

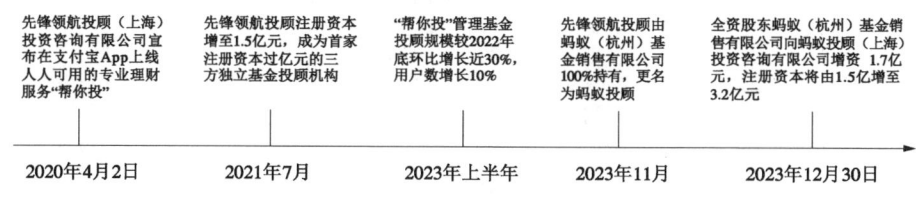

图 12.3 "帮你投"发展历程

作为首批获得试点的第三方独立投顾,"帮你投"的用户数量与管理规模均保持着持续增长。截至2023年年底,"帮你投"服务用户超4 000万,成为当前业内服务用户数量最多的投顾平台。

2. 产品介绍

用户在支付宝或蚂蚁财富 App 中选择"帮你投"服务并进入相关页面后，首先需要完成一个简短的问卷调查。这个问卷会询问用户的基本信息、可投资资产总额、每月支出比例、可接受亏损范围以及风险厌恶程度等，从而初步了解用户的客观风险承受能力与主观投资偏好。根据问卷的回答，平台会为用户定制一个合适的投资策略。用户还可以在该策略的基础上进行个性化的调整，以更好地满足自己的投资需求。

截至 2024 年 7 月，"帮你投"平台的投资策略可以分为"灵活取现""稳健理财""稳中求进"和"进阶理财"四类，每类策略下又包含许多具体的投资方案。所有投资方案均设有 800 元的最低投资门槛，但不同方案间的调仓策略和计费标准却各有差异。

（1）灵活取现

"灵活取现"策略仅包含一种投资方案"活钱理财＋"，该方案的期望年化收益在 2.4％到 2.8％之间，目标是追求超越余额宝的收益，并支持大额灵活取用。作为一种低风险的资产配置方案，其中货币型基金占据 85％的比重，债券型基金占据 15％的比重。目前，"活钱理财＋"的具体投资标的构成如表 12.9 所示。

表 12.9 "活钱理财＋"投资标的

| 基金类型 | 基 金 名 称 | 配置占比 |
| --- | --- | --- |
| 货币型基金 | 长城收益宝货币 C | 85.00％ |
| 债券类基金 | 易方达安悦超短债债券 C | 4.00％ |
|  | 兴业短债债券 C | 4.00％ |
|  | 国泰利享中短债债券 C | 4.00％ |
|  | 创金合信鑫日享短债债券 E | 3.00％ |

资料来源：蚂蚁财富 App，作者整理。

针对该策略，"帮你投"平台的调仓规则如下：

其一，快速转出后调仓。在用户快速转出资金后，平台将发起资产再平衡操作，以尽可能保证投资者的实际资产配置比例与目标资产配置比例相同，并通过分析投资组合持仓以及可选货币型基金的日年化收益率等，合理分配各货币型基金的转入金额。

其二，定期调仓。在服务正式开启后，平台将定期审核投资者账户下组合的实际资产配置比例。若实际资产配置比例与最新目标资产配置比例的偏离度超过特定值（一般为1%，但投资顾问有权根据实际情况就前述阈值进行调整），则会发起调仓，以尽可能保证投资者的实际资产配置比例与最新目标资产配置比例相同。

其三，不定期调仓。不定期调仓分为两种情形：① 若近期市场情况或所选基金评级出现重大变动，平台将会对用户的投资组合、投资基金选择以及资产配置比例进行调整；② 若单只基金在组合内的配比与投资顾问为用户调整后的目标资产配置发生偏离，平台会即刻发起调仓。

在正常情况下，"灵活取现"类策略的投顾服务费将按照组合计费总资产的0.10%（年化费率）计提。但当投资者单日组合总资产小于500元（包含500元）时，平台将不计提投顾服务费。

（2）稳健理财

"稳健理财"策略包含"稳步增利""7日理财＋""安稳理财6个月""安逸求盈""安稳理财12个月"共五种投资方案。这五种投资方案的预期年化收益率在2.5%到5%之间，且建议持有期限为7天到一年以上不等。该策略的具体信息如表12.10所示。

表12.10 "稳健理财"策略

| 方案名称 | 风险 | 目标 | 费用 | 固收类基金 | 股票类基金 |
|---|---|---|---|---|---|
| 稳步增利 | 中低风险 | 2.5%～3.5% | 0.25%/年 | 100.00% | 0.00% |
| 7日理财＋ | 中低风险 | 2.8%～3.2% | 0.20%/年 | 100.00% | 0.00% |
| 安稳理财6个月 | 中低风险 | 3%～4% | 0.25%/年 | 100.00% | 0.00% |
| 安逸求盈 | 中低风险 | 3.5%～4.5% | 0.25%/年 | 95.00% | 5.00% |
| 安稳理财12个月 | 中低风险 | 4%～5% | 0.25%/年 | 97.00% | 3.00% |

资料来源：蚂蚁财富App，作者整理。

针对上述五种投资方案,"帮你投"共有下述调仓规则:

其一,定期调仓。在服务正式开启后,平台将定期审核用户目标组合下的实际资产配置,包括大类资产配置(如股票类基金、固收类基金的比例)和细分资产配置。若实际资产配置与目标资产配置的偏离度超过一定阈值,则会发起调仓。该调仓规则适用于"稳步增利""7日理财+"和"安逸求盈"三种投资方案。

其二,不定期调仓。不定期调仓分为两种情形:① 若近期市场情况或所选基金评级出现重大变动,平台将会对用户的投资组合、投资基金选择以及资产配置比例进行调整;② 若单只基金在组合内的配比与投资顾问为用户调整后的目标资产配置发生偏离,平台会即刻发起调仓。

其三,目标组合变更调仓。若用户的风险承受能力、投资期限、财务状况或整体投资目标出现变化,且这些变化可能会涉及投资组合的调整,则平台将持续监测市场动态,并依据对市场未来趋势的最新分析来决定是否需要协助用户更新其目标投资组合。如果计划执行的更新与原资产配置的变动位于±20%的范围内,平台将有权在未经用户同意的情况下展开调整。然而,若计划执行的更新超出了特定的变动范围,平台会再次征询用户的同意。在获得用户同意之前,平台将继续按照用户现有的投资组合管理资产配置。该调仓规则适用于"稳步增利"和"安逸求盈"两种投资方案。

其四,收益目标达成调仓。若用户投顾账户的预估收益率(该收益率的计算尚未扣除投资顾问服务费及相关基金交易费用,是由组合内各成分基金的净值计算得出的)达到或超过预定的组合收益目标,平台将代表用户执行调仓操作,转而投资于货币基金。然而,需要注意的是,在调仓操作执行之后,由于基金净值的波动、投资顾问服务费的收取以及可能产生的基金赎回费等因素,平台无法保证用户最终实现的实际收益率能够达到或超越原本设定的组合收益目标。该调仓规则适用于"安稳理财6个月"和"安稳理财12个月"两种投资方案。

(3)稳中求进

"稳中求进"策略同样仅包含一种投资方案"安稳回报",该方案的期望年化收益在4.5%到5.5%之间,目标是追求性价比,兼顾收益与波动,建议持有时长为2年以上。

该策略的资产配置包含86%的固定收益基金和14%的股票类基金,投顾服务的年化费率为0.25%。其调仓规则同样分为定期调仓、不定期调仓与目标组合变更调仓三种,且具体内涵均与前文"稳健理财"策略相同。

(4) 进阶理财

"进阶理财"策略包含"稳中求胜""动态进攻""全面进攻""全球精选策略""百分百进攻"五种投资方案。这五种投资方案的预期年化收益率位于7%到16%之间,且建议的持有期限均大于3年。该策略的具体信息如表12.11所示。

表12.11 "进阶理财"策略

| 方案名称 | 风险 | 目标 | 费用 | 固收类基金 | 股票类基金 |
| --- | --- | --- | --- | --- | --- |
| 稳中求胜 | 中风险 | 7%～10% | 0.40%/年 | 51.00% | 49.00% |
| 动态进攻 | 中风险 | 9%～13% | 0.50%/年 | 25.00% | 75.00% |
| 全面进攻 | 中高风险 | 10%～15% | 0.50%/年 | 7.00% | 93.00% |
| 全球精选策略 | 中高风险 | 10%～15% | 0.50%/年 | 0.00% | 100.00% |
| 百分百进攻 | 中高风险 | 11%～16% | 0.50%/年 | 0.00% | 100.00% |

资料来源:蚂蚁财富App,作者整理。

除了"全球精选策略",其余四种投资方案的调仓规则均可分为定期调仓、不定期调仓与目标组合变更调仓三种,且具体内涵与前文"稳健理财"策略相同。

针对"全球精选策略",其具体资产配置包含70%的美国市场股票类基金、18%的欧洲市场股票类基金、8%的日本市场股票类基金和4%的新兴市场股票类基金。该策略的调仓规则仅有定期调仓与不定期调仓两种。

# 附录 1
# 统计学基础及其在金融领域的应用

统计学是数据科学的基石，提供了收集、整理、分析和解释数据的系统方法，构建起了数据、模型与投资决策之间的桥梁。为了便于读者更流畅地探索人工智能在经济金融领域的应用，在附录部分我们将概述统计学的基本概念，如数据类型、度量尺度、总体与样本、描述统计与推断统计等，并引入时间序列分析这一重要工具，讲解 ARIMA 和 GARCH 模型的原理及其在捕捉市场趋势、评估风险与机遇方面的应用。此外，还将简要探讨随机过程与数值分析的概念，前者为理解市场不确定性提供了数学框架，后者则利用数学方法和计算技术对复杂模型进行求解和优化，从而为制定灵活的投资策略和精确的量化决策提供支持。

## A.1 统计学：数据科学的基石

作为一门严谨而富有实践性的科学，统计学的定义涵盖了数据的收集、整理、分析和解释的全过程。它不仅仅是简单的数字游戏，而是通过对大量数据进行深入探索，揭示数据背后隐藏的规律、趋势和关联性，进而为科学研究、政策制定、商业决策等提供有力支持。通过统计学，我们能够更准确地把握现象的本质，预测未来的趋势，从而作出更为科学合理的决策。简而言之，统计学是数据科学的基石，是连接数据与知识的桥梁。

从专业角度来看,统计学的研究对象具有总体性、数量性、客观性和随机性等特点。它关注的是社会经济现象或自然现象总体的数量特征,通过构建统计指标和指标体系来反映这些特征的规模、水平、速度、比例、效益和趋势。同时,统计学强调数据的客观性,即数据是现象总体数量特征的客观反映,不受主观意志的转移。此外,数据的随机性也是统计学研究的重要特征之一,它要求在分析数据时充分考虑随机因素的影响。

统计学的发展历史可以追溯到古希腊时代,但真正成为一门系统的科学则是在近代。其发展历程大致可以分为古典记录统计学、近代描述统计学和现代推断统计学三个阶段。

古典记录统计学阶段的统计学主要关注数据的记录和描述,尚未形成系统的理论和方法。古希腊的亚里士多德等人通过撰写"城邦政情"或"城邦纪要",对城邦的历史、行政、科学、艺术、人口、资源和财富等社会和经济情况进行比较和分析,为统计学的起源奠定了基础。然而,这一阶段的统计实践主要停留在文字记述层面,尚未与数学方法相结合。

随着社会的进步和科学的发展,统计学逐渐与数学方法结合,形成了近代描述统计学。这一阶段的代表人物包括高尔顿、皮尔逊等。他们提出了平均数、标准差、相关系数等统计量,并发展了正态分布、卡方检验等统计方法。这些方法和理论为描述数据的分布特征、相关性等提供了有力工具,推动了统计学的发展。

进入 20 世纪后,随着大数据时代的到来和计算机技术的飞速发展,统计学迎来了新的发展机遇。现代推断统计学应运而生,它关注如何基于样本数据推断总体特征。哥赛特提出的 $t$ 检验、费雪提出的方差分析等方法为统计推断提供了重要工具。随着贝叶斯统计、非参数统计等方法的兴起,统计学的理论和方法体系更加完善,应用领域也更加广泛,几乎涵盖了所有需要数据分析和决策的领域。以下介绍一些典型的应用场景。

在自然科学和社会科学领域,统计学是不可或缺的研究工具。通过收集和分析实验数据或调查数据,科学家们能够揭示自然规律和社会现象背后的原因和机制。例如,在医学研究中,统计学被广泛应用于临床试验和流行病学调查中,以评估药物疗效和疾病风险因素;在社会科学研究中,统计学则被用于分析社会现象、评估政策效果等。

在商业领域,统计学为企业提供了精准的市场分析和预测工具。通过对市场数据的收集和分析,企业能够了解消费者的需求、竞争对手的动态以及市场的变化趋势。这有助于企业制定更加科学合理的营销策略、产品定价策略等商业决策。例如,在零售业中,商家可以通过分析销售数据和顾客行为数据来优化库存管理、提高销售效率;在金融行业中,金融机构则可以利用统计方法来评估金融工具的风险和收益、制定投资策略等。

在政府管理中,统计学也发挥着重要作用。政府部门需要收集和分析大量数据来制定政策、评估政策效果以及进行资源分配等。例如,在人口普查中,统计部门需要收集全国人口的年龄、性别、职业等基本信息以了解人口结构和变化趋势;在环境保护中,环保部门则需要收集空气质量、水质等环境数据来评估环境质量并制定保护措施。

除了上述专业领域,统计学还渗透到了人们的日常生活中。从日常购物时的货比三家到家庭理财时的收益比较,从工作学习中的成绩分析到休闲娱乐中的游戏规则制定……统计学的身影无处不在。它帮助我们更加理性地看待生活中的各种现象和问题,作出更加明智的选择和决策。

## A.2 统计学基本概念

### A.2.1 数据类型与度量尺度

数据是统计学的基础,它可以是数字、文字、图像或任何可以被观察和记录的信息。比如,一个班级里所有学生的考试成绩、一个城市的天气记录或者一个公司的销售额,这些都是数据。在统计学中,数据类型主要分为定量数据和定性数据。定量数据通过数值来描述,可以进一步细分为连续数据和离散数据。连续数据如身高、体重等,可以在一定范围内取任意值;离散数据如人数、物品数量等,只能取整数或特定的值。定性数据则用于描述对象的属性或类别,如性别、国籍等,通常通过分类或分组来表示。

度量尺度则是指测量数据时所采用的单位或标准。它就像是测量东西时用的"尺子"或者"标准",能够告诉我们怎么衡量和记录数据。这个"尺子"有好几种不同的类型,每种类型都能帮我们更准确地了解我们正在测量的东西。

名义尺度就像是给不同的人或物起名字或分类。比如,区分"苹果"和"香蕉",或者把班级里的学生按"男生"和"女生"分类。名义尺度只是简单地告诉我们这些是不同的类别,但不涉及它们之间的顺序或大小关系。序数尺度就像是给比赛排名一样。比如,在一场跑步比赛中,第一名、第二名、第三名……这就是序数尺度。它能告诉我们谁跑得更快,也就是类别之间的顺序关系,但并不能准确地说出第一名比第二名快了多少秒。间隔尺度更近了一步,它不仅能告诉我们顺序,还能告诉我们两个点之间的距离是相等的。比如,温度计上的度数,从20℃到30℃以及从30℃到40℃,这两段距离是相等的,表示温度上升了相同的量。但是,间隔尺度不一定有一个真正的"零点",比如温度,0℃并不是表示"没有温度",只是我们设定的一个参考点。比率尺度是最高级的"尺子",它既有等距性,又有真正的"零点"。比如,我们的体重或身高,就是比率尺度的例子。因为我们可以说一个人比另一个人重或高了多少,而且"零"在这里有实际意义,体重为零意味着没有质量。比率尺度让我们能够进行最精确的比较和计算。总的来说,度量尺度的不同类型帮助我们根据测量的需要,选择最合适的"尺子"来理解和记录数据。

### A.2.2 总体与样本

总体是指研究对象的全体集合,即我们所关心的全部数据或个体。这些个体或数据点具有共同的特征或属性,我们希望通过统计分析来揭示这些特征或属性之间的规律或关系。总体可以是人、物体、事件、观测值等的集合,具体取决于研究的目的。比如,全国所有高中生的身高数据就是一个总体。

总体具有如下的特征:全面性,即总体包含了所有符合特定条件或标准的个体;同质性,即总体中的个体在某一或某些方面具有共同的特征或属性;抽象性,即虽然理论上总体是明确的,但在实际操作中,由于资源、时间等限制,我们往往无法直接对总体进行全面研究。

由于总体往往很大,直接研究起来很困难,所以通常会从总体中随机选取一部分数据作为代表,这部分数据就是样本。样本是从总体中随机抽取的一部分个体或数据点的集合。通过对样本的研究,我们可以推断出总体的某些特征或属性。样本的选择需要遵循随机性原则,以确保样本的代表性和研究结果的可靠性。例如,在研究全国大学生的平均身高时,直接对全国所有大学生进行调查并不现实,因此可以随机抽取一部分大学生作为样本,然后通过对这部分大学生的身高数据进行统计分析,来估计全国大学生的平均身高。

样本往往具有以下特征：随机性，即样本中的个体是从总体中随机抽取的，每个个体被选中的概率相等（或已知）；代表性，即一个好的样本应该能够代表总体的主要特征或属性；可操作性，即由于资源、时间等限制，通常只能对样本进行研究，而不是整个总体。

### A.2.3 描述统计与推断统计

描述统计学主要关注数据的整理与展示，通过图表、平均数、中位数、众数、标准差等统计量来描述数据的分布特征和集中趋势。这些统计量为我们提供了数据的直观印象，有助于我们初步了解数据的基本情况。

推断统计学则进一步探讨如何利用样本数据来推断总体特性，由于很难获取全部数据（即总体），所以通过研究样本数据，可以估计总体的某些特征或参数，并评估这种估计的可靠性。比如，通过抽样调查某个城市的一部分居民对某项政策的满意度，来推断整个城市居民的满意度。

在推断统计学中，通常会建立假设，并通过收集样本数据来检验这些假设是否成立。参数估计和假设检验是推断统计学的两大核心内容。参数估计旨在根据样本数据估计总体参数的值；假设检验则用于判断样本数据与总体参数之间是否存在显著差异。它首先根据研究目的提出一个假设（通常是关于总体特征的某种猜想），然后通过收集样本数据，利用统计方法检验这个假设是否成立。假设检验常用于科学研究中，帮助科学家验证他们的理论或发现。

### A.2.4 概率

概率是描述某一事件发生的可能性的数值。在统计学中，概率帮助我们理解随机现象的不确定性，并预测未来可能发生的结果。比如，抛一枚硬币正面朝上的概率是0.5。概率的统计定义是：在一定条件下，重复做 $n$ 次试验，$nA$ 为 $n$ 次试验中事件 A 发生的次数，如果随着 $n$ 逐渐增大，频率 $nA/n$ 逐渐稳定在某一数值 $p$ 附近，则数值 $p$ 称为事件 A 在该条件下发生的概率，记作 $P(A)=p$。这个定义表明，概率是通过大量重复试验的频率来估计的，当试验次数趋于无穷时，频率会趋近于一个稳定的值，这个值就是该事件发生的概率。概率在统计学中扮演着至关重要的角色，它为数据的收集、分析和解释提供了理论基础和分析工具。以下是一些概率在统计学中的具体应用。

抽样调查：在抽样调查中，概率帮助我们确定每个个体被选中的可能性，从而确保样本的代表性。通过合理运用概率抽样方法，如简单随机抽样、分层抽样和系统抽样等，我们可以对总体特征进行较为准确的推断。

假设检验：假设检验用于判断关于总体的某个假设是否成立，通过计算在假设成立的情况下观察到现有样本数据的概率（即 $P$ 值），我们可以决定是拒绝还是接受原假设；$P$ 值越小，表示在原假设为真的情况下，观察到当前数据或更极端数据的可能性越小，从而更有可能导致我们拒绝原假设。

概率分布：概率分布是统计学中的重要概念，它描述了随机变量取值的概率规律。常见的概率分布如正态分布、二项分布、泊松分布等，为描述和分析数据提供了有力的框架。

风险评估和决策分析：在风险评估和决策分析中，概率帮助我们评估不同结果发生的可能性，从而作出更明智的选择。例如，在金融领域，投资者可以利用概率来评估不同投资组合的收益和风险，以优化投资策略。

### A.2.5 相关性与因果性

在统计学中，相关性与因果性是理解变量之间关系的重要概念。相关性是指两个或多个变量之间的关联程度或联系紧密性。它描述了当一个变量发生变化时，另一个变量是否也会随之发生某种趋势性的变化，但并不直接说明一个变量是另一个变量的原因。

相关性分为正相关、负相关和不相关三种类型。正相关指的是当一个变量的值增加时，另一个变量的值也倾向于增加，或者当一个变量的值减少时，另一个变量的值也倾向于减少。例如，身高和体重之间通常存在正相关关系。负相关指的是当一个变量的值增加时，另一个变量的值倾向于减少，或者反之。例如，运动量和体重之间可能存在负相关关系。不相关指的是两个变量之间没有明显的关联或趋势性变化。

衡量相关性的常见指标包括 Pearson 相关系数、Spearman 排序相关系数、Kendall 排序相关系数等。这些系数通常介于 $-1$ 和 1 之间，其中 0 表示不相关，$-1$ 表示完全负相关，1 表示完全正相关。相关系数的绝对值越接近 1，表示两个变量之间的相关性越强。

因果性描述的是两个事件之间的作用关系，其中一个事件（原因）导致另一个事件（结果）的发生。在因果关系中，原因在时间上先于结果，并且是导致结果发生的直接或间接因素。

因果性具有三个特点：一是时间顺序，原因必须在结果之前发生；二是必然联系，原因的变化直接导致结果的变化，这种联系是必然且可预测的；三是非偶然性，因果关系中的联系不是偶然的，而是具有重复性和稳定性的。

相关性和因果性既有区别也有联系。一方面，二者相互区别，相关性仅描述两个变量之间的关联程度，不涉及因果方向；而因果性则明确指出一个变量是另一个变量的原因。相关性可以是双向的（即两个变量都可能是对方变化的原因），而因果性则是单向的（原因导致结果）。相关性可以通过统计方法直接计算得到，而因果性的确定则需要更严格的实验证据或逻辑推理。另一方面，在某些情况下，强相关性可能暗示着潜在的因果关系。然而，仅凭相关性并不能直接推断出因果关系。因果关系是理解事物之间相互作用和变化规律的基础，而相关性则为我们提供了发现潜在因果关系的重要线索。

## A.3 数值分析方法

数值分析是数学的一个分支，专注于使用数值近似和迭代方法来解决那些难以或无法用解析方法直接求解的问题。在统计学中，数值分析方法扮演着至关重要的角色，尤其是在处理大规模数据集、复杂模型估计以及数据预处理等方面。下面将对数值分析方法进行简要介绍，展示其在经济金融领域的应用。

### A.3.1 数值分析方法简例

当我们面对一些非常复杂的数学问题时，直接求解可能非常困难或者根本不可能。这时候，就需要借助一种叫作"数值分析"的工具来找到这些问题的近似答案。

想象一下，你正在尝试测量一座山的高度，但你没有专业的测量设备，只能用手中的小石子不断堆叠，直到它们的高度接近山的高度。虽然这个"石子堆"的高度并不是山的精确高度，但它给了我们一个很好的近似值，让我们对山的高度有了大致的了解。这就是数值分析方法的基本思想——通过一系列的计算和逼近,得到复杂问题的近似解。以下简述一些具体的数值分析方法。

**内插法**:假设 13:00 的气温为 20℃,15:00 时为 14℃,那么 13:30 时,温度是多少?两点钟时,温度又是多少?这时,内插法就派上用场了,通过已知的信息(一点钟和三点钟的气温),用一条直线(在这个例子中是线性的)来"猜测"中间时间点的气温。所以,一点半时气温大约是 18.5℃,两点时则是 17℃。这种方法简单而有效,是处理连续变化数据的好帮手。

**外推法**:假设某个国家的国内生产总值每年都在稳步增长,去年是 100 万元,增长率是 5%。那么,外推法就会告诉我们,按照这个趋势,今年这个国家的国内生产总值可能会达到 105 万元。当然,未来的事情总有变数,但外推法给了我们一个基于当前信息的合理预测。

**回归分析**:给定几个二维坐标上的点,回归分析就是设法找到一条最接近这些点的直线,让这条线尽可能地穿过这些点,或者至少离它们不远。这样,我们就能够用一个简单的数学表达式来描述这些点之间的关系了。

**最佳化**:有一个卖饮料的小贩,若每杯饮料 100 元,每天可以卖 197 杯饮料,若饮料单价增加 1 元,每天就会少卖 1 杯饮料。饮料定价为 148.5 元时,其每天的收入为最大值。不过由于饮料单价需为正整数,因此饮料定价可定为 149 元,对应每天的收入为 22 052 元。

**微分方程**:假设在一房间中的不同位置放置一百个风扇,然后在房间中放置一根羽毛,羽毛会依房间中气流而移动,而房间中的气流可能相当复杂。不过每一秒量测一次羽毛附近空气的速度,假设羽毛下一秒是等速的直线运动,即可求得下一秒时羽毛的位置,再量测当时羽毛附近空气的速度,以此类推。这种方法称为欧拉方法,常使用在常微分方程的数值分析。

## A.3.2　数值分析方法在经济金融领域中的应用

经济金融领域是数值分析方法的重要应用场景,尤其是在金融行业,涉及大量的数据处理,包括交易数据、客户数据和风险数据等。数值分析在金融领域发挥着至关重要的作用,可帮助金融机构深入理解市场趋势、优化业务策略、降低风险并提高运营效率。随着机器学习方法的引入,如神经网络和随机森林,数值分析的能力得到了进一步扩展。这些算法能够处理高维、非线性数据,并从海量历史数据中自动提取市场规律,实现更精确的预测和决策。尤其是深度学习技术,凭借其在处理复杂金融时间序列数据方面的优势,展现出巨大的潜力。

通过这些先进的算法和模型,金融机构可以进行前瞻性的市场分析,预测股票、债券、外汇等金融产品的未来走势,为投资者提供策略建议,并制定更加有效的风险管理方案。以下是数值分析方法在金融领域中的一些具体应用案例。

在第一个案例中,假设你是银行信贷部门的负责人,正在决定向哪家企业发放贷款。在银行的贷款审批流程中,风险评估是关键环节之一。银行不仅关注借款人的基本信息(如年龄、职业、家庭状况),还需要深入分析其财务状况(如收入稳定性、负债情况、资产价值)以及历史还款记录(如是否有逾期或违约记录)。这些信息可以通过数值分析方法进行处理,构建一个全面的信用评分模型。回归分析是一种常用的方法,它可以量化各个因素(如收入水平、贷款额度、担保物价值)对信用风险的影响,进而预测违约的概率。此外,聚类分析可以根据借款人相似的特征(如还款行为、资产组合)将其分为不同的风险群体,帮助银行识别高风险与低风险借款人,从而实施差异化的风险管理策略。通过这些数值分析工具,银行能够快速、准确地评估借款人的信用状况,决定是否批准贷款、设定合适的利率和贷款条件,并制定贷后管理措施,如定期监控还款情况和及时调整风险敞口。这样,银行可以有效控制贷款风险,提升信贷决策的效率。

在第二个案例中,假设你是一名基金经理,负责制定投资策略,你需要综合考虑市场走势、行业趋势和个股表现等多种因素。时间序列分析作为一种常用的数值分析方法,可以通过对海量多维历史数据的分析,帮助你识别市场的潜在趋势和规律,从而为投资策略提供时间维度的参考。例如,时间序列分析可以揭示某只股票在特定时期的价格波动模式,帮助你判断未来走势是否延续上涨、震荡或回落。此外,许多资产和行业具有周期性特征,时间序列分析能帮助你识别这些周期,确保在市场低点买入、高点卖出,最大化收益。你还可以利用时间序列分析来构建更加精细的投资组合,通过分析不同股票、债券等资产在不同市场条件下的历史表现,识别它们的相关性,从而更有效地配置资产,减少市场波动带来的投资风险。先进的时间序列模型如 ARIMA、GARCH 等,还可以处理金融数据中的非稳定性和波动性,提供长期趋势预测以及短期波动的风险信号,进一步丰富你的投资策略。通过这种数据驱动的分析方法,你能够制定更精准的投资策略,充分考虑市场变化的动态性，帮助投资者实现更高回报的同时有效控制风险，在复杂的市场环境中作出更加理性、科学的决策。

综合来说，数值分析方法在经济金融领域中的应用是多种多样且深远的。无论是信用风险评估、投资策略优化，还是市场预测，数值分析工具都为金融机构提供了强大的技术支持。通过这些工具，金融行业能够更好地应对市场变化，优化决策过程，并在复杂的金融环境中实现稳健发展。

## A.4 时间序列分析

时间序列分析是一项重要的数值分析方法。时间序列是按时间顺序排列的一组数据点，如心率监测、每日最高温度、股票价格等。每个数据点代表在某一特定时间点的观测值。时间序列可以包含趋势、季节性、周期性、随机性等成分。时间序列分析广泛应用于经济学、金融学、气象学和生物学等领域。通过时间序列分析，研究者能够揭示数据背后的隐藏规律，并基于这些规律进行预测或决策。ARIMA 模型和 GARCH 模型是时间序列分析的两个重要工具。ARIMA 模型主要用于分析和预测时间序列中的趋势性和周期性变化，而 GARCH 模型则更适合处理具有波动性的金融数据，如股票价格的波动。

### A.4.1 ARIMA 模型

1. ARIMA 模型概述

ARIMA（自回归积分滑动平均）模型是一种广泛应用于时间序列预测的方法，特别是在经济、金融和气象等领域。它是由博克思（Box）和詹金斯（Jenkins）于 20 世纪 70 年代初提出的一种时间序列预测方法，也称为 Box-Jenkins 模型。ARIMA 模型建立在 AR 模型和 MA 模型的基础上，想要了解 ARIMA 模型，就要先从这两个模型入手。

AR 模型，即自回归模型，其优势是对于具有较长历史趋势的数据，AR 模型可以捕获这些趋势，并据此进行预测。但是 AR 模型不能很好地处理某些类型的时间序列数据，例如那些有临时、突发的变化或者噪声较大的数据。AR 模型相信"历史决定未来"，因此很大程度上忽略了现实情况的复杂性，也忽略了一些不可预料的影响。

相反地，MA 模型，即移动平均模型，可以更好地处理那些有临时、突发的变化或者噪声较大的时间序列数据。但是对于具有较长历史趋势的数据，MA 模型可能无法像 AR 模型那样捕捉到这些趋势。MA 模型相信"时间序列是相对稳定的，时间序列的波动是由偶然因素影响决定的"，但现实中的时间序列很难一直维持"稳定"这一假设。

基于以上两个模型的优缺点，研究者们又引入了 ARIMA 模型，这是一种结合了 AR 模型和 MA 模型优点的模型，可以处理更复杂的时间序列问题。ARIMA 模型的基本思想是利用数据本身的历史信息来预测未来。一个时间点上的数值既受过去一段时间内的数值影响，也受过去一段时间内的偶然事件的影响，这就是说，ARIMA 模型假设数据是围绕着时间的大趋势而波动的，其中趋势是受历史数据影响构成的，波动是受一段时间内的偶然事件影响形成的，且大趋势本身不一定是稳定的。

ARIMA 模型主要由自回归（AR）、差分（I）和移动平均（MA）三个部分组成，分别对应模型名称中的"A""R"和"I"。自回归（AR）部分模型考虑了过去的数据值对当前值的影响。例如，今天的股票价格可能会受到昨天价格的影响。差分（I）部分模型用于处理非平稳时间序列数据，通过差分操作使得数据更加平稳。例如，如果股票价格每天都在上涨，就可以通过计算每天的价格变化（差分）来消除这种趋势。移动平均（MA）部分模型考虑了过去的误差项对当前值的影响。例如，如果昨天的预测误差较大，那么这个误差可能会影响今天的预测。

ARIMA 模型通常表示为 ARIMA(p, d, q)，选择合适的参数是建立模型的关键步骤。其中，p 是自回归项的阶数，表示使用多少个过去的值来预测当前的值；d 是差分的阶数，表示需要进行几次差分操作来使时间序列变得平稳；q 是移动平均项的阶数，表示使用多少个过去的误差项来预测当前的值。

用更通俗的语言来解释，自回归项（p）指的是模型中使用过去的多少个数据点来预测当前的数据点。简单地说，就是看"历史"数据能多大程度上帮助预测现在的值。想象你在预测明天的天气。如果今天晴朗，那么昨天和前天的天气也可能是晴朗的。在这种情况下，你可以参考前几天的天气来预测明天的天气。这里的"前几天"就是自回归项（p）的概念。如果 p=1，就意味着只看前一天的天气；如果 p=2，就意味着看前两天的天气，以此类推。

差分阶数(d)是用来让数据变得更"平滑"的。换句话说,就是为了让数据看起来没有那么多的起伏变化。这是因为有些数据会随时间不断上升或下降,这种趋势需要先去掉,才能更好地预测未来的值。还是天气预报的例子。如果你注意到气温每天都在升高,那么你可能需要先找出这种升高的趋势,然后去掉这个趋势再来看天气的变化。这就像是计算今天的气温比昨天高了多少度,然后再看这个温度差是不是稳定的。这就是差分的概念。如果 d=1,就意味着做一次这样的差分处理;如果 d=2,就意味着做两次这样的处理,以此类推。

移动平均项(q)则是指用过去预测中的误差来改进现在的预测。也就是说,看看之前的预测哪些地方不准,然后用这些信息来调整现在的预测。继续沿用天气预报的例子。假设你昨天预测今天会下雨,但实际上今天没下雨。那么你可以用这个误差(预测下雨但实际上没下雨)来改进今天的预测,以便更好地预测明天的天气。这里的"误差"就是移动平均项(q)的概念。如果 q=1,就意味着只用前一天的误差来改进今天的预测;如果 q=2,就意味着用前两天的误差来改进今天的预测,以此类推。

由此可得,ARIMA(1,0,0)代表只用前一天的数据来预测今天的天气,但不考虑长期趋势,也不用之前的预测误差来改进。ARIMA(0,1,0)则代表先去掉数据中的长期趋势(如气温每天升高),然后再预测。ARIMA(0,0,1)代表不用历史数据直接预测,而是利用前一天的预测误差来改进今天的预测。ARIMA(1,1,1)则代表同时考虑前一天的数据、去掉长期趋势,并且利用前一天的预测误差来改进今天的预测。

那么,我们怎么确定 p、d 和 q 的值呢?首先,我们可以确定差分阶数 d。差分的目的是使时间序列变得平稳。一般的顺序是先观察原始数据,可以通过绘制时间序列图来查看是否存在趋势或季节性成分。随后,通过执行 ADF 检验(Augmented Dickey-Fuller Test)或其他单位根测试来检验序列是否平稳。如果结果表明序列不平稳,则需要进行差分处理。如果一次差分后的序列仍然不平稳,可以考虑二次差分等更高阶差分。重复上述过程直到得到平稳的时间序列为止。通常情况下,实际应用中 d 很少超过 2。

而 p 和 q 的确定通常需要用到两个工具:自相关函数(ACF)和偏自相关函数(PACF)。ACF 测量的是时间序列与其滞后版本之间的相关性。它可以帮助识别时间序列中的自回归(AR)成分。如果一个序列是 AR(p)的,那么它的 ACF 会在 p 阶之后迅速衰减。PACF 测量的是时间序列与其滞后版本之间的直接相关性,排除了中间滞后的影响。它有助于识别时间序列中的移动平均(MA)成分。如果一个序列是 MA(q)的,那么它的 PACF 会在 q 阶之后迅速变为零。

在确定 p 的时候,如果 PACF 在某个滞后阶数后突然变为零,那么这个滞后阶数就是 p 的候选值;如果 ACF 在某个滞后阶数后迅速衰减,那么这个滞后阶数也可以作为 p 的候选值。例如,如果 PACF 在滞后 3 后突然变为零,那么 p 可能是 3。

在确定 q 的时候,如果 ACF 在某个滞后阶数后突然变为零,那么这个滞后阶数就是 q 的候选值;如果 PACF 在某个滞后阶数后迅速衰减,那么这个滞后阶数也可以作为 q 的候选值。例如,如果 ACF 在滞后 2 后突然变为零,那么 q 可能是 2。

2. ARIMA 模型在经济金融领域的应用

ARIMA 模型广泛应用于经济金融领域,特别是在处理具有时间序列特性的数据预测问题上具有出色表现。

在经济领域,ARIMA 模型被广泛应用于预测宏观经济指标,如 GDP 增长率、失业率、通货膨胀率等。这些指标对于政策制定者、企业和投资者来说都具有重要意义。ARIMA 模型能够利用历史经济数据,捕捉经济活动的周期性波动和长期趋势,为预测未来经济走势提供有力支持。通过准确预测经济趋势,政策制定者可以及时调整政策,促进经济稳定增长;企业和投资者则可以把握市场机遇,规避风险。

在金融领域,ARIMA 模型被用于预测股票价格、汇率、利率等金融资产的未来走势。金融市场波动剧烈,受到多种因素的影响,包括宏观经济环境、政策变动、市场情绪等。ARIMA 模型能够利用历史金融数据,分析市场波动规律,预测未来市场走势。这对于投资者来说具有重要意义,可以帮助他们制定投资策略,降低投资风险,获取更高的投资回报。接下来,本章将展示在经济金融领域中,ARIMA 模型的一个具体应用案例:股票市场趋势预测。

假设我们是股票市场的分析师,我们的任务是预测一家大型零售公司股票的未来价格走势,以帮助投资者制定投资策略。

首先,我们需要收集一段时间内的股票价格数据,通常包括开盘价、最高价、最低价、收盘价以及成交量等。这些数据构成了时间序列数据集。对于本例来说,我们主要关注的是日收盘价。在构建 ARIMA 模型之前,需要对数据进行预处理,包括但不限于:检查数据是否存在缺失值并处理;对数据进行平稳性检验(如 ADF 检验),因为 ARIMA 模型要求序列是平稳的;如果数据不是平稳的,则需要进行差分操作来使其平稳。

一旦数据准备好并且已经平稳化,就可以开始构建 ARIMA 模型。这涉及确定模型的三个参数:p(自回归项)、d(差分阶数)、q(移动平均项)。这些参数的选择可以通过自动识别过程或手动调整来完成,通常使用 AIC (Akaike Information Criterion)或 BIC(Bayesian Information Criterion)准则来确定最佳参数组合。

使用选定的参数集训练模型后,还可以使用一部分历史数据作为测试集来验证模型的预测性能。常见的评估指标包括均方误差(MSE)、均方根误差(RMSE)、平均绝对误差(MAE)等。一旦模型验证成功,就可以使用它来预测未来的股票价格趋势。随后,可以利用训练好的 ARIMA 模型对未来一个月的股票价格进行预测,并绘制预测价格与实际价格的对比图(图 A.1)。

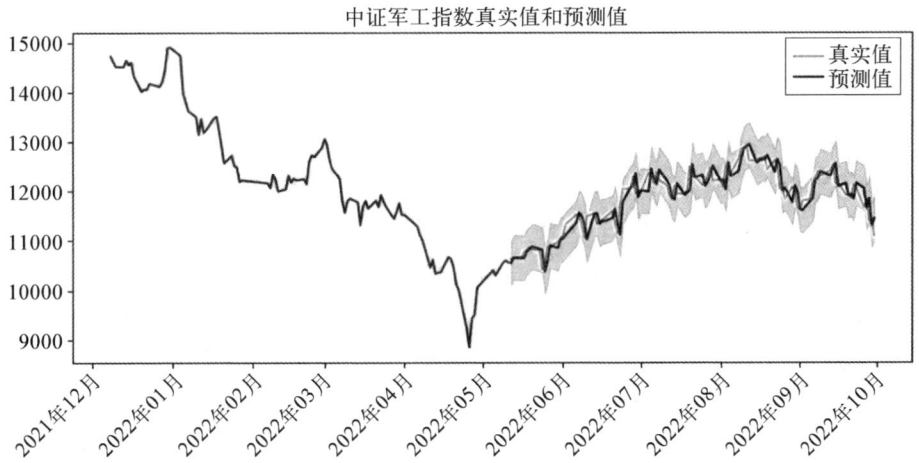

图 A.1　一个利用 ARIMA 模型进行股票预测的例子

假设预测结果显示,未来一个月内该公司的股票价格可能会呈现上升趋势。我们可以根据这一预测结果,撰写投资分析报告,建议投资者考虑增加对该公司的股票持仓。不过需要注意的是,一方面,预测结果应该谨慎解读,尤其是在金融市场中,因为股票价格受到多种因素的影响,而不仅仅是历史价格数据;另一方面,股票市场的复杂性和不确定性意味着任何预测都有一定的风险,模型应该定期更新以适应市场变化。

### A.4.2 GARCH模型

1. GARCH模型概述

传统的计量经济学模型通常假设时间序列数据的方差是恒定的,即数据的波动性保持不变。这种假设简化了数据分析的过程,使得模型更容易建立和解释。然而,这种假设在现实世界中往往并不成立,因为许多时间序列数据(如金融数据)的波动性会随着时间的推移而发生变化。比如,人们早就发现股票收益的波动幅度是随时间而变化的,并非常数。这使得传统的时间序列分析对实际问题并不有效。

1982年,美国加州大学圣迭哥分校的罗伯特·恩格尔(Robert F. Engle)教授在《计量经济学》(Econometrics Journal)杂志上发表了一篇研究英国通货膨胀率波动性的文章,其中,首次提出了ARCH模型并进行了详细阐述。这一模型的出现,解决了传统计量经济学中时间序列变量方差恒定假设所带来的问题,为金融时间序列分析提供了新的视角和方法。ARCH模型因其重要的理论贡献和广泛的应用价值,成为计量经济学和金融工程学领域的重要工具,罗伯特·恩格尔为此获得了2003年诺贝尔经济学奖。

ARCH模型的基本思想是在以前的信息集下,某一时刻的噪声(或误差项)是服从正态分布的,但该正态分布的方差(即波动性)是一个随时间变化的量,且这个随时间变化的方差是过去有限项噪声值平方的线性组合(即自回归)。这样,ARCH模型就能够捕捉到时间序列数据中的波动性聚集现象,即波动率在一段时间内都比较高,在另一段时间内都比较低。

GARCH模型,全称为广义自回归条件异方差(Generalized Autoregressive Conditional Heteroskedasticity)模型,由提姆·波勒斯勒夫(Tim Bollerslev)在1986年提出。作为ARCH模型的扩展,它不仅包括了ARCH模型中的滞后残差项(即p阶),还引入了滞后波动项(即q阶),从而能够更好地描述波动聚集现象,还可以引入非对称项来捕捉金融时间序列的"杠杆效应",即负面新闻可能会引起更大的波动性反应。并且,ARCH模型通常只考虑了前一期的残差平方对当前期条件方差的影响,而GARCH模型则可以包含多个滞后期的残差项,这使得GARCH模型能够更好地捕捉波动率的时间序列特性。

在金融时间序列分析中,波动率建模是一个重要课题。作为一种专门用于波动率预测的模型,GARCH 模型特别适用于金融市场中波动率的建模。该模型通过引入条件异方差来描述时间序列数据的波动性特征,即当前的波动性不仅受到过去波动性的影响,还受到过去收益或价格的影响,通过捕捉金融数据中的波动聚集现象(即大的波动后往往跟随大的波动,小的波动后往往跟随小的波动)来提高预测精度。这种特性使得 GARCH 模型在金融市场的风险管理、资产定价和经济计量学中得到了广泛应用。

GARCH 模型的核心思想是通过自回归过程来捕捉波动性的持续性,并通过条件异方差来描述波动性的时变性。模型通常由两部分组成:均值方程和方差方程。均值方程通常是一个 ARMA(自回归移动平均)模型,用于描述时间序列数据的线性关系;方差方程则是 GARCH 模型的核心,用于描述时间序列数据的波动性。

常见的 GARCH 模型包括 GARCH(1,1)、GARCH-M 等。在 GARCH(1,1) 模型中,当前时刻的方差由过去时刻方差的加权平均与过去误差项平方的加权平均共同决定,这种结构使得 GARCH 模型能够很好地捕捉金融数据中的波动聚集现象。GARCH-M 模型是一种扩展的 GARCH 模型,它不仅考虑波动性对方差的影响,还将波动性引入均值方程中。在 GARCH-M 模型中,资产的预期回报率不仅取决于其他变量,还会受到波动性水平的影响。也就是说,当波动性较大时,预期回报率也可能更高。这样,GARCH-M 模型能够捕捉金融市场中风险与回报之间的关系。

GARCH 模型的实现包括以下步骤:

① 数据准备与预处理:准备和预处理金融时间序列的历史数据,包括数据的清洗、转换和差分等,以确保数据的准确性、一致性和适用性。

② 模型选择:根据数据的特性和研究需求,选择合适的 GARCH 模型,并明确设定均值方程和方差方程的形式。在 GARCH 模型中,需要确定合适的滞后期数(p 和 q)。其中,p 是 GARCH 模型中用于捕捉波动性的滞后项数。q 是 ARCH 项的滞后项数,用于捕捉前一期波动对当前期波动的影响。一般来说,在 GARCH 模型的定阶过程中,主要考虑的因素是需要回顾多少天前的历史数据来预测今天的数据。如果只考虑昨天的数据,那么模型就是 GARCH(1,1)。如果考虑昨天和前天的数据,那么模型就是 GARCH(2,1)。这里的数字 1 和 2 就是模型的阶数。

③ 构建似然函数：基于残差项的分布（如标准正态分布）构建似然函数，它反映了模型参数与观测数据之间的匹配程度。

④ 参数估计：运用极大似然估计法（MLE）等高级统计参数估计方法，通过求解似然函数的导数等于零的方程组或使用迭代算法（如Newton-Raphson算法、BFGS算法等）来找到最优的参数估计值。

⑤ 模型检验：运用残差检验、模型验证等统计方法，评估模型的拟合效果和预测能力。

2. GARCH模型在经济金融领域的应用

GARCH模型在金融市场中具有广泛的应用，主要包括：

① 波动性预测：通过对历史数据的分析，GARCH模型可以预测未来时间序列数据的波动性，为投资者提供决策支持。

② 风险管理：金融机构可以利用GARCH模型进行风险定价和风险管理，提高经营效率。例如，计算VaR（在险价值）等风险指标。

③ 资产定价：在资产定价模型中，波动性是一个重要的输入变量。GARCH模型可以提供更准确的波动性预测，从而改进资产的定价模型。

④ 交易策略：一些交易策略依赖对市场波动性的预测，GARCH模型可以帮助交易者制定更有效的交易策略。

⑤ 经济和金融研究：GARCH模型被广泛应用于经济和金融领域的研究，帮助研究者分析金融市场的波动性特征，以及波动性与其他经济变量之间的关系。

下面将通过一个具体的例子来展示GARCH模型的应用。

假设你是一名基金经理，负责管理一只股票投资基金。为了更好地理解市场动态并优化投资组合的风险管理策略，你需要对股市的波动性进行深入研究。由于股价变动往往伴随着较大的不确定性，准确地预测未来的波动性对于制定有效的交易策略至关重要。

首先，你需要收集历史日收盘价数据，并计算每日收益率［通常使用对数收益率 $r_t = \ln(P_t/P_{t-1})$，其中 $P_t$ 表示第 $t$ 天的价格］。并确认收益率序列是否平稳，如果需要的话执行适当的转换或差分操作。

接下来，选择合适的GARCH模型形式，以基础的GARCH(1,1)模型为例，它反映了过去误差平方和前一期波动率对当前波动率的影响程度。如果存在杠杆效应或其他复杂特性，也可以考虑使用扩展版本如EGARCH、TGARCH等来处理。

利用拟合好的 GARCH 模型,可以对未来几期的波动率进行预测。这些预测可以帮助你了解未来市场可能出现的波动情况,从而调整仓位大小或采取其他风险管理措施。例如,基于 GARCH 模型得到的波动率预测,可以计算 VaR(Value at Risk)或 ES(Expected Shortfall)等风险度量指标。其中,VaR 给出了在一定置信水平下,投资组合的最大潜在损失;而 ES 则提供了超过 VaR 值时平均预期损失的信息。了解风险情况后,便可以通过设置合理的止损点或者购买期权等衍生品来进行风险对冲。根据波动性预测结果,可以决定是增加还是减少某些高波动性资产的投资比例。当预计市场波动加大时,可能会倾向持有更多现金或者低风险债券以降低整体组合的风险暴露。

通过上述步骤,GARCH 模型不仅帮助我们更精确地把握了股市波动性的变化规律,还为我们提供了一个强大的工具来衡量和控制投资组合面临的风险。这使得基金管理者能够更加主动地应对市场不确定性,保护投资者的利益。此外,GARCH 模型也可以与其他高级技术结合,如机器学习算法,进一步提升预测精度和决策支持能力。

在另一个案例中,假设你是一家跨国公司的首席财务官(CFO),负责管理公司的外汇敞口。由于公司业务遍布全球,涉及多种货币交易,因此外汇市场的波动对公司的财务状况有着直接影响。为了有效控制风险,你需要对外汇市场的主要货币对(如美元对欧元,EUR/USD)的波动性进行准确预测。

首先,你需要从历史数据源中收集 EUR/USD 汇率的日收盘价数据,时间跨度可以设定为过去几年。接着,对数据进行预处理,包括去除异常值、计算对数收益率等,以确保数据的准确性和一致性。考虑到外汇市场通常具有显著的波动性聚集特征,可以选择使用 GARCH 模型进行建模。GARCH 模型因其简洁性和有效性而被广泛应用于金融市场波动性的预测中。通过极大似然估计法,可以利用历史数据来估计模型的参数。

一旦模型参数被确定,就可以利用 GARCH 模型来预测未来几天 EUR/USD 汇率的波动性。假设预测结果显示,未来一周内 EUR/USD 的波动性将显著增加,这意味着汇率可能会出现大幅度的波动。作为 CFO,你就可以根据这一预测结果来制定相应的风险管理策略:① 套期保值:通过买入或卖出相应的外汇期货、期权等衍生品,来锁定未来的汇率,减少因汇率波动带来的不确定性风险。② 调整资金配置:如果预测到某种货币将贬值，可以考虑减少该货币的持有量，增加其他相对稳定的货币或资产的配置。③ 加强监控：提高对外汇市场的监控频率，准备应对突发情况，及时调整策略。

通过应用 GARCH 模型进行外汇市场波动性的预测和风险管理，你的公司能够更有效地控制外汇敞口风险，减少因汇率波动带来的财务损失。同时，这种科学的预测和管理方法也有助于提升企业的整体风险管理水平和市场竞争力。

## A.5 随机过程

### A.5.1 随机过程基础

想象一下，你正在观察一朵云在天空中缓缓移动，它的形状、大小和位置似乎都在不断地变化，而这些变化又充满了不确定性。这种随时间不断变化的、带有随机性的现象，正是随机过程所要研究的对象。简单来说，随机过程就是一系列随时间变化而随机变化的变量或事件，它们像是一部未完成的电影，每一刻都在上演着不可预测的剧情。

具体来说，随机过程是指一系列随时间变化而随机变化的变量或事件。它研究的是一系列随机变量在时间上的演变规律，这些随机变量可以是离散的，也可以是连续的。随机过程广泛应用于物理、生物、经济、金融等多个领域，特别是那些涉及不确定性和动态变化的问题。

在随机过程中，一些基本概念至关重要：在随机过程的舞台上，首先需要一个叫作"概率空间"的背景。这个空间定义了所有可能发生的随机事件以及它们发生的概率。就像电影里的场景设定，它告诉我们哪些情节是可能发生的，哪些是不可能发生的，以及每种情节发生的可能性有多大。在随机过程中，每个时间点都对应着一个或多个随机变量，它们就像是时间线上的舞者，随着时间的推移，不断地变换着舞姿（即取值）。这些舞者的动作（取值）是不确定的，但我们可以根据概率空间来预测他们可能跳出的舞步（即概率分布）。当我们实际观测一个随机过程时，所得到的就是这个过程的一个样本函数。它记录了随机变量随时间变化的完整轨迹，就像是一部电影的具体情节。每次观测都可能得到不同的样本函数，因为随机过程本身就充满了不确定性。有些随机过程具有一种特殊的性质——平稳性。这意味着无论我们何时开始观察这个过程,它的统计特性(如均值、方差等)都保持不变。这就像是一首永远不变的旋律,无论从哪里开始听,都能感受到相同的节奏和音调。

平稳随机过程在金融分析中尤为重要,因为它们可以帮助我们预测未来的市场走势。可以按照是否平稳将随机过程分为平稳随机过程和非平稳随机过程:平稳随机过程如白噪声过程、自回归过程等,其统计特性不随时间变化;非平稳随机过程,如某些经济指标或金融数据,其统计特性随时间变化。

也可以将随机过程分为离散时间随机过程和连续时间随机过程。离散时间随机过程中,时间参数 $t$ 只能取离散值(如每天、每小时等)。例如,每天股票收盘价格序列就是一个离散时间随机过程。而连续时间随机过程中,时间参数 $t$ 可以在实数范围内连续变化,例如,布朗运动(描述粒子在液体或气体中的无规则运动)是一个连续时间随机过程。这两种随机过程分别适用于不同的场景和问题。

以下列举了一些常见的随机过程。

1. 马尔可夫链

马尔科夫链(Markov Chain,MC)是一种随机过程,它描述了一个系统在未来某一时刻的状态仅取决于其当前状态,而与过去的状态无关。这种特性被称为"无后效性"或"马尔科夫性"。简单来说,就是"未来只与现在有关,与过去无关"。

马尔科夫链模型已经成功应用于多个金融领域的案例。例如,利用马尔科夫链模型对股票市场的涨跌进行预测,通过划分股票市场的不同状态并计算状态转移概率,可以预测未来股票市场的走势。此外,马尔科夫链模型还被用于信用评级、风险管理以及投资组合管理等领域,为金融机构和投资者提供了有力的决策支持。

2. 布朗运动

布朗运动(Brownian Motion 或 Brownian Movement)也称为维纳过程,是一种连续时间随机过程,是指悬浮在液体或气体中的微粒所做的永不停息的无规则运动。这一现象由英国植物学家罗伯特·布朗(Robert Brown)在 1827 年首次发现,当时他观察到悬浮在水中的花粉颗粒在不停地做无规则的曲线运动。因此,这种运动便以他的名字命名。

布朗运动具有高度的随机性，即微粒的位移和速度在不同的时刻都具有不确定性和无规则性，微粒的运动轨迹是曲折的、复杂的，难以预测。在金融市场中，资产价格的波动常常呈现出随机性和无规则性，这与布朗运动在物理学中的表现具有一定的相似性。因此，布朗运动原理被广泛应用于金融市场的波动分析。通过将金融市场的价格波动视为布朗运动，投资者可以运用相关的数学模型和理论来进行分析和预测，从而制定更科学的投资策略。

著名的布莱克—斯科尔斯期权定价模型就是基于布朗运动的假设。该模型认为，股票价格的变化符合布朗运动，通过计算股票价格变化的概率分布和波动率等参数，可以推导出期权的合理价格。这为投资者提供了重要的定价依据和交易决策支持。

在风险管理和投资组合优化方面，布朗运动原理同样具有应用价值。通过对不同资产的随机运动进行模拟和分析，投资者可以评估投资组合的风险水平，并找到最优的投资组合配置。这有助于降低投资风险并提高投资回报。金融机构使用布朗运动来估计资产价值在未来可能的变化范围，从而进行风险评估和管理。例如，通过计算 VaR，可以确定在一定置信水平下投资组合的最大潜在损失。

3. 随机游走

随机游走（Random Walk），也称随机漫步或随机行走，是指基于过去的表现无法准确预测未来发展步骤和方向的一种现象。在统计学和物理学中，它常被描述为一系列随机变量的累积效应，这些随机变量代表了在离散时间点上发生的微小、无规则的变动。其类似于布朗运动，但通常用于离散时间场景，如网格上的随机行走。它可用于模拟粒子扩散、网络流量等。

随机游走具有如下特性：无规则性，即随机游走的每一步都是随机的，不依赖于前一步或之前任何一步的状态；扩散性，即随着步数的增加，随机游走者的位置会逐渐扩散，形成一个更广泛的分布范围；数学模型，即随机游走可以用数学模型进行描述，如在一维空间中，每步可以向左或向右移动一个单位长度，这种移动是等概率的。

著名的有效市场假说（Efficient Market Hypothesis，EMH）就应用了随机游走。根据有效市场假说，在一个信息充分流动的市场中，所有可获得的信息都已经被反映在了证券价格之中。这意味着未来的股价变动应当是不可预测的，即股价的变化类似于随机游走。

在实际的金融市场中,股票价格、汇率等资产价格的变动常常呈现出随机游走的特征。这意味着,基于过去的价格变动来预测未来的价格走势是非常困难的。因此,随机游走模型被广泛应用于金融市场分析,帮助投资者理解市场波动性和不确定性。

随机游走模型也被广泛应用于金融衍生品定价。例如,在期权定价中,可以使用随机游走模型来模拟标的资产价格的变动路径,并计算期权的合理价格。这种方法考虑了市场价格的随机性和波动性,使得定价结果更加接近实际情况。

在风险管理方面,随机游走模型有助于投资者评估投资组合的风险水平。通过模拟资产价格的随机游走过程,可以计算出投资组合在不同市场环境下的可能损失和收益情况,从而帮助投资者制定合适的风险管理策略。

### A.5.2 蒙特卡洛模拟

如果将随机过程比作海面上不断翻涌的波涛,每时每刻都在变化,却始终遵循某种内在规律,那么蒙特卡洛模拟就像是这片数据之海上的灯塔,指引我们穿越未知的领域。这种计算技术基于随机抽样,利用随机过程的特性,通过大量重复的随机试验,逐步逼近复杂问题的解。蒙特卡洛模拟(Monte Carlo Simulation)就像一位经验丰富的航海家,巧妙地利用海风和洋流的随机性,规划出通往目的地的最佳航线。

蒙特卡洛模拟,也称为随机抽样或统计试验方法,是计算数学中的一种重要工具,以其处理复杂随机问题的高效性而著称。其名称源自摩纳哥的蒙特卡洛赌城,象征着通过随机性进行模拟和预测的过程。想象你正在玩一局"狼人杀"游戏,每一轮你都会收集证据,逐步排除某些可能性,直到接近真相。同样,蒙特卡洛模拟通过每次迭代,逐步为我们接近复杂问题的解提供有用的信息。

蒙特卡洛模拟基于大数定律和中心极限定理,通过大量随机抽样来估计复杂问题的数值解。其核心思想是,当样本数量足够大时,随机事件的频率将趋近于其真实概率,从而获得问题的近似解。

为了帮助理解这一概念,我们可以使用估算 $\pi$ 值的经典例子。假设你蒙着眼睛向一个正方形飞镖靶投掷飞镖,正方形内有一个与四边相切的圆形目标。圆的面积与正方形面积的比率是 $\pi/4$,因此,如果投掷大量飞镖,落在圆内的飞镖数量与总飞镖数量的比率将接近 $\pi/4$。将这个比率乘以 4,

就能近似得到 π 的值。

蒙特卡洛模拟的一般过程包括以下步骤：① 构造概率模型：根据问题特点，建立与之对应的概率模型或随机过程。这是模拟的基础，决定了后续随机抽样的分布和特性。② 随机抽样：在构造的概率模型中进行随机抽样，生成所需的随机数或随机向量，这些随机数需要符合设定的概率分布。③ 模拟实验：利用生成的随机数进行实验，计算得到所需的统计量或数字特征，例如事件的频率或随机变量的期望值等。④ 结果分析：对模拟结果进行统计分析，得到问题的近似解及其置信区间。为了提高结果的稳定性和可靠性，通常需要进行多次模拟。

蒙特卡洛模拟在经济金融领域展现了极大的应用价值。通过模拟大量随机变量，它能够逼近复杂问题的解，并为各类经济金融决策提供强大的支持。以下是三个具体应用案例：

一是养老金基金管理。一家大型养老金基金需要管理数千名退休人员的未来生活资金。为了确保资金的安全增长，并在退休人员需要时提供足够的养老金，基金管理团队使用蒙特卡洛模拟来应对市场波动、利率变化和通货膨胀等不确定性。通过设定合理的概率分布，模拟数百万次市场情景，基金管理者可以评估基金在不同条件下的表现，帮助制定更稳健的投资策略和风险管理措施。

二是银行风险评估。银行和金融机构经常面临全球经济不确定性的冲击。通过蒙特卡洛模拟，银行可以模拟极端市场情景，如股市崩盘或利率急剧上升，分析其资产组合的表现。这些模拟结果可以帮助银行评估资本充足率、流动性状况等关键指标，从而制定相应的应对措施，确保在市场动荡中保持稳健运营。

三是个人投资组合优化。对于个人投资者，蒙特卡洛模拟可以帮助构建稳健且高回报的投资组合。通过生成大量不同的市场情景，投资者可以评估股票、债券、基金等资产的表现。在这些情景下，蒙特卡洛模拟可以帮助计算不同资产配置方案下的风险和回报水平，最终找到符合投资者风险承受能力且满足预期收益的最优资产配置方案。

通过这些案例可以看出，蒙特卡洛模拟不仅在投资组合优化、期权定价和风险管理等领域表现出色，还能够为金融机构和投资者提供更加精确的决策支持。这种方法帮助他们在复杂多变的市场环境中作出更为明智和稳健的决策。

# 附录2
# 《智能投顾合规监管指南》[①]

## 一、智能投顾概述

人们通常把自动化投顾（Automated Advisers）俗称为"智能投顾"（Robo-advisers），它代表了投资咨询行业未来的发展趋势，有望为散户投资者提供更经济的投资咨询服务，并改变该行业的竞争格局。最初，许多智能投顾的目标用户是"千禧一代"，但后来智能投顾在各个年龄段以及各种类别的投资者中都受到了越来越广泛的欢迎。智能投顾通常是注册投资顾问（Registered Investment Advisers）。它们利用在线算法程序等创新技术，自主地为客户提供资产管理服务。希望使用智能投顾的客户，需要将个人信息和其他相关数据输入交互式数字平台中（例如输入网站或手机App）。根据这些信息，智能投顾将为客户生成投资组合，并管理客户的账户。

智能投顾有着不同的运行模式，它们能够提供多种类型的咨询服务。例如，智能投顾可与其客户进行不同层级的人机互动。有的直接向客户提供投资建议，人工投资顾问与客户之间的直接互动（如果有这种互动的话）非常有限。有的则不与客户直接交流，而是由人工投资顾问使用交互式平台向客户提供建议，通过与客户讨论和互动，创建完善的投资计划。智能投顾收集客户信息的方式也各不相同。例如，有的通过各种问卷来获取客户的信息。有的通过直接联系客户，或者让客户提供其他账户信息的方式，获

---

[①] 由美国证券交易委员会（SEC）于2017年2月发布。

取更多的信息。

鉴于这些智能投顾给市场带来了新的机遇和挑战,投资管理部(Division of Investment Management)与合规监督和审查办公室(Office of Compliance Inspections and Examinations)的工作人员一起对智能投顾的相关情况进行了考察与研究,以评估它们应如何履行《1940年投资顾问法》(Investment Advisers Act of 1940,以下简称《投资顾问法》)中规定的相应义务。美国证券交易委员会(Securities and Exchange Commission,SEC)于2016年11月14日举办了一次金融科技论坛(Fintech Forum),论坛中包含一个专门研究这些投资程序的信息通报小组。通过考察与研究,小组人员指出:根据其业务模式和运营情况,智能投顾在履行《投资顾问法》所规定的法律义务时,应谨记一些特别需要关注的事项。本指南旨在为智能投顾应如何应对其中的一些问题提供建议。工作人员还认为:根据《投资顾问法》,智能投顾可以通过不同的方式履行其对客户的义务,并且本指南中所涉及的问题并非适用于每个智能投顾。

本指南侧重于研究通过网络直接向客户提供服务的智能投顾。同时,对其他类型的智能投顾和注册投资顾问,也可能有一定的帮助。

## 二、《投资顾问法》下智能投顾应考虑的问题

与所有的注册投资顾问一样,智能投顾也要受《投资顾问法》中的实质性义务(Substantive Obligations)和信托义务(Fiduciary Obligations)的约束。智能投顾的运行依赖于算法;它们通过网络向客户提供咨询服务;人工投资顾问与客户之间即使有直接的互动,这种互动也非常有限。这些独特的运行模式可能会使得智能投顾在履行《投资顾问法》所规定的法律义务时,需要关注一些特定的事项。本指南重点关注以下三个不同的领域,并就智能投顾如何应对这些问题提出建议。

(1)向客户披露智能投顾的情况以及智能投顾提供投资咨询服务的内容及方式;

(2)从客户那里获取信息以支持智能投顾提供适当建议;

(3)采取并实施有效的合规管理制度,合理设计制度内容,以解决与自动化提供投资建议相关的特定问题。

除了本指南所着重讨论的《投资顾问法》义务,智能投顾还应当关注其项目的运行是否会涉及其他联邦证券法中的规定,包括《1940年投资公司

法》(Investment Company Act of 1940),尤其是该法的第 3a—4 条。如果智能投顾在运作中出现了超出第 3a—4 条规定范围的特别情况,相关人员可以联系投资管理部的工作人员,以获得进一步的指导。

### 三、信息披露内容和表述

客户能否作出明智的决策,取决于他(或她)从投资顾问那里获得什么样的信息。这些决策包括是否寻求投资顾问,以及如何管理与投资顾问的关系。作为受托人,投资顾问有责任将所有的重要事实向客户进行合理、全面的披露。而且在披露过程中,应注意使用适当的形式,以避免误导客户。所提供的信息必须足够具体,以便客户能够了解投资顾问的业务操作和相关的利益冲突。此类信息必须以客户能够理解的方式进行陈述。如果是书面形式,则应以客户能够读懂的形式呈现出来。

尤其需要注意的是,客户同智能投顾建立关系时,可能只经过了非常有限的人与人之间的互动(这还是在有人工与客户互动的情况下才会出现)。因此,客户能否明智地决定是否建立或者是否继续投资咨询关系,可能就完全取决于智能投顾的信息披露情况。这些电子化的信息披露可能是通过电子邮件、网站、App 或其他电子媒体进行的。此外,鉴于它们运行模式的独特性——例如它们要依赖算法和互联网来提供顾问服务,智能投顾应向客户详细地说明它们存在的限制、风险以及顾问服务的运作详情。因此,如下所述,在进行信息披露时,智能投顾要通盘考虑以下几个问题:如何解释其运行模式;如何说明其提供的投资顾问服务范围;向客户提供重要信息时,以何种形式进行陈述。

(一) 运行模式的解释

关于智能投顾如何提供投资建议,客户可能会存在一些理解上的偏差。为了应对这一问题,智能投顾除了要像注册投资顾问一样披露一些重要的信息,还应披露有关其特定业务操作和相关风险的信息。智能投顾在披露信息时,应考虑以下几个方面的信息:

- 声明其将使用算法来管理客户的个人账户。
- 对管理客户账户的算法的功能进行说明(例如,向客户推荐的投资组合是由算法创建的;客户个人账户由算法来进行投资和调整)。
- 对管理客户账户的算法使用了什么假设、有哪些局限性进行说明(例如,如果算法基于现代投资组合理论,那么就应该说明该理论背后的假设及其局限性有哪些)。
- 对使用算法管理客户账户有哪些特别的固有风险应进行说明(例如,在调整客户的账户时,算法可能不会考虑当时的市场条件;其调整也可能比客户预期的更为频繁;算法可能不会考虑市场条件的长期变化等)。
- 对智能投顾会在什么情况下推翻算法的决定应进行说明[例如,智能投顾可能会在紧张的市场条件(Stressed Market Conditions)下暂停交易或采取其他临时性的防御措施]。
- 在算法的开发、管理和所有权的确定中,是否有第三方的参与。这种情形可能会产生哪些利益冲突(例如,第三方以折扣价将算法交付给智能投顾,但是该算法引导客户购买第三方收费的产品等)。
- 对智能投顾向客户直接收取的费用以及客户可能会直接或间接承担的任何其他费用进行说明(例如,客户在顾问服务上可能要承担的支出或费用,比方说管理费或共同基金费用、经纪费和其他交易费用)。
- 对监督、管理客户个人账户过程中的人工参与程度进行说明(例如,人工投资顾问会监督算法,但可能无法监管每个客户的账户)。
- 智能投顾如何使用所收集的客户信息来生成推荐的投资组合,其局限性何在(例如,如果使用调查问卷,那么客户对调查问卷的作答可能是智能投顾提供建议的唯一依据;如果智能投顾可以获取客户的其他信息或者其他账户,那么它是否会使用——如果使用的话,如何使用这些信息来生成投资建议)。
- 客户应当何时更新他(或她)向智能投顾提供的信息,以及如何更新这些信息。

(二) 顾问服务的范围

与所有注册投资顾问一样,智能投顾须对它们提供的投资顾问服务进行清晰的说明,并采取合理的措施,避免在服务范围的表述方面出现错误,以致严重地误导客户。例如,为了避免使客户产生误解,智能投顾应该注意不要进行以下几类暗示:
- 智能投顾实际上未向客户提供全面的理财计划,却暗示客户它会提供这样的计划(例如,智能投顾没有考虑客户的税务情况或债务情况,或者它提供投资建议仅针对特定的目标——例如支付大学学费或大额消费项目——而不考虑客户的综合财务状况)。

- 提供投资亏损避税服务,却暗示其提供全面的税务顾问服务。
- 暗示除了利用调查问卷收集的信息,其他的信息在生成投资建议时也会被考虑(例如,客户向智能投顾、智能投顾的助手或者关联的第三方提供的其他账户信息,客户补充提交的信息),而实际上这些信息并未被考虑。

(三)信息披露的表达

对于智能投顾的客户,可能会有人工投资顾问向他们强调并解释一些重要的概念,也可能没有人工投资顾问来做这样的事情。如果智能投顾在披露信息时用冗杂的文字或没有用平实的语言去陈述,那么客户可能就难以阅读或者理解这些信息。在对一些智能投顾的网站和相应的披露信息进行考察之后,我们发现它们向客户提供重要信息的实际做法各不相同。由于智能投顾通过在线披露的方式来提供此类信息,因此在表述关键信息、风险和免责声明时,可能会存在一些特别的问题。因此,我们提醒智能投顾要关注他们的书面披露是不是有效的(例如,表达的意思没有被掩盖或是无法理解)。特别是在陈述的方式上,我们建议智能投顾注意以下几个方面的问题:

- 是否在注册流程之前,完成了关键信息的披露,以便客户在注册并进行投资之前,就能获得作出明智决策所需的相关信息。
- 对于关键信息,是否进行了特别强调(例如,通过弹出框等方式进行强调)。
- 对某些信息的披露,是否应附有互动文本(例如,通过提示信息等方式),或者通过其他的方式向寻求更多信息的客户提供额外的详细信息(例如,通过列出"常见问题"的方式)。
- 在移动平台上进行披露的陈述方式和格式是否已针对该平台进行适当调整。

## 四、提供适当投资建议

投资顾问的信托义务包括为客户的最佳利益考虑以及提供适当的投资建议。为履行这些义务,投资顾问必须根据客户的财务状况和投资目标,提出适合客户的合理的投资建议。

(一)通过调查问卷收集客户信息

我们观察到,智能投顾在提供投资建议时,可能会主要依据(如果不是仅仅依据的话)客户通过在线问卷调查所提供的信息。我们审阅的问卷在长度和所涉及的信息种类上各不相同。例如,有的智能投顾根据客户的年龄、收入和理财目标为其创建推荐的投资组合。还有的智能投顾可能会通过调查问卷来获取其他更多的信息,例如投资经验、风险承受能力、生活及其他开销,以创建推荐的投资组合。我们还观察到,其中的一些调查问卷没有给客户提供相应的渠道,以便其提交更多的信息。还有些调查问卷的答案中没有适合客户的选项。此外,在有的调查问卷中,人工投资顾问无法对客户的回答进行后续跟进并分析其中的一些问题,无法解决客户答案中前后不一致的问题,也无法在客户填写调查问卷时向其提供帮助。鉴于这种互动的有限性,如果智能投顾想要通过调查问卷获取足够的信息,以完成其提出适当建议的义务,我们建议智能投顾要考虑以下几个方面的问题:

- 问卷中的问题是否能够获得足够的信息,从而让智能投顾可以根据客户的财务状况和投资目标,为客户量身定制初始的投资推荐和后续的投资建议。
- 问卷中的问题是否足够清楚,问卷是否在必要的时候给客户提供了附加的说明或者示例(例如,通过提示信息或弹出框等方式来实现这一目的)。
- 对于客户在回答问卷过程中可能出现的前后不一致的问题,是否已采取相应的措施,例如:
——在调查问卷中增加提醒功能,当客户的回答存在内在不一致时,对其进行提醒,并建议其重新考虑自己的作答;
——对系统进行设计,使其能够自动标记客户提供的明显不一致的信息,以供智能投顾后续跟进审查。

(二)客户导向的投资策略变更

很多智能投顾给客户提供选择的机会,客户可以选择推荐投资组合之外的其他组合。但是,有的智能投顾未给客户提供咨询人工投资顾问的机会,客户无法同人工投资顾问进行交流,以咨询其选择的投资组合是否合适、是否与其投资目标和风险状况相适应。这种情况下,客户选择的组合在智能投顾看来可能与其根据客户在问卷中的回答所判断的投资目标和风险状况不相符。因此,由于智能投顾有为客户的最佳利益考虑的义务,它应该对客户的选择进行评价,说明它为什么认为特定的投资组合可能更适合客户的投资目标和风险状况。在这方面,我们建议智能投顾可以考虑弹出框或者其他的方法对客户进行提醒,让客户意识到其选择的投资组合可能与其理财目标不符。

### 五、有效的合规管理制度

《投资顾问法》第 206(4)—7 条规定,注册投资顾问要制定其内部的合规管理制度,以保证其能够履行该法所规定的信托义务和实质性义务。为此,注册投资顾问必须合理地制定、实施并于每年定期审查其政策和程序,这些政策和程序应是书面形式的,并应考虑到其公司业务的性质以及此类业务所产生的风险。注册投资顾问还必须任命一名合规主管,该主管人员要掌握《投资顾问法》的内容,负责执行上述书面政策和程序。

在制定合规管理制度时,智能投顾应该注意到其运行模式中较为独特的一些情况。例如,智能投顾的运行依赖于算法;它们通过网络向客户提供顾问服务;人工投资顾问与客户之间即使有直接的互动,这种互动也非常有限。对于这一系列情况可能会导致或增加的风险,应通过书面形式的政策和程序予以应对。因此,除了传统投资顾问所应采取的政策和程序内容之外,智能投顾在制定并实施其书面的政策和程序时,还应将如下问题纳入考虑:

- 算法代码的开发、测试和回测检验[①],以及其运行后的业绩监测(例如,确保代码在编入智能投顾平台之前进行了充分的测试,并在其后定期测试;代码的表现同之前所描述的相一致;对代码的任何修改都不会对客户的账户产生负面影响)。
- 调查问卷能够收集到充分的信息,以便智能投顾可以根据客户的财务状况和投资目标判断其最初的理财推荐和后续的投资建议是否适合该客户。
- 当算法代码的变更可能对客户的投资组合产生重大影响时,向客户披露这一变更。
- 智能投顾使用的算法代码或软件模块是由第三方开发、拥有或者管理时,须对第三方进行适当的监督。
- 检测、预防和应对网络安全威胁。

---

① Backtesting,测定定量模型的一种方法,用计算机根据历史数据检验投资组合的构成和收益率,以确定选择的策略在过去是否有效。——作者注

- 使用社交媒体和其他形式的电子媒体推广顾问服务(例如,网站、推特、付费请博主推广、"邀请好友"项目)。
- 对客户账户和关键顾问系统的保护。

## 六、结语

智能投顾代表着投资咨询行业的一种增长趋势,并有潜力使散户投资者能够以更可承受的价格获得投资咨询服务。作为注册投资顾问,智能投顾必须遵守《投资顾问法》的规定。本指南旨在为智能投顾提供建议,帮助其履行该法所规定的义务。随着投资咨询行业的不断创新,不断开发为客户提供咨询服务的新方式,SEC 投资管理部将持续监督这些创新并在必要时实施保障措施,以帮助促进此类业务的发展并保护投资者权益。

# 附录 3
# 《数字化投顾报告》[①]

## 一、引言

科技一直在金融服务创新领域扮演着重要的角色。目前,证券行业的许多公司推出了新的数字化投顾工具(Digital Investments Advice Tools),协助开发和管理投资组合。美国金融业监管局(Financial Industry Regulatory Authority,FINRA)对选定的一些数字化投顾工具进行了审查,以评估其发展情况。

本报告中的观察意见和推荐做法,来自 FINRA 与众多提供或使用数字化投资咨询工具的金融服务公司、供应商、国外证券监管机构的讨论以及我们的监管经验。金融服务公司包括经纪交易商和投资顾问。本报告中讨论的规则适用于经纪交易商。本报告中讨论的有效做法专门针对在 FINRA 注册的公司,但可能对金融专业人士也有参考价值。

数字化投顾工具的采用引发了关于金融专业人员的角色以及金融中介机构与其客户之间不断发展的关系的讨论。金融专业人员在提供投资咨询服务时将与数字化的服务一起扮演什么角色?投资者将在何种程度上依靠数字化投顾?软件如何认识客户?是否可以将受过良好培训的金融专业人员所提供的技能、知识和服务纳入软件?该软件能否提供合理的个人建议,尤其是对于有更复杂建议需求的客户?

---

[①] 由美国金融业监管局(FINRA)于 2016 年 3 月发布。

我们暂时不回答这些问题。但不可否认，在许多证券公司中，技术在支持客户投资建议中的作用将会增强。本报告旨在提醒经纪交易商在FINRA规则下的义务，以及分享数字化投资咨询相关的有效做法，包括技术管理、投资组合开发和缓解利益冲突等。本报告也将投资者如何评估源自数字化投资咨询工具给出的投资建议这一问题纳入了考虑。

本报告不建立任何新的法律规定或更改任何现有经纪交易商监管义务。在整个报告中，我们确定了我们认为相关公司应考虑并针对其业务模型应进行的调整。

## 二、术语说明

本报告所指的数字化投顾工具支持通过以下一种或多种主要活动来管理客户的投资组合：客户概况分析、资产配置、投资组合选择、交易执行、投资组合再平衡、投资亏损避税和投资组合分析。这些数字化投顾工具可分为两类：面向金融专业人员使用的工具和面向客户使用的工具。面向客户且包含以上前六项功能的工具，被称为智能投顾或"机器人顾问"。

## 三、数字化投顾工具简史

金融从业者已经使用数字化投资咨询工具多年。这些工具可以帮助价值链中每个环节的金融专业人员。例如，制作投资者档案、制定资产配置方案或向投资者推荐特定证券。这些建议可能是单一证券或是为提供相应资料的投资者定制的投资组合。此外，数字化投顾工具可以帮助提出建议，以定期重新平衡投资者的投资组合或是使用投资亏损避税的措施。金融从业者使用的这些工具可以是自己公司研发、公司从第三方供应商收购或者金融从业者自己收购得来。

从20世纪90年代末起，可供投资者直接使用的投资工具规模开始扩大。部分公司开始推出在线资产配置工具。2005年，当美国全国证券交易商协会（NASD）的2210—2216号解释条款生效，允许经纪交易商将投资分析工具提供给投资者时，这一规模进一步扩大。FINRA将投资分析工具定义为"在采取某些投资策略或方式时，能够通过模拟和统计分析展示投资结果可能性的交互式技术工具"。

2008年金融危机之后，许多新进入者开始提供直接面向消费者的数字化金融工具，包括投顾工具。这些新进入者中的许多公司都来源于技术行业,为技术在金融服务中的作用带来了变革。这些公司开发的工具将此前只供金融从业者使用的功能提供给投资者使用。此外,工具的人工介入程度也大不相同。某些公司仅与客户进行在线互动,而另一些公司则提供可选择的或强制的人工服务。

在许多情况下,证券行业参与者正在使用自己的数字化投顾工具来顺应这一趋势。一些参与者正在开发或获取面向客户的投顾工具,而其他参与者正在开发或获取面向金融专业人员的工具,以增强他们为客户服务的能力。这些工具中包括一些高级分析工具(例如,评估客户风险承受能力或投资组合风险的工具)。在某些情况下,还包括演示界面,使金融专业人员能够在线向客户展示信息。供应商经常将这些工具定位为金融专业人员与客户进行更深入、更复杂的讨论的基础。

### 四、管理和监督

对投资建议的管理和监督是 FINRA 指南中反复出现的主题,同样地,FINRA 也对数字化投顾工具提出的投资建议进行了管理和监督。我们关注的监管重点在以下两个方面:① 驱动数字化投顾工具的算法;② 客户投资组合的构建,包括其中可能存在的利益冲突。

#### (一) 算法

算法是数字化投顾工具的核心。它们利用各种金融模型和假设,将输入的数据转化为具体的操作建议。算法将输入信息转化为输出的方法应该反映出公司完成特定任务的方法。例如,对投资者进行概况分析、重新平衡账户或进行投资亏损避税。如果算法针对其任务设计不佳或未正确编码,则其结果可能会偏离预期的结果,并对许多投资者产生不利影响。因此,至关重要的是公司需要有效地监管其数字化投顾工具所用的算法。首先,公司应当评估算法是否与公司的投资和分析方法一致。例如,一些面向客户的数字化投顾工具以现代投资组合理论为理论基础,根据客户的风险承受能力,进行被动型指数化投资。而其他公司则进行投资组合的主动管理。基于不同的方法设计算法,并由此得出的投资建议很有可能各不相同。

即使某些面向客户的数字化投顾工具采用了类似的理论和算法,但在具体的投资环节(如资产配置)中,这些算法呈现的结果也有可能各不相同。例如,Cerulli Associates 比较了 7 家面向客户的数字化投顾平台,它们对某位 27 岁的投资者为退休所做投资的资产配置存在较大差异。

这些例子凸显了工具开发公司的重要性。公司需要了解所用算法内在的方法，包括对不同场景下预期收益的基本假设、方法中存在的偏差或预设等信息，以及评估这些方法是否符合公司的投资理念。这些要求对内部开发的以及外部购买的数字化投顾工具都同样适用。

人们对数字化投资建议的其他两个方面，即客户风险承受能力评估和投资组合分析的关注，增强了经纪商建立和实施对其数字化投顾工具的有效治理和监督的需求。FINRA审查了旨在帮助金融从业者了解投资者风险承受能力的几种工具，这些工具有时还可以分析投资者的组合与其风险承受能力是否一致，并提出调整建议。FINRA发现这些工具在完成这些任务上采用的方法差别很大。良好的治理和监管需要公司了解投资工具评估客户风险承受能力的方法是否与公司一致。

FINRA还审查了帮助金融从业者及其客户了解潜在冲击对组合带来的影响的工具，这种潜在冲击包括石油价格下跌、全球经济衰退或地缘政治危机等。严谨的监管需要理解这类工具所用的分析方法及其基本假设（关于冲击事件对各类资产价格走势相关性的影响）。

此外，还需要了解算法不适用的情况。例如，对于夫妻双方拥有很多投资账户的客户，将投资亏损避税算法实施于仅仅一个账户可能是有害的。如果没有对夫妻投资组合的全面了解，这一算法反而会导致损失。

1. 算法管理与监督框架

数字化投顾工具依赖数据和算法提出投资建议。因此，为了确保投资建议符合相关证券法律和FINRA的规定，建立一个有效的管理与监督框架是十分重要的。这一框架包括：

（Ⅰ）初始审查
- 评估工具使用的方法对于具体环节是否适用，包括所有相关假设；
- 理解需要输入的数据；
- 测试输出结果，评估是否与公司的预期符合。

（Ⅱ）持续审查
- 评估工具使用的模型随市场和其他情况变化是否仍然适用；
- 定期测试工具的输出结果，确保符合预期；
- 确认监督责任人。

FINRA强调，使用数字化工具辅助提供建议的注册代表必须遵循适当性原则，在提供投资建议时，不能完全依赖于该工具而忽略了所需了解的证券和客户信息。

经纪交易商必须监督其从事的业务类型。作为监督主体的一部分,经纪交易商应当考虑所提供建议的性质,以及这些建议有多大程度来自数字化投顾工具。

除了前面讨论的有效做法,公司应当能够解决以下问题:

(Ⅰ)这些方法是否由独立的第三方测试?

(Ⅱ)公司能否向监管机构解释工具的工作原理以及是否符合法规要求?

(Ⅲ)是否设置异常报告以找出输出结果偏离预期的情况?如果设置,那么触发异常报告的参数是什么?

对于面向从业者的工具,以下问题也很重要:

(Ⅰ)从业者使用工具前,公司需要如何测试和培训?

(Ⅱ)测试不同的场景和假设时,从业者有怎样的自由权?

(Ⅲ)当从业者的建议与工具的输出不一致时,公司是否审查人工建议?

2. 实践观察

根据 FINRA 的观察,许多公司采用某种形式的投资政策委员会来执行以下工作:

(Ⅰ)监督算法的开发和实施;

(Ⅱ)参加对第三方工具的尽职调查;

(Ⅲ)评估公司投资组合分析工具的使用场景。

根据不同的情况,这样的投资政策委员会可能归属于经纪商或是关联企业。

举例来说,有一家公司允许注册代表使用面向金融专业人士的数字化投顾工具,但要求所有此类工具都经过深入的审核和批准过程。审核结果是该公司大多数注册代表只能使用某两家公司认可的数字化投顾工具。工具的批准过程包括合规性检查和技术人员的严格审查。审查涵盖了软件的内部测试和供应商测试,以确保诸如问卷评分和结果能够按预期执行。此外,这些工具已被整合到公司的技术架构中,受到用户权利要求的保护,并经过审核才可在公司内部浏览器中发挥作用,从而增强了抵御网络攻击的能力。公司每天都会对工具进行测试,这些都是公司"Ready For Business"测试的一部分。

FINRA观察到有些公司禁止注册代表在未经公司事先审查和批准的情况下使用数字化投顾工具,但有些公司则没有。某家公司除了允许注册代表使用公司预先批准的工具外,也允许他们使用没有经过公司审核的工具。对这些工具审核过程的缺失,将不利于公司监督使用这些工具的注册人员,不符合之前讨论的有效监管准则。

(二)客户投资组合的构建、监测以及利益冲突的应对

除了算法方面,对于使用数字投顾工具提供给客户的投资组合,公司也应进行管理和监督。此类工具大多基于客户的特征,为其匹配预先打包好的组合或证券。例如向保守型的投资者推荐保守的投资组合,将激进型的投资者置于激进的投资组合中。FINRA审查的大多数公司会建立5~8种客户特征描述,少数公司可能更多。在这种情况下,作出使投资组合适合给定投资者的决定将非常重要。

投资组合的建立过程中可能存在利益冲突。在零售经纪业务的背景下,与数字化投顾工具特别相关的是员工与客户、公司与客户这两种冲突。对于纯粹的面向客户的工具,从业者不会介入咨询过程,因而消除了员工与客户存在的冲突。人机混合的工具是否同时面临两种冲突取决于从业者的激励机制。公司与客户的利益冲突在面向从业者和面向客户这两类工具中都会存在,例如,公司提供子公司的产品或服务,或者收取产品或服务提供商的报酬。

1. 监管框架

对公司来说,一项有效做法是对数字化投顾工具可能提出的投资组合进行监督和管理。具体包括:

(Ⅰ)对于给定的投资者特征,确定对应的组合特性,例如,收益情况、投资组合的多元化、信用风险和流动性风险;

(Ⅱ)建立组合中证券的筛选标准,例如,成本、指数跟踪误差、流动性风险和信用风险;

(Ⅲ)为每个组合选择合适的证券,如果是通过算法选择的,则须参照算法管理中的规定进行监督;

(Ⅳ)检测预先打包的投资组合,评估其绩效和风险特性(如波动性)是否适合特定投资者;

(Ⅴ)找出和减少由于加入某一特定证券而导致的利益冲突。

审查机制中应包含独立于相关业务的人员,以及可以在总体投资组合

策略和单一证券选择这两方面提供建议的人员。

2. 实践观察

与算法的监督相同,FINRA所了解的机构大多通过投资政策委员会(或类似部门)建立和审查通过数字化投顾工具提供的客户特征描述及预先打包的投资组合。委员会成员有些来自公司内部,有些则是外部人员。许多面向客户的数字化投顾工具使用ETFs构建投资组合,通用选择标准包括成本、指数跟踪误差、流动性和买卖价差。

不同机构对证券选择过程中的利益冲突的管理方式各有不同。一些提供面向客户的数字化投顾工具的金融服务公司,通过不提供自营资产、不提供收入分成资产来避免冲突。其他公司则采取审核和披露的方式。FINRA Rule 2214中的某些原则对于数字化投顾工具中存在的冲突是适用的。具体来说,如果数字化投顾工具偏爱某类证券,经纪交易商应当进行披露,解释选择原因,并指出与未选择证券相比,该类证券在成本结构等特性上的优点或近似之处。

## 五、投资者分析

了解客户的投资目标、财务状况、详细情况(即投资者分析)是提供优质的投资咨询服务必不可少的一步。FINRA认为无论投资建议是来自专业人工投资顾问还是算法,客户分析的核心原则都是适用的。

投资者分析功能是数字化投顾工具的关键组成部分。投资者分析的有效做法包括:

(Ⅰ)确定用于准确分析客户的关键信息;

(Ⅱ)评估客户的风险承受能力和风险承受意愿;

(Ⅲ)处理分析客户问卷调查中出现的互相矛盾或不一致的答案;

(Ⅳ)评估投资(相对于偿债或储蓄)对于特定客户来说是否合适;

(Ⅴ)定期联系客户,确定其具体情况是否发生了变化;

(Ⅵ)为分析工具制定适当的管理和监督机制。

(一)进行投资者分析的信息需求

建立客户档案的一个关键问题是,为了基于充分的投资者分析作出优质投资建议,哪些信息是必要的。FINRA已经对经纪交易商规定了信息收集的最低要求。FINRA Rule 2090要求经纪交易商在客户开户和后续工作中努力了解关于客户的重要事实。对于咨询服务,FINRA Rule 2111要求经纪交易商应当努力获得并分析客户的投资情况，包括但不限于：顾客的年龄、其他投资、财务状况和财务需求、纳税情况、投资目标、投资经验、投资期、流动性需求、风险承受能力以及客户提供给咨询服务人员的其他信息。该规则还指出，各因素的重要程度取决于具体案例的实际情况。

一般来说，FINRA 观察到的面向金融从业者的工具可用于收集广泛的客户信息。有些工具能帮助从业者得到客户整体投资组合的信息，而不仅仅获得单一账户、配偶账户、退休收入（如社会保障和养老金）和客户财务状况（如消费）的信息。最根本的是，金融从业者可以通过向客户问问题获得补充信息，细致入微地了解客户需求，但这一工作的有效性很大程度上取决于金融从业者的个人技能。

相比之下，面向客户的数字化投顾工具依赖于一系列问题来进行客户分析。在 FINRA 审查的工具中，提出的问题从 4 个到 12 个不等，大多可归为五大类：个人信息、财务信息、投资目标、投资期和风险承受能力。

综上，关于数字化投资咨询工具有几个方面值得关注，包括：

（Ⅰ）是否收集并充分分析所有必需的客户信息，以作出适当决定；

（Ⅱ）是否处理客户资料调查表中相矛盾的回答；

（Ⅲ）是否提供与客户分析情况相符合的合适证券或投资策略。

下列问题有助于评估工具的输出是否满足适用性要求：

（Ⅰ）该工具是否获得了所有必要的投资分析因素？如果没有，公司是否有合理根据认为遗漏的要素不重要？

（Ⅱ）工具如何处理客户分析问卷中相矛盾的回答？

（Ⅲ）在确定某证券或投资策略是否适合客户时所依据的标准、假设和限制是什么？

（Ⅳ）工具是否偏向于某特定证券？如果是，这种偏向的根据是什么？

（Ⅴ）工具是否考虑了集中度水平？如果考虑了，是在什么水平（特定证券、资产类还是行业部门）考虑的？

（二）评估投资者的风险容忍度

风险容忍度是在进行投资者分析和提供投资建议时需要考虑的重要因素，其至少可以分为两个维度：风险承受能力和风险承受意愿。FINRA 管理的经纪交易商有义务在评估客户风险容忍度时同时考虑这两个维度。

风险承受能力衡量了投资者承担风险或承受损失的能力，它可以取决于投资者的投资期、流动性需求、投资目标和财务状况。

而客户的风险承受意愿衡量的是客户对风险的态度。例如,为了更高收益愿意承受20%损失的客户比重点保护本金的客户有更高的风险承受意愿。当风险承受意愿超出风险承受能力时可能会出现问题。

FINRA观察到公司采用了多种方法评估客户风险承受能力。这里我们关注两种做法:

(Ⅰ)衡量风险承受意愿的方法;

(Ⅱ)衡量组合中与投资者风险承受能力相关的风险的方法。

评估投资者风险承受意愿有多种方法。最基本的方法是,让投资者从预先设定的分级中选择,进行自我评估。分级一般从保守型到激进型。

有些评估风险承受意愿的方法是基于场景的,可能依照投资者的实际经历进行设定。例如,某个面向客户的数字化投顾工具询问以下问题:"你有没有在一年内损失20%以上的投资";如果回答"是",那么下一个问题是"在我损失20%的这一年,我:① 全部卖出;② 卖出一部分;③ 什么也没做;④ 重新配置投资;⑤ 买入更多。"

其他方法要求投资者回答假设性问题。某个数字化投顾工具询问投资者为达到特定收益愿意承担多少金额的风险。投资者可以使用滑块调整到他们可以接受的损失和收益水平。另一个风险评估工具要求用户在一条假设的预算线上选择包含两个证券的组合。该工具要求用户在不同的预算下选择多次,汇总用户的答案来评估用户的风险承受能力。

有些公司将风险承受能力评估工具与投资组合分析工具结合起来。例如,某公司评估客户的风险承受能力与其投资组合中所持证券量是否存在一致性。

还有一些工具允许金融从业者选择多种场景,对客户的账户进行模拟风险分析。模拟场景包括新兴市场经历"硬着陆"、中国经济增长放缓或美国信用评级被下调等。

(三)相互矛盾或不一致的答案

在回答调查问卷的过程中,客户可能提供相互矛盾的答案,公司需要寻求协调方法。方法包括与客户讨论,或在纯数字化环境中使客户意识到答案的矛盾性并通过询问附加问题来处理矛盾等。

FINRA观察到有些公司对矛盾的答案取平均,或直接选择最保守的答案。取平均是不合理的,可能导致客户投资于超越他(或她)风险承受能力的投资组合。相比之下,直接选最保守的答案减少了发生不可接受的损失的可能性,但是仍然可能导致客户的投资组合无法反映其想承担的风险。

(四) 投资、储蓄还是偿还债务?

对于投资者来说,开立投资账户的阈值问题是,投资是不是合适的做法。在某些情况下,偿还债务或储蓄或许更好。

一种有效的做法是,公司充分了解客户的财务状况,帮助客户意识到什么情况下投资可能不适合他们。FINRA 观察了此类公司。其中某家公司为可投资资产范围在 5 000 至 100 000 美元之间的客户服务。这家公司会询问潜在客户的每月净收入,以帮助确定投资是不是合适的选择。另一家公司服务的客户群相对更富裕,公司使用有关投资期和风险承受能力的问题,来确定客户是否太保守而不适合投资。此外,另一家公司虽然没有直接解决客户是否应该投资的问题,但它经常通过提问题的方式,督促客户保持足够的储蓄,以能够保证支付至少 6 个月的支出。

(五) 客户资料更改

FINRA 监管的经纪交易商都需要按照 FINRA Rule 2090 的要求维护客户的基本信息,随着数字化战略的发展,部分公司可能会让客户在网上修改他们的资料。如果投资者频繁更改他们的个人资料,经纪交易商的一个有效做法是联系投资者,了解投资者做这些更改的原因。

(六) 数字化投顾的适当性

公司的一项有效做法是,通过提问确定客户的咨询需求是否能完全通过数字化方法满足。例如,纯数字化投顾工具可能无法帮助客户整合管理多个投资账户和多个投资目标。这种情况下,需要引荐专业人工咨询顾问。

## 六、再平衡

为了保持目标资产配置,投资组合再平衡是必不可少的。若投资组合的成分偏离预设的目标,或目标本身发生了变化,就需要进行再平衡。当组合的成分证券表现不一致时会导致某些资产权重过高或过低,就会发生组合偏离。这可能由某类资产或证券的市场波动引起。

关于再平衡的有效做法包括:

(Ⅰ) 使客户明确树立投资组合再平衡的理念;

(Ⅱ) 告知客户再平衡的潜在成本和税务影响;

(Ⅲ) 告知客户再平衡的运作方式。包括:如果公司使用偏离阈值来确定何时再平衡,应当披露阈值是多少以及阈值按资产类别是否有区别;如果

再平衡是定期进行,则应当披露是每月、每季还是每年;

(Ⅳ)制定政策和程序,确定工具在重大市场波动发生时应当如何工作;

(Ⅴ)寻找最大限度减少再平衡对税收的影响的方法。

投资组合再平衡的一种方法是使用客户的现金流。数字化投顾工具可以用多种来源的资金进行再平衡,包括存款、股利、再投资。通常情况下,公司使用投资流入和流出来恢复投资组合的目标配置。当投资组合偏离较少时,可以直接使用股息和再投资进行再平衡。因为相对头寸规模而言,股息和再投资的规模不会很大。

当现金流入和流出都不足以达到目标配置时,部分数字化投顾工具可能重新配置账户内已有的资产以达到目标权重。重新分配账户中的资产通常会涉及资产的购买和出售,可能使客户承受佣金费用,并在应税账户中反映为资本的增值或损失。

FINRA审查的面向客户的工具中,再平衡的触发各有不同。某家公司使用了3%的明确阈值来启动再平衡,且每天都进行组合偏离监测。相比之下,另一家公司的投资管理委员会根据需要随时再平衡,以应对市场事件。类似地,还有两家公司检测客户的投资组合,并定期进行必要的再平衡,但没有说明具体的偏离参数。

根据阈值限制和进行再平衡审查的频率,数字化投顾工具可能执行众多的再平衡交易。以下问题可能有助于进行评估:

(Ⅰ)工具是否允许自动再平衡?

(Ⅱ)工具进行组合再平衡的触发条件是什么?

(Ⅲ)再平衡平均多长时间发生一次?

(Ⅳ)再平衡是否存在添加或移除特定证券的可能性,从而需要再一次进行客户适用性分析?

(Ⅴ)再平衡会导致过多佣金或导致不利的税务问题吗?

## 七、培训

培训和教育对使用数字化投顾工具的客户来说至关重要。FINRA观察的一些面向金融从业者的工具可以提供先进的分析,但是能否有效地使用它们并将输出结果与用户进行有效沟通,取决于从业者对分析方法的基本假设和结果的潜在限制的理解。

有效的做法包括培训金融从业者：

（Ⅰ）合理使用数字化投顾工具；

（Ⅱ）了解工具的关键假设和限制；

（Ⅲ）了解工具不适用于特定客户的情况。

以上也是评估第三方供应商提供的培训是否充分的有效做法。

大多数公司在允许金融从业者使用数字化投顾工具之前要求其参加培训项目。培训可以针对具体工具进行，也可以嵌入公司标准的适用性培训中。此外，一些公司可在从业者的要求下随时提供培训。

数字化投顾工具的第三方供应商经常在培训中起到一定作用。与FINRA交流过的供应商通常提供与金融从业者一对一的介绍性培训，以确保他们了解如何使用工具，以及根据输出结果为客户进行配置。一些供应商也为从业者提供每周一到两次的现场培训活动，例如，学习更多该工具所基于的理论方法。此外，一些厂商还提供临时或后续培训，但有时是收费的。

## 八、给投资者的建议

数字化投顾工具的使用，使得投资者在开立和维护投资账户时，应提出的问题以及应获得和了解的信息，产生了一些细微的差异。我们在这里阐述一些注意事项。

优质的投资建议有赖于对投资者特殊需要和个人情况的充分理解。投资者评估其金融服务公司是否收集了足够的信息，是否询问了足够的问题来了解他们的需求和风险承受能力，以及这些因素是否反映在收到的建议当中。如果投资者认为一些相关的信息没有被考虑在内，应当在作投资决策前向金融服务公司提出这一问题。

投资者应当注意，他们收到的有关资产配置和投资组合构建的建议很大程度上取决于数字化投顾工具所用算法的投资方法以及模型的基本假设。投资者应当尽可能地熟悉这些投资方法和关键假设，从而理解证券推荐和资产配置结果是怎样得出的。

由于收到的建议可能存在利益冲突，投资者应当评估这些冲突是否减弱了建议的客观性。数字化投顾工具不一定能消除利益冲突。冲突可能包括，在面向从业者时对注册代表的佣金支付和其他奖励，在面向客户时收入分享或出售自营产品的情况。

对于任一账户,投资者应当了解他们将得到的特定服务及其成本。对此,投资者应当咨询与服务相关的所有费用,包括来自第三方的费用,如共同基金管理费。

由于某些账户提供再平衡和投资亏损避税之类的功能,投资者应当了解这些功能是如何运行的。如果投资者的账户被自动再平衡,投资者应该知道这是定期进行(如每季一次)还是基于组合偏离触发(例如,偏离超过5%),还是用其他的方法。投资者应当了解剧烈市场波动下的安全保障措施是什么(如果有的话)。再平衡可能会产生费用或税收负担,因此投资者应该询问其财务后果。

## 九、结语

数字化投顾工具很可能会在财富管理中发挥越来越重要的作用,保护投资者应当成为公司发展其数字化投顾能力中最重要的目标。公司需要建立和维护投资者保护的基本原则。原则的关键因素包括了解客户需求、使用具有完善理论基础的工具、了解这些工具的局限性。FINRA相信本报告中列出的有效做法将帮助公司在使用数字化投顾工具时推进其投资者保护的目标。

# 附录 4
# 《证券投资顾问业务暂行规定》[①]

**第一条** 为了规范证券公司、证券投资咨询机构从事证券投资顾问业务行为,保护投资者合法权益,维护证券市场秩序,依据《证券法》《证券公司监督管理条例》《证券、期货投资咨询管理暂行办法》,制定本规定。

**第二条** 本规定所称证券投资顾问业务,是证券投资咨询业务的一种基本形式,指证券公司、证券投资咨询机构接受客户委托,按照约定,向客户提供涉及证券及证券相关产品的投资建议服务,辅助客户作出投资决策,并直接或者间接获取经济利益的经营活动。投资建议服务内容包括投资的品种选择、投资组合以及理财规划建议等。

**第三条** 证券公司、证券投资咨询机构从事证券投资顾问业务,应当遵守法律、行政法规和本规定,加强合规管理,健全内部控制,防范利益冲突,切实维护客户合法权益。

**第四条** 证券公司、证券投资咨询机构及其人员应当遵循诚实信用原则,勤勉、审慎地为客户提供证券投资顾问服务。

**第五条** 证券公司、证券投资咨询机构及其人员提供证券投资顾问服务,应当忠实客户利益,不得为公司及其关联方的利益损害客户利益;不得为证券投资顾问人员及其利益相关者的利益损害客户利益;不得为特定客户利益损害其他客户利益。

**第六条** 中国证监会及其派出机构依法对证券公司、证券投资咨询机

---

[①] 我国证监会于 2010 年发布。

构从事证券投资顾问业务实行监督管理。中国证券业协会对证券公司、证券投资咨询机构从事证券投资顾问业务实行自律管理,并依据有关法律、行政法规和本规定,制定相关执业规范和行为准则。

第七条 向客户提供证券投资顾问服务的人员,应当具有证券投资咨询执业资格,并在中国证券业协会注册登记为证券投资顾问。证券投资顾问不得同时注册为证券分析师。

第八条 证券公司、证券投资咨询机构应当制定证券投资顾问人员管理制度,加强对证券投资顾问人员注册登记、岗位职责、执业行为的管理。

第九条 证券公司、证券投资咨询机构应当建立健全证券投资顾问业务管理制度、合规管理和风险控制机制,覆盖业务推广、协议签订、服务提供、客户回访、投诉处理等业务环节。

第十条 证券公司、证券投资咨询机构从事证券投资顾问业务,应当保证证券投资顾问人员数量、业务能力、合规管理和风险控制与服务方式、业务规模相适应。

第十一条 证券公司、证券投资咨询机构向客户提供证券投资顾问服务,应当按照公司制定的程序和要求,了解客户的身份、财产与收入状况、证券投资经验、投资需求与风险偏好,评估客户的风险承受能力,并以书面或者电子文件形式予以记载、保存。

第十二条 证券公司、证券投资咨询机构向客户提供证券投资顾问服务,应当告知客户下列基本信息:

(一)公司名称、地址、联系方式、投诉电话、证券投资咨询业务资格等;

(二)证券投资顾问的姓名及其证券投资咨询执业资格编码;

(三)证券投资顾问服务的内容和方式;

(四)投资决策由客户作出,投资风险由客户承担;

(五)证券投资顾问不得代客户作出投资决策。

证券公司、证券投资咨询机构应当通过营业场所、中国证券业协会和公司网站,公示前款第(一)、(二)项信息,方便投资者查询、监督。

第十三条 证券公司、证券投资咨询机构应当向客户提供风险揭示书,并由客户签收确认。风险揭示书内容与格式要求由中国证券业协会制定。

第十四条 证券公司、证券投资咨询机构提供证券投资顾问服务,应当与客户签订证券投资顾问服务协议,并对协议实行编号管理。协议应当包括下列内容:

（一）当事人的权利义务；

（二）证券投资顾问服务的内容和方式；

（三）证券投资顾问的职责和禁止行为；

（四）收费标准和支付方式；

（五）争议或者纠纷解决方式；

（六）终止或者解除协议的条件和方式。

证券投资顾问服务协议应当约定，自签订协议之日起5个工作日内，客户可以书面通知方式提出解除协议。证券公司、证券投资咨询机构收到客户解除协议书面通知时，证券投资顾问服务协议解除。

第十五条　证券投资顾问应当根据了解的客户情况，在评估客户风险承受能力和服务需求的基础上，向客户提供适当的投资建议服务。

第十六条　证券投资顾问向客户提供投资建议，应当具有合理的依据。投资建议的依据包括证券研究报告或者基于证券研究报告、理论模型以及分析方法形成的投资分析意见等。

第十七条　证券公司、证券投资咨询机构应当为证券投资顾问服务提供必要的研究支持。证券公司、证券投资咨询机构的证券研究不足以支持证券投资顾问服务需要的，应当向其他具有证券投资咨询业务资格的证券公司或者证券投资咨询机构购买证券研究报告，提升证券投资顾问服务能力。

第十八条　证券投资顾问依据本公司或者其他证券公司、证券投资咨询机构的证券研究报告作出投资建议的，应当向客户说明证券研究报告的发布人、发布日期。

第十九条　证券投资顾问向客户提供投资建议，应当提示潜在的投资风险，禁止以任何方式向客户承诺或者保证投资收益。鼓励证券投资顾问向客户说明与其投资建议不一致的观点，作为辅助客户评估投资风险的参考。

第二十条　证券投资顾问向客户提供投资建议，知悉客户作出具体投资决策计划的，不得向他人泄露该客户的投资决策计划信息。

第二十一条　证券公司、证券投资咨询机构从事证券投资顾问业务，应当建立客户回访机制，明确客户回访的程序、内容和要求，并指定专门人员独立实施。

第二十二条　证券公司、证券投资咨询机构从事证券投资顾问业务，应当建立客户投诉处理机制，及时、妥善处理客户投诉事项。

**第二十三条** 证券公司、证券投资咨询机构应当按照公平、合理、自愿的原则，与客户协商并书面约定收取证券投资顾问服务费用的安排，可以按照服务期限、客户资产规模收取服务费用，也可以采用差别佣金等其他方式收取服务费用。证券投资顾问服务费用应当以公司账户收取。禁止证券公司、证券投资咨询机构及其人员以个人名义向客户收取证券投资顾问服务费用。

**第二十四条** 证券公司、证券投资咨询机构应当规范证券投资顾问业务推广和客户招揽行为，禁止对服务能力和过往业绩进行虚假、不实、误导性的营销宣传，禁止以任何方式承诺或者保证投资收益。

**第二十五条** 证券公司、证券投资咨询机构通过广播、电视、网络、报刊等公众媒体对证券投资顾问业务进行广告宣传，应当遵守《广告法》和证券信息传播的有关规定，广告宣传内容不得存在虚假、不实、误导性信息以及其他违法违规情形。证券公司、证券投资咨询机构应当提前5个工作日将广告宣传方案和时间安排向公司住所地证监局、媒体所在地证监局报备。

**第二十六条** 证券公司、证券投资咨询机构通过举办讲座、报告会、分析会等形式，进行证券投资顾问业务推广和客户招揽的，应当提前5个工作日向举办地证监局报备。

**第二十七条** 以软件工具、终端设备等为载体，向客户提供投资建议或者类似功能服务的，应当执行本规定，并符合下列要求：

（一）客观说明软件工具、终端设备的功能，不得对其功能进行虚假、不实、误导性宣传；

（二）揭示软件工具、终端设备的固有缺陷和使用风险，不得隐瞒或者有重大遗漏；

（三）说明软件工具、终端设备所使用的数据信息来源；

（四）表示软件工具、终端设备具有选择证券投资品种或者提示买卖时机功能的，应当说明其方法和局限。

**第二十八条** 证券公司、证券投资咨询机构应当对证券投资顾问业务推广、协议签订、服务提供、客户回访、投诉处理等环节实行留痕管理。向客户提供投资建议的时间、内容、方式和依据等信息，应当以书面或者电子文件形式予以记录留存。证券投资顾问业务档案的保存期限自协议终止之日起不得少于5年。

**第二十九条** 证券公司、证券投资咨询机构应当加强人员培训,提升证券投资顾问的职业操守、合规意识和专业服务能力。

**第三十条** 证券公司、证券投资咨询机构以合作方式向客户提供证券投资顾问服务,应当对服务方式、报酬支付、投诉处理等作出约定,明确当事人的权利和义务。

**第三十一条** 鼓励证券公司、证券投资咨询机构组织安排证券投资顾问人员,按照证券信息传播的有关规定,通过广播、电视、网络、报刊等公众媒体,客观、专业、审慎地对宏观经济、行业状况、证券市场变动情况发表评论意见,为公众投资者提供证券资讯服务,传播证券知识,揭示投资风险,引导理性投资。

**第三十二条** 证券投资顾问不得通过广播、电视、网络、报刊等公众媒体,作出买入、卖出或者持有具体证券的投资建议。

**第三十三条** 证券公司、证券投资咨询机构及其人员从事证券投资顾问业务,违反法律、行政法规和本规定的,中国证监会及其派出机构可以采取责令改正、监管谈话、出具警示函、责令增加内部合规检查次数并提交合规检查报告、责令清理违规业务、责令暂停新增客户、责令处分有关人员等监管措施;情节严重的,中国证监会依照法律、行政法规和有关规定作出行政处罚;涉嫌犯罪的,依法移送司法机关。

**第三十四条** 证券公司从事证券经纪业务,附带向客户提供证券及证券相关产品投资建议服务,不就该项服务与客户单独作出协议约定、单独收取证券投资顾问服务费用的,其投资建议服务行为参照执行本规定有关要求。

**第三十五条** 本规定自 2011 年 1 月 1 日起施行。

# 参 考 文 献

[1] 百度金融研究院,埃森哲.智能金融：与AI共进,智胜未来[M].北京：电子工业出版社,2018.

[2] 百度开发者中心.深入浅出OCR文字识别：原理与技术全流程解析.[EB/OL].(2024-08-29)[2024-10-05].https://developer.baidu.com/article/detail.html?id=3342600.

[3] 本书编写组.智能投顾：国际经验与中国实践[M].北京：中国经济出版社,2022.

[4] 保罗·西罗尼.金融科技创新[M].马睿,汪吕杰,译.北京：中信出版社,2017.

[5] 北京大学金融工程实验室.简介[EB/OL].[2024-07-20].http://finlab.pku.edu.cn/pku/introduce.jsp.

[6] 曹静.广发证券贝塔牛智能投顾案例研究[D].乌鲁木齐：新疆财经大学,2020.

[7] 柴瑞娟.监管沙箱的域外经验及其启示[J].法学,2017(8)：27-40.

[8] 陈听雨.泛欧金融监管改革法案"美中不足",欧盟难向犯规成员国亮"红牌"[N].中国证券报,2010-09-08(A05).

[9] 陈自强,王晓国,解学成.美国证券行业自律组织：演变、职能和经费保障[C]//中国证券业协会,上海证券交易所,深圳证券交易所,等.创新与发展：中国证券业2012年论文集.北京：中国财政经济出版社,2012：383-392.

[10] 程鹏,董娅利,仲昭璇,等.大模型在证券公司智能客服领域的应用初探[J].中国金融电脑,2024(3)：53-57.

[11] CSDN博客.大语言模型(LLM)基础认知与理解_llm核心组件[EB/OL].(2024-09-22)[2024-09-27].https://blog.csdn.net/boonya/article/details/142444993.

[12] CSDN博客.NLP自然语言处理之情感分析分析讲解、知识构建_nlp情感分析原理[EB/OL].(2019-11-29)[2024-09-27].https://blog.csdn.net/weixin_41097516/

article/details/103290743.
[13] 崔雍浩,商聪,陈锶奇,等.人工智能综述:AI 的发展[J].无线电通信技术,2019,45(3):225-231.
[14] 樊优,郑丽江,姚泽宇.AI 大模型+财富资管:赋能全场景、打造新格局[R].北京:中金点睛,2024.
[15] 范毓婷,郑子辉,王喻.智能投顾的现状与发展趋势[J].信息通信技术与政策,2019(6):67-70.
[16] 冯佳睿,张振岗.金融科技(Fintech)和数据挖掘研究(七)——基于机器学习和知识图谱的行业轮动[R].上海:海通证券,2020.
[17] 海豹策略笔记.ML 一网打尽,这又是投资神仙组合?[EB/OL].(2024-06-11)[2024-10-01].https://mp.weixin.qq.com/s/a5QerDZ2LCcIYni6HYbqHg.
[18] 侯宇青阳,全吉成,王宏伟.深度学习发展综述[J].舰船电子工程,2017,37(4):5-9,111.
[19] IBM.什么是计算机视觉[EB/OL].(2023-07-12)[2024-09-27].https://www.ibm.com/cn-zh/topics/computer-vision.
[20] 梁贺.客户画像在公募基金投顾业务中的应用[J].现代金融导刊,2024(5):52-54.
[21] 马世龙,乌尼日其其格,李小平.大数据与深度学习综述[J].智能系统学报,2016,11(6):728-742.
[22] 潘建东,马张晖,梁彬,等.中信建投证券:基于 AI 技术的全场景数智化服务平台的实践应用[J].交易技术前沿,2023(3):69-75.
[23] 清华大学经济与管理学院,度小满,等.2024 年金融业生成式 AI 应用报告[R].北京:清华大学经济管理学院,2024.
[24] 盛慧.AI 大模型下的"智能客服"是否更有温度?[EB/OL].(2024-08-26)[2024-09-15].https://mp.weixin.qq.com/s/Wfe6UfY4k-u4NJwsEIrJjA.
[25] 史春奇,吴顺洁,王磊.类 ChatGPT 大语言模型技术在资管领域应用展望[J].金融电子化,2024,(2).https://mp.weixin.qq.com/s?__biz=MjM5MzA3MzOZQ==&mid=2655555194&idx=4&sn=8fc2ff3e302e9717e9798c0b9c241e46&chksm=bd20bc9a8a57358cceb98993dd6f65543261599862bc6919682772c5a1b7f0b1a2c80ad615a7&scene=27.
[26] 宋科.中国财富管理数字化趋势探析[EB/OL].(2024-07-15)[2024-09-15].https://www.financialnews.com.cn/2024-07/15/content_404400.html.
[27] 苏珊娜·奇斯蒂,亚诺什·巴伯斯.Fintech:全球金融科技权威指南[M].北京:中国人民大学出版社,2017.
[28] 腾景高频和宏观研究团队.人工智能在经济监测和预测中的国际经验与国内实践——中心极限定理之外?[R].北京:腾景 AI 经济预测,2022.
[29] 王开.策略深度研究:人工智能将如何影响投资[R].深圳:国信证券,2023.

[30] 王瑜,张家华.基于大模型技术的多维异构数据理解赋能智能投顾研究[J].中国金融电脑,2024(5):55-60.

[31] Wise Wong.构建用户画像中所用到的 AI 算法.[EB/OL].(2021-09-26)[2024-09-15].https://mp.weixin.qq.com/s/KJG-28zzRmFjav1cG7q0UQ.

[32] 吴弘,张鑫.证券业协会自律是有效监管的重要组成部分[J].中国金融,2003(23):55-56.

[33] 肖见光,徐文德.英国金融监管"沙箱"[J].金融博览,2017(1):58-59.

[34] 许继武.国际金融监管合作法律问题研究[D].青岛:中国海洋大学,2010.

[35] 寻朔,刘瑾.中美智能投顾现状及未来发展[R].北京:清华大学国家金融研究院研究报告,2018.

[36] 严恒元.欧盟着力构建全新金融监管体系[N].经济日报,2010-09-11(07).

[37] 杨东,安琪,张百吉.后金融危机背景下欧盟金融监管改革的新发展[J].证券法苑,2010,3(2):356-371.

[38] 姚泽宇,张帅帅,等.AI 大模型在金融行业的应用前景及潜在影响分析[R].北京:中金点睛,2024.

[39] 易艳萍,黄德金,王熙.基于宏观大数据的 GDP 即时预测[J].经济学(季刊),2024,24(3):843-860.

[40] 余志聪.人工智能对我国商业银行财富管理发展的效应研究——以招商银行摩羯智投为例[D].广州:广东财经大学,2021.

[41] 翟慧婧.金融科技背景下我国智能投顾市场发展研究[J].中国高新科技,2018(19):51-52.

[42] 张华强.中国智能投顾市场的发展分析及产品设计[D].苏州:苏州大学,2018.

[43] 张继强.从 Betterment 看海外智能投顾行业[R].南京:华泰证券,2022.

[44] 张敏,薛彦平.国际金融危机下的欧盟金融监管体制改革[J].国际问题研究,2010(5):55-60.

[45] 张炜.商业银行法律风险防控体系优化建设对策研究[J].金融论坛,2008(2):14-19.

[46] 张璇.欧盟泛欧金融监管体系改革及其启示[J].财经问题研究,2011(6):116-119.

[47] 张雅茹,陈颖,程楣,等.区块链技术在金融领域的应用前景研究[J].现代商业,2019(14):127-128.

[48] 张懿心.英国"双峰型"金融监管模式法律研究[D].沈阳:辽宁大学,2019.

[49] 张哲宇.金融科技发展进入新时代:大型银行从"跟跑"向"领跑"转变——关于建行成立建信金融科技公司之启示与预判[DB/OL].(2018-05-04)[2024-04-22].https://www.cebnet.com.cn/20180504/102487864.html.

[50] 郑南磊.科技金融:起源、措施与发展逻辑(上)[J].公司金融研究,2017(01):59-101.

[51] 郑南磊.科技金融：起源、措施与发展逻辑（下）[J].公司金融研究,2017(Z1)：74-112.

[52] 郑小林,贡圣林.智能投顾：大数据智能驱动投顾创新[M].北京：清华大学出版社，2021.

[53] 中国人民银行国际司.欧盟的金融监管标准与监管体系[EB/OL].(2008-03-26)[2024-04-22].http://www.pbc.gov.cn/goujisi/144449/144490/144525/144761/2834467/index.html.

[54] 中国人民银行济南分行调查统计处课题组.国际金融监管体制改革比较研究及对我国的启示[J].金融发展评论,2012(9)：88-119.

[55] 中国证券投资基金业协会.关于规范金融机构资产管理业务的指导意见[EB/OL].(2019-12-22)[2024-04-22].https://www.amac.org.cn/fwdt/wyb/jgdjhcpbeian/zcglcpba/xgzc/201912/t20191222_19893.html.

[56] 中国信息通信研究院云计算与大数据研究所,人工智能关键技术和应用评测工业和信息化部重点实验室.金融人工智能研究报告（2022年）[R].北京：中国信息通信研究院云计算与大数据研究所,2022.

[57] 中华人民共和国中央人民政府.人民银行 银保监会 证监会 外汇局 关于规范金融机构资产管理业务的指导意见[EB/OL].(2018-04-27)[2024-04-22].http://www.csrc.gov.cn.

[58] 周永红,彭华.智能投顾研究与应用[J].金融电子化,2017(11)：16-18.

[59] 周正.境内外智能投顾业务模式对比[J].银行家,2017(12)：88-90.

[60] ADÄMMER P, PRÜSER J, SCHÜSSLER R A. Forecasting macroeconomic tail risk in real time: do textual data add value?[J]. International Journal of Forecasting, 2023. DOI: 10.2139/ssrn.4372186.

[61] PEWNEW A. Ginmon — Die einfache und renditestarke digitale Vermögensverwaltung [EB/OL].(2024-04-11)[2024-07-01].https://www.aktiendepot24.net/ginmon/#Mindestanlage.

[62] SCHEUSCHNER P. ROBIN Erfahrungen — Der Deutsche Bank robo advisor im test 2024 [EB/OL].(2020-07-12)[2024-07-01]. https://www.aktien.net/robin-erfahrungen/.

[63] O'Shea A. Best robo-advisors of August 2019 [EB/OL].(2019-10-29)[2019-11-14].https://www.nerdwallet.com/best/investing/robo-advisors.

[64] HOUDMONT A, MACZYNSKA A, PRACHE G, et al. Robo advice: a look under the Hood 2.0 [R]. Brussels: Better Finance, 2019.

[65] HOUDMONT A, MACZYNSKA A, PRACHE G, et al. Robo-advice: European individual investors take a look under the hood [R], Better Finance, 2018, 15-34.

[66] AUM 13F. AUM metrics analysis [DB/OL].[2024-04-15]. https://aum13f.

com/.

[67] Betterment. Betterment's recommended allocation methodology [EB/OL]. (2019 – 10 – 30) [2022 – 10 – 25]. https://www.betterment.com/resources/recommended-allocation-methodology.

[68] Betterment. ETF selection for portfolio construction: a methodology [EB/OL]. (2014 – 08 – 27) [2022 – 10 – 13]. https://www.betterment.com/resources/etf-portfolio-selection-methodology.

[69] Betterment. Expert-built, curated portfolios [EB/OL]. [2024 – 04 – 15]. https://www.betterment.com/investments.

[70] Betterment. Goal projection and advice disclosure [EB/OL]. [2023 – 12 – 22]. https://www.betterment.com/legal/goal-projection.

[71] Betterment. Retirement planning advice disclosure [EB/OL]. [2024 – 04 – 10]. https://www.betterment.com/legal/retirement-planning-advice.

[72] Betterment. The history of Betterment changing an industry [EB/OL]. (2016 – 07 – 20) [2019 – 07 – 20]. https://www.betterment.com/resources/the-history-of-betterment/.

[73] BI S C, BAO W Q, XIAO J, et al. Application and practice of AI technology in quantitative investment [EB/OL]. 2024: arXiv: 2404.18184. http://arxiv.org/abs/2404.18184.

[74] STRZELCZYK B E. Rise of the machines: the legal implications for investor protection with the rise of robo-advisors [J]. DePaul Business and Commercial Law Journal, 2018, 16(3): 73 – 96.

[75] PISANESCHI B. Unstructured data and AI: fine-tuning LLMs to enhance the investment process [R]. CFA Institute, 2024.

[76] CAO C, LIANG B, LO A W, et al. Hedge fund holdings and stock market efficiency [J]. Review of Assect Pricing Studies, forthcoming.

[77] CHARLES SCHWAB. Goal tracker for Schwab intelligent portfolios [EB/OL]. [2024 – 06 – 10]. https://www.schwab.com/automated-investing/goal-tracker.

[78] CHARLES SCHWAB. Investor profile questionnaire [EB/OL]. [2024 – 06 – 10]. https://www.schwabmoneywise.com/resource/smw-investor-profile-questionnaire.

[79] CHARLES SCHWAB. Schwab intelligent portfolios guide to asset classes & ETFs [EB/OL]. [2024 – 06 – 10]. https://www.schwab.com/automated-investing/guide-to-asset-classes.

[80] CHARLES SCHWAB. Schwab intelligent portfolios: our approach to portfolio construction [EB/OL]. [2024 – 06 – 10]. https://www.schwab.com/automated-investing/portfolio-construction.

[81] CHARLES SCHWAB. The benefits of diversification: asset classes included in Schwab intelligent portfolios [EB/OL]. [2024-06-20]. https://www.schwab.com/automated-investing/asset-allocation.

[82] CHARLES SCHWAB. What's in your portfolio? The role of various asset classes [EB/OL]. [2023-07-14]. https://www.schwab.com/learn/story/whats-your-portfolio-role-various-asset-classes.

[83] CRUNCHBASE. Wealthfront funding rounds [EB/OL]. [2024-04-15]. https://www.crunchbase.com/organization/wealthfront/company_financials.

[84] DEUTSCHE BANK. Deutsche Bank launches maxblue robo-advisor [EB/OL]. [2015-12-07]. https://www.db.com/news/detail/20151207-deutsche-bank-launches-maxblue-robo-advisor.

[85] DE VALK S, DE MATTOS D, FERREIRA P. Nowcasting: An R package for predicting economic variables using dynamic factor models [J]. The R Journal, 2019, 11(1): 230-244.

[86] DEVLIN J, CHANG M W, LEE K, et al. BERT: Pre-training of deep bidirectional transformers for language understanding [EB/OL]. 2018: arXiv: 1810.04805. http://arxiv.org/abs/1810.04805.

[87] BARRETO E, DE FREITAS N, VOLIN M. Global fintech investments surged in 2018 with investments in China taking the lead, accenture analysis finds; UK gains sharply despite Brexit doubts [R], Accenture, 2019, 1-2.

[88] EXTRAETF. Robo-Advisor Vergleich [EB/OL]. [2024-04-05]. https://extraetf.com/de/robo-advisor.

[89] FINANCIAL ENGINES. A fresh approach for the new age of retirement planning [EB/OL]. [2024-06-20]. https://www.edelmanfinancialengines.com/services/retirement.

[90] FORBES. Betterment review 2024 [EB/OL]. [2024-06-18]. https://www.forbes.com/advisor/investing/robo-advisor-betterment-review/#how_betterment_works_section.

[91] FORBES. Top-10 robo-advisors by assets under management [EB/OL]. [2024-06-10]. https://www.forbes.com/advisor/investing/top-robo-advisors-by-aum/.

[92] FORBES. Vanguard personal advisor review 2024 [EB/OL]. [2024-07-19]. https://www.forbes.com/advisor/investing/vanguard-personal-advisor-services-review/.

[93] FORBES. Wealthfront review 2024 [EB/OL]. [2024-03-22]. https://www.forbes.com/advisor/investing/wealthfront-review-robo-advisor/#how_wealthfront_works_section.

[94] Geldanlage Digital. ROBIN (Deutsche Bank) Test [EB/OL].[2024-06-12]. https://geldanlage-digital.de/robo-advisor/robin/.

[95] Glassdoor. ETFmatic Reviews [EB/OL].[2023-01-25].https://www.glassdoor.co.uk/Reviews/ETFmatic-Reviews-E1392047.htm.

[96] JACKSON H E. Regulation in a multi-sectored financial services industry: An exploratory essay [J]. SSRN Electronic Journal, 1999: 319-397.

[97] HOPP D. Benchmarking econometric and machine learning methodologies in nowcasting [EB/OL]. 2022: 2205.03318.https://arxiv.org/abs/2205.03318v1.

[98] IMPERIAL COLLEGEBUSINESS SCHOOL. MSc financial technology programme content [EB/OL].[2024-07-20].https://www.imperial.ac.uk/business-school/masters/financial-technology/.

[99] INVESTING INSIDERS. Nutmeg review: a data-driven review of performance and services [EB/OL].[2024-04-23].https://investinginsiders.co.uk/nutmeg.

[100] INVESTING INSIDERS. Moneyfarm review [EB/OL].[2024-07-18].https://investingreviews.co.uk/reviews/moneyfarm/#moneyfarm-junior-isa-review.

[101] INVESTOPEDIA. Betterment review 2024 [EB/OL].[2024-04-02].https://www.investopedia.com/betterment-review-4587887.

[102] INVESTOPEDIA. Betterment vs. Wealthfront: which is best for you? [EB/OL].[2024-04-24].https://www.investopedia.com/wealthfront-vs-betterment-4587963.

[103] INVESTOPEDIA. Vanguard personal advisor review 2024 [EB/OL].[2024-04-02]. https://www.investopedia.com/vanguard-personal-advisor-services-review-4692536.

[104] INVESTOPEDIA. Wealthfront review 2024 [EB/OL].[2024-02-29].https://www.investopedia.com/wealthfront-review-4587933.

[105] INVESTOPEDIA. Wealthfront vs. Schwab intelligent portfolios: which is best for you? [EB/OL].[2024-06-10].https://www.investopedia.com/wealthfront-vs-charles-schwab-robo-advisors-4693442.

[106] INVESTOPEDIA. Wealthfront vs. Vanguard personal advisor: which is best for you? [EB/OL].[2023-11-03].https://www.investopedia.com/wealthfront-vs-vanguard-4693481.

[107] Investor.com. Edelman financial engines review [EB/OL].[2024-07-03]. https://investor.com/rias/edelman-financial-engines-104510.

[108] JIANG T, GRADUS J L, ROSELLINI A J. Supervised machine learning: a brief primer [J]. Behavior Therapy, 2020, 51(5): 675-687.

[109] J.P. MORGAN WEALTH MANAGEMENT. J.P. Morgan automated investing

important information [EB/OL]. [2024 - 07 - 20]. https://www.chase.com/personal/investments/online-investing.

[110] CAO L. AI pioneers in investment management [R]. CFA Institute, 2019.

[111] CAO L B. AI in finance: Challenges, techniques, and opportunities [J]. ACM Computing Surveys, 2023, 55(3): 1-38.

[112] MONEY TO THE MASSES. Moneyfarm review 2024 — Are they the right investment for you? [EB/OL].[2024 - 04 - 11]. https://moneytothemasses.com/saving-for-your-future/investing/moneyfarm-review-right-investment#title-anchor-20.

[113] MONEY TO THE MASSES. Nutmeg review 2024 — Are they the right investment for you? [EB/OL].[2024 - 03 - 22]. https://moneytothemasses.com/saving-for-your-future/investing/nutmeg-review-right-investment#title-anchor-6.

[114] NERDWALLET. Betterment vs. Wealthfront: 2024 [EB/OL].[2024 - 01 - 02]. Comparisonhttps://www.nerdwallet.com/article/investing/betterment-vs-wealthfront.

[115] NERDWALLET. Wealthfront review 2024: pros, cons and how it compares [EB/OL]. [2024 - 05 - 03]. https://www.nerdwallet.com/reviews/investing/advisors/wealthfront#details.

[116] NAZARETH N, RAMANA REDDY Y V. Financial applications of machine learning: a literature review [J]. Expert Systems with Applications, 2023, 219: 119640.

[117] NVIDIA Blog. Supervised vs. Unsupervised learning. [EB/OL].(2018 - 08 - 02) [2024 - 09 - 06]. https://blogs.nvidia.com/blog/2018/08/02/supervisedunsupervised-learning/.

[118] CHOI R Y, COYNER A S, KALPATHY-CRAMER J, et al. Introduction to machine learning, neural networks, and deep learning [J]. Translational Vision Science & Technology, 2020, 9(2): 14.

[119] RICHARDSON A, VAN FLORENSTEIN MULDER T, VEHBI T. Nowcasting GDP using machine-learning algorithms: A real-time assessment [J]. International Journal of Forecasting, 2021, 37(2): 941-948.

[120] ROBOADVISORS. Ginmon Review [EB/OL].[2023 - 12 - 31]. https://roboadvisors.com/reviews/ginmon/index.html.

[121] ROMANKO O, NARAYAN A, KWON R H. ChatGPT-based investment portfolio selection [J]. Operations Research Forum, 2023, 4(4): 91.

[122] BARTRAM S M, BRANKE J, MOTAHARI M. Artificial intelligence in asset management [J]. SSRN Electronic Journal, 2019. DOI: 10.2139/ssrn.3510343.

[123] THORSRUD L A. Words are the new numbers: a newsy coincident index of the

business cycle [J]. Journal of Business & Economic Statistics, 2020, 38(2): 393-409.

[124] WANG J, BILJECKI F. Unsupervised machine learning in urban studies: a systematic review of applications [J]. Cities, 2022, 129: 103925.

[125] WEALTHFRONT. ETFs Available for investing accounts at Wealthfront [EB/OL]. [2024-03-28]. https://support.wealthfront.com/hc/en-us/articles/4404335475220-ETFs-Available-for-Investing-Accounts-at-Wealthfront.

[126] WEALTHFRONT. Wealthfront automated investing methodology white paper [EB/OL]. [2024-04-20]. https://research.wealthfront.com/whitepapers/investment-methodology/.

[127] WEALTHFRONT. Wealthfront tax-loss harvesting [EB/OL]. [2024-04-20]. https://research.wealthfront.com/whitepapers/tax-loss-harvesting/#12-realized_harvesting_yields.

[128] WIKIPEDIA. Betterment (company) [DB/OL]. [2024-04-20]. https://en.wikipedia.org/wiki/Wealthfront#cite_note-2023-aum-1.

[129] WIKIPEDIA. The Vanguard Group [DB/OL]. [2024-05-20]. https://en.wikipedia.org/wiki/The_Vanguard_Group#See_also.

[130] WU S J, IRSOY O, LU S, et al. BloombergGPT: a large language model for finance [EB/OL]. 2023: arXiv: 2303.17564. http://arxiv.org/abs/2303.17564.

[131] REN Z Y, WANG S H, ZHANG Y D. Weakly supervised machine learning [J]. CAAI Transactions on Intelligence Technology, 2023, 8(3): 549-580.

[132] ZHAO H Q, LIU Z L, WU Z H, et al. Revolutionizing finance with LLMs: an overview of applications and insights [EB/OL]. 2024: arXiv: 2401.11641. http://arxiv.org/abs/2401.11641.

[133] ZHAO W X, ZHOU K, LI J Y, et al. A survey of large language models [EB/OL]. 2023: arXiv: 2303.18223. http://arxiv.org/abs/2303.18223.

[134] ZHOU C, LI Q, LI C, et al. A comprehensive survey on pretrained foundation models: a history from BERT to ChatGPT [EB/OL]. 2023: arXiv: 2302.09419. http://arxiv.org/abs/2302.09419.

[135] ZHOU Z H. A brief introduction to weakly supervised learning [J]. National Science Review, 2018, 5(1): 44-53.